HaffmansTaschenBuch 65

DIE 701 PEINLICHSTEN PERSÖNLICHKEITEN

1979-1989

*Beiträge
zur Sozialhygiene von
Rainer Baginski, Bernd Eilert,
Wilhelm Genazino, Eckhard Henscheid,
Dr. Alfred Piana, Adolf Sömmering und
Achim Szymanski*

HERAUSGEGEBEN
VON
BERND EILERT

MIT ZEHN JAHRESBLÄTTERN
VON
HILKE RADDATZ

HAFFMANS VERLAG

Die peinlichsten Persönlichkeiten
erschienen von November 1979 bis Dezember 1989
als regelmäßige Kolumne unter der Federführung von Bernd Eilert
im endgültigen Satiremagazin ›Titanic‹.
Die Zeichnungen entstanden eigens für
die vorliegende Buchfassung.

Erstausgabe

Veröffentlicht als
HaffmansTaschenBuch 65, Frühling 1990
Konzeption und Gestaltung von
Urs Jakob
Umschlagbild von
Hilke Raddatz

Satz: LibroSatz, Kriftel
Herstellung: Ebner Ulm
ISBN 3 251 01065 4

1 2 3 4 5 6 - 95 94 93 92 91 90

Inhalt

Vorwort

Die eigentliche Geschichte der Menschheit beginnt, zumindest in der mosaischen Version, mit einer gewissen Peinlichkeit. Eva und Adam bedienen sich vom Baum der Erkenntnis, erkennen prompt, daß sie nackt sind, und das ist ihnen offenbar peinlich.

Moses macht das schön deutlich. »Und sie waren beide nackt, der Mensch und sein Weib«, heißt es vor dem Sündenfall im 2. Kapitel, Vers 25, ausdrücklich, »und schämten sich nicht.« Unmittelbar danach, in Kapitel 3, Vers 7, kommt die peinliche Erkenntnis: »Da wurden ihrer beider Augen aufgetan, und sie wurden gewahr, daß sie nackt waren, und flochten Feigenblätter zusammen und machten sich Schürzen.«

Anstatt sich unsterblich zu machen durch eine Frucht vom Baum des Lebens!

Da ist Gott vor. Mit großem Pomp und kleinlichen Argumenten wirft er die ersten Menschen aus seinem Paradies. Neben gewaltigen Flüchen gibt er ihnen – auch das wird eigens betont – selbstgemachte Overalls mit auf den Leidensweg: »Und Gott der Herr machte Adam und seinem Weibe Röcke von Fellen und kleidete sie.« Moses Kapitel 3, Vers 21.

Und dafür will dieser Herr seither auch noch geliebt werden, was natürlich ebenso peinlich wirkt, wie so vieles in dieser exaltiert bigotten Religion, die als Mischung aus levantinischer Kuhhandelsleidenschaft, orientalischer Geheimniskrämerei und teutonischer Aufopferungsbereitschaft am liebsten Betrüger, Betrogenen und Betrugsdezernenten in ein und derselben Figur vereinen und zur heiligen Einfaltigkeit verklären möchte, was letztlich wie immer auf den frömmlichen Selbstbetrug hinauskommt, sich für das Heilmittel all der Gebrechen und Verletzungen auszugeben, die man selbst verursacht hat und bis heute predigt.

Denn so geht es stets: Wer sich selbst erkennt, fliegt sogleich aus dem Paradies seiner Größenwahnvorstellungen – dann zumindest, wenn er so unpraktisch veranlagt ist, die bittere Todeswahrheit ernster zu nehmen als seine süßen Lebenslügen.

Allerdings schützt auch Selbsterkenntnis nicht vor Peinlichkeit, denn wer in diesem aussichtslosen Prozeß ein endgültiges Urteil fällen möchte, ist bereits der nächsten Selbsttäuschung erlegen – und womöglich der allergefährlichsten. Auch dazu das passende Bibelwort aus den Sprüchen Salomonis: »Wenn du einen siehst, der sich weise dünkt, da ist an einem Narren mehr Hoffnung denn an ihm.«

Gegen diese holprige Weisheit ständig zu verstoßen, war im Rahmen der Auflistung von peinlichen Persönlichkeiten, wie sie zehn Jahre lang im satirischen Monatsmagazin ›Titanic‹ erschienen ist, unbedingt geboten. Ohne konsequent gerümpfte Naseweisheit hätte es für die Juroren kein Halten gegeben. Um sich von dem Mehr an Peinlichkeit, das alltäglich aus allen Medien quillt und quallt, nicht überschwemmen und mitreißen zu lassen, bedurfte es der bestimmten Haltung eines Felsens in der Brandung, die theoretisch am treffendsten wohl als nihilistische zu definieren wäre: Nichts anerkennen, weder Verdienst noch Anspruch, nichts selbstverständlich nehmen, weder Sein noch Schein, alles verdächtigen und im Zweifel gegen jeden Angeklagten auslegen, nichts gelten lassen, außer dem ureigenen rein persönlichen Empfinden von Pein, an dem allein sich das Persönliche aller anderen messen lassen muß, sobald es öffentlich wird. Kurzum: göttlich sein.

Wenn nun aber alles, auch das, was gut gemeint war und gerade das, mit diesem bösen Blick des Demiurgen bemiesachtet und mit möglichst fiesen Worten noch mieser gemacht wird – wie sollte einer da dem Peinlichsein entgehen?

Ganz einfach: durch ein Taktgefühl, das sich mit dem der Juroren zufällig deckte, durch stilistisches Geschick, das sie bezauberte, und durch ein Maß an persönlichem Charme, dem sie einfach nicht widerstehen konnten. Wichtigste Voraussetzung wäre dafür ein ausgeprägter Sinn für Komik, denn nur

Gelächter wirkt entwaffnend und entschärft selbst Bombenpeinlichkeiten sogleich – wir kommen noch darauf zurück.

Zunächst einmal wollen wir brav den Begriff klären: Was ist peinlich? Das Unternehmen dieser Liste der peinlichsten Persönlichkeiten war es auf jeden Fall. Denn der Begriff ist hoffnungslos überholt, daran festzuhalten verschmockt, ihn zum Maß aller Dinge zu machen geradezu reaktionär. Man kann auch sagen: Mit der Abschaffung aller allgemeingültigen Anstands- und Verhaltensregeln wurde die klassische Peinlichkeit aus unserer Welt geschafft. Oder: Wenn alles und alle peinlich genommen werden, ist es gar nichts und niemand mehr.

Uns gefielen die flotten Umkehrschlüsse besser: Wenn gar nichts und niemand mehr peinlich genommen wird, finden wir eben alles und jeden peinlich. Wenn es keine allgemeingültigen Regeln mehr gibt, stellen wir eben solche auf, die wir je nach Bedarf ändern und unserem Ziel, alles peinlich zu finden, anpassen können. Wenn sich unsere moderne Welt an ihr gemäßen Begriffen nicht messen läßt – da die so erzielten Ergebnisse im Sinne Adornos gleich zur Tautologie verkämen –, greifen wir eben auf prämoderne zurück und gebärden uns als reaktionäre Schmocks. Und siehe: Diese Weltanschauung wirkte klärend – die postmoderne Welt ward immer peinlicher.

Die Abschaffung allgemein anerkannter Spielregeln und die Forderung persönlicher Authentizität ergänzten sich vortrefflich. Wenn eine Person früher durch Einhaltung überpersönlicher Rituale ihre Austauschbarkeit akzeptierte und damit dem Stigma persönlicher Peinlichkeit entgehen konnte, so muß dieselbe heutzutage bei jedem öffentlichen Auftritt für sich selbst geradestehen und um persönliche Glaubwürdigkeit bemüht sein. Ist dieser Kredit verspielt, wird sie zur peinlichen Persönlichkeit. Das hat man nun davon, daß man die Rituale peinlich fand und abgeschafft hat.

Sogar das letzte Mittel, das in unserem Kulturkreis eine offenbare Peinlichkeit nachträglich ungeschehen machen konnte, ist als angeblich barbarischer Brauch längst geächtet worden:

Wären Duelle hier und heute noch an der Tagesordnung, die Autoren wären wohl das Risiko einer so langen Reihe persönlicher Beleidigungen und Verunglimpfungen gar nicht eingegangen. Eine Forderung blieb uns erspart, die Erkenntnis, daß eine Satire, die noch auf Rituale zielte, heute von vornherein verfehlt wäre, allerdings nicht.

Seit der Abschaffung des Duells gibt es also selbst für die besseren Kreise kein Entrinnen mehr – im Gegenteil: die Peinlichkeit wächst proportional zu Einkünften und Einfluß, denn: »Wahrhaftig jenseits von 50 000 Franken Einkommen verliert das Privatleben Anspruch auf die eigenen vier Wände.« Das bestimmte schon Stendhal. Doch erst die Medienvertreter unserer Zeit machten wahrhaft ernst mit dieser Drohung.

Für die Schriftstellergeneration Stendhals oder Balzacs ist deshalb Peinlichkeit in unserem Sinne noch kein Thema. Napoléon hat die Zeit zwar kurz und kräftig aus den Fugen gehoben, aber die alten Ordnungen sind noch einmal eingerastet. Zähneknirschend muß auch der Kritiker zugeben: Es gibt ein Oben und ein Unten, ein Innen und ein Außen, ein Richtig und viel Falsch, und die Konflikte, die sich aus hierarchischen Strukturen, fixierten Konventionen und normativen Moralvorstellungen ergeben, liegen noch auf der Hand, sind zumindest greifbar. Autoren wie Wieland und Goethe, Schiller und Kleist, Hoffmann und Jean Paul – alle noch im 18. Jahrhundert geboren – wenden sie ins Tragische oder Komische, pathetisch oder ironisch, je nachdem. Ihre Helden angesichts dieser Eindeutigkeit peinlich zu finden ist unsinnig, weder sie selbst noch ihre fiktive Umwelt haben einen Sinn dafür. Und das Publikum schon gar nicht. Dichter wie Byron oder Puschkin benehmen sich wie die Helden der eigenen Werke: der eine stirbt im griechischen Freiheitskampf, der andere im Duell. Natürlich gibt es Ausnahmen – wie Karl Philipp Moritz und seinen ›Anton Reiser‹ –, doch in der Regel haben alle Figuren, ob von Hugo oder Dickens, noch konkrete Ziele, und sie kämpfen dafür auf eine Art, die selbst ihr Scheitern nicht lächerlich macht, sondern anrührend. Gogol und Thackeray schreiben zwar Satiren, doch sind es weniger konkrete Einzelwesen, deren Züge sie bloßstellen wollen, als die Verhältnisse, die jene hervorbringen und für die sie stehen. Den diffamierten Figuren fehlt zudem die persönliche Leidensfähigkeit – warum sollten sie uns leid tun? Die Situationen sind nicht wirklich quälend, da sie mit Sicherheit in Gelächter oder Tränen enden werden. Noch darf gelacht werden oder geweint. Nicht mehr zu wissen, ob man weinen oder lachen soll, beides nicht zu dürfen oder zu können – das erst macht das eigentliche Gefühl der Peinlichkeit.

Im Jahre 1821 werden gleich die beiden ersten und besten Arrangeure solch unentrinnbar peinlicher Szenarien geboren: Fjodor M. Dostojewski und Gustave Flaubert. Flaubert versucht mit Arroganz und Sarkasmus dem, was er für die Dummheit seiner Zeit hält, beizukommen. Dostojewski setzt sich dem, worunter er leidet, mit geradezu masochistischer Demut ungeschützt aus und führt seine Figuren von einer Katastrophe in die nächste. Er leidet, sie leiden, wir leiden mit. Allenfalls die untröstliche Entschlossenheit, mit der Dostojewski Unordnung stiftet und ins Chaos münden läßt, wirkt leicht entlastend, da sie den Schluß auf eine gewisse Lust am Über- und Untergang zumindest nicht ausschließt.

Die russischen Zustände bieten beste Voraussetzungen fürs allgemeine Durcheinander: Studenten streiten sich mit Fürsten, Trunkenbolde beleidigen Mönche, Anarchisten bezaubern Generäle, Kurtisanen beschämen Generalswitwen, Dichter ihre Verehrer, Betrunkene schämen sich für gar nichts mehr, und meist sind in Moskau oder Petersburg auch noch irgendwelche Polen, Schweden oder Deutsche mit von der Partie.

Und stets sind es die Söhne, denen die Väter peinlich sind – zu Recht, denn von wem sollten sie so etwas wie vorbildliche Ordnung sonst erwarten? Womöglich ist es gerade diese entsetzlich peinliche Enttäuschung, die hundert Jahre später uns für Dostojewskis Probleme so empfindlich macht: das Versagen jeder Autorität, elterlicher wie auch amtlicher.

In einer Geschichte – ins Deutsche mal als »dumme«, mal geradezu als »peinliche« übersetzt – besucht ein Vorgesetzter in

Champagnerlaune ungebeten die Hochzeitsfeier eines Untergebenen, und prompt wird aus der Ehre, die Seine Exzellenz jenem Schlucker antun wollte, eine exzellente Katastrophe, die beim Tritt ins buchstäbliche Fettnäpfchen an der Eingangstür beginnt, und selbst unter dem Tisch im Vollrausch noch nicht endet, denn noch dort erwischt den Leidbringenden und -tragenden »eine tiefe unerträgliche Scham« und beginnt, »sein Herz immer noch mehr zu peinigen«.

Immerhin empfindet der amtliche Vorgesetzte selbst noch Scham – leibliche Väter überlassen das ihren Söhnen, sie sind vollkommen schamlos.

Der alte Karamasoff beleidigt einen von seinen Söhnen sehr verehrten heiligen Greis im Beisein der Brüder durch das Erzählen einer unsäglichen Diderot-Anekdote, von der er, zur Rede gestellt, selbst strahlend zugibt: »Ein Leben lang hab' ich's ja geahnt, daß sie nicht wahr ist!« Der eine Sohn steht darauf »stumm mit gesenktem Kopf« und ist »dem Weinen nah« – aber er kann nicht weinen. Der andere sitzt »vollkommen unbeweglich auf seinem Stuhl« und tut, »ganz als ob er selbst nur eine fremde Nebenperson hier wäre«.

Als General Iwolgin – in ›Der Idiot‹ – seine angeblich selbst erlebte Geschichte vom Bologneserhündchen erzählt hat und des Plagiats überführt wird, reagiert sein Sohn Kolja mit rotem Kopf und bedeckt »vor Scham das Gesicht mit den Händen«. In den Augen des anderen Sohnes Ganja liegt »grenzenloser Haß«.

In beiden Fällen sind die Reaktionen also ähnlich abgestuft: Ein Sohn schämt sich einfach für die Blöße des Vaters und leidet stellvertretend – der andere versucht jeweils, sich zu distanzieren, durch Gefühllosigkeit oder indem er sein Gefühl gegen ihn richtet. Worte, entlastende gar, findet keiner.

›Das Fest‹ schließlich, das Dostojewski in einem langen Kapitel seiner ›Dämonen‹ so ausschweifend beschreibt, nimmt vieles an öffentlicher Peinlichkeit voraus, was noch heute Opernbälle, Dichterlesungen, Bambi-Verleihungen, Krebshilfe-Galas und feierliche Haupt- und Staatsaktionen so unerträglich macht. Allerdings überführt er sein Provinzfest noch in das Chaos, das eigentlich schon programmiert ist, und heute leider, selbst wenn es einmal ausbricht, nur zu »unbeschreiblichen Szenen« in den Schlagzeilen führt.

Dostojewski hat diese Szenen mit Vorliebe beschrieben, denn das tumultartige Zusammenbrechen jeder Ordnung war für ihn unvermeidlich und letztlich hochverdient. Und wäre es nicht heute noch die einzig denkbare Erleichterung für den ohnmächtigen Betrachter, der dann im dostojewskischen Sinne »an der Unordnung sogar seine Freude zu haben« imstande wäre?

Im Erscheinungsjahr der ›Dämonen‹, 1871, wird Marcel Proust geboren. Er zelebriert noch einmal geradezu liebevoll alle Spielarten bürgerlicher Penetranz und Peinlichkeit im Gegensatz zu aristokratischer Nonchalance und Wurschtigkeit. Gegen Ende der ›Suche nach der verlorenen Zeit‹ schildert er sogar ein Zusammentreffen der beiden Haltungen, das tödlich endet: Im Rahmen einer musikalischen Soirée wird ein Gast wegen einer Lappalie von seinem cholerischen Gastgeber gedemütigt und aus dem Haus geworfen. Keine fünf Minuten später, noch auf dem Hof, trifft ihn der Schlag vor Scham über diesen Verweis vor Publikum, daran läßt Proust keinen Zweifel und resümiert recht mitleidlos: »Er lebte noch ein paar Wochen, ohne aber mehr als nur augenblicksweise das Bewußtsein wiederzuerlangen.«

Eines der Dramen Anton Čechovs, ›Ivanov‹, endet mit einem Selbstmord, ebenfalls vor Peinlichkeit. In einer frühen Fassung wird das Motiv ganz deutlich: Ivanov ist vor Zeugen beleidigt worden. Statt den Beleidiger nun, wie von allen erwartet, zum Duell zu fordern, hält er eine seitenlange Rede, in deren Verlauf er selbst sich dermaßen erniedrigt, daß er am Ende – da er nicht ewig reden kann – keinen anderen Ausweg mehr sieht aus der Peinlichkeit: »Schaut mich nicht an: ich schäme mich. Schaut mich nicht an. Oder wartet ihr darauf, wie ich meine Rede beenden werde? Oh, ich weiß, was ich machen werde! Nicht umsonst zittere ich am ganzen Leibe vor Zorn und Haß auf mich. Halt, gleich! *Zieht den Revolver*. So! *Erschießt sich. Vorhang.*«

Peinlichkeit über den Tod hinaus zu verlängern, blieb Franz Kafka vorbehalten: »Es war, als sollte die Scham ihn überleben.« So endet ›Der Prozeß‹.

Kafka vollendet damit die literarische Prozession zum Gipfel der Peinlichkeit: Der Empfindsame braucht nicht einmal mehr ein Publikum, ein Gegenüber, vor dem er sich seiner schämen müßte. Er ist sich selbst unsterblich peinlich.

Doch der Eindruck, das sei ein vollkommen neues Gefühl und Kafka habe keine Vorläufer, täuscht. Kafkas Sinn für Peinlichkeit ist geschult, vor allem an Dostojewski: »Hinter Dostojewskis Sarg wollten die Studenten seine Ketten tragen«, notiert er 1914 in sein Tagebuch, vielsagend wie ein Orakel, als seien diese Ketten Dostojewskis Stolz und Scham zugleich. Und Kafkas Affinität geht über das rein Inhaltliche hinaus, als erster analysiert er auch Dostojewskis Mystifikationsmethode: »Man muß zum Beispiel einer Person nur immer mit größter Hartnäckigkeit nachsagen, daß sie einfältig und idiotisch ist, und sie wird, wenn sie Dostojewskischen Kern in sich hat, zu ihren Höchstleistungen aufgestachelt.«

Diese Suggestivkraft konnte Kafka – Idiot und Dämon in Personalunion – auch auf sich selbst anwenden, um sich zu Höchstleistungen an Schamgefühl und Peinempfinden aufzustacheln.

Ein eher harmloses Beispiel findet sich in seinen Briefen aus dem Jahre 1917.

Kafka verbringt den Winter auf dem Lande bei seiner Lieblingsschwester Ottla, die in Zürau einen Bauernhof bewirtschaftet.

Mitte November wird »der erste große Fehler von Zürau« entdeckt und postwendend dem Freunde Felix Weltsch mitgeteilt: »eine Mäusenacht, ein schreckliches Erlebnis«. Insofern, als die Plage dazu führt, daß Kafka »die Katze, die ich im Geheimen seit jeher hasse«, als Gegenmacht in sein Zimmer nehmen muß. Der nächste Brief an Max Brod handelt fast ausschließlich von »der Mäuseplage« und der Katze, »die übrigens ein gutes und kindliches Tier ist«, was Kafka den Verkehr mit ihr jedoch keineswegs erleichtert.

Die Mäuse aber quälen sein Gehör, das »sich tausendfach verfeinert« haben soll und dabei »ebensoviel unsicherer geworden« ist. Nie weiß der Schlaflose »mehr ganz bestimmt, ob ich eine Maus höre« oder nicht: »Aber Phantasien sind die Mäuse deshalb nicht, mager kommt abends die Katze zu mir herein und wird am Morgen dick hinausgetragen.« Die Katze muß nämlich, wie Oskar Baum versichert wird, in einem Nebenzimmer den Tag verbringen, »wo ich sie wegen meiner Unfähigkeit zur Reinlichkeitserziehung und aus Angst vor Bettsprüngen untergebracht habe«. Doch das ist nicht der wahre Grund für die Verbannung – die Frage an Felix Weltsch führt darauf hin: »Mäuse vertreibe ich mit der Katze, aber womit soll ich die Katze vertreiben?« Und wären alle vertrieben – womit vertriebe man die Zeit und am Ende sich selbst?

»Das was ich gegenüber Mäusen habe«, behauptet Kafka Brod gegenüber, »ist platte Angst. Auszuforschen, woher sie kommt, ist Sache der Psychoanalytiker, ich bin es nicht.« Dafür ist die Analyse, die prompt folgt, erstaunlich weit gehend: »Besonders die Kleinheit gibt einen wichtigen Angstbestandteil ab, die Vorstellung z. B., daß es ein Tier geben sollte, das genauso aussehn würde wie das Schwein, also an sich belustigend, aber so klein wäre wie eine Ratte und etwa aus einem Loch im Fußboden schnaufend herauskäme – das ist eine entsetzliche Vorstellung.«

Ist das Kafkas Ernst? Der blinde Oskar Baum, der sich auf Besuch angesagt hat, wird zunächst beruhigt: »Das was ich von den Mäusen geschrieben habe, war natürlich nur Spaß.« Und im nächsten Satz beunruhigt: »Ernst nämlich wird es erst dann werden, bis Du die Mäuse wirklich hörst.« Da hört der Spaß auf, und Kafka sucht ganz im Ernst ein »mäuseloses Sanatorium«: »mäuselos«, erklärt er Max Brod, »was ja gleichzeitig ›katzelos‹ bedeutet, ist allerdings ein großes Wort«. Kafkalos wäre ein noch größeres – und damit wären wir wieder beim eigentlichen Problem: Kafka ist sich selbst so peinlich, daß bereits das hörbare Vorhandensein von Mäusen oder das sichtbare einer Katze gar, vollkommen ausreicht, ihm die eigene Existenz unerträglich sein zu lassen: »ich bin, kürzer gesagt, auch mit der Katze nicht gern beisammen, sind Leute dabei verliert es fast jede Peinlichkeit«, beide – Kafka und die Katze – sind voneinander abgelenkt, »sonst aber ist es schon lästig, vor ihr sich auszuziehen, zu turnen, ins Bett zu gehen«.

Wer diese grundsätzliche Scham vor der eigenen Wirklichkeit – ob die sich nur in Katzenaugen, im Bild der Eltern an der Wand oder im dafür vorgesehenen Kristallglas widerspiegelt, ist egal – nicht kennt, weiß nicht, was Peinlichkeit wirklich ist: sie ist ein Wahnsinn. In seiner milden Form freilich kann dieser zu solchen Ergebnissen wie Kafkas Erzählung ›Josefine, die Sängerin oder Das Volk der Mäuse‹ führen, in der er das Geheimnis seiner Kunst – und jeder Kunst – als pure Peinlichkeit enthüllt, die vollends lächerlich wäre, wenn er selbst sie nicht dahinein zöge, und das auf eine Weise, welche die Enthüllung mutatis mutandis wieder zu einer Kunst macht. Dagegen wirkt Kunst, die auf Verrätselung angelegt ist, stets ein wenig peinlich.

Kafka vergaß sich, schreibend über sich – erst wenn sich einer gar nicht mehr selbst vergessen kann, statt dessen neben sich zu stehen meint und sich unablässig beobachtet fühlt von sich selbst, was er selbst wiederum beobachtet, wird der Wahn gefährlich.

Ließe sich in dem Zusammenhang nicht endlich Freud zitieren? Fällt nicht das Aufkommen der Psychoanalyse in dieselbe Zeit wie die Abschaffung des Duells? Sollten wir nicht das Werk z. B. Lermontows, der im Duell gefallen ist, mit dem z. B. Schnitzlers, der eine Forderung, sich zu schlagen, abschlug, vergleichen, um bei ersterem das Fehlen, bei letzterem die Häufung peinlicher Szenen festzustellen? Und könnten wir daraus nicht eine Theorie von der Verlagerung äußerer Konflikte mangels Lösungsmöglichkeit in innere Bereiche formulieren und Peinlichkeit als Grauzone zwischen moralischen und psychologischen Kategorien definieren?

Sicher könnten wir das. Warum sollten wir irgend etwas auslassen, was uns gerade in den Kram paßt, oder auf irgend jemanden verzichten, dessen Name Eindruck schindet. Natürlich ist die gesamte Menschheitsgeschichte von Eva und Adam bis zu Hannelore und Helmut Kohl – denn auch sie sind letztlich Gottes Ebenbilder – eine ununterbrochene Kette von Peinlichkeiten – wer sähe das nicht?!

Das ist ja grad das Praktische an diesem einäugigen Überfliegerblick: da wird alles so schön flächig, flüchtig, und eins fügt flockig sich zum anderen, da auf irgendeiner Ebene immer Berührungspunkte sich zu ergeben scheinen. Wir aber wollen nicht bloß oberflächlich das Grundmuster beschreiben, wir wollen lieber etwas tiefer fliegen, um uns auch die Details genauer anzusehen. Und so verlassen wir nun die sichere Hochebene der Literatur und greifen voll hinein ins tolle Menschenleben.

»Auch schon mal erlebt?« fragte ›Bild am Sonntag‹, den 2. Juli 1989, ihre Leserinnen. »Es gibt Situationen, da möchte man am liebsten im Erdboden versinken.« Das Motto: »Mein Gott war mir das peinlich!« macht klar, welche Situationen gemeint waren. Und angeblich haben einige Leserinnen ›BamS‹ freiwillig »ihre peinlichsten Situationen erzählt«.

Die meisten Erzählungen klingen eher vertraut als vertraulich: Eine verwechselt einen Fremden mit ihrem Freund, eine kurzsichtige den defekten Ventilator mit einer Wanduhr, eine dritte erkennt ihren neuen Chef nicht rechtzeitig, und einer Journalistin fällt im entscheidenden Moment der Name ihres Interview-Partners nicht ein. Eine alte Dame muß die Hochzeitsrede auf ihre Lieblingsnichte ohne ihre dritten Zähne halten, einer jüngeren rutscht angesichts eines eleganten Herrn ihr Haftstrumpf in die Kniekehle, und eine letzte zieht vor Fremden statt der Zigaretten-Packung eine mit Tampons gefüllte aus ihrer Handtasche. Sämtlich Standardsituationen und – abgesehen von den tückischen Objekten – zeitlos peinlich: Verwechslungen, Vergeßlichkeit, Unachtsamkeit, reines Pech – alles halb so schlimm und selbst für die Betroffenen im Nachhinein kein Grund mehr, im Boden zu verbleiben, sondern Anlaß zu Gelächter.

Zeitgenössisch mutet uns lediglich die Erzählung einer

Lehrerin (38) an: »Wir nahmen mit unserem Sohn Christopher (4) an einer Friedensdemonstration teil. Alle hielten sich an den Händen, bildeten eine Menschenkette. Plötzlich riß sich unser Sprößling los, stellte sich vor die Kette, tat so, als hielte er ein Maschinengewehr in Händen und brüllte uns aus Leibeskräften an: ›Ratatatata!‹«

Das ist neu: Noch die preußische Mama wäre stolz auf ihren vierjährigen Sprößling gewesen, wenn er den Vorbeimarsch der Gardehusaren militärisch stramm begrüßt hätte. In Menschenkettenbildungskreisen jedoch ist in den letzten beiden Jahrzehnten eine moralische Konvention entstanden, die sich inzwischen so verfestigt hat, daß auch die Kindererziehung ihr zu genügen hat: Kriegsspielzeug bis hinab zum Flitzebogen ist geächtet, geschlechtsspezifisch martialisches Verhalten der Söhnchen erlaubt Rückschlüsse aufs Elternhaus. Denn wie alle frischgeprägten Anstandsregeln – zumal wenn sie erst für eine Minderheit verbindlich sind – wird auf die Einhaltung solcher alternativen Konventionen besonders streng geachtet. Anders als in ausgelaugten Endzeitgesellschaftsformen müssen sich Eltern ihrer Kinder schämen: die Grundlage für Verstöße, die tief im Peinlichen enden, ist wieder gegeben – mühelos ließe sich daraus auch Komik ziehen.

Wo es um höchste Ziele wie den Weltfrieden geht, steht allerdings zu befürchten, daß dies militante Publikum die unfreiwillige Bloßstellung gar nicht komisch finden mochte – die Scham der Mutter spricht dafür. Denn unausgesprochene Empörung wirkt meist schamverlängernd, da eine peinliche Regelverletzung zwar durch Gelächter erst recht beglaubigt, beinahe gleichzeitig aber auch schon wieder beifällig aus der Welt oder zumindest ins erträgliche Fach des letztlich Unterhaltsamen geschafft wird. Stumm wahrgenommene oder verdrängte Peinlichkeiten wirken nachhaltig, und so gut wie nichts kann einen Menschen mehr erschüttern, als wenn er erst im Nachhinein erfahren muß, daß etwas, das er in aller Unschuld oder guten Glaubens, es sei das Rechte, getan hat, unter den gegebenen Umständen ganz falsch gewesen ist. Sich unmöglich benommen zu haben, ist für den um so schlimmer, der sich dieser Möglichkeit gar nicht bewußt war.

»Das peinlichste Gefühl, das es gibt«, war für Friedrich Nietzsche, »zu entdecken, daß man immer für etwas Höheres genommen wird, als man ist. Denn man muß sich dabei eingestehen: Irgend etwas an dir ist Lug und Trug, ein Wort, dein Ausdruck, dein Auge.« Der Gedanke ist sehr selbstgefällig, da konsequent daraus der Wunsch spricht, von jedermann durchschaut zu werden, und demnach die Gewißheit, das furcht- und schamlos aushalten zu können.

Ich habe festgestellt, daß mir die unfreiwillige Bloßstellung anderer weitaus peinlicher sein kann als die Bloßstellung meiner selbst, vor allem, wenn der andere mir lieb ist, und ich ebenso ungewollt zum Bloßsteller bestimmt bin. Ich (40) erinnere mich an eine Billardpartie mit einem würdigen Partner, die höchst peinlich zu werden drohte, da ich, als wir vor Spielbeginn unsere Jacketts ablegten, feststellen mußte, daß der Hosenschlitz des sehr verehrten Gentleman, den kennenzulernen ich erst kurz zuvor das Vergnügen hatte, nicht ganz geschlossen war und sich bei dessen erster Beugung über den grünen Tisch noch weiter öffnete. Erschwerend kam hinzu, daß, bevor ich die passenden englischen Worte, die mir sein Wohlwollen, an dem mir lag, nicht verscherzen würden, gefunden hatte, einige Damen den Billard-Raum betraten, um unserer Partie zuzuschauen. Zudem war dieser Raum mit Spiegeln so bestückt, daß dem alten Herrn selbst sein Dérangement schwerlich verborgen bleiben konnte. Für mich war es die Hölle – aus der nur einer mich erlösen konnte: der alte Gentleman, der endlich vor einem der Spiegel mit einem Blick zur Uhr und der Bemerkung »Sorry, we have to close at half past nine« seinen Aufzug ruck-zuck in Ordnung brachte – und damit wiederum die Überlegenheit einer Erziehung vornehmlich zu Selbstironie bewiesen hatte. Niemals vom Pferd oder der Ehefrau fallen! Mit noch rüderen Worten: Eier zeigen, Alte vögeln! so lauteten angeblich die zwei vornehmsten Erziehungsziele, welche dem alten europäischen Adel stets gute Haltungsnoten und ausreichenden Nachwuchs garantiert haben sollen. Zumindest die begabteren Exemplare dürften nebenbei einen souveränen Sinn für Situationskomik daraus entwickelt haben.

Diese feudale Pädagogik hat hierzulande und heutzutage kaum einer mehr genossen, und dementsprechend wären wir fast alle in solch einer Lage rettungslos verloren. ›BamS‹-Leserin Anja (21) ist dies klassische Mißgeschick widerfahren: »Ein Freund lud mich zum Dinner in ein feines Restaurant ein. Gedämpftes Licht, gediegene Atmosphäre. Plötzlich mußte ich laut aufstoßen. Es hallte durch den ganzen Raum.«

So könnte laut Robert Gernhardt alles angefangen haben: mit dem vorzeitlichen Furz beim Ritual des Schamanen während der Schweigeminute für irgendeinen archaischen Elementargeist und dem unterdrückten Kichern von den hinteren Bänken. Peinlich, peinlich . . .

Mir hat etwas ganz ähnliches noch ein paar tausend Jahre danach fast einen Schulverweis eingetragen: als ich nämlich eines Montagmorgens bei der schulüblichen Wochenandacht über einen Ausrutscher des Konrektors auf seinem Wege zum Harmonium mir das Lachen als einziger nicht verkneifen konnte.

»Komisch, daß es dann immer mucksmäuschenstill ist, daß einen alle anschauen« (BamS). Komisch fand ich vielmehr, daß der andächtige Konrektor, nachdem er so lang hingeschlagen war, nicht selbst wenigstens lächeln mußte, und es wunderte mich, daß meine mir natürlich erscheinende Reaktion so streng bestraft werden sollte. Womöglich begriff ich damals – ohne es begrifflich fassen zu können –, daß es Autoritäten gibt, die nichts mehr zu fürchten haben als die Entdeckung ihrer Lächerlichkeit. Sie strafen deren Entdecker – im Falle, daß er seine Entdeckung nicht für sich behalten kann – in der Hoffnung ab, zukünftig wieder so ernst genommen zu werden, wie sie es zu verdienen glauben und selbst auch tun.

So ging es in den Begründungen der Urteile über die peinlichsten Persönlichkeiten weniger darum, dieselben bloßzustellen: das mußten sie schon selbst besorgt haben, meist in

Worten, seltener in Taten. Den Juroren blieb lediglich die Aufgabe, ihre Blöße durch gehörige Beschreibung der allgemeinen Schadenfreude preiszugeben.

Der Kaiser, der in Andersens allzu gern zitiertem Märchen seine neuen Kleider vorführt, wird auch erst lächerlich, als ein kleiner Finger auf ihn zeigt; ohne diesen Fingerzeig wäre sein staunendes Publikum mindestens ebenso peinlich geblieben.

Woher der Drang rührt, eine solche Aufgabe zu übernehmen, sollte für meinen Fall geklärt sein: ein klebriges Interesse an Schamverletzungen, gemischt mit Klatsch- und Rachsucht, Geltungsdrang, Niedertracht und Überempfindlichkeit.

Wann aber schärfte sich wessen Blick für die Peinlichkeit in fast allen möglichen Formen öffentlicher Selbstdarstellung?

Es dürfte kein Zufall sein, daß die ersten drei Juroren der Peinlichkeitsliste ihre kindlichen Prägungen und Prüfungen in den 50er Jahren erfuhren und erlitten. Die Besonderheiten und Sonderlichkeiten des ersten Nachkriegsjahrzehnts sind bekannt; das schlechte Gewissen – die rasche Verdrängung; die tiefe Verunsicherung – das Bedürfnis nach Sicherheit; der kollektive Minderwertigkeitskomplex – die private Protzerei; das prüde Klima – die schwülen Phantasien; der krude Materialismus – die vorgeheuchelten Ideale usw. Für jedes Problem wurde die bequemste Lösung gesucht, und das ist meist die nächstliegende. Sie wurde auch im Umgang bald gefunden: Statt irgendwelche neuen Formen auch nur versuchsweise zu erproben, wurden all die alten – die sich eben erst so offensichtlich *nicht* bewährt hatten – tradiert oder restauriert. Den Ursprung dieser Benimm- und Gibacht-Regeln wollen wir im einzelnen nicht untersuchen – ich spekuliere lieber: Vieles kommt mir aus heutiger Sicht wie ein auf Wohnküchenformat reduziertes Hofzeremoniell vor – vom parallel geharkten Kiesweg bis zum Muster auf der Butter –, anderes wie Militarismus in Räuberzivil oder die allgemeine Verinnerlichung von Gestapomethoden mit einem kräftigen Schuß Blockwarts-Mentalität: Jugendliche wußten nicht wohin mit ihren ersten Trieben, Eltern mußten Anzeigen wegen Kuppelei fürchten, wenn sie deren Abfuhr unter dem eigenen Dach duldeten. Man lebte nach Bauernregeln, zäh wie Haarspray, und Hausfrauenrezepten, hart wie Dauerwellen, und vor allem: ohne jeden Sinn für Komik. Die Einhaltung dieser von Frau von Pappritz und Herrn Doktor Oetker vorgeschriebenen – und mehr noch der ungeschriebenen – Gesetze wurde mit stechendem Spießerblick beobachtet, jeder Verstoß unbarmherzig verfolgt. Fragen nach Sinn oder Zweck der Veranstaltung waren grundsätzlich verboten. Fragen überhaupt, außerhalb der engsten Kreise, die sich selten über Kleinfamilie oder Skatrunde hinauszogen, wurden nicht gern gehört, zumal wenn sie zurückzielten, wußte man doch nicht, wohin sie führen mochten. Man dachte ebenso kleinkariert wie man sich kleidete, hielt sich bedeckt und blieb wenn möglich zugeknöpft. Ein Wunder war das nicht zu einer Zeit, da in jedem Hosenbein noch eine Prothese stecken und unter jedem Hemdsärmel eine KZ-Nummer zum Vorschein kommen konnte.

Darüber sprach man nicht bei Tisch, und am Stammtisch waren Kinder nicht zugelassen. Dabei hätte es so viel zu erzählen gegeben, doch die Gefahr, nicht verstanden zu werden, erschien den meisten wohl zu groß, und manche hatten das Risiko, verstanden zu werden, ebensosehr zu scheuen. So gehörten wir zu einer Generation, die sich zweier anderer Generationen schämen mußte: zunächst der ihrer Eltern, dann jener ihrer Kinder. Um in dieser Zange nicht geknackt zu werden, entwickelt man diverse Strategien, die alle aus der Angst geboren sind: aggressive oder eskapistische, je nachdem, wie man sich dem Außendruck gewachsen fühlte.

Daß sich rein defensive Inhibierung rächen mußte, sah man an den Älteren: Wer überall Fettnäpfchen verteilt, ist bald von ihnen umstellt, und was als Selbstschutz gedacht war, wird zur Gefahr für die eigene Sicherheit und macht das Leben zum Eiertanz. Das war entsetzlich – entsetzlich peinlich vor allem.

In den 60er Jahren nutzte unsere Generation die Chance ihrer späteren Geburt und früheren Erkenntnis: es wurde ein ungleicher Kampf – wir konnten ihn nicht verlieren. Die Stoßrichtung war vorgegeben: gegen alle bestehenden Formen, vom Haar- und Hosenschnitt bis zu Denk- und Redeweisen. Da Form an sich bereits als Beschränkung und Beschränktheit begriffen werden konnte, hatte es der kleine Partisan ganz leicht: er mußte nur kaputtmachen, was andere kaputtgemacht hatte, und sich alles erlauben, was denen als verboten galt. Und Frechheit siegte – zunächst. Der Mensch war aufgefordert, sich selbst zu verwirklichen, was von allzu vielen zum Anlaß genommen wurde, sich so zu zeigen, wie sie zu sein glaubten: ohne Charaktermaske, Uniform, Denkschablone, Worthülse usw.

Dann kamen die Probleme: Je mehr Gegner kapitulierten oder gar zur Jugendbewegung überliefen, desto dringender stellte sich die Frage, wie die entstandenen Freiräume zu nutzen seien. Die antithetische Orientierung am Gegner wurde unmöglich, da sich die wenigen Unbelehrbaren ins innere Exil zurückgezogen hatten; um den Elan nicht ganz zu verlieren, mußte der Feind in den eigenen Reihen ausgemacht werden: An die Stelle des Generationskonfliktes trat der Geschlechterkampf.

Männern und Frauen wurde strikt untersagt, ihre gewohnten Rollen weiterzuspielen. Das gab ein Theater: der Mann durfte in der Frau nicht länger die Heilige, Hure und/oder Herbergsmutter anbeten – sie ihn nicht mehr als Beschützer, Ernährer und/oder Kleinkind verhätscheln. Mann und Frau sollten einander offen ins ungeschminkte Antlitz sehen, ohne Make-up, Kostüm und Requisiten – und sie erkannten, daß sie nackt waren.

Mann und Frau trennten sich, und aus den alten Haaren, in die sie sich eben gekriegt hatten, flochten sie notdürftig neue Zöpfe, um sie sich in neuen Beziehungen, die sich von den alten zumeist nur durch die gestiegenen Ansprüche unterschieden, gegenseitig wieder abschneiden zu können.

Das gab ein Theater auf dem Theater: eheähnliche Szenen, die kaum auszuhalten waren in ihrer Peinlichkeit – zumindest für den Außenstehenden. Der Hochmut der Veränderten war dennoch ungebrochen.

Aber war dieser Rundum-Kahlschlag an sich bereits Grund genug, so stolz zu sein und sich als Endsieger zu fühlen? Die sich wie Helden vorkamen, übernahmen in den 70er Jahren das Kommando, ohne noch auf nennenswerten Widerstand zu stoßen. Und nach einem kurzen Aussetzen aller Regeln und damit mancher Peinlichkeit, setzten sie neue Normen, die häufig nur in der Umkehrung der angeblich überwundenen bestanden: Worte zu benutzen, die zuvor als unschicklich gegolten hatten, galt als chic, und Taten folgten: War es bisher unmöglich gewesen, in Gesellschaft zu rülpsen, sah sich jetzt der blamiert, der ein Aufstoßen bei Tisch unterdrückte oder gar kein Bedürfnis danach hatte. Gute Manieren wurden systematisch lächerlich gemacht, die schlechten galten als natürlich, ehrlich, echt. Daß solch ein Menschenbild ganz konsequent zur Wiedereinführung des Faustrechts führen mußte, schreckte niemanden, entweder wurde nicht so weit gedacht, oder man dachte weiter: die bestehenden Verhältnisse mit Gewalt zu verändern, war immerhin erwägenswert. Leider geschah das nicht.

Immerhin mußte man anderen nichts vormachen – dafür hatte man sich selbst zu täuschen. Die Anstrengung war ungeheuer, ungeheuer peinlich natürlich auch.

In den 80er Jahren endlich kam vieles zusammen, was an Peinlichkeitsträchtigem schon da war, Modisches kam noch hinzu, und als Zugabe sorgten neue Medien für immer flinkere Verbreitung und dafür, daß alles heillos durcheinanderging: Ältere, von den 50er Jahren auf autoritäre Strukturen im Innern und Heuchelei nach Außen geprägt, bemühten sich, den antiautoritären Parolen der 60er und dem Gebot absoluter Authentizität aus den 70ern zu genügen. Jüngere, von diesen Forderungen früh abgestoßen oder vom Versagen der Forderer enttäuscht, orientierten sich wieder an den 50er Jahren, deren scheinbare Übersichtlichkeit sie anzog. Auch wenn diese Attraktion von Äußerlichkeiten ausging, ist eine ähnlich denkfaule, defensive Haltung dabei herausgekommen: Ob man brav oder cool ist, bleibt sich letztlich gleich.

Es macht sogar den Eindruck, als werde die Knute der Moral

wilder noch geschwungen als damals, auch wenn sie heute aus einem anderen Holz geschnitzt ist und viel satter klingt. Waren die Verbote in den 50ern an der Vergangenheit orientiert und konnten deshalb überlebt werden, so geht es heute angeblich um die Zukunft und ums Überleben. Anstelle der Sorge um äußere Sauberkeit und Ordnung ist die um die eigene psychische und physische Gesundheit getreten. War einst in guten Stuben die Zigarette verboten, da ihr Rauch dem makellosen Weiß der Wolkenstores schaden konnte, ist es nun die Lunge des Nichtrauchers, die geschont werden muß. Und wo das passive Argument nicht verfängt, im Freien etwa, ist es die eigene, auf die Rücksicht zu nehmen der Raucher genötigt wird. Auf solchen Gebieten ist der Druck eindeutig stärker geworden, da die Überheblichkeit der Unterdrücker ethisch motiviert wird. Das Glück des einzelnen wird aus der Gegenwart in eine Zukunft aufgeschoben, an die freilich die Jugend der 80er nicht einmal so fest zu glauben vermag wie noch die Rebellen der 60er.

Diese ehemals so spontane Avantgarde ist versprengt, hält Brückenköpfe, zu denen längst kein Steg mehr führt und wo sie sich an den alten Idealen – von denen ihr bestenfalls das der Verweigerung geblieben ist – nicht mehr messen lassen muß, da man dort so schnell nicht mitbekommt, wie die Zeiten sich verändert haben. Sie warten noch immer auf Entsatz – dabei gehören sie, zumindest für den stilbewußten Nachwuchs, längst zur provinziellen Folklore.

Die großen Wortführer der 70er-Bataille sind mit ihrem Troß auf dem Marsch durch die Institutionen verschieden weit gekommen: einige Formen haben sie im Detail verändert, nicht das System als Ganzes. Die Anpassung war wechselseitig, und so beklagen nun die Möchtegern-Systemveränderer jede Veränderung voll Selbstmitleid und Besserwissen als generell zum Schlechteren tendierend.

Da ich aus eigener Anschauung und Erfahrung einiges davon mitbekommen habe, traue ich mir kein grundsätzliches Urteil über die Medien und ihre Wirkung zu. Ob sie zum Guten oder

Bösen ausschlagen, hängt offenbar nur vom Benutzer ab: »Fernsehen macht Dumme dümmer und Kluge klüger«, das war eine Überschrift des letzten Jahres, die ich unterschreiben würde. Das Beste, was sich aus Sicht des Peinlichkeits-Beurteilers am Fernsehen feststellen läßt, ist seine zunehmende Präsenz: So entstehen für immer mehr Zeitgenossen immer häufiger Gelegenheiten, sich zu äußern und damit auch bloßzustellen. Medienvertreter verfahren in der Regel ziemlich wahllos nach dem Prinzip: Wer eine Meinung hat, hat auch noch mehr – mehr als *eine* Meinung und *mehr* als eine Meinung, meine ich, nämlich Persönlichkeit, und damit schon das Zeug dazu, eine peinliche zu werden.

Denn wenn es bereits eitel wirken kann, seine Meinung über andere und deren Angelegenheiten auf Anfrage zu veröffentlichen oder veröffentlichen zu lassen, wird es fast immer unerträglich, wenn dieser Mitteilungsdrang sich ungefragt auf das erstreckt oder strecken läßt, was früher als privates Leben noch geschützt war. Restlos offen zu sein, setzt unbedingtes Vertrauen voraus – und wer dieser Öffentlichkeit und ihren Medien vertraut, kann gar nicht so gescheit sein, daß man alles von ihm und über ihn erfahren möchte.

Wo Wahrheiten und Wahrhaftigkeit gefragt sind, nimmt die Notwendigkeit zu heucheln und hochzustapeln entsprechend zu – leider nicht das Talent dafür. Und wenn nicht alles täuscht, ist Glaubwürdigkeit – neben persönlichem Charme – das einzige, was ansehnlich aus dieser Medienlandschaft ragen und sogar in guter Erinnerung bleiben kann. Glaubwürdigkeit als Deckungsgleichheit von Gemeintem und Gesagtem, Versprochenem und Gehaltenem, von Darsteller und Dargestelltem, Sein und Schein letztlich, ist auch ein Ausweg aus der Peinlichkeit: diese Authentizität eben, die wir zumindest von denen einfordern dürfen, die ihr Diktat postuliert haben.

»Heruntermachen und verreißen sollte man nur die Handlanger des Irrtums«, meinte Baudelaire. Anscheinend hat es zu seiner Zeit eindrucksvollere Irrtümer gegeben, die seiner Hochachtung für ihre Erfinder wert waren.

Wer jedoch diese letzten vier Jahrzehnte miterlebt hat, darf über die 80er wohl sagen: Sie haben wenig ehrenwerte Irrtümer hervorgebracht, dafür allerdings viele längst vorhandene auf ihr Niveau zurechtgestutzt. In einem sozialen Klima, das dem der 50er schweißtreibend ähnelt, sind die Aufsteiger aus den 60ern zu Handlangern der Irrtümer der 70er geworden und bestimmen weitgehend die öffentliche Meinung mit den Parolen, die sie aus den Erkenntnissen der 60/70er gewonnen haben, und nun im Stil der 80er variantenreich wiederholen. Wer mehr oder weniger Jahrzehnte überlebt hat, wird das wohl anders deuten – aber ich bin eben vierzig und ich sage: Das Reine, Echte, Wahre sind als Maßstäbe nur bedingt geeignet. Wer alles daran mißt, muß seine Ideale theoretisch so hoch stecken, daß sie in der Praxis nur herunterkommen können.

Aus dem Versprechen der Freiheit ist allgemeine Beliebigkeit geworden, die jedem erlaubt, zu tun, was ihm gefällt, ohne sich Kritik daran gefallen lassen zu müssen, solange er nicht selber kritisiert. Aus der Forderung nach Gleichheit mußte eine Tendenz zur Senkung aller Ansprüche resultieren, da eine Nivellierung nur auf einem Niveau möglich ist, dem niedrigsten: der Begabtere kann sich nach unten anpassen, der weniger Begabte nach oben leider nicht. Und die Verheißung von Brüderlichkeit verkam zu allgemeinem Wohltätigkeitsgetue, gefördert von einem Staatsapparat, der es natürlich gern sieht, wenn private Initiativen dort scheitern, wo er auch nicht weiterwüßte.

Die meisten peinlichen Persönlichkeiten fallen in diese Kluft zwischen Anspruch und Wirklichkeit. Ihr Tun wird an ihren eigenen Aussagen gemessen und diese wiederum an inhaltlicher Logik und formalen Stilprinzipien. »Mit Zitaten kann man ebensogut Goethe als Pornographen hinstellen«, behauptet Ernst Jünger und verurteilt die Methode: »Es ist ja auch die billigste Art und Weise, in der man einen Menschen attackieren kann.« Wo es um fiktive Äußerungen mit artifiziellem Anspruch – wie etwa bei Goethe – geht, geben wir ihm recht, da zählt allein die Qualität: Autoren für Gedanken, Worte oder

Taten ihres erdachten Personals haftbar machen zu wollen, wäre lächerlich. Anders verhält es sich, wenn wir einer Person das vorhalten, was sie ohne diesen Vorbehalt öffentlich ausgesprochen hat – sie damit zu attackieren, scheint uns tatsächlich billig und auch recht. Bisweilen geht es nur um die Form der Äußerung, beziehungsweise um einen Verstoß gegen die angemessene. Auch diese Pedanterie ist zu rechtfertigen, denn: »Eine Sprachverletzung ist immer eine Gefühls- und Gehirnverletzung«, um nochmals Kafka zu zitieren, der es dämonisch auszudrücken weiß: »eine Verdunklung der Welt, eine Vereisung«.

Damit sind gewiß nicht die Fehler gemeint, die von Laien aus Unkenntnis oder Unwissenheit gern gemacht werden, aber daß sich auf diesem Glatteis auch viele Esel wohlfühlen, die von Berufs wegen fachmännisch liebevoll mit Sprache umgehen sollten, ist schon Grund genug, genau zu sein. Es gibt zwar Kollegen, die finden Kollegenschelte grundsätzlich degoutant – uns leuchtet nicht ein, warum wir immer nur das tadeln sollten, wovon wir weniger verstehen.

Die meisten Anlässe wurden durch Inhalte gegeben oder deren Widerspruch zur Form. Und es waren immer wieder ähnliche Präformationen: das richtige Bewußtsein am falschen, das falsche am richtigen Platz; Eigennutz, der sich als Pflichterfüllung moralisch tarnt; Eitelkeit, die sich als Demut, Koketterie, die sich als Bescheidenheit ausgibt; viel Lärm, wenn es um nichts geht, betretenes Schweigen, wenn es darauf ankäme zu widersprechen; offene Türen einrennen und dafür vor Schwellen haltmachen, jenseits deren es interessant werden könnte; Mut zeigen, wo keiner nötig wäre, schonungslose Offenheit, wo Diskretion gefordert wäre; allzu vielseitig sein wollen, und nicht einmal eine gute Seite haben; mit Vorliebe das machen wollen, was man am wenigsten beherrscht; gern über das reden, wovon man am wenigsten versteht; andern alles nachmachen und sich dabei noch vormachen, man sei originell; Simples unnötig komplizieren, Kompliziertes fahrlässig vereinfachen; Unbewiesenes einfach akzeptieren, Selbstverständliches umständlich in

Frage stellen; sich selbst Fragen stellen, deren Antworten keiner hören will; angemessene Formen nicht wahren, unsinnige Normen übererfüllen; den guten Zweck die üblen Mittel heiligen lassen; sich in den Medien über die Medien, ihre Ignoranz, Indolenz, Penetranz, Indezenz usw. beschweren – kurz: alles vermischen, Grenzen verwischen, gar nichts erkennen, alles benennen, nie ein Maß finden, Spaß unterbinden – peinlich, o so peinlich sein.

Ja, es waren immer wieder die gleichen Anlässe, die uns beschäftigt haben – das mußte ermüdend wirken auf die Dauer, denn: »Das tragische Gefühl, das gerade in der Tatsache liegt, daß etwas häufig auftritt, ist noch nicht in die grobe Gefühlswelt der Menschen eingedrungen.« George Eliot hatte recht. So gut wie jede Reaktion von Betroffenen, die ihren Namen auf dieser Liste fanden, beweist, daß sie sich partout nicht als Exempel für eine dieser Grundregeln nehmen mochten, sondern als die große einzigartige Ausnahme davon. Vermutlich haben der hochfahrende Tonfall und der majestätische Plural, in dem die Verdammungsurteile wie »im Namen des Volkes« abgefaßt waren, zu dem Mißverständnis geführt, die Richter seien sich ihrer Sachen so sicher. Natürlich ist es – wie in jedem Justizunwesen – genau umgekehrt: es ging ja auch nicht um die Zustimmung irgendeines Volkes.

Die Liste der peinlichsten Persönlichkeiten war von Anfang an nicht auf den Beifall größerer Lesermassen angelegt – sie hat ihn auch nie erfahren. Bei den ersten Anzeichen breiterer Zustimmung wären ernste Zweifel an ihrer Berechtigung und unseren Kriterien angebracht gewesen – ob sie uns gekommen wären, weiß ich allerdings nicht.

Es bestand nicht die geringste Gefahr: Wenn ich mich recht erinnere, hat es nie einen durch und durch positiven Leserbrief gegeben; wo überhaupt gelobt wurde, war es ein Einzelfall, dem der Beifall galt, zumeist in einem Ton, der verdächtig nach der falschen Saite klang. Anregungen gab es dagegen häufiger, sie waren nicht immer hilfreich: die meisten wirkten allzu aufgeregt. Leserhinweisen verdankten wir – grob geschätzt – etwa fünf Prozent der erledigten Fälle, kaum mehr, da häufig entweder Material fehlte, das es uns erst möglich gemacht hätte, das Gefühl der Peinlichkeit recht nachzuempfinden, oder das beigelegte Material sich auf einen so klaren Fall bezog, daß uns seine Weiterbehandlung nicht reizte.

Einmal allerdings gab es »anbei DM 20,- für Cognac und Cola«, von einem Leser, dem ein Absatz über Bettina Wegner angeblich »aus der Seele gesprochen« hatte. Nochmals besten Dank, Herr Luplow.

Frau Wegner selbst reagierte auf »die Ehre, Nr. 5 auf Ihrer Liste der sieben peinlichsten Persönlichkeiten« zu sein, eher verwirrt und unwirsch: »und da ich, wie Sie schreiben, mit ernstem Gesicht und ernster Stimme Lieder vorzutragen pflege, bitte ich Sie ganz im Ernst, den vollen Wortlaut des von Ihnen zitierten Textes abzudrucken, den ich Ihnen hiermit unentgeldlich zur Verfügung stelle.«

Dieser Vorwurf, Zitate aus dem Zusammenhang gerissen zu haben, kam sehr häufig. Da dies nun mal im Wesen des Zitats liegt, können wir ihn nur hinnehmen.

Bettina Wegner ist – abgesehen von ihren Schwierigkeiten mit der geltenden Rechtschreibung – typisch für die Betroffenheit Betroffener. Sie, der es nichts anhaben konnte, »wenn die ›Welt‹ mich anpißt«, wollte es einfach nicht fassen, wenn ›Titanic‹ sie tadelte, »weil mich das ganz meschugge macht, wenn jemand, den man mag, auf einem rumhäckt«. Unausgesprochen bleibt die Forderung wiedergemocht und deshalb von jeder Kritik ausgenommen zu werden. Gerade aus ihrer Ecke kamen immer wieder solche Tauschangebote. »Ich war einfach nur traurig«, heißt es in einem anderen Brief, »weil da Geschosse aus einer Ecke kamen, wo ich Verbündete vermutet hatte.« Diese Art selbstverständlicher Solidarität wurde von all denen gefordert, die bereit waren, sie uns gegenüber zu üben: »Ich habe eigentlich keine Kritik an Ihrer Zeitung«, läßt Bettina Wegner wissen. Um nicht entwaffnet zu werden, haben wir weder auf Kriegserklärungen noch auf Ergebenheitsadressen je geantwortet.

Werner Schneyder, Kabarettist aus Österreich, drückte sein

Befremden – nachdem es ihn im Februar 1980 erwischt hatte – ironisch aus: »Ich beglückwünsche einen Sprachraum, dessen Satire sich mich schon als Gegner aussucht.« Denn schließlich seien wir doch seines satirischen Geistes Kind – und umgekehrt: »Polemik liebe ich auch. Vorausgesetzt, daß sie sich gegen Personen und Ideen richtet, die meine Zukunftsvorstellung von Welt unrealistisch machen wollen.« Abgesehen davon, daß wir über solche Utopien von Welt nicht verfügen, hätten die in einer Polemik kaum etwas zu suchen. Was Werner Schneyder wohl meint, läuft darauf hinaus, daß der Polemiker sich keiner Objekte annehmen sollte, die ihm – und sei es nur ihrer eigenen Selbsteinschätzung nach – nahestehen. Dabei bietet dieser nähere Standpunkt den Vorteil, die Schwächen anderer deutlicher erkennen zu können, da man sie womöglich von sich selbst schon kennt. Kabarettisten alter Schule nahmen und nehmen allerdings nur die aufs Korn, die weit und breit genug da oben stehen, um einerseits eine große Trefferfläche zu bieten, andererseits aber außer Reichweite zu sein.

Solche Spitzenkandidaten haben auch unsere Attacken immer ignoriert, andere nahmen uns nicht ernst. Der Showmaster Thomas Gottschalk etwa fand es »toll!«, im August 1983 auf Platz 5 zu stehen und antwortete launig: »Daß Ihr meine Glatze entdeckt habt, war mir zuerst etwas peinlich. Das kam vom vielen Toupieren. Aber ich habe sowieso gerade meinen Stil geändert.« Die Richtung gab er damals so an: »Irgendwie bin ich jetzt viel intellektueller.« Interviews wollte er hinfort »nur noch dem ›Spiegel‹ und der ›Zeit‹ geben«. Für eine Vermittlung unsererseits bot er uns sogar »Autogramme für Eure Freundinnen« an. Aus dem Handel wurde ebenso wenig wie aus seiner Vergeistigung: derzeit schreibt er als Kolumnist für ›Bild‹ am Samstag.

Auch der emsige Autor Gerhard Zwerenz freute sich angeblich »so sehr« über »Platz 7 in Eurer peinlichen Liste« im Oktober 1981, daß er uns Hilfe anbot: »Damit Ihr nun nicht immer was erfinden müßt, gebe ich Euch anbei mal ein paar Originalinformationen.« Die Hoffnung des Originals: »vielleicht gelingt es mir, doch noch einen Vorderplatz auf Eurer Liste zu erklimmen«, ließ sich nicht erfüllen.

Ebensowenig wie wir der Einklage des Satirikers Wolfgang Ebert stattgeben konnten: »Wieso hat es der Kollege Siebeck wieder geschafft, auf die Bestenliste der peinlichsten Persönlichkeiten zu kommen, und ich noch immer nicht?« Anträge dieser Art erreichten uns häufiger: sie waren in ihrer platten Ironie an sich auch peinlich genug, ihnen konnte jedoch, solange sie in privaten Zuschriften und nicht öffentlich gestellt wurden, nicht stattgegeben werden. Was uns daran bisweilen ärgerte, war die lieblose Form der Anbiederung, die ja auf geheimnisvolle Weise nicht bloß gegen den Antragsteller, sondern auch gegen die angesprochene Instanz zu sprechen scheint.

Der Jubel etwa: »Hurra! Ich bin eine peinliche Persönlichkeit!!«, den nach seiner Nominierung im Oktober 1987 der Zeichner Manfred von Papen, alias Papan, anstimmte, machte uns zu schaffen: allzu durchsichtig stand dahinter ein sehr privates Problem, das der Offizierssohn uns dennoch auf einer Postkarte mitteilen zu müssen meinte: »Mein Vater, der ein Riesenarschloch war (kath., rechts und 'ne Null), sagte auch immer, ich sei peinlich. Hat mich immer froh gestimmt, denn es unterschied mich von ihm. Seid herzlich bedankt.« Vaters Stelle einzunehmen und seine Autorität zu vertreten ist durchaus unangenehm, zumal wenn – wie in diesem Fall einer aus wechselseitiger Peinlichkeit hervorgegangenen Beziehung – beim Sohn offenbar ein wunder Punkt getroffen wurde. Denn obwohl es die erklärte Absicht des Polemikers ist, diesen Punkt zu treffen, ist er keineswegs dagegen gefeit, den Getroffenen, der ihm seine Wunde so offen präsentiert, dafür zu bedauern. Dies Bedauern ist natürlich wohlfeil.

Umgekehrt ist es beinah ebenso schwer zu ertragen, wenn sich eine Person von einem Angriff so wenig angekratzt fühlt, daß sie ganz aufgekratzt die persönliche Bekanntschaft des Angreifers sucht. Da wird man, auf der Frankfurter Buchmesse etwa, unvermutet von einer Unbekannten mit »du« angesprochen: »Du, ich war im Oktober peinlichste Persönlichkeit auf Platz sieben!« Man errät nach einigem Hin und Her ihren Namen und Beruf. Sie verlegt Frauenliteratur und erzählt begeistert, wie sie sich am Bahnhof gleich das Heft besorgt und sich »königlich amüsiert« habe. Nein, böse sei sie keineswegs gewesen – »wieso denn: Negativwerbung« sei doch toll für einen kleinen Verlag wie ihren, und im übrigen könne man als Mann feministische Literatur doch ohnehin nicht beurteilen. Da hilft es nichts, man muß so böse werden, wie es im Heft steht, und, um nicht vereinnahmt zu werden vom feuchtfröhlichen Eine-Hand-wäscht-die-andere, sogar noch etwas böser, bis es auch der peinlichen Person endlich peinlich wird und sie mit einem: »He, also beleidigen lasse ich mich hier nicht!« davonläuft.

Zu unserem Glück sind solche peinlichen Begegnungen recht selten, und auch Getroffensein zeigt sich nicht oft so deutlich – meist läßt lediglich die Tatsache, daß jemand eine Selbstrechtfertigung überhaupt notwendig gefunden hat, darauf schließen.

Die Schriftstellerin Karin Struck unterstellte uns z. B. gleich gesundes Volksempfinden, nur weil uns eine erotische Erzählung von ihr, die im ›Playboy‹ erschienen war, mißfallen hatte. »Im übrigen finden Herr und Frau Saubermann die Geschichte auch ›peinlich‹, ich bekam anonyme Anrufe (von Frauen!), die da ins Telefon riefen ›du Schwein!‹ Ob Sie mit denen einig sind?« Was soll man dazu sagen? Daß verschiedene Menschen aus verschiedenen Gründen zu einem sehr unterschiedlich formulierten Urteil kommen können, dessen Tendenz dennoch gewisse Ähnlichkeiten aufweist? Daß Fehlverhalten eines Gegners noch nicht beweist, daß man selbst gerecht ist? Daß auch die Zustimmung der richtigen Instanzen noch kein Freibrief ist?

Der Struckschen Beschwerde lag nämlich – wie zum Beweis – ein Aufsatz der Beschwerdeführerin über ›Die Einheit und die Abnabelung‹ bei, der »auch Alice Schwarzer gewidmet« war – übrigens eine zumindest ebenso empfindliche Ernstnehmerin, die in ihrer Person stets die Sache der Frauen und den ganzen Feminismus verunglimpft sehen wollte und am Telefon gern mit gewissen »rechtlichen Schritten« drohte, die sie zum Glück nie gegangen ist.

Überhaupt kam es bisher nur ein einziges Mal zur Eröffnung eines Strafverfahrens wegen Vergehen gemäß § 185 Strafgesetzbuch, und dies – nach einigen freiwillig eingeräumten Widerrufen – auch erst im vorletzten Jahrgang unserer Liste. Die Verfasser wurden »angeklagt . . ., einen anderen beleidigt zu haben«. Mildernd wirkte auf uns der Umstand, daß die Klage diesmal ausnahmsweise von der rechten Seite kam, von einem Leutnant der Reserve, der es sich auch als Gelähmter nicht hatte nehmen lassen wollen, an einer Wehrübung teilzuhaben. Nun fühlte sich der Reservist in seinem Rollstuhl durch unsere Auslassungen im März 1988 »an den Rand der menschlichen Gesellschaft« geschoben. Und da er lieber im Mittelpunkt stehen wollte, strengte er ein Verfahren an, das mittlerweile in die dritte Runde geht und tatsächlich ein schwebendes genannt zu werden verdient: Alle einschlägigen Begriffe von Ironie über Satire bis Polemik wirbeln da durch den juristischen Staubraum, und wieder einmal wird gar nichts klar, außer der Schwierigkeit eines Betroffenen, zwischen persönlicher Ehre und öffentlicher Peinlichkeit zu unterscheiden. Auch deswegen müssen wir noch einmal grundsätzlich werden.

Letztlich läuft es wohl darauf hinaus, daß wir das Böse nur bekämpfen können, indem wir es nicht allzu ernst nehmen. Und der Peinlichkeit entgehen wir nur, wenn wir sie ins Komische wenden und schlimmstenfalls sogar bereit sind, uns selbst lächerlich zu machen. Das Komische: nicht bloß als Entlastung oder Gegengewicht zu dem der Welt, sondern als Aufhebung aller Schwerkraft, das einen ernstentleerten Raum schafft, in dem sich wieder jonglieren läßt mit Begriffen und balancieren auf dem schmalen Grat zwischen Unrechthaben und Rechthaberei, ohne die Gefahr, ständig auf die Schnauze zu fallen. Und wenn schon, dann so wie ein Komiker eben fällt, der sich oder anderen dabei niemals wehtun kann.

Jede Peinlichkeit trägt in sich ein Moment des Lächerlichen, und wo gelacht werden darf, kann Peinlichkeit kaum aufkommen. Die Lizenz dazu kann allein der Verursacher selbst geben – Voraussetzung wäre allerdings, daß er sich selbst nicht ernst nähme. Eine Welt ohne Peinlichkeit wäre das Paradies vor der Erkenntnis, in dem noch kein Mensch sich ernst nahm.

Im Gegensatz zu Gott: Das Ernstnehmen ist neben dem Arbeitnehmen wohl die schwerste Bürde, die der große Ernst- und Arbeitgeber uns aufgebrummt hat, und bis heute besteht jede Autorität – wie jovial sie sich auch im günstigen Fall gebärden mag – darauf, ernst genommen zu werden.

Kann man unter diesen Umständen, da es soviel Ernstes gibt auf der Welt, überhaupt von jemandem verlangen, daß er sich nicht ernst nehme? Sind nicht zumindest jene dazu berechtigt, die ihr Teil davon unmittelbar in Form von Schicksalsschlägen mitbekommen haben? Nun machen aber gerade die – das lehrt die Anschauung – von diesem Recht am wenigsten Gebrauch – im Gegenteil: Die Erfahrung, daß es immer noch Ernsteres und Wichtigeres gibt, hat sie gelehrt, nichts mehr allzu ernst und wichtig zu nehmen, am wenigsten sich selbst. Zur Erkenntnis des letztlich Nichtigen, Lächerlichen der eigenen Existenz zu gelangen, ohne schmerzliche Erfahrungen – das wäre wohl ein Ziel aufs innigste zu wünschen.

Alles ist eitel – wir selbstverständich auch. Sonst würden wir uns doch ernsthaft mit solch peinlichen Utopien nicht die eigene Existenzberechtigung entziehen. Schließlich leben wir davon, den Ernst der anderen lächerlich zu machen.

Nur gut, daß alle frommen Wünsche so wenig Aussicht auf Erfüllung haben.

Wäre es nicht auch wünschenswert, durch ein Jahrzehnt gezielter Peinlichkeitsbeobachtung zumindest etwas zum Verschwinden der beanstandeten Anlässe beigetragen zu haben? Nein, auch das war nicht die Absicht dieser Liste. Die Weltverbesserungsattitüde war vielmehr eine List, denn es ging darum, das Wahrnehmungsvermögen, die Instinkte für das Niedere zu schärfen, die Anlässe bereits vorauszusehen – die weiteren Aussichten sind nämlich ziemlich klar: Nach vierzig Jahren recht reibungslosen Funktionierens ist nun auch diese Republik dabei, ihre Normalität zur Norm zu erheben, um schlechte Gewohnheiten endlich guten Gewissens fortsetzen zu dürfen. Der Wunsch ist ebenso verständlich wie gefährlich.

Denn diese Zeit, die stets beteuert, kurzlebig zu sein, hat einen ganz erstaunlich langen Atem. Und gerade ihre peinlichsten Genossen schnappen immer wieder genügend heiße Luft, um sich aufs neue aufzublähen. Währt ihre pralle Präsenz nur lang genug, gewöhnt man sich nicht nur an ihren Anhauch, die meisten sind sogar bereit, zur eigenen Beruhigung die Negativpotenzen positiv umzuwerten: aus Penetranz wird Kontinuität, aus Plumpheit Beharrungsvermögen, aus Kungeleien taktisches Geschick, Redseligkeit heißt Eloquenz, Hochstapelei gilt als Talent und Dummheit wenigstens für ehrlich. Es wäre nur eine Frage der Zeit, bis alle, die dieselbe Luft zum Atmen brauchen, bereit sind, die übelsten Gerüche mitzuschlucken, wenn da nicht hin und wieder jemand ihnen unter ihre Nasen riebe, wie der eine oder andere ihm stinkt. Er solle sich gefälligst an die eigene Nase fassen, wird dem Naseweisen dann empfohlen – der Wunsch ist ebenfalls verfehlt, denn nur wer seine Nase höher trägt als andere, kann beizeiten wittern, was da auf uns zuströmt: noch mehr Privatvorstellungen vor aller Öffentlichkeit in Form von Talk-Shows, Telephon-Interviews, Prominenten-Portraits, Stargästen, Überraschungspartnern, Meinungsumfragen, Antwortbögen, Leserbriefen, Hörerstimmen, Zuschauerwünschen, Tagebüchern, Erinnerungen, Bekenntnissen, Beichten usw. Schon gibt es Dutzende von Fernsehsendern, -zig Hörfunkprogramme, Hunderte von Verlagen, tausend Zeitschriften, und in den 90ern werden es noch mehr.

Da steht zu befürchten, daß Andy Warhols Prophezeiung aus dem Jahr 1968, in Zukunft werde jeder einmal für fünfzehn Minuten weltberühmt sein, zumindest zeitlich noch zu niedrig angesetzt war. Wer wirklich will, bekommt auch die Gelegenheit, sich so häufig und so lang er mag zu produzieren. Wir sind das beste Beispiel: Wir könnten hier noch kübelweise aus der Milch der frommen Denkungsart, dem Mehl der edelsten Empörung und dem Salz von ein paar Krokodilstränen den allerlausten Kulturpessimismusbrei zusammenrühren. Wer wollte uns hindern?

Aber zehn Jahre waren uns genug, zumal wir am Ende endlich Schule machen: Bestenlisten, mindestens so haltlos wie die vorliegenden, erfreuen sich zunehmender Beliebtheit, und in ihrer Beliebigkeit wird sogar die Kategorie der Peinlichkeit immer häufiger bewertet. Darauf hatten wir gerade noch gewartet, denn mehr konnten wir wirklich nicht erwarten – Adornos Wünschen hat, so scheint's, geholfen: »Das Peinliche verschränkt unauflöslich sich mit dem, wofür zu danken ist.«

Ich danke für Ihre Aufmerksamkeit – und da wir grad' bei guten Wünschen sind, wünsche ich Ihnen viel Vergnügen mit gut 700 peinlichen Persönlichkeiten.

Bernd Eilert

1979/80

HILDEGARD KNEF – DR. MILDRED SCHEEL

NOVEMBER

1.	Reinhold Messner *(Berg)*
2.	Karl Carstens *(Wanderpräsident)*
3.	Karin Struck *(Sprachkunst)*
4.	Elmar Gunsch *(Sprachkunst)*
5.	Uli Hoeneß *(Management)*
6.	Gerhard Zwerenz *(Bartträger & Biolsky-Tuchograf)*
7.	Klaus Stephan *(Vollbartträger)*
8.	Andy Wahrhol *(USA)*
9.	Karol Wojtyla *(Hörspiel)*
10.	Dr. Jochen und Dr. Bernhard Vogel *(Brüder)*

Falls es Ihnen, lieber Leser, bisher entgangen sein sollte: Wir leben in einem Zeitalter der a) Verblasenheit und b) noch inniger der Peinlichkeit. Schätzungsweise 95 Prozent der bundesdeutschen Bevölkerung prangen mehr oder minder entschieden: peinlich.

Etliche und besonders begabte Persönlichkeiten, vor allem aus dem medialen Bereich, ragen dennoch weithin sichtbar aus dem Massenpanorama hervor, als Koryphäen, Karyatiden, ja Neuntausender an Peinlichkeit. Ihnen soll hier die teilweise längst verdiente Ehre angetan werden.

Pein: Gewiß, sie bereiten sie bis an die Ränder von existentieller Verzweiflung. Wir alle sind heute umstellt, eingekreist, ja konfusioniert von zutiefst peinlichen Persönlichkeiten. Es gibt kein Entrinnen: denn weder ist Peinlichkeit strafbar noch durch Revolution zu beseitigen. Nicht unterschlagen werden aber darf die gleichzeitige Lust an den Peinlichen, an ihrer ständigen Präsenz. Es ist die Lust an der Erkenntnis: daß – negative Dialektik – das Leben ohne sie halt noch ärmer wäre.

Nach welchen Kriterien soll aus dem riesigen Peinlichkeitsangebot ausgewählt werden? Schwer zu sagen: Aufdringlichkeit, Dummheit, Lautstärke, Resistenz, Schamlosigkeit, Unentfernbarkeit? Schmutziger Charakter, schmierige Gesichter, schmalzige Hemden, schmockige Ohren? Soll man die klassische Bestimmung von Peinlichkeit als »unangemessenes soziales oder öffentliches Verhalten« zum Maßstab machen? Aber ist übertrieben angemessenes nicht noch peinlicher? Immerhin, die Betreuer dieser Kolumne, gefuchste und langjährige Beobachter der Peinlichkeitsszene, stehen mit ihren unbestechlichen Namen und ihrer unwiderstehlichen subjektiven Empfindsamkeit für die Zuverlässigkeit des Barometers gerade. Leser-Hinweise nehmen wir aber gern entgegen.

Es wird Grenzfälle geben. Personen, die zwar peinlich sind, aber doch etwas anderes mehr: zum Beispiel gefährlich, zum Beispiel Khomeini; oder gar zu widerlich, wie etwa Reginald Rudorf, ›Bild‹-Medienexperte und als solcher sozusagen die Spitze des Scheißbergs. Und es gibt Figuren, die – Luis Trenker z. B. – plane Peinlichkeit schon hinter sich gelassen haben, ins Metaphysische, Unangreifbare übergewechselt sind.

Meist werden wir unsere Entscheidungen auch kurz begründen: Daß Reinhold Messner von dem dunklen Drang besessen ist, über alle möglichen Berge zu biwackeln, stört uns kaum. Auch wie er das macht, ist seine Sache: ohne Sauerstoffgerät, ohne Träger, ohne Hosenträger – unseretwegen auch ohne anzukommen. Unerträglich ist nur der bloße Gedanke, dies naßkalte Gepickel sei in irgendeiner Weise vorbildlich und dieser denkfaule verklemmte Gesell eine Art »Volksheld«, wie der ›Spiegel‹ behauptet, der derlei Pennäler-Prahlereien neuerdings heiß unterstützt.

K. Carstens will eine Flasche Ostseewasser auf die Alpen gießen. Das reicht. Irgendwie können einem die Gebirge langsam leid tun.

Auch K. Struck ist beinahe bloß noch bedauerlich. Ein Stück aus der Suhrkamp-Retorte (›Klassenliebe‹) von zahnlosen vampiristischen Kritikern in den Selbst- und Muttermord gehudelt; den gleichen, die sich nun – und dafür gehören eigentlich sie auf die Liste – an den Aschenbröseln weiden, die das arme Puttel sich nimmersatt aus den knochentrockenen Fingerchen saugt. Dennoch: K. Struck ist nach wie vor die allermiserabligste von vielen miserabligen Schriftstellern. Insofern ist sie auch ein Glück für G. Zwerenz, der nur deshalb über Platz 6 nicht hinauskam; und der wiederum ist ein Segen für P. Härtling und alle, die da meinen, durch regelmäßige Ablieferung in der Regel mäßigen Buchwerks schon das ewige Recht erworben zu haben, mindestens einmal pro Woche ihr kulturgegerbtes Gesicht zum Fernseher herauszustrecken. Darauf sind wir natürlich besonders neidisch.

Daß der Papst als singender Schwimmbadbesitzer durch Polen tingelt, läßt schon jetzt Pauls Pillenprohibitionen vergessen. Ältere Meriten können der TV-Meinungsbesitzer Stephan und der Anstreicher Warhol reklamieren – ein neuer strahlender Stern in der Hölle aber ist E. Gunsch: Wetterfrosch, Rentner-Showmaster, Kolumnist, Protopüppchen für C&A-Kleidung. Rang 4 gebührt ihm vor allem für seinen beharrlichen Versuch, etwas so Ernstes wie unser Wetter ins Lächerliche zu ziehen. Dies wiegt nicht einmal der nicht enden wollende Bruderhandel des U. Hoeneß ganz auf; und ihrerseits die Brüder Vogel, weil sie sich noch immer nicht einig sind, wer wen und zu welchem Zweck an welchen Verein verscherbelt, haben sich ihren schlechten Platz selbst zuzuschreiben. An sich hatten wir für Rang 10 Golo Mann notiert, wir konnten ihn aber leider nicht erreichen und sein Einverständnis einholen. Kopf hoch, Golo, vielleicht klappt's beim nächsten Mal!

DEZEMBER

1.	Georg Leber *(Wiedergeburt)*
2.	Raffael Keppel *(»Entführung zur Menschlichkeit«)*
3.	Henri Nannen *(siehe Platz 2)*
4.	Droemer Verlag *(siehe Platz 2)*
5.	Hans Jürgen Wischnewski *(siehe Platz 2)*
6.	Karol Wojtyla *(Trimm-dich-Papst)*
7.	Heike Doutiné *(›Die Meute‹)*
8.	Dieter Kürten *(Optimismus)*
9.	Rollschuhfahrer *(Rollschuhfahren)*
10.	Heinrich Böll *(Beleidigter)*

Die Plätze 2 bis 5 werden diesmal von einer selten homogenen Gruppe besetzt: den Hauptbeteiligten der sogenannten Flugzeugentführung von Ende September. Wundersam homogen ist auch ihre strotzende Peinlichkeit: Da ist der großkonfuse Revolverkasperl, der sich aufführt, als hätte ihn ein schlechter Satiriker in einer besonders schwachen Stunde ausgedacht; da ist, nimmermüd töricht (vgl. auch Platz 9), H. Nannen, der ihm im ›stern‹ Autogrammfotos druckt, um sich die Vorveröffentlichungsrechte zu sichern; da ist der von seiner eigenen Marktchance belämmerte und rotierende Droemer-Verlag, der den Keppel-Unfug sofort drucken will, ihn dann jedoch mit einer Erklärung zurückzieht, die alles noch schlimmer macht: ». . . will der Droemer-Verlag das Buch zum jetzigen Zeitpunkt nicht veröffentlichen, um sich nicht dem Verdacht auszusetzen, in ein schwebendes« (haha!) »Verfahren einzugreifen.« Und da ist schließlich Ben Wisch, der nach philosophischen Disputen – im parkenden Flugzeug, doch gewiß »auf hohem Niveau« – seinem Kaiser – pardon: Kanzler – markig den Vollzug meldet: »Die Arbeit ist getan!« Eine wahrhaft respektable Viererbande an Unsäglichkeit.

Der Papst ist zweifellos im Kommen: von Platz 9 vorerst auf Platz 6, mit ansteigender Tendenz. Bei drei aufeinanderfolgenden Nennungen geht's dann ab in die Ewigen-Liste; wie sich das trifft für den Stellvertreter Gottes auf Erden! Der Pontifax kann viel: Motorrad fahren, Marmolatas einweihen, Marien umschleichen, durch Amerika kalauern, Hunger und Not beklagen und sich im Privatflugzeug das Ränzlein vollhauen (»Der Papst ist Feinschmecker«, berichtet ›Bild‹ begeistert.)! Unseren Segen hat er. Warum muß er nur zwischendurch solch törichte Reden über Ehe, Abtreibung und Homosexualität ablassen? Davon versteht er doch nichts.

Gewißlich könnte er dagegen die neue Rollschuh-Bewegung recht würdig patronieren. Sie nimmt den freigewordenen Platz 9 ein, als vorläufig letztes Beispiel dieser besinnungslosen Mechanik: In New York kauft sich jemand Rollschuhe und fährt damit herum. Jemand macht ein buntes Foto davon. Jemand (vgl. Platz 3) druckt dieses Foto hier ab. Schon gibt es in Deutschland tausend Deppen, die auch Rollschuh fahren. Sie schämen sich offensichtlich nicht. Das ist beängstigend.

Auf Platz 8: Dieter Kürten. Die Energie, auch bei Fußballübertragungen die totale Heiterkeit des Menschlichen zu entfalten, darf nicht zu weit führen; eine gewisse Sicherheit, daß der Reporter seine sieben Zwetschgen noch beieinander hat, muß das Fernsehen einfach gewährleisten. Und ein langweiliges Fußballspiel wird durch bloßes Kreischen auch nicht besser. »Ah!« »Au!« »Weia!« und »Ist das nicht doll!?« Nein, so doll ist das nicht.

H. Böll lag auf der Kandidatenliste schon in Lauerstellung; allein für die Erfindung des Namens »Holzpuke« und dessen Verwendung zu Romanzwecken. Er hat seither leider keine Ruhe gegeben. Mimosenmäßig hat er auf seine Kritiker reagiert: Er werde eben, so vertraute er dem Fernsehen an, die bösen Zeitungen künftig nicht mehr bedienen. Püh! So geht's aber nicht: Ein schlechter Roman kann auch zufällig mal schlechte Kritiken bekommen. Das sollte Böll wissen. (Ach, es fällt doch schwer, ihm wehzutun.)

Simpler der Fall der Villa-Massimo-preisgekrönten Rennfahrer-Romanceuse H. Doutiné. Man kann ihr Buch ›Die Meute‹ aufschlagen, wo man will – man möchte es gleich wieder zuschlagen. Auf jeder Seite stehen Sätze wie diese:

»Kräftig. Aber nicht sehr stark. Acht Zylinder. Aber ohne Kraft. Dabei. Aber chancenlos. Mit zweitklassigem Material.« Es. Gibt. Auch. Längere. Sätze: »In Schwester Margot wuchert der Tod noch nicht, dachte Freiherr von Butlar.« Es gibt sogar Fragen: »Ließ sich ein Traum verwirklichen?« Und Antworten: »Natürlich.« Warum auch nicht? Wenn sich Albträume wie dies Buch verwirklichen lassen . . .

Und der große Sieger?

Hätte es schon ehedem eine P-Hit-Liste gegeben, G. Leber hätte sie vermutlich über Jahre hinweg unangefochten angeführt, wäre längst mit Gloriole in den Ewigen-Parnaß gewechselt. Daß der zwei Jahre lang in der hochverdienten Versenkung Verschwundene noch einmal und vom Bundestag einstimmig (!!) gewählt in die schreiende Präsenz eines Bundestagsvizepräsidenten reanimiert wurde, um abermals seine prangend einfalts-, ja stupiditätsgerüstete Physiognomie der zu Macht gemörtelten Maurermentalität ins Bild zu setzen: dies hat ihm eine überraschende letztmalige Spitzenposition in der aktuellen Liste gesichert. Selten war die Redaktion sich so schnell einig. Einiger noch als der Bundestag.

JANUAR

1.	Karol Wojtyla *(eiliger Vater)*
2.	Indira Gandhi *(Stehauffrauchen)*
3.	Ephraim Kishon *(Humor-Zionist)*
4.	Bielefeld *(Westfalen)*
5.	Gottfried Edel *(TV-Philosoph)*
6.	Andrea Jürgens *(Kind)*
7.	Hua Kuo Feng *(Versprecher)*
8.	Daniel Christoff *(TV-Realist)*
9.	Angela Praesent/ Erika Pluhar *(Frauen von 40 Jahren)*
10.	Jürgen Serke *(Frauenfreund)*

Der Stellvertreter Gottes auf Erden und auf Platz 1 unserer Peinlichkeitsliste: und das nicht etwa als Schauspieler (»Papst wird jetzt Filmstar«, ›Bild‹), nicht als Gourmand (»Der gesegnete Appetit des Heiligen Vaters«, ›Bild‹) oder Gourmet (»Was dem Papst schmeckt« ›stern‹), sondern einzig und allein dafür, daß er nun auch noch eine der letzten unumstößlich feststehenden Wahrheiten seiner Kirche verraten und sich öffentlich zu den Irrlehren eines gewissen Galileo oder Galilei bekannt hat: Die Erde soll sich um die Sonne drehen? Da sei Gott vor. Dicht gefolgt wird der auf Lebenszeit gesalbte Herr von einer Dame, die das auch gern wäre: 1977 endlich legal abgewählt (als ob das noch nicht peinlich genug war), fühlt sich die wahrscheinlich penetranteste Frau von ganz Fernost, I. Gandhi, schon wieder berufen, in die quälend langsamen Geschäfte ihres Landes bremsend einzugreifen. Weil sie mit 62 Jahren offenbar immer noch nicht erkannt hat, daß ihre rechthaberische, nichtsnutzige, doch desto dauerhaftere Anwesenheit silbersträhnig den Horizont verdüstert und die übrige Welt zumindest ebenso ermüdet wie die ewige Wiederkehr von Herbst und Winter.

Gleich zwei Frauen auf Platz 9, A. Praesent (Beschreibende) und E. Pluhar (Beschriebene): »Eine Frau so wie Ingwer . . . Erika Pluhar ist wohl erwachsen.« Zwischen diesen beiden Sätzen liegt ein Artikel (›Zeit-Magazin‹), in dem vier Spalten lang voll Bewunderung die erstaunliche Tatsache mitgeteilt wird, daß heutzutage sogar eine Frau selbständig sprechen und singen, ja, sogar »sprechsingen« (Originalton Praesent) kann, und gar so schwierige Wortverbindungen wie z B. »mein Mann« (O-Ton Pluhar). Und das alles schon mit 40 Jahren!

A. Jürgens ist noch nicht einmal 14. Und wahrscheinlich hat ihr auch nie jemand gesagt, daß man sich vor guten schallplattenherstellenden Onkeln hüten muß. Dennoch: das Jahr des Kindes ist vorbei – und Lieder wie ›Eine Rose für Kinder schenke ich Euch beide im Paradies‹ (oder so ähnlich) tun wirklich weh. Und eh' uns die Ohren abfallen: Platz 6.

Daß E. Kishon (Platz 3) ein eher langweiliger Humorist ist, hat Hans Mentz schon im vorletzten Heft (Nr. 11) dankenswert nachgewiesen. Daß er jetzt mit diesen eher langweiligen Humoresken auf Vorlese-Tournee geht, macht die Sache peinlich.

Unter den TV-Herrlichen möchten wir diesmal – und seit Jahren hochverdient – G. Edel auszeichnen. Nicht so sehr den Moderator des ›Evangelischen Tagebuchs‹ in altpietistischer und inzwischen rollkragenaktualisierter Sanft- und Flachquatscherei, sondern mehr noch den bewährten Interviewer der großen Denker und kleinen Dünnpfeifen der Gegenwart. Atemberaubend, wie Gottfried das schafft, beim ordinären Fragestellen bloß mit frappanter Penetranz die eigene würgende Topgeistigkeit, sei's als Privatphilosophie, sei's als Bildungsfruchtsalat, in die Scheuer des Mikrofons zu fahren.

Einer derjenigen, die das Fernsehprogramm mehr hinterrücks verhunzen, ist der Autor D. Christoff. »Er wird in den TV-Anstalten hoch geschätzt«, weiß der ›Spiegel‹, für »realistische Zeitstücke«. Als gestandener Randgruppenspezialist hat er sich nach den Trinkern (›Rückfälle‹) unlängst im ZDF die Nutten (›Fallstudien‹) vorgenommen. Natürlich wieder mit der beliebten Schonungslosigkeit: Dämonisch lehnen Zuhälter in Türfassungen, gucken ganz gefährlich und nehmen sich – Gipfel der Bedrohlichkeit – mit spitzen Fingern die Sonnenbrillen von den messerscharfen Nasenrücken; wobei sie schmierig-rauhe Dialoge ablassen, die D. Christoff wohl für wirklich hält. Wir halten sie und ihn für wirklich peinlich.

Peinlich ist es auch, Versprechungen zu machen, die man dann nicht einhält. Das möchten wir auf diesem Wege dem Vorsitzenden Hua Kuo Feng hinter die Schlitzohren schreiben. Wo bleiben unsere beiden Panda-Bären? Wo?

»Der Stadtrat von Bielefeld hat einstimmig den Verkauf von Kriegsspielzeug auf Märkten verboten« (›Frankfurter Rundschau‹). Bravo! Kann man da nur rufen. Man kann wirklich nichts anderes rufen. Platz 4 für die tapfere kleine Stadt.

Platz 10 – und hier rundet sich die emanzipatorische Tendenz der aktuellen Liste fast zu schön – geht an den Journalisten J. Serke, der aus einer Stern-Serie ein Buch gemacht hat: ›Frauen schreiben – ein neues Kapitel deutschsprachiger Literatur‹. Darin steht über schreibende Männer u. a., daß sie »wütend und melancholisch, perspektivlos und nihilistisch durch die Lande gammeln«. Der Unfug als solcher wäre kaum prämierenswert – daß einer aber seine Hoffnungen darauf setzt, sich mit solchen dümmsten Kartoffeln in den Herzen der Frauen einen Vogelbauer zu errichten, aus dem er solche Schalmeienklänge pfeifen kann: das finden wir eigentlich schon sehr artig.

FEBRUAR

1.	Hans Küng *(existent)*
2.	Brigitte Schwaiger *(Meersalz)*
3.	Richard Stücklen *(Harun-al-Richard)*
4.	Horst Frank *(mehr Wicht als böse)*
5.	Doktor Krohn *(resistent)*
6.	Werner Schneyder *(Wortkanone)*
7.	Frau Ertl *(Ministergattin)*

Auf Platz 1: Hans Küng. Wieso? Weil ein Kellner, der versucht, Zweifel an der alleinseligmachenden Kraft des Doppelkorns oder gar an der Unfehlbarkeit des Wirts in die Herzen der Stammgäste zu säen, sich nicht wundern darf, wenn er endlich rausfliegt. Wieso dann nicht der Kellner auf der Liste steht? Erstens, weil er nur ein Beispiel war (Kellner hinkend ab), und zweitens, weil er keine feisten Bücher schreibt über Fragen, auf die ein Wort als Antwort genügt. »Existiert Gott?« Wenn Sie uns fragen: Ne. Aber daß Leute existieren, die hundert Jahre nach Schopenhauer und Nietzsche einen derartigen Quatschramsch noch als Problem verkaufen, ist schlimm. Noch schlimmer ist freilich, daß auf solche Selfmade-Märtyrer und »unbequemen Kritiker« (Küng über Küng) heutzutage statt des verdienten Scheiterhaufens nur Auflagensteigerung, TV-Prominenz und die Professorenpension warten. Dafür sollte sich H. Küng wenigstens hinsetzen und eine flotte Widerlegung jenes katholischen Axioms verfassen, daß der Papst, wenn er nur wollte, Brötchentüten in Pariser verwandeln könnte. Er kann nämlich nicht einmal das.

Leo Tolstoi am 2. 2. 1870 über den Unverstand: »Ich höre die Kritiker: ›Die Schlittenfahrt . . . die Jagd, das Essen und der Tanz – all das ist schön; aber seine historische Theorie, seine Philosophie sind schlecht, abgeschmackt und fade.‹« Diese Prophezeiung nach knapp 110 Jahren peinlich genau zu erfüllen, blieb der Wiener Schriftstellerin B. Schwaiger vorbehalten. Sie empfiehlt ›Krieg und Frieden‹ als Lektüre »für Bettlägrige . . . Die Ausführungen über Napoleon kann man überblättern.« Nur wer den Roman kennt, kann ermessen, wie dummdreist diese »Empfehlung« ist. Frau Schwaiger kennt ihn offenbar nicht.

Die Republik Österreich ist zudem durch W. Schneyder vertreten. Er ist – und das will angesichts eines André Heller schon etwas heißen – der bisher unerträglichste Hansdampf, mit dem sich dies kleine längliche Land seit Sarajewo für alles rächt, was wir ihm angetan haben. W. Schneyder versteht sich als Kabarettist, Vertreter der kritischen Melancholie, rebellisch bis in die Borstenspitzen, die er statt Haaren auf dem Kopf trägt. Mit Vorliebe geißelt er in satirischen Sendungen wie ›Das aktuelle Sportstudio‹ so allgemeingefährliche Institutionen wie z. B. die Fußballbundesliga. Denn die ist – das hat W. Schneyder scharf beobachtet – gar kein reiner feiner Sport mehr, sondern ein Ähbäh-Geschäft. Pfui.

Außerdem ist dieser Mäckie Messerschnitt noch für »Schüsse aus der Wortkanone« zuständig. Es täte uns weh, auch nur einen dieser Rohrkrepierer hier zu zitieren – wir ehren ihn lieber auf diese Weise: schweigend.

Mit Fußball haben auch unsere nächsten Listenplatzbesitzer zu tun: Dr. Krohn, der als Reklame für Malz-Whisky endlich ein geregeltes Auskommen gefunden zu haben schien, wollte noch einmal dem HSV vorsitzen.

Diese peinliche Phantasielosigkeit, immer wieder da rein zu wollen, wo man schon einmal rausgeschmissen wurde – unbelehrbar! Sicher wird er auch noch einmal im Fernsehen auftauchen. Und sei's auch bloß als Tanzeinlage während der Programmvorschau.

Dem Fußball schaut auch R. Stücklen gerne zu. Er ist zudem

ein erfahrener Skatspieler, schlagartiger Diskussionspartner, Vollblutbrillenträger und, einem Bonner Ondit zufolge, zieht er sich neuerdings schon ohne fremde Hilfe die Hose mit der Kneifzange aus. Dafür bekommt er heuer den ›Orden wider den tierischen Ernst‹. Rätselhaft bleibt nur seine Ernennung zum Bundestagspräsidenten. Oder wollte die CDU/CSU der SPD und ihrem Vize Leber quasi vorbeugend mit einer noch dickeren Kartoffel den Brei verderben? Wenn jetzt die FDP noch den W. Mischnick entbehren könnte (und wer könnte das nicht?) – wir hätten ein trio imbézil im Präsidium beisammen, das uns kein Parlament der Welt so leicht nachmacht.

Zwischen die Fußballfans hat sich überraschend der Schauspieler H. Frank geschoben. Und zwar als Sänger. Text: »Für meine Zeit mit dir wollte ich dir dankbar sein wie ein Gebet.« Dazu ein verwichstes Schlafzimmergesicht, eine grauenhaft hingetürkte Frisur und ein Hemdkragen, der bis zum Gürtel offensteht. Gibt es denn nirgends ein gütiges Herz, das diesem Neckermann-Nosferatu bedeutet, daß von seinem Bahnsteig schon lange kein Zug mehr geht? Der Mann müßte doch Freunde haben; wenigstens bei der CDU, für die er im Werbe-Fernsehen regelmäßig »Freiheit statt Sozialismus« haucht.

Auf Platz 7 – mehr Peinliche können wir auch in Zukunft aus Platzgründen nicht berücksichtigen (tut uns leid, Golo) Frau Ertl. Die hat ihrem Mann, dem Minister, an Weihnachten laut ›Bild‹ »eine halbe Milchkuh« geschenkt. Peinliches Geschenk: eine halbe Milchkuh. Die wird doch dauernd umfallen.

MÄRZ

1.	Olympia '80 *(Winter)*
2.	Mildred Scheel *(Nierenentzündung)*
3.	André Heller *(Pöt)*
4.	S. Fischer *(TV-Saufaus)*
5.	Harald Juhnke *(TV-Saufaus)*
6.	Peter Roos *(Jahrgang 50)*
7.	Josef Maier *(Maier Sepp)*

Wir hatten beim letzten Mal behauptet, die Wiener Wortkanone Werner Schneyder sei trotz A. Heller das derzeit unerträglichste österreichische Exportpartikel. Wir nehmen diese Behauptung mit dem Ausdruck leisen Bedauerns zurück. Nach dem, was das Fernsehen von seiner letzten Tournee gezeigt hat, müssen wir zugeben, daß A. Heller doch noch unerträglicher ist. Vor allem der Schamlosigkeit wegen, mit der er sich neuerdings als Karl-Kraus-Nachfolger anbiedert. Er, der mit seinen abgestandenen Lyrismen (»Oan Zigeiner mecht i sein!«) und pseudointensiven Posen so schlecht wie alles verkörpert, was dieser zornige alte Mann sein Leben lang verachtet und bekämpft hat. Wenn sich der kleine Max, der doofe Moritz und Hedwig Courths-Mahler für das ›Grün-goldene Frauenblatt‹ einen »Poeten von heute« ausdenken sollten – heraus käme Homunkulus Heller. Mit sengender Sensibilität erfüllt er dies Klischee 273,2prozentig. Bei -273,2 Grad liegt übrigens der absolute Nullpunkt. Da gefriert sogar das Blut in den Adern.

Wir haben Sepp Maier als Torhüter trotz mancher Reaktionsschwächen auf der Linie stets geschätzt. Auch seine Narreteien waren im eigenen Strafraum durchaus erträglich. Aber nun als Karl Valentin?! Ebensogut könnte man Otto Waalkes dafür ins Nationaltor stellen. (Das war nicht ernst gemeint, Herr Derwall, weg mit dem Notizbuch!) Dennoch sagt Wilfried Moschhäuser, Chef des Münchner Volkstheaters ›Platzl‹: »Diesen Mann engagiere ich blind.« Blindwütig.

Daß wir diesmal die Olympischen Winterspiele auf den Sockel heben, ist nicht sehr originell. Doch immerhin haben wir uns im voraus engagiert. Blind. Und noch besteht – falls der Russe nicht schläft – einige Hoffnung, daß etwas dazwischenkommt. Das Vor-sich-hin-Blöden auf Ski und Kufe gehört jedoch so oder so zu den allerberieseltsten Zeitgemeinheiten, auch wenn man hier kaum mehr davon sehen wird als das atemberaubende Flitzen der Hundertstelsekunden via Satellit, gewürzt mit den »Brima Zwischenzeiten, sakradie« eines H. Valérien und den Wachswichsereien eines B. Morawetz – ach Gott, jetzt graust uns doch . . .

In großen Zeitungsanzeigen für das Buch der Zuckmayer-Witwe Alice, ›Genies sind im Lehrplan nicht vorgesehen‹, zitiert der S. Fischer Verlag (bekannt für kaum lesbare Taschenbuchsatzspiegel) Presselob: »Noch niemals ist ihr eine so glückliche Mischung aus Persönlichem und Portrait, noch niemals Sprache in dieser literarischen Fülle gelungen.« Fein für Alice – nur stammen die Zeilen aus ›buch aktuell‹, und leider hat sie – wie alles in diesem Public-Relations- und Großverdummungsorgan – der Verlag selbst geschrieben. Wir haben geschwankt, ob wir die Gaunerei begrüßen oder geißeln sollten – diesen Monat finden wir sie noch peinlich, ab April hübsch. Is' doch eh wurscht.

Umgekehrt haben wir H. Juhnkes Bemühungen, den Alkoholismus, respektive den Heldenkampf dagegen, bildschirmfähig zu machen, bisher eher wohlwollend verfolgt. Das ist anders geworden seit einem Gespräch, das in der Straßenbahn Linie 19 zwei alte Damen miteinander führten. »Bleibt Harald trocken?« Diese alten Menschen sorgen sich allen Ernstes darum. Und ehe so ein sauflustiger Sinatra-Verschnitt unseren Alten den verdienten Lebensabend verdüstert: Platz 5.

Auf Platz 6 P. Roos. P. Roos ist 29. Bald wird er »30 Jahre alt«. Darüber klagt er im ›Spiegel‹ seitenlang. »Und die Hoffnungen, die Hoffnungen. Damals.« Nein, das klingt doch schon zu greisenhaft. Und wenn er sich »beim Wechseln der Farbbänder« die Finger »immer noch schmutzig macht«, dann soll er halt das Schreiben bleibenlassen. »Neulich sagte der Fünfzehnjährige im Treppenhaus zu mir ›Sie‹.« Na und? Wenn dies larmoyante Reminiszieren so weitergeht, ist wohl bald die verlorene Generation der 10jährigen dran: Diese hämischen Rufe, wenn ich einen Sandkasten betrete: »Seht mal den Opa mit den Kuchenförmchen!«

Dr. M. Scheel war nicht länger zu vermeiden – spätestens nach dem Scheitern ihres großangelegten »Krebs-Fortbildungskongresses«. Von 60 000 Eingeladenen wollten 29 kommen. Da fragt sich selbst Dr. Vilmar (Präsident des Ärztetages), ob es »sinnvoll und nötig sei, drei Praxistage zu opfern, um etwa nur Statisterie in einer weiteren Personality-Show zu spielen«. Und Dr. Iversen, Bad Segeberg, diagnostiziert bei der enttäuschten Gastgeberin: »Selbstüberschätzung, gekränkte Eitelkeit, momentane psychische Disbalance.« Nachdem Dr. Scheel dann auch noch zugibt, das Hauptverdienst ihrer Krebshilfe bestehe darin, »daß man über den Krebs spricht wie über Nierenentzündung«, hält eigentlich nur noch die Zeitung zu ihr, die über Krebs wesentlich lieber spricht als über Nierenentzündung – ›Bild‹: »Mildred Scheel hat ihr Leben der Krebsbekämpfung gewidmet.« Mehr fällt uns zu dieser Frau auch nicht ein.

APRIL

1.	Österreich *(Fan-Club)*
2.	Brigitte Schwaiger *(mehr Schmalz)*
3.	Bielefeld *(Ost-Westfalen)*
4.	Muhammad Ali *(Amateurdiplomat)*
5.	Herbert Reinecker *(Amateurtragöde)*
6.	Du-Sager *(Du-sagen)*
7.	Klaus Rainer Röhl *(Derda)*

Die Österreicher haben endgültig die Führung in der Rubrik ›Peinliche Selbstdarstellung‹ übernommen. Der ›Österreich Fan Club‹ verspricht in »10 ausgewählten Spitzenorten« alles, »was dieses herrliche Österreich mit seinen gemütlichen Menschen und seiner herausragenden Kulturlandschaft bietet«. Als da wären: »Welcome Party, Hawaii-Surfturn, Lollypop-Begrüßungsschlekken, Moonlightswimming, Disco-Revolution, Body-Painting Party, Free Poker Party, Bubblegum Competition, Popcorn und T-Bone-Steak-Party« und, etwas überraschend, das »Gartln im Gemüsegarten«. »Clubbetreuer« sind so gemütliche Menschen wie »Mirl, das Kräuterweiberl«, der »Schlögl Sepp, FC-Hirt« und »Christian Kain, der urgewaltigste Holzknecht«. Wer den noch überlebt, bekommt zur Belohnung »die Hauswurz im Topf, außen drauf der jeweilige Vorname«, und »Seraphim Zangerl, 72, erzählt« ihm »bei Glühwein und Graukas die grusligsten Geistergeschichten des Paznautals«. Schade, daß man dieses kotelettförmige Land nicht in der Pfanne braten und aufessen kann. Denn »nach vollbrachtem Schmaus wird zum Bunny-Wettbewerb gerüstet«.

Tut uns leid – nein, gar nicht wahr, tut uns wohl: aber wir müssen die Schriftstellerin B. Schwaiger, Wien, schon wieder ehren: In der kultursinistren TV-›Kritik am Sonntagabend‹ hatte sie das Glück, auf einen Regisseur zu stoßen, mit dem sie auf Anhieb so traumhaft-blind verkitscht-verschmockt harmonierte, daß wir eine bürgerliche Ehe anraten möchten.

Wie sie da, eine Elegie in Pumphosen, im keuschen Schnee stand, müd' blinzelnden Aug's und mit wehschönen Zügen, an denen vorbildlich die Wangen aufopfernd schwermütig beteiligt waren – wie sie da wispernd mit dem Vater, dem eigenen, abrechnete, ganz ohne falsches Barmen, nur der eigenen Sensibili- und Integrität verpflichtet – ach, das macht dem Gittli in dieser perfiden Perfektion jetzt nicht mal mehr Strucks Karin nach. Es war, kurz und poetisch: der reine Scheiß.

Da wir gerade davon reden: K. R. Röhl hat ein Buch geschrieben. Titel: ›Lustobjekt‹. Der Arsch- und Tittenspezialist mit dem ›Super-Dasda‹ zeigt darin, laut Europaverlag, »Fehlentwicklungen der Frauenbewegung auf und fordert ihre Rückkehr zu den ursprünglichen, emanzipatorischen Zielen«. Kein Kommentar – oder doch, schließen wir uns den treffenden Worten eines Freundes an: Der muß es ja wissen.

Mehrmals im Monat schlägt er zu. Mal als ›Der Kommissar‹, mal als ›Derrick‹ und, besonders gnadenlos, als ›Der Alte‹: Der unheimliche H. Reinecker, Autor von Fernsehkrimis – hatten wir bisher geglaubt. Doch unser Verdacht war falsch. »Ich schreibe die griechischen Tragödien für den kleinen Mann«, hat er der ›Zeit‹ gestanden. Aha. Wie wäre es dann mit einer Serie ›Der Uralte‹: Kommissar Kreon und sein blinder Assistent Teiresias auf der Jagd nach dem Animiermädchen Antigone, die ihrem Bruder Polyneikes in der ›Olympia-Bar‹ einen Schierlingsbecher an den Januskopf geworfen hat . . . und dazu brummt der Chor der Staatsanwälte: »Verbrechen aber ist Schicksal, beim Zeus!« Na, was denn sonst?

Auf Platz 4: Muhammad Ali. Weniger für seine Boykott-Tour durch Afrika (diese Art Dumpf-Diplomatie hat eher J. Carter zu verantworten: »Das muß doch klappen, wenn ich den Bimbos einen Bimbo schicke«, hat er sich wohl gedacht), nein, schlimmer ist, daß Ali, der ja immerhin fast zwei Jahrzehnte lang ein starker Habenposten in unserem Emotionshaushalt gewesen ist, nun sein Comeback ankündigt: »Es ist zu 75 Prozent sicher, daß ich zurückkehren werde.« Dafür gibt's dann Platz 1; hundertprozentig.

Bielefeld hat sich seit Januar auf Platz 3 verbessert. Gleich nach dem weihnachtlichen Kriegsspielzeug-Verkaufsverbot hat der Rat der tapferen Stadt nun geschlossen beschlossen, »umgehend alle erforderlichen Schritte einzuleiten, damit gewährleistet ist, daß nach der Außerdienststellung von Z 5 eine erneute Patenschaft mit einer schwimmenden Einheit oder einer Landeeinheit der Bundesmarine sichergestellt ist«. Das »Z« steht übrigens für Zerstörer. Noch so eine Breitseite, und es geht ab zum Papst in die Ewigen-Liste.

Karl Valentin glossierte einst die »Gell-Pest«: die Unsitte, nach jedem dritten Wort »gell« zu sagen. Heute grassiert die ideologisch ungleich tückischere Krankheit, jeden Satz mit einem gesungenen »Du« zu beginnen, zu würzen und zu enden: »Du, ich kann dir das verbal nicht so vermitteln, du, aber gefühlsmäßig, du, wenn ich mich da nicht einbringen darf, du-du, dann geh' ich jetzt, du!«

Die Seuche hat, von Hamburg kommend, mittlerweile Schwabing erreicht und noch unbewohnbarer gemacht. Alte Linke und neue Sensible sind besonders ansteckungsgefährdet. Zum Trost für alle Patienten: Auch die Autoren dieser Peinlichkeits-Kolumne sind gelegentlich von der »Du-Pest« befallen. Ehrlich, Sie.

MAI

1.	Hildegard Knef *(2. Gesicht)*
2.	Hildegard Knef *(1. Gesicht)*
3.	Nina Hagen *(Muckefuck-Minelli)*
4.	Reinh. Hoffmeister *(Betroffener)*
5.	Wolf Wondratschek *(Schlafsackpoet)*
6.	Freddy Quinn *(Jungtürke)*
7.	Olga Tschechowa *(posthum)*

Zugegeben: die ganze Liste hat diesmal etwas Gespenstisches: Ganz-, Halb- und Scheintote. Homunculi, homuncula . . . Selbst unser volkseigener Punkpummel N. Hagen wird ihres wilden Lebens nicht mehr froh. Kein Wunder, wenn einem so'n paar verwöhnte Konsumheinis, die für 16 Mark Eintritt eine richtige Kapelle verlangen, die ganze Tornee vermasseln. Wo 's Tonband doch viel cleaner klingt. Und überhaupt, wenn nicht alle so gedrängt hätten, die Mammi, die Controlettis von CBS und die Fans, die blöden – die waren doch bisher so schön doof, daß sie nicht mal gemerkt haben, daß hinter dem hektischen Berg-und-Tal-Geknödel nichts mehr steckte –, von wegen Verarsche eurer bürgerlichen Operettenkultur, das unrelaxte Mädel hat halt nicht mehr drauf. Außer, daß sie immer brav frech ist, sogar im Fernsehen. Und die grünen Haare und das teure Dope und die schönen schwarzen Lederfummel – das soll jetzt auf einmal alles umsonst gewesen sein?! Scheißkapitalismus! Da hätte man die ganze Nummer ja gleich besser in der DDR abziehen können.

Daß die Scham den Tod überleben kann, hat schon Kafka geahnt. Auch die Peinlichkeit kann das: »Die große Schauspielerin Olga Tschechowa hat einer Katze und einem Hund 1000 Mark Rente im Monat vermacht« (›Bild‹). Doch O. Tschechowa hat nicht nur an »Schnurri (10)« und »Bam (11)« gedacht, ». . . auch für die treue Haushälterin ist gesorgt: Sie darf künftig im Versand der Tschechowa-Kosmetikfirma arbeiten.« Und dies Maß an Menschenliebe halten wir dann doch für übertrieben. Platz 7.

Knapp davor ein Peinlichkeitsveteran, dessen Biedersinn unsere Republik mitgeformt hat: F. Quinn, die ewige Luftnummer, die Gitarre und noch mehr. Jemand hat ihm offenbar gesteckt, daß es bei uns derweil mehr als eine Million Türken gibt. Das macht mehr als zwei Millionen Ohren, und schon weiß F. Quinn, was er zu tun hat: Er lernt türkisch. Weil er türkisch singen will. Irgendwem muß er seine nevergreenen Heuler ja andrehen in den boring eighties. Hoffen wir, daß der Kamerad Türk inzwischen genug deutsch gelernt hat, um sich das zu verbitten: Jünge kümm nü wüder, nü wüder zü üns (Platz 6).

Der Titel seiner Sendung, ›Litera-Tour‹, ist impertinent; ihre inhärente Ideo-Logie und ihr Hab-Itus sind die des Afri-Cola-Konsumrauschs; aber wirklich krank macht erst der Mann, der davor- und dahintersteckt: R. Hoffmeister. Er versammelt wahrlich alle kurrenten Attitüden: progressiv, salopp, wenn's sein muß, tragisch äugend, dann wieder kämpferisch, allzeit gedankenblaß, souverän in der hinterletzten Phraseologie daheim (zu Krolow: »Sie sind ja immer in der Zeit gewesen, aber Sie haben sich nie von der Zeit vereinnahmen lassen«), oft hin- und hergerissen zwischen Krämer-Impulsen und dem schlechten Gewissen darüber (»Es ist eine starke Nachfrage nach Lyrik – um es mal so marktgerecht auszudrücken.«) – kurz: der rechte Konform- und Konfirmationslinke durch dick und chic. Geehrt wird er hier vor allem für die Bereitschaft, von allem und jedem »betroffen« zu sein – sowie für sein TV-Gespräch mit W. Wondratschek, dessen dümmlicher Bukowskismus nur durch die gußeiserne Werbekampagne dieses »Poeten der Schlafsackgeneration« (H. über W.) einen Schimmer von Heiterkeit abkriegte: Fünfmal den Namen des Hauses 2001 ins Fernsehen zu feuern – Wolfi, alter motherfucker, da hat sich das Agentur-Praktikum bei der GGK ja doch noch gelohnt.

Kommen wir zu den Bekenntnissen: Wir haben H. Knef nie gemocht. Ihre maßlose Selbstüberschätzung fanden wir nie charmant. Ihre Leidensgeschichten überflüssig bis widerwärtig, ihre »Offenheit« wirklich »schonungslos«. Und dennoch kam ihre letzte Schamlosigkeit selbst für uns überraschend: »Das hat es noch nie gegeben. Ein großer Star bekennt sich zu einer Schönheitsoperation« (exklusiv in der ›Bunten‹). Jetzt gibt es also auch das noch.

Nun könnt' man sagen: Ist doch ihre Sache, wenn sie sich ein neues Backpfeifengesicht verpassen läßt. Und man könnte es sogar clever finden, daß sie sich die Operation von einer Illustrierten vorfinanzieren läßt. Zum Kotzen ist nur, daß H. Knef immer noch jede Möglichkeit hat, ihre eigenen Beschränktheiten ungestraft zu verallgemeinern. Von ›Bild‹ bis ›Spiegel‹, der Schnittmusterbogen, den die fortan als Gesicht benutzen will, war überall zu sehen. Und natürlich darf sie auch weiterhin im Fernsehen, unterstützt von M. Walden und anderen Wiesenschaumschlägern, alle Kanäle vollmachen. Und da das Liderlüpfen und Tränensackhüpfen so »wahnsinnig wichtig« ist »für Frauen in meinem Alter«, gibt's bestimmt auch bald – und warum nicht gleich auf Krankenschein – das Buch zur Narkose. »Ehrlich« und ohne sich selbst (und andere) »zu schonen«: Naht für Naht, und wie sich beim Scheißen die Mundwinkel unwillkürlich zu einem bittersüßen Lächeln verziehen . . .

JUNI

1.	Helmut Kohl *(Ewiger h. c.)*
2.	Maria Schell *(Selige h. c.)*
3.	Siegfried Unseld *(Kameltreiber)*
4.	August Everding *(Fischer & syne Fru)*
5.	Michael Holzach *(Huttererdarsteller)*
6.	Agentur Grabowski *(Bewährungshelfer)*
7.	Henry Miller *(alt geworden)*

Im Hause Suhrkamp raunt man von einer »gelben Mappe«, in die der Hausherr jene Briefe von sich sammelt, die ihm geeignet erscheinen, sich der Nachwelt als großer, mächtiger Verleger und als Persönlichkeit voll vollem Menschentum zu präsentieren. Derlei Eitelkeiten sind eher rührend als peinlich. Eher peinlich ist dagegen der Versuch, sich als väterlicher Frauenfreund zu profilieren. ›Das Jahrhundert der Frau‹ nennt sich ein zum »Almanach« aufgeblasener Hausprospekt. Und dabei ist nun in der Tat »ein Merkwürdiges zu beobachten«. S. Unselds ›Geleitwort‹ nämlich, in dem er ehrlich zugibt: »Die Herkunft des Wortes Almanach ist unbestimmt, aber im Arabischen galt die Bezeichnung einem Ort, ›wo man Kamele niederknien läßt‹.« Ein schönes Bild: Die Suhrkamp-Oase, der Treiber Unseld, bekniet von einer Herde Höckertiere – sprich: Autorinnen.

Platz 5 hat sich M. Holzach mit einer heutzutage beliebten Verwechslung ergaunert. Er war ein Jahr lang bei den sogenannten Hutterern, einer radikal-neurotischen katholischen Minderheit in den USA. Man braucht das Buch nicht zu lesen, um sich vorstellen zu können, wie hier wieder einmal Dumpfheit mit Verweigerung unsachgemäß gleichgesetzt wird. Die Art, in der M. Holzach dafür werben läßt, erinnert stark an die plötzliche Vergeistigung des ehemaligen ›stern‹-Redakteurs J. A Elten zu Poona. Auch M. Holzach nimmt flott die Identität der von ihm gefeierten Sektierer an, schlüpft flugs in ihre Kratzekutte, verpaßt sich die kleidsame Topffrisur und läßt sich sodann mit jenem stier-verhemmten Paulusblick fotografieren, der den gewöhnlichen Kunden mahnen soll: »So Du aber dieses Buch nicht sogleich kaufst, sei verflucht, Du Wurm, bis in die 3. oder 4. Auflage.«

Noch mehr zu warnen ist vor einem Buch, das noch nicht da ist. M. Schell schreibt natürlich über sich selbst; und wer diese tränige Person jemals in ihrer Lieblingsrolle als M. Schell erlebt hat, wird abmessen können, welches Füllhorn neckischer Nichtigkeiten da über uns ausgeleert werden soll, und den Kopf einziehen. Ihre Memoiren, droht M. Schell, will sie »von der ersten bis zur letzten Seite selbst schreiben«, um – und hemmungsloser läßt sich ein Mißverständnis kaum ankündigen – »das Abenteuer Buch voll auszuleben«. Heia Safari!

Wenn es wie im Märchen zuginge, säße A. Everding längst wieder in dem Pißpott, in den er gehört. Spätestens seit der definitiven Selbstpreisgabe, sich – Fischer und Frau in Personalunion – in einem selten unsäglichen Intrigengerangel, an dem auch vollblütig sein Chefdirigent, dessen Gattin und Bayerns Kultusminister (als Butt) teilhatten, zum Generalchefsuperoberoberintendanten sämtlicher Münchner Theater ausrufen zu lassen. Ämterübermut? Theateruntergang? Schiere Lebensfreude mal Todessehnsucht? Jedenfalls Platz 4.

Ob H. Miller dereinst als einer der Großen der Dichtung da und dort eingehen wird, ist unser Bier nicht. (Wundern würd's uns aber auch nicht.) Der Unsinn freilich, den der hohe Greis nun seit Jahren interviewweise von sich quengelt, schmerzt uns doch, über die Einsicht in genehmigte Alterstorheit hinaus. Scheuklappenloser als in jedem seiner Romane stürzt er sich in Senilitäten wie diese: Die Nazis hätten schon recht gehabt, beim

Wort »Kultur« zum Revolver zu greifen. O Henry, warum kaufst du dir nicht vom Gesparten 300 blonde Supertitten, hältst das für Sex und dabei den törichten Mund?

Immer wenn der Name Grabowski nicht im Zusammenhang mit Fußball oder Maulwürfen auftaucht, wird die Grenze des Erträglichen forsch überschritten und die Zone des Windig-Widerwärtigen erreicht. Das letzte Mal so: »Die Züricher Theateragentur Grabowski telegrafierte Anwalt Rolf Bossi in München: Anbieten für Ingrid van Bergen nach Haftentlassung Theatertournee -stop- sechs Monate Deutschland–Schweiz–Österreich -stop- mögliche Rollen Endstation Sehnsucht, Virginia Woolf, Kameliendame -stop-« (›Bild‹). Die delikate Rollenauswahl zeigt, was von dieser Art »Resozialisierung« (Eynar Grabowski) zu halten ist. Leider kommt der ›Othello‹ ja nicht in Frage für Frau van Bergen – obwohl es doch zu schön wäre! Allein die Vorstellung: Wie sie schwarzangemalt und rasend vor Eifersucht den tödlichen Würgegriff ansetzt ... Ja, das ist wirklich ein starkes Stück.

Dr. Peinlichkeit persönlich, H. Kohl, ragt seit Jahren schon heraus aus diesem Meer von Schleim, durch das wir kreuzen. Eine wahrhaft insulare Erscheinung. Der Plumpsack schlechthin. Das ist bekannt. Aber noch selten hat eine kleine Meldung so schön deutlich gemacht, was diesen birnenförmigen Mann recht eigentlich auszeichnet. »Den rechten Arm in der Schlinge – so erschien CDU-Chef Kohl ... Er war im Urlaub in Schruns/Österreich gestürzt, hatte sich den Ellenbogen aufgeschlagen.« Damit übertrifft er nun sogar G. Ford, von dem L. B. Johnson einmal sagte, er sei der einzige Mensch, der nicht gleichzeitig Kaugummi kauen und gehen könne. H. Kohl kann nicht einmal alleine gehen.

JULI

1.	Lorenz Reitmeier *(CSU)*
2.	Mildred Scheel *(Krebserreger)*
3.	Alice Schwarzer *(Frau)*
4.	Reinhardt S. Tomek *(Mann über 30)*
5.	Günter Herburger *(DKP)*
6.	Franz Xaver Kroetz *(parteilos)*
7.	Jürgen Claus *(Blubb-Blubb)*

»Für alle, die mehr über Krebs wissen wollen«, gibt es jetzt ›Chance‹. Für alle, die mehr über die Schirmherrin dieses Sadomaso-Magazins wissen wollen, sei hier wiederholt, was schon Leonardo da Vinci über solche Leute gesagt hat: »Wahrlich, sie sind nur als ein Durchgang für die Nahrung zu betrachten.« ›Chance‹ gibt es tatsächlich. Sechsmal im Jahr für 36 DM. »Eine Chance, die Sie täglich nur 10 Pfennig kostet.« Für solche Mildredchenrechnungen hätte Dr. Scheel eigentlich Platz 1 verdient, doch der ›Chance‹-Artikel ›Sind Hasen klüger?‹ hat uns milde gestimmt. »Daß sich Hasen beharrlich weigern, durch die Lunge zu rauchen«, ist eine Information, die endlich auch erklärt, warum sich Hasen bisher so beharrlich geweigert haben, die ›Mona Lisa‹ zu malen.

Noch ein Greuelmärchen: Es war einmal ein KZ, das stand nahe bei der kleinen Stadt Dachau. Nun wollten die, die dort nicht gestorben sind, denen, die dort gestorben sind, ein Mahnmal setzen. Doch der Oberbürgermeister von Dachau, L. Reitmeier, ist dagegen, denn er fürchtet um den »guten Ruf«

seiner Stadt. Wem diese Begründung noch nicht märchenhaft genug ist, der sollte dem OB Reitmeier einen Kuß geben, auch auf die Gefahr hin, daß der sich dann in einen Misthaufen verwandelt. Zum Himmel stinkt er ohnehin schon.

Der Dramatiker F. X. Kroetz ist aus der DKP ausgetreten. Sein Bier. Und es gibt gewiß gute Gründe genug. Warum dann ausgerechnet diese: »Unterschiedliche Einschätzung des realen Sozialismus ... Sensibilisierung im Verhältnis Mensch–Umwelt ... Einflußlosigkeit innerhalb der Partei ...«? Hat F. X. Kroetz im Ernst geglaubt, der sensible Freund aller Schriftsteller E. Honecker würde sich ausgerechnet bei ihm erkundigen, wie der Sozialismus am flottesten zu realisieren sei? Dann sollte er sein Verhältnis Mensch–Mensch auch einmal scharf überprüfen.

Doch ein Dümmerer findet sich in jedem Fall. In diesem ist es der Romancier G. Herburger. Es ist schon übel, wie er dem Ex-Genossen nachredet: »Ich habe Theatralikern schon immer mißtraut ... Da Kroetz kaum noch Stücke schreibt, springt er nun selbst in die Krisenlücke ... deshalb bleibt er trotzdem ein Freund.« Da Herburger kaum noch Romane schreibt – aber lassen wir das. Wer solche Freunde hat, braucht keine Feinde mehr.

Ob nun A. Schwarzer »außerstande« ist, »die Menschen und ihre Arbeit zu akzeptieren« (32 angebliche ehemalige ›Emma‹-Mitarbeiterinnen), oder ob sie »das Prinzip des fairen Umgangs mit Menschen« vertritt (A. Schwarzer) – aus diesen letzten Fragen der Menschheit halten wir uns hübsch raus. Die gegenseitigen Beschimpfungen sind auch zu unübersichtlich und langatmig. In ›Emma‹ Nr. 5 füllen sie immerhin 10 Seiten.

Auf die Nerven geht uns nur, daß sie alle mit dem schon zwanghaften Nachweis moralischer Unantastbarkeit und engelsreiner Einwandfreiheit anfangen. Es geht allen natürlich nur »um die Sache«, und alle bedauern sie die »diffamatorische Ebene« o so tief. Man fragt sich doch, wie es etwas so Böses wie einen Streit unter so guten Menschen überhaupt geben kann. Wo selbst die Allerbeste noch ein Auge zudrückt und sich in knüppelfeiner Selbstironie der eigenen Zeitschrift als »Pascha des Monats« zur Verfügung stellt. Die Koketterie dieses Vorgangs ist allerdings haarsträubend.

Manche Männer kokettieren immer noch lieber mit der connaisseurhaften Unkenntnis des anderen Geschlechts, Spezialabteilung »Reife Frau«. Einer dieser peinlichen Poussierstengel ist R. S. Tomek, der eben ein 56 Mark zu teures Fotoalbum über »diese seltsamen, wundervollen Wesen« herausgehudelt hat: ›Die Frau über 30‹. Dafür steht auf dem Titel ein gebeugtes Frauenbein in sich ringelnden Nylons. Die Ideologie dahinter ist entsprechend faltig. Der »fast morbide Hauch des Verblühens« und die »von Charme und Flitter verdeckte erbarmungslose Entschlossenheit, wie sie nur einer Frau über 30 eigen ist«, haben es Tomek besonders angetan. Ein paar erbarmungslose Kopfnüsse verdient er eigentlich schon – aber mit Glacéhandschühchen bitte.

»Wer wagt es, Rittersmann oder Depp . . .« Der Depp ist gefunden: J. Claus. J. Claus »taucht ins Meer, um seine Kunst zu verwirklichen« (›Zeitmagazin‹). Seine Kunst besteht darin, Plastikkissen aufzupusten und damit Korallenriffe zu verschandeln. »Kunst soll unterhaltsam sein«, sagt J. Claus und zieht »Taucher-Talk-Shows« auf. Auch ein Kinderbuch hat er schon gemacht: Von einem Kind, das Hochhäuser sieht und sagt: »Oh, ist das häßlich!« Dann sieht es das Meer, taucht unter und sagt: »Hier werde ich bleiben.« Das Dumme ist nur, daß der Autor seit mehr als zehn Jahren immer wieder auftaucht.

Da wir in dieser Peinlichkeitsliste so viel zitiert haben, zum Schluß noch ein Hinweis: Alle Zitate sind selbstverständlich aus dem Zusammenhang gerissen. Wie immer.

AUGUST

1.	Reiner Kunze *(Ernstnehmer)*
2.	Gerhard Stoltenberg *(Schattenvizekandidat)*
3.	Gabriele Wohmann *(Ordensnehmerin)*
4.	Th. Schmitz-Bender *(Schmeißratte)*
5.	Branco Zebec *(Trinkertrainer)*
6.	Paderborn *(Maltonnen)*
7.	Jorge Luis Borges *(Argentinien)*

Von der ganzen muffigen DDR-Aussiedlermischpoke ist R. Kunze wohl am schwersten zu ertragen. Mit dem recht einseitigen Interesse eines Trüffelschweins durchwühlt er Berge aus selbstgestellten Fragen. Man kann diese bornierte Redlichkeit durchaus sympathisch finden. Und man tut das wohl auch. Die vielen Literaturpreise sind anders kaum zu erklären. Aber man kann auch ziemlich nervös werden, wenn man liest, wohin diese Bohrungen führen. »Immer häufiger werde ich aufgefordert, im Wahlkampf meine Meinung geltend zu machen . . .«, fängt R. Kunzes neuestes Problem an. »Steht mir das Recht auf geheime Wahl nicht zu?« fragt er sich sogleich empört. Kann er überhaupt etwas sagen? Darf er denn das? »Verbietet es sich nicht sogar?« Jawohl, er verbietet es sich sogar. R. Kunze wird schweigen – allerdings nicht ohne zuvor, den »Grenzen der eigenen Urteilsfähigkeit« voll vertrauend und neuer Kapitalkonflikte zwischen »Verantwortung und Risiko« gewiß, fast wortspielerisch bekannt zu haben: ». . . vor die Wahl zwischen Vereinnahmung und Vereinsamung gestellt . . ., würde ich die Vereinsamung vorziehen.«

Eine weniger antiquierte Form der Zurschaustellung eigener Leidenswilligkeit bevorzugt G. Wohmann. Sie tut das zwei- bis fünfmal im Jahr, immer in exklusiv kritisch-skeptisch-unversöhnlicher Prosa, immer weh durchweht vom herbstlichen Herbstwind enttäuschter Enttäuschungen. Dafür ist G. Wohmann nun als zweite moderne Dichterin nach der unvergeßlichen »Katharina Blüm« von unserem Bundespräsidenten ausgezeichnet worden, mit bewährt fransig-verwinkelter Unlustmiene, versteht sich. »Unsere Autorin Gabriele Wohmann erhielt das Verdienstkreuz erster Klasse des Verdienstordens der Bundesrepublik Deutschland.« Nicht ganz unpassend gemahnten diese einseitigen Verlautbarungen des Verlages Luchterhand in ihrem schlichten Auftritt an Todesanzeigen.

Henry Miller (im Juni auf Platz 7) ist wirklich gestorben. Das hält uns nicht davon ab, diesmal einen ähnlichen Fall zu ehren. Bei J. L. Borges ist die Diskrepanz zwischen schriftstellerischem Vermögen und mündlicher Alterstorheit sogar noch größer. Wenn jemand die Erschießung Lorcas gutheißt, weil sie andere dazu inspiriert hat, gute Gedichte über den Tod zu schreiben, so reicht diese Provokation aus billigem Zynismus und eitlem Trotz mindestens für Platz 7. Den Nobelpreis, den er für sich fordert, soll J. L. Borges danach ruhig bekommen.

Es steht geschrieben, der Große Kühle Klare aus dem Norden, den sie Stoltenberg, Gerhard, nennen, sei nach dem erwartbaren Untergang des Bayern Strauß wieder einmal der kommende Mann der Union. Wohl deshalb hat ihn Strauß noch kurz vor dem Untergehen zum offiziellen zweiten Mann beim Untergehen geheuert. Nach dem Untergehen soll Stoltenberg dann Kapitän werden. Und der Große hat kühl »ja« gesagt. Klar. Es versteht zwar niemand – aber, mit Hamlet zu raunen: Es gibt mehr Dinge zwischen Schleswig und Holstein . . .

Kaum weniger peinlich, als Schatten-Vize eines Kandidaten zu werden, der nicht Kanzler wird, ist es freilich, gegen diesen Kandidaten einen Demonstrationszug »von Sonthofen . . . nach Bonn« zu organisieren. Das selbstgewählte Brecht-Motto »Der anachronistische Zug« trifft es ziemlich genau: Woran will man Strauß denn jetzt noch hindern? Am Untergehen?

Wir zeichnen unter 56 Initiatoren von Albertz über Lindenberg bis Wallraff den Regisseur T. Schmitz-Bender aus, da er als (vorläufig) letzter »das Strauß-Zitat von den ›Ratten und Schmeißfliegen‹ aufgreifen« will. Befangen in der »Sprache des Unmenschen«, halten wir das allmählich für eine ziemliche Eselei.

Eine ganz andere Sprache spricht nach den diversen Saufereien beim deutschen Ex-Meister HSV der Fußball-Lehrer B. Zebec in der ›Bild-Zeitung‹: »Ihr vergleicht euer Trinken mit meinem Trinken.« Mit alttestamentarischer Strenge und scholastischer Spitzfindigkeit rechnet er mit seinen Spielern ab. »Hast du vergessen, Hrubesch? Kopfballungeheuer haben sie zu dir gesagt!« Und: »Ja, Herr Kaltz, ich bin schuld, daß Sie gute Verträge bekommen haben.« Und: »Danke, Felix Magath . . . Wer hat dir die Angst vor den langen Pässen genommen?« – »Und Jimmy . . . Ach, ich muß ja Herr Nationalspieler zu dir sagen . . .« Denn Nationalspieler hat B. Zebec aus all diesen Undankbaren geformt. Und nun vergleichen sie sein Trinken mit ihrem Trinken! Wo doch alle wissen, »daß sich der Alkohol in meinem Körpr nur langsam abbaut«. Wie langsam, das ahnt man nach seinem Artikel.

Den Erfolgen Bielefelds wird ruhelos nachgeeifert: »Die Stadt Paderborn hat ihre unansehnlich-mausgrauen Abfallbehälter den Bürgern als ›Leinwand‹ für Malereien freigegeben.« Wir vermissen bei dieser »ungewöhnlichen Aktion« eigentlich nur den Hinweis darauf, daß man Mülltonnen auch von innen ausmalen kann.

SEPTEMBER

1.	Cattolica *(deutsch)*
2.	Siegfried Unseld *(Doktorist)*
3.	Walter Wallmann *(Adornist)*
4.	Peter Sager *(Bikinist)*
5.	FAZ-Magazin *(einfach Mist)*
6.	Olympische Spiele *(der Behinderten)*
7.	Bielefeld *(Arminia)*

Cattolica an der italienischen Adria ist seit Mitte der 50er Jahre stramm in deutscher Hand. Immer noch. Und immer noch weiß man nicht: Soll man es bewundern oder verabscheuen, wie total es einer Nation gelungen ist, einer anderen das Schwärzeste ihrer Kultur aufzustempeln. Die Verkehrssprache ist Bildzeitungsdeutsch. »Jo, mir san mi'm Radl do« – ob man es glaubt oder nicht, unter diesem Motto wird in azurigen Bierbeisln hier eine spezielle Pizza serviert, die faustdick mit Erbsen, Wurzeln und Kartoffeln belegt ist. Magenzeugen berichten, sie schmecke schon schauerlich bella.

W. Wallmann ist CDU-OB von Frankfurt. Den Römer findet er täglich auf Anhieb und räumt dort mit Asylanten auf oder regelt den Freiäppelwoiausschank an Jugendliche so, daß die den Kindern nicht alles wegsaufen. Aber jetzt mußte er den städtischen Adorno-Preis an Jürgen Habermas verleihen. Und auch das hat er geschafft! Obwohl er beider Schriften nicht kennt, nicht versteht und schon gar nicht gutheißen könnte, kennte und verstünde er sie. Es gibt schon dämonisch unentwirrbare Momente in einem kommunalpolitischen und zumal in einem Wawa-Leben. Der brasilianische Wunderstürmer Vava tat sich mit der Richtung leichter; von einem Eigentor ist nichts bekannt.

Womit wir – Meister der Überleitung – auch schon beim Fußball sind. Arminia Bielefeld ist mit Riesenvorsprung Meister geworden und in die 1. Bundesliga aufgestiegen. 1981, spätestens 1982 wird die Elf wieder abgestiegen und in der 2. Liga sein, ansonsten wir uns gern als die peinlichsten der Propheten auf der Alm an den Pranger stellen wollen. Aber die Arminia wird uns nicht enttäuschen, und die Stadt Bielefeld, deren Ruf mit dieser tapferen und notorisch scheiternden Mannschaft so eng verknüpft ist, steigt nach drei Nennungen aus der aktuellen Liste in die Peinlichkeits-Ewigen-Liga auf. Der Papst wird sich freuen. Er freut sich mittlerweile über alles.

Frisches aus dem Hause Suhrkamp: Per ›Mitteilung an die Freunde‹ gibt Verleger S. Unseld sechs Seiten lang beweiskräftig faksimil- und fotografiert seine Ernennung zum »Doctor of Letters« durch die »Universitas Washingtoniana« in »Sancti Ludovici« bekannt. Nun hat er es endlich schwarz auf büttenweiß: Siegfried Unseld ist »one of the leaders of Germany's intellectual and cultural life«. Man weiß ja nicht, was solch akademisches Lob in St. Louis derzeit kostet – man weiß nur, daß S. Unseld daheim von vielen auch weiterhin für eine ziemlich führende peinliche Persönlichkeit gehalten wird. Zum Beispiel von uns.

Damit Tages- und Wochenzeitungen nicht ganz auf Farbanzeigen verzichten müssen, haben sie sich eine nach der anderen bunte Beilagen zugelegt. Wir ehren hier stellvertretend das ›FAZ-Magazin‹ für seine solenn-unterkühlte Gestaltung, die sehr schön undeutlich macht, daß keiner weiß, was und wer dies journalistische Spitzenabfallprodukt eigentlich will. Höhepunkt jeder Nummer ist ein schwer autokonfessioneller Fragebogen, in den Topsensible von G. Wohmann über F. Luft bis S. Unselig (s. o.) säuberlich eintragen, welche Dichter und Maler sie schätzen resp. dem Namen nach kennen, welche Musik sie bei

Frauen am meisten verzeihen und welche Blumen sie zum Fortkommen bevorzugen. Und da dieser Fragebogen wahrhaftig die Hauptattraktion jeder Ausgabe ist, kann sich jetzt wohl jeder vorstellen, wie der Rest aussieht.

Einer von den Schreibern, die regelmäßig diesen Magazinen diesen Rest geben, hat einmal so formuliert: »Ein Hauch von Nichts und eine Ahnung von allem, die raffinierteste Möglichkeit, auch entblößt seine Blößen zu bedecken.« Der geschliffene Mann heißt P. Sager und ist im ›Zeit-Magazin‹ für bildende Kunst oder das, was er dafür hält, zuständig. Natürlich ist mit seiner Charakteristik auch nicht sein Magazin gemeint, sondern »der Bikini«. Und was P. Sager darüber an neckischem Nebbich in knapp drei Spalten schmiert, macht ihm hoffentlich so schnell keiner nach: »Es begann mit einem großen Knall, der die (Mode-)Welt erschütterte wie die Atom-Explosion auf dem gleichnamigen Atoll.« Von diesem großen Knall war offenbar auch Herr Peter Sager mitbetroffen.

Was ist eigentlich dagegen zu sagen, wenn Arm- oder Beinlose unerhört hoch springen oder weit werfen? Wenn Augenlose im Schlepptau ihrer Trainer so schnell laufen, daß sie im Ziel zusammenbrechen? Einiges. Und noch mehr dagegen, wie wir ihnen dafür, daß sie auch unsere hirnloseste Hochleistungshatz noch mitmachen, hinterher schultertätschelnd Medaillen umhängen. Können wir denn wirklich niemanden lieben und ehren für seine holde Nichtsnutzigkeit allein? Nein, wir träumen von blinden Boxern, die sich vom Rollstuhl aus unter ständigem »Hier«-Rufen die Fresse polieren.

OKTOBER

1.	Udo Lindenberg *(Politrocker)*
2.	Hildegard Knef *(Weltstar)*
3.	Ben Wargin *(Umweltstar)*
4.	Pepin F. *(alias Fröschl)*
5.	Bettina Wegner *(unseriös)*
6.	Reinhild Solf *(Leberkäse)*
7.	Kaputt-Seier *(kaputt sein)*

Da unsere Politiker gerade Wahlkampf spielen, können wir uns ernsteren Dingen widmen. B. Wegner, Liedermacherin aus der DDR, pflegt mit ernstem Gesicht und ernster Stimme ernste Lieder vorzutragen. Eines gibt Empfehlungen für junge Poeten, die Literaturpreise gewinnen möchten. B. Wegner sagt ihnen, wie ihre Gedichte dafür sein sollten: friedlich, freundlich, nett, adrett, spritzig, witzig, heiter usw. Falls das ihr Ernst ist und falls sie sich selbst ernst nimmt, ergäbe sich daraus eine ernste Konsequenz: »Wenn meine Lieder nicht mehr stimmen und keiner hört mir zu«, singt B. Wegner, »da laß ich die Gitarre schwimmen und setze mich zur Ruh.« Alsdann.

Kaum hält das zweite Gesicht, schon geht H. Knef damit auf »Welt-Tournee«. Zuvor blieb ihr leider noch Zeit, für ›Bild‹ eine üble Nachrede zu verfassen; »Meine Freunde sterben – Marcuse, Käutner, Miller, Kaempfert und der große Willi Forst.« Und Sartre? Tito? Nabokov? Weshalb werden ihre Leichen aus dem Knefschen Freundeskreis ausgeschlossen? Nur weil sie einfach nicht das Glück hatten, H. Knef bei dem Aufbau ihrer Karriere behilflich zu sein? Davon handelt der weitere Forst-Frevel und beweist, daß Willi Forst nicht umsonst gelebt hat: »Als Pelzmantel der Liebe« hat er gedient. »Ich bin verzweifelt, daß ich ihn verloren habe.« Nein, nicht den Pelzmantel.

U. Lindenberg hat nur eine Frisur anzubieten. Er geht damit auf eine »Spiel-, Spaß- und Strauß-Verhinderungstournee«. Sein hehres Ziel: »Das Publikum in eine staatsbürgerliche Verantwortung hereinzumotivieren.« Unser Ziel: Diesem ehemaligen Rockmusiker eine zersetzende linke Hand hereinzuschmettieren. »Die Frage ist, wieweit ich mich um alles kümmern kann, was es so gibt.« Das gibt's doch nicht! Mal im Ernst, und eh' er sich um den Witz kümmert: Langsam herrscht Panik auf der Titanic.

Nach der singenden zur schreibenden Zunft: Nachdem Pepin F. alias Fröschl auch zur Buchmesse 1980 noch keinen Frieden gibt mit seinem Roman ›Magic 17 – Erotische Begegnungen‹, wollen wir die alte Rechnung endlich begleichen. Seine beharrlichen Kleinanzeigen mit der hinter einer Blondsträhne vorlinsenden Sündenpupille kennt jeder seit 1000 Jahren. Die steno-impress-expressionistische, stakkatokritische, ultrasensitive Flachwichsprosa (»Pubs. Pornobooks. Trattorias. Boutiquen. Lammfell und Polyesterjacken. Bestiefelte Jeans.«) des midlifeleidenden Voyeurkaspers kann sich jeder ersparen. Verflucht seien auch Pepins poetische Fürsprecher: Curt Hohoff (»neuer Stil«), Heinz Piontek (»bedeutende Sprachmächtigkeit«), Karl Krolow (»magisch«) sowie Gerhard Zwerenz (»etwas Suggestives«). »Hündisch belecken den jungfräulichen Flaum« – so was gefällt natürlich auch Klaus Rainer, Deutschlands leading Kotzbrocken, Röhl, welcher das magische Mädelgehetze in einem seiner ›Super-dasda‹-Glanzaborte zunächst saufrisch abdruckte, um es sodann durch einen Kritiker korrekt als den letzten Schwachsinn entlarven zu lassen – jawoll, meine Herrn, so haben wir's besonders gern.

Aktuell und selbst ausgedacht ist dieser Satz: »Ich hätt' gern einmal Kartoffeln mit Stippe, etwas Jauche mit Levkojen und dazu für'n Groschen Brause. Ach, und vergessen Sie nicht mein

Salz im Kaffee!« Nein, so ausgefallene Sachen kann man in keiner Spezialitätenkneipe bestellen, sondern nur in jeder Buchhandlung. Wir haben gezaudert, ob wir unter den vorläufig letzten Nachahmern dieser nostalgisch-volkstümelnden Titelmode H. D. Baroth (›Streuselkuchen in Ickern‹) oder R. Solf auszeichnen sollten. R. Solfs Buch ›Leberwurst-Käsebrot‹ war dann für unseren Geschmack doch das unappetitlichere.

»Mit Bäumen reden ist Leben zum Denken und Mitmachen in den Kulturwüsten.« Dieser Satz (falls es einer ist) stammt nicht von uns, sondern von B. Wargin. Der hat als Galerist in Berlin immerhin gelernt, daß es keine Kunst ist, keine Kunst zu machen. (Das ist ein Satz. Brillant.) B. Wargin, mutig und originell, wie er gern ist, trägt eine Glatze und allerlei Ökokoks zu einer Wanderausstellung zusammen. Zivilisation böse, Natur lieb. Ein Mann, der in seinem 50. Lebensjahr zu keiner weiterführenden Erkenntnis gelangt ist, verdient es wahrlich, ein »Umweltkünstler« genannt zu werden.

Unsere momentanen Jugendlichen (ein Germanisten-Suchtrupp hat es nachgewiesen) sind nach dem ersten Schicksalsstüber am liebsten gleich total »kaputt«. Es gibt nun einen reifen Zeugen für die folgende topsignifikante Szene. In einem Schwabinger Trend-Café fällt einer Möhrenhose zum Anmachen einer Tussi kein attraktiveres Argument mehr ein als dieses: Er habe einen Freund, und der, der sei schon »unheimlich kaputt«. Wir haben zwar null Ahnung, ob sich das Mädel nun flotter flachlegen ließ, meinen jedoch entschieden: Platz sieben ist für diese Einfalt hochverdient.

NOVEMBER

1.	Annemarie Renger *(Drogenhelfe)*
2.	Reinhold Messner *(Berg, Berg)*
3.	Lothar-Günther Buchheim *(Schwellkörper)*
4.	Dr. Maximilian Schubart *(Fatzke)*
5.	J. Jürgen Jeske *(FAZ)*
6.	Nürnberg *(Franken)*
7.	Dr. Antje Schäffer-Kühnemann *(Bayern)*

»Helfe deinem Nächsten« – mit diesem Befehl wirbt ein privater e.V., der sich ›Drogenhilfe 80‹ nennt. Mehr noch als der falsche Imperativ stört auf den Anzeigen das Bild der Schirmherrin: A. Renger könnte vielleicht auf Zwanzigmarkscheine passen – als Alternative zu Opiaten ist der kerngeseifte BDM-Charme, den sie verspritzt, denkbar ungeeignet. Mit ihrer gußeisernen Dauerwelle, ihrem stets frischgebügelten Gesicht und ihrer näselnden Nörgelstimme signalisiert A. Renger seit Jahren akute Suchtgefahr. »Drogensucht« ist nämlich nicht nur eine »Krankheit«, sondern auch ein Reflex auf exakt die Art salbungsvoller Selbstgefälligkeit, die A. Renger so sauber verkörpert. Es muß ja nicht gleich Heroin sein, aber zumindest Haschisch und Marihuana sollte ein Parlament, das A. Renger als Vizepräsidentin vor Augen hat, endlich legalisieren.

Nach einem guten Jahr Peinlichkeitsliste wird es Zeit, den ersten Spitzenreiter noch einmal zu ehren. R. Messner hat mit seinen Kraxeleien inzwischen sämtliche alpinistischen Rekorde gebrochen: u. a. gab es dieses Jahr in den Alpen einen absoluten Rekord an tödlichen Bergunfällen. »Mehr kann ich nicht leisten«, sagt R. Messner selbst, nachdem er ganz allein, natürlich wieder ohne Sauerstoff, ohne Hosenträger und ohne jeden Sinn den Mt. Everest bestiegen hat. »Ich glaube, ich bin am Endpunkt.« Vor R. Messner erhebt sich jetzt nur noch die hohe Frage: Was nun? Tieftauchen? Weitspucken? Dickwerden?

Bielefeld ist aus dem Rennen – gut so, Nürnberg ist längst überfällig. Nicht so sehr als Nazi-, Wagner- und Club-Stadt, sondern vielmehr als Topmetropole provinziellster Mixed-Media-Spitzen-Synästhetik auf Teufel-komm-raus-Basis. Ballett findet in N. in der Kirche statt, ein Totentanz geht via klassischer Laute plus Jazz über den Marktplatz, Oper tut sich im Zirkuszelt, und wenn sie ›Aida‹ heißt, wird sie wenigstens durch Biedermeierkostümierung verfremdelt. Bisheriges Highlight: das Info-Blättchen der Städtischen Bühnen, das eben nicht ›Meistersinger‹, sondern ›The Daily Singer‹ heißt. Wem surrt da wohl welcher Floh von Identitätskrise im (klar!) sozialdemokratisch verwalteten Kulturkopf rum? Wir empfehlen frenetisch ›Faust II‹ als Rockmusical mit Bratwürstl und großer Bogart-Retro zum Mitschießen unter Leitung von Joseph Beuys als Riesenpolaroid von Andy Warhol auf dem Reichsparteitagsgelände.

Noch ein eher bayerisches Unglück: Dr. A. Schäffer-Kühnemann, z. Z. horribelste Betriebsnudel am Kanal Bayern 3. Eingefrorenes Käseeckenlächeln, ein Stimmchen zart wie Kruppstahl, ein Leibchen wendig wie eine Wespe, ein Näschen – na ja, wie auch immer. Die Gesamtperson ist jedenfalls: süß wie Sodbrennen. Angefangen hat A. Schäffer-Kühnemann im TV-Wesen als Ärztin, die sie auch gelernt ist; jetzt weiß und macht sie praktisch alles, was innerhalb des bayerischen Medieng'schwörls an Funktion anfällt. Um norddeutschen Zuschauern wenigstens eine Ahnung von dem zu geben, was ihnen bisher erspart blieb: Dr. A. S.-K. ist charmanter und niedlicher als Dr. Marianne Koch und Dr. Hanni Vanhaiden zusammen.

Überregional bekannt als furchtloser Wichtigtuer ist der Frankfurter Stellenvermittler Dr. M. Schubart. Sein Geltungsdrang ist so vehement, daß er mit üblichen Großsprechereien nicht mehr hinkommt. Es genügt ihm nicht, »Chefpilot« eines eigenen »Flugdienstes« zu sein, nein, er hat sich nun auch eine »Praxis« eingerichtet, da er sich als »Psychotherapeut« fühlt. Außerdem ist er Mitglied der CSU, die aber nicht gut auf ihn zu sprechen ist, da er sich zugleich für die theoretischen Annahmen der Frankfurter Schule einsetzen zu müssen glaubt. Was noch? Zum Beispiel eine drittelseitengroße Stellenanzeige in der FAZ »Bundeskanzler gesucht«, offenbar nur zu dem Zweck aufgegeben, bizarre Selbsteinschätzung zu dokumentieren. Zur Abrundung hat ihm daraufhin J. J. Jeske einen dreispaltigen Bewunderungsartikel geschrieben – im Wirtschaftsteil der FAZ.

L. G. Buchheims Karriere ist ebenso gradlinig wie kurz: vom Senkrechtstarter zum Rohrkrepierer. Aus seiner ersten Fahrt mit dem Faltboot hat er ein Buch gemacht (1939), aus seiner letzten mit dem ›Luxusliner‹ auch eins. Zwischendurch war er Selbstdarsteller, Selbstverleger, Selbstbeschreiber, Selbstlober und Selbstpreiser. Und mit seinem kindlichen Trotz hat er sich nun auch selbst die letzte Chance seines zuspätexpressionistischen Lebens vermasselt: Im Münchner Museumsgemauschel, so schien es, hatte L. G. Buchheim endlich einen noch Dümmeren gefunden: den Münchner Museumsgeneraldirektor E. Steingräber. Doch was macht Lothar, der alte Kommißkopf? Er zerstreitet sich mit Erich wegen ein paar lumpiger Leihgaben. Anstatt ihn vom Fleck weg zu heiraten.

DEZEMBER

1.	Lech Walesa *(Papstnachfolge)*
2.	Caroline von Monaco *(Schweitzernachfolge)*
3.	Wolf Biermann *(Zwerenznachfolge)*
4.	Ernst Klee *(unbehindert)*
5.	Julia Dingworth-Nusseck *(Aussteigerin)*
6.	HA Schult *(Macher)*
7.	Trans-Magnus Enzensberger *(Hans-Atlantik)*

Die Behauptung, daß E. Klee schon viel für die Behinderten getan hat, ist unbestreitbar. Allein in diesem Jahr hat er drei Behindertenbücher, einen Behindertenkalender und (geschätzte) 300 Zeitungsartikel und TV-Features verfaßt. Das geht wie geschmiert: E. Klee organisiert eine Behindertendemonstration gegen ein Behindertenurteil, und schon einen Monat später ist das Fischer-Taschenbuch dazu fertig: ›Behinderte im Urlaub‹. Wie viele Eiferer verpackt E. Klee seinen Eigennutz in einen moralisch so sauber abgedichteten Rahmen, daß jeder, der diese Inflationierung sozialen Elends zu fachjournalistischer Marktidiotie angreift, gleich wieder von eigenen Schuldgefühlen behindert wird. Wir vergeben schuldbewußt: Platz 4.

Noch ein Grenzfall: Schon seit seinen ersten Fernsehauftritten als Vorbeter der Streikgottesdienste in Danzig ist uns L. Walesa verdächtig. Noch verdächtiger macht ihn die Begeisterung, mit der ihn alle Parteien und die gesamte deutsche Presse von ›stern‹

bis ›Bild‹ seitdem als »Polenheld« feiern. Und schon geradezu kriminell ist die Bereitschaft, mit der er sich feiern läßt. Getreu wandelt L. Walesa »auf den Spuren von Papst Johannes Paul II.« (›Frankfurter Rundschau‹). Wie jener »lehnt auch er die Pille ab« (›stern‹). Und er sagt: »Alles, was ich tue, verdanke ich Gott.« Wir fragen uns allmählich: Gibt es denn zum alleinseligmachenden Sozialismus gar keine andere Alternative als ausgerechnet den real existierenden Katholizismus?

Zur Erholung drei klare Fälle: HA Schult gehört zu den modernen Glückshanseln, denen es gelingt, sich mit den Abwandlungen einer einzigen matten Idee durchs ganze Leben zu schlagen. »Umwelt statt Unwelt« heißt seine Parole. »Umfug statt Unfug« wäre zumindest origineller. Auf der halben Welt schon (in Venedig, in New York, im Fernsehen und kürzlich in Xanten) hat er seine Schmuddelspuren hinterlassen. Der selbsternannte »Macher« nennt die Bescherung dann einfach »Pyramiden der Jetzt-Zeit«, und fertig ist der Lack. »Meine Kunst«, behauptet HA Schult, »visualisiert den Zeitgeist mit Methoden meiner Zeit.« Offensichtlich spinnt er.

Jahrelang, bis 1975 rum, war die WDR-Kommentateuse J. Dingworth-Nusseck dank unrüttelbarer marktwirtschaftlicher Kernsätze im Rahmen präzis kalkulierter Kühlfleisch-Lächel-Einheiten ein stagflationssicherer Peinlichkeits-Festposten. Dann verschwand die Karriere-Büchs in den Stahlkammern der niedersächsischen Zentralbank. Kürzlich sollte sie da als Nachfolgerin CDU-Kieps wieder rausgeholt werden. Aber sie lehnte ab. Wollte einfach nicht. Wir erlauben uns, das unsportlich, blöd und doppelt schofel zu finden. Wir hätten uns doch so gefreut.

Und noch eine Dame hat uns zuschwerst enttäuscht: Caroline von Monaco. Wie haben wir mit ihr gelitten, seit ihr die ersten Brüstchen wuchsen. Wie haben wir uns zurückgehalten, um ihre Chancen bei Prinz Charles nicht zu verderben. Und dann dieser Junot! Der Mann war doch viel zu alt für sie und gar kein schöner Charakter. Nun gut, wir haben dazu geschwiegen, wußten wir doch gleich: Das konnte nie und nimmer gutgehen.

Dann – endlich – die Trennung. Wir atmen auf, wir haben die Fahrkarte nach Monaco schon in der Tasche, wir sind praktisch schon unterwegs – doch was tut sie? »Ihr Vorbild ist Albert Schweitzer. Auch sie will nach Afrika, um dort notleidenden Kindern zu helfen«, sagt Carolines Cousin (31), laut ›Bild‹. »Mindestens drei Monate«! Wir atmen wieder zu und warten ab.

W. Biermann soll nachher nicht sagen können, er habe von nichts gewußt. Nicht nur, daß seine Lieder immer gefühlsduseliger werden – er fängt neuerdings auch an, sich wie seinerzeit G. Zwerenz in den Medien nur noch über die Medien bzw. ihr mangelndes oder übertriebenes Interesse an ihm zu beklagen. Im Fernsehen beschwert er sich, daß er nicht mehr im Fernsehen auftreten darf – was er sich gleichzeitig zur Ehre anrechnet. Und im FAZ-Feuilleton beantwortet er Fragen nicht ohne den Vorbehalt, das sei doch wie »eitles Haschen nach Wind«. Aber Wolf, wir leben in einem freien Land, hier muß man wirklich nicht jeden Scheiß mitmachen.

Was uns an H. M. Enzensbergers ›Transatlantik‹ mißfällt, ist der forcierte Snobismus. Der demonstrative Saloppismus wirkt eher krampfhaft und der Stromlinien-Zynismus fast pubertär. Daß H. M. Enzensberger dabei den ehemaligen ›Quick‹-Doppelagenten Heinz van Nouhuys um sein Schwererschwindeltes bringt, stört uns im Gegensatz zu ›konkret‹-Doppelmoralist H. L. Gremliza weniger. Da wären auf dem Zeitschriftenmarkt doch wesentlich unheiligere Allianzen denkbar: Wie, wenn z. B. H. L. Gremliza von irgendeinem Zigarettenfritzen, sagen wir z. B. Reemtsma jr., Geld nähme, um damit ganz- und halbtote Blätter, sagen wir z. B. ›pardon‹ oder die ›Hamburger Morgenpost‹ oder gar ›twen‹, wiederzubeleben – das wäre doch wirklich, sagen wir z. B., peinlich.

1981

HANS-DIETRICH GENSCHER – NORBERT BLÜM

JANUAR

1.	Dr. Mildred Scheel *(Krebs)*
2.	Dr. Veronica Carstens *(Krebsverwandtes)*
3.	Wolfgang Schröder *(Kälberschinder)*
4.	Wolf Wondratschek *(Zeilenschinder)*
5.	Dr. h. c. Siegfried Unseld *(Nobelmann)*
6.	Dt. Bundeswehr *(Sammelbewegung)*
7.	Robert Kempowski *(Romanverwandter)*

Suhrkamps Unseld hat es also geschafft: nach der heute zu feiernden dritten Präsenz in unserer Honoratiorenliste rauscht er ab in den Ewigen Olymp. Der polnische Nobellyriker Milosz war es, der ihm draufhalf. Den hatte Suhrkamp zwar irgendwannirgendwie schon mal im Titelramsch, aber ausgerechnet zur Preisverleihung war er buchstäblich nirgendwo mehr zu finden. Ein Kurier (nicht gelogen!) ward zur Restexemplar-Fahndung ausgesandt; dann kam man auch noch drauf, daß 81 die Lizenzen auslaufen – trotzdem knallten gleichzeitig die Anzeigen raus: Milosz/Unseld waren schon immer ein Herz und ein Stück Käse. Nach all der Hektik darf sich S. Unseld nun wieder seiner Lieblingsbeschäftigung widmen und Nachworte zu den Bilderbüchern seiner Freundinnen verfassen. Uns ist es von Stund an egal.

Auch Dr. M. Scheel ist dank ihres todsicheren Sinns für Geschmacklosigkeit in die Ewigen-Liste durchmarschiert. Ihre bislang letzte ›Bild‹-Aktion (»Welcher Krebs ist heute heilbar,

Frau Dr. Scheel?«) war in die neckische Form eines Preisausschreibens gekleidet: 4.-15. Preis: Mildred-Scheel-Medaillen, dazu Autogramm. 3. Preis: 1 Füllhalter, eingraviert »Mildred Scheel«. 2. Preis: 1 Gesundheitslexikon mit Widmung von Mildred Scheel. 1. Preis: Das Recht, Dr. Mildred Scheel so lange in den Arsch (eingraviert »Mildred Scheel«) zu treten, bis – aber nein! Da ist Gevatter Wunsch doch mit uns durchgegangen: »1. Preis: 1 Silbermedaille der Deutschen Krebshilfe.« Komisch: Was hat denn das mit Mildred Scheel zu tun?

Dr. V. Carstens, Nachfolgerin Dr. M. Scheels als Präsidentengattin und ›Bild‹-Aktionistin (›Der nette Nachbar‹), bemüht sich redlich, deren Breitseitigkeit durch Vielseitigkeit auszugleichen: Deutsche Multiple-Sklerose-Gesellschaft, Müttergenesungswerk, Deutsche Altenhilfe, Weißer Ring, UNICEF-Kinderhilfswerk und die Aktion ›Mehr Menschlichkeit in Krankenhaus und Praxis‹ werden von ihr beschirmt. Aus ihrer Menschlichkeitspraxis gibt sie – falls man der ›Hör zu‹ glauben darf – folgenden Fall zum besten: »Neulich rief hier eine Frau an, sie hatte akute Depressionen und weinte und war todunglücklich . . . Wir haben dann versucht, in der betreffenden Stadt die Sozialbehörde zu finden. Als wir sie nicht schnell fanden, haben wir die Polizei alarmiert und gesagt: Die Frau springt in der nächsten Stunde aus dem Fenster – sie droht damit! Die Polizisten fuhren hin und haben dann doch die zuständige Sozialreferentin der Stadt gefunden, die sich – wie sich herausstellte – schon sehr viel um die Frau gekümmert hatte. Man kennt ja die Depressionen, die wie ein Unwetter immer wieder ausbrechen.« Und wenn man sie noch nicht kennt, wird man sie nach derart fatalistisch-meteorologischen Vergleichen bestimmt bald kennenlernen.

Walter Kempowski hat die Fähigkeit, aus seiner offenbar ererbten Unfähigkeit, Erlebtes und Empfundenes anders als durch dünne Sprüche auszudrücken, dicke Bücher zu machen. Da diese Unfähigkeit weit verbreitet ist, wurde er damit reich und berühmt. Unangenehm wird der Fall, da nun auch sein Bruder Robert »sich an seinen Eschenschreibtisch setzt, vier

Kerzen anzündet, zur Feder greift und sich sagt ›du darfst nicht schlechter sein als dein Bruder‹«. Die Gefahr sehen wir weniger, doch Robert K. verstößt damit gegen das seit den ›Brüdern Karamasow‹ gültige Gesetz, daß Romanverwandte und Pappkameraden keine Bücher schreiben dürfen. Platz 7.

Auf Platz 6 erscheint der Moderator des ZDF-Wirtschaftsmagazins ›Bilanz‹ für eine Meisterleistung im Bereich der TV-Visualisierung. Als W. Schröder in seiner Sendung über östrogenverseuchtes Kalbfleisch plauderte, hatte er ein lebendes Jungkalb an seinen Sessel gebunden. Das Tier, von ihm nur mäßig beruhigt, ruckelte mählich unter den Tisch, und beinahe – leider nur beinahe – hätte das Kalb auch den Moderator samt Sessel aus dem Studio gezogen.

Von allen Sammlern, die zur Weihnachtszeit die Hand aufhielten, kamen die Geschmacklosesten zweifellos von der deutschen Bundeswehr. Sie sammelten nämlich für die Kriegsgräberfürsorge; in Uniform, wenn auch mit ungewohnten Büchsen: »Ham Sie vielleicht 'ne kleine Spende?« Nein, natürlich nicht. Wer die Leute totschießt, bzw. totschießen möchte, soll gefälligst auch selbst dafür sorgen, daß die Massengräber in Ordnung sind.

»Sich hinter Höflichkeiten zu verbergen, halte ich für extrem bösartig. Meine Liebe gehört dem frechen Umgang miteinander.« Sagt W. Wondratschek. Bitte sehr: W. Wondratscheks Lyrik war und ist spekulativ. Seine Haltung (»Nur die Einsamkeit macht den Schreiber«) ist abgeschmackt. Seine Einsichten (»Leben ist für mich eine große tragische Lächerlichkeit«) sind abgedroschen. Lächerlich wird es allerdings, wenn der einsame Wolf die Tragik beheult, daß »keiner der großen Kritiker in Deutschland es bis jetzt für nötig gehalten hat, etwas darüber« (gemeint ist seine Lyrik) »zu veröffentlichen«. Das ist doch hiermit geschehen.

FEBRUAR

1.	André Heller *(schön)*
2.	Burkhard Driest *(häßlich)*
3.	Wolfram Siebeck *(geschmacklos)*
4.	Friedrich Gulda *(F-Musik)*
5.	Herbert von Karajan *(E-Musik)*
6.	George Tabori *(Tierfreund)*
7.	Phantasten *(Phantasie)*

»Man muß sich auch einmal etwas trauen.« F. Gulda hatte den Mut, dem deutschen ›Penthouse‹ seinen Leidensweg vom E- zum F-Musiker zu erzählen. F- steht für Freie Musik. »Mein Gott, sie ist dies und jenes«, definiert F. Gulda raffiniert. Er ist offenbar sehr stolz darauf, daß ihm »alle Welt bescheinigt, jetzt sei der Gulda endgültig übergeschnappt«. Wir tun das nicht, obwohl er dafür jedes Opfer gebracht hat: »Vor 15 Jahren habe ich meinen Frack weggeworfen.« Seitdem trägt der mutige Mann nur mehr »Jeans, im Sonderfall höchstens Cordhosen«. Das ist doch sehr vernünftig. Wofür sonst sollte er »von den jungen Leuten ernst genommen werden«? Für *die* jungen Leute hört der Spaß bekanntlich bei den Bügelfalten auf.

Schnell zurück zur E-Musik. E steht für Einträglich. H. v. Karajan will in Peking Puccinis ›Turandot‹ verfilmen, F. Zefirelli in Ägypten ›Aida‹. Beide – Pagodenbarbarei wie Pyramidalbanausie – sind unbesehen preiswürdig. Dem älteren Kitschier die Ehre. Unvergessen H. v. Karajans Plan, zum 70. Geburtstag den Himalaya zu besteigen und dann, gereift, Beethovens

Alleneune zum drittenmal und noch ätherischer auf Schallplatte zu zirkeln. Übrigens war H. v. K. dann natürlich doch nicht droben. Er hat aber den Beethoven auch nicht von R. Messner dirigieren lassen, sondern den Schrott lieber selbst gemacht – ohne Sauerstoffgerät, versteht sich.

»Sie gefallen mir sehr!« Mit dieser legendär gewordenen Talk-Show-Flachleg-Offerte durch Romy Schneider war die Peinlichkeitskarriere des B. Driest (›Die Verrohung der Katharina Blüm‹ oder so ähnlich) eigentlich schon gemacht. 1980 erfreuten wir uns dann alle am ewig undurchschaubaren Vergewaltigungsgestopsel in Sachen Lundi. Dennoch schaut B. Driest dieser Tage schon wieder als pickelverschrammter Brutalo-James-Dean sonnenbebrillt und schicksalsgegrillt unversöhnt von Filmplakaten (›Endstation Freiheit‹) ins nimmersatte Vanitasleere. Nach dringlichen Mahnungen aus Leserkreisen: Platz 2.

Auch der melierte Feinstschmecker W. Siebeck wurde uns schon warm empfohlen. Doch wir haben eigentlich wenig gegen seine Delikateßgeschäftigkeiten. Von Rezepten versteht er etwas und sein ›Rehrücken Friedrichsruhe‹ . . . aber: W. Siebeck hat auch ein Hobby. Er schreibt Satiren, und zwar im ›stern‹: »So lebt unsereins immer riskant, immer mit einem Bein in Stammheim.« Das ist bestimmt nicht sein Ernst. Aber ganz tief im Bauche fühlen wir: Garpunkt verfehlt. Einer, der mit beiden Beinen so fest in der ›Aubergine‹ zu stehen pflegt, sollte dergleichen nicht einmal im Spaß schreiben. Er ist einfach geschmacklos. Drei Kreuze.

G. Tabori leistet sich Sätze, die sich z. Z. wohl nur ein Theaterregisseur leisten kann: »Wichtiger als das Produkt ist die Produktion.« In diesem Schwachsinne produzierte er nach ›Siegmunds Freude‹ und Kafkas ›Hungerkünstler‹ nun einen ›Beckett-Abend‹, an dem außer wilden Menschen auch ein Tiger, ein Elefant, ein Affe und zwei Kamele auftreten. Die Frage, warum G. Tabori beim nächsten Mal nicht die Menschen ganz wegläßt und z. B. Shakespeare z. B. mit Pinguinen besetzt, läßt sich wie jede selbstgestellte Frage leicht beantworten: Hamlet im Frack – das wäre doch wirklich nichts Neues mehr.

Noch eine Frage: »Traumrebell«, »Verwandlungsreisender«, »verwunschner Spiegelmensch« – wer ist das? G. Netzer? H. Kissinger? R. Augstein? Dreimal nein. Es ist A. Heller – jedenfalls wenn es nach A. Heller geht. Und es geht nach A. Heller. Der Wiener »Kulturstadtrat« Zilk – den Namen werden wir uns merken: von Z wie Zuschuß bis K wie Kamel – schenkt ihm »eine Million Mark«, um damit »poetisches Varieté« zu machen. ›Flic-Flac‹ soll der neue Schnick-Schnack heißen. Aber wird die »Grammatik der Wunder« überhaupt stattfinden? »In 80 Tagen um die Erde« will A. Heller zuvor noch reisen und »vielleicht nicht zurückkehren«. Wir haben wenig Hoffnung: Der kehrt zurück. Es sei denn, Mutter Erde täte sich auf, den verträumten Reiserebellen mit Samt und Seide, Bart und Plänen und seinem ganzen stumpfen Stil zu verschlingen. Doch ohne angemessene Subventionierung ist das wohl kaum zu erwarten. Und ein dermaßen poetisches Spektakel hat der Globetrottel im Grunde auch gar nicht verdient. Verdient besetzt er allerdings Platz 1 dieser Liste.

A. Heller, G. Tabori u. a. leben von einer tiefen Sehnsucht, die auf einem noch tieferen Mißverständnis beruht – oder umgekehrt. »Die Phantasie an die Macht« so hallt es inzwischen durch alle Volkshochschulen.

Früher hätten wir nichts dagegen gehabt. Angesichts des spontanen Runs ausgerechnet der philiströsesten Flachköpfe ausgerechnet in Richtung Phantasie möchten wir aber, bis auch diese verlogene Jagd vorbei ist, vorübergehend den Kurs ändern und laut losplärren: »Eine Chance für den in sich gefestigten Stumpfsinn.«

MÄRZ

1.	Hubert Fichte *(Wududu)*
2.	Luigi Colani *(Glasschneider)*
3.	Lothar Späth *(Kreisvorsitzender)*
4.	Wilhelm Bittdorf *(Lochschwager)*
5.	Clemens Christians *(Oberlehrer)*
6.	Pierre Derlon *(Lebenskünstler)*
7.	Earphones *(Knopf im Ohr)*

P. Derlon »arbeitete als: Dekorateur, Flachmaler, Lokomotivführer, Rübenrupfer, Privatdetektiv, Billiger Jakob, Clown, Requisiteur, Dresseur, Elefantenführer, Vogelabrichter, Pfleger, Hafenarbeiter, Schmuggler, Schwarzhändler, Reitknecht, Bauführer, Programmleiter, Keramiker, Gagman, Erfinder – und Lebenskünstler. Pierre Derlon lebt zur Zeit als Schriftsteller . . .« behauptet jedenfalls der Sphinx Verlag Basel mit feiner Nuancierung zwischen Arbeit und Leben, und offenbar in der Annahme, je mehr Unsinn einer schon gemacht habe, desto besser könne er dann auch schreiben. Das ist ein Irrtum.

H. Fichte ist Schriftsteller immer noch im Hauptberuf. Der Spezialist für Pubertät, Völkerkunde und Lederoberbekleidung hat neulich Neuland beschrieben. Den Maler und Grafiker Paul Wunderlich, seit jeher spekulativer Kunstgewerbler mit seit langem abflachender Tendenz, feiert er in der schafsgeduldigen ›Frankfurter Rundschau‹ gleich seitenweise durch Vergleiche mit Großmeistern von Corot, Chardin und Goya bis hinauf zu Vermeer und Piero della Francesca. Wenn schon Verwandte, dann bitte diese: von Fidus, Brauer, Meckseper, Fuchs und Bruno Bruni bis hinab zu Sulamith Wülfing und Arno Breker, dessen bundesrepublikanisches Pendant Paul Wunderlich ungefähr sein dürfte. H. Fichte sagt, er »kenne alle Einwände gegen Wunderlichs Werk. Wiederholen will« er »sie nicht«, was vergleichsweise pfiffig ist. Lieber verdichtet er seine Verehrung für Wunderlichs »winzige Farbpunkte« zu der Erkenntnis: »Mit der Spritzpistole wird die Technik des Pointilismus weitergeführt und aufs äußerste verfeinert.« Ebensogut könnte man sagen, das Maschinengewehr sei eine Verfeinerung des Dosenöffners: Es macht schließlich auch viel schneller viel feinere Löcher.

Was Paul Wunderlich für die volkstümliche Grafikedition sein möchte und Charles Wilp für die gehobene Werbefotografie, ist L. Colani fürs Fach Design, oder nicht? Sein Meistergaunerstück, »Detail für Detail überwacht von Luigi Colani: der Warsteiner Unikat-Pokal«. Das ist ein Bierglas, das oben schräg abgeschnitten wird, oder nicht? Schon, aber »Kunstverständige werden erkennen, daß der Warsteiner Unikat-Pokal mehr ist als ein Glas zum Trinken. Er ist der Ausdruck progressiven Design-Empfindens.« Das ist doch schon was, oder nicht? Nein, der schiefe Bembel ist »vor allem ein Beweis dafür, wie ergonomisch geprägte Funktionalität äußerst ästhetisch mit der Forderung nach ungewöhnlicher Geschmacksumsetzung verschmelzen kann. Und kostet nur 35 Mark«, oder nicht? »Handsigniert.«

Wenn's darum geht, ›Bild‹ schweinischen Schurnalismus nachzuweisen, sind die Halbedelmänner von ›Spiegel‹ und ›stern‹ immer fix bei der Hand. Und wenn's darum geht, jemand ein Dutzend Morde nachzusagen, sind sie sogar noch fixer. Anders als ›Bild‹ liefern sie natürlich Beweise mit. Im Falle des vermuteten Yorkshire-Rippers Sutcliffe hat sich W. Bittdorf, bisher für Hochleistungskaspereien und Männerphantasien zuständig, den originellsten ausgedacht: In jedem Durchschnittsmenschen schlummert ein potentieller Massenmörder. Sutcliffe ist ein Durchschnittsmensch. Ergo ist Sutcliffe der Massenmörder. Logisch.

»Wir haben die Chance, unser Bildungssystem funktionsfähig zu halten und wieder funktionsfähig zu machen«, glaubt Lehrerverbandspräsident C. Christians. In Glaubensfragen diskutieren wir an sich besonders gern. Doch leider lohnt es sich hier nicht, denn C. Christians' Vorstellung zur Behebung der Funktionsstörungen schließt die Begründung für deren Vorhandensein und Zunahme gleich mit ein: »Aus Arbeit darf kein Spaß und aus Freizeit kein Ernst werden.« Da seien C. Christians und der Deutsche Lehrerverband vor.

L. Späth will Kanzler werden. Dazu ist ihm jedes Mittel recht. Jetzt hat er sich einen »Beraterkreis von 12 Wissenschaftlern« gekauft. Lauter Professoren: H. Lübbe (Zürich), K. Steinbuch (Karlsruhe), R. Wildenmann (Mannheim) usw. Schließlich, denkt sich wohl L. Späth, haben die Amis auch einen gewählt, bloß weil er angeblich so »ausgezeichnete Berater« hat. Ganz wird L. Späth sein Vorbild freilich nicht mehr erreichen: Er war nie Filmschauspieler. Wenigstens in der ›Feuerzangenbowle‹ hätte er damals mitspielen können. Als was? Als Feuerzange.

Und nun geht's wieder mal gegen euch, liebe Jugendliche. Müßt ihr denn aber auch wirklich mit Kopfhörern statt der Ohren und einem Kassettenrecorder vor dem Bauch auf offener Straße herumlaufen und uns ältere Herrschaften anrempeln? Earphones heißt diese Erfindung für ständig Weggetretene, die es ihnen ermöglicht, jeden Meter ihres Lebenswegs mit Gedudel zu begleiten. Was soll man dazu sagen? Nichts. Die hören ja sowieso nichts. Man muß ihnen schon was Geschriebenes unter die Nase halten. Zum Beispiel einen Zettel mit der Aufschrift: Wer dies liest, ist doof.

APRIL

1.	Horst Buchholz *(Alt-Stern)*
2.	Johann Wilhelm Gaddum *(Minister i. R.)*
3.	Wolfgang Gruner *(Ur-Stachelschwein)*
4.	Konstantin von Griechenland *(Ex-König)*
5.	Dr. Erhard Keller *(Uraltexolympiasieger i. R.)*
6.	Osnabrück *(fassadenreich)*
7.	Harald Naegeli *(Sprayer)*

Aussteigen ist in, und wie die Jungen sungen, so zwitschern jetzt auch die Alten ab. Ganz gleich, ob einer dann Festland beackert, Inseln bewohnt, Gurus bewundert oder einfach die Welt bereist, er darf das mit der Vanitas des Veränderten, die sich speist aus dem selbstquälerischen Neid der zurückgebliebenen Binnengesellschaft. – J. W. Gaddum gibt die üblichen Gründe an: »Ich will raus aus der Tretmühle.« Dafür hat er sein Finanzministeramt aufgegeben und »über Nacht« auf alle Macht verzichtet. »Zunächst wollen wir kreuz und quer Frankreich bereisen«, hat das »Mitglied eines Altherrenvierers« angekündigt. Dann will er die »Prämonstratenser-Abtei bei Neuwied mit ein paar Freunden restaurieren«. Und dann sind da ja auch noch seine Mineralölfirma und die 8700 DM Pension monatlich durchzubringen. Wie heißt es doch in Omnibussen: »Beim Aussteigen zur Sicherheit rechte Hand an rechten Griff.«

Nach dem Aussteigen aus Flugzeugen ist es in gewissen

Kreisen Sitte geworden, zunächst einmal den roten Teppich abzuschlecken. Ex-König Konstantin hat das bei einem Heimatbesuch brav nachgemacht. Doch die Griechen – was immer man von ihrer Musik halten mag – haben offenbar eine gesunde Abneigung gegen derlei geklaute Clownerien. Nur 8% wollen laut Umfrage ihren alten König Konni wiederha'm.

Zu unterhalten und zu belehren zugleich ist ein uralter Fernsehtraum. Der Bayerische Rundfunk ist seiner Verwirklichung nun noch ein Stück ferner gekommen. Wenn man bislang selbst bei den pfleghaarsträubendsten Susi-Musi-Grusicals nicht ausschließen konnte, daß sich irgendein Teil des Publikums, und seien es die Mitwirkenden, davon belehrt fühlte, ist bei der neuen ›Astro-Show‹ garantiert, daß nicht einmal der Moderator mehr daran Spaß hat. Der Astrodoge H. Buchholz hat offenbar einen Urknall. Die peinliche Penetranz seiner galaktischen Geschmacklosigkeit ist nur mehr in all-gemeinen Alliterationen zu fassen: Milchstraße der Mittelmäßigkeit, Planet der Plattheit, spasmischer Spiralnebel – oder ist dies gar das berüchtigte Schwarze Loch? Zwei Lichtjahre sollen wir mit dieser unheimlichen Begegnung mit einer drittklassigen Art beinahe außerirdischer Insuffizienzen noch bestrahlt werden. Wir möchten bitten, die geplanten zwölf Folgen danach sogleich ins Weltall zu beamen. Das dürfte – neben griechischer Musik – die relativ sicherste Methode sein, potentielle stellare Invasoren vom Besuch unseres Sonnensystems nachhaltig abzuschrekken.

Und noch ein Veteran: W. Gruner ist natürlich nicht deshalb peinlich, weil er immer älter wird, sondern wegen der Hartnäkkigkeit, mit der er an komisch-gemeinten Mitteln festhält, die schon vor zwanzig Jahren selbst mit geschlossenen Augen und Ohren kaum auszuhalten waren. Schnellschnatternd und nichtssagend hat seine Schnauze es geschafft, daß fühlende Menschen nun schon beim leisesten Anklang eines Berliner Akzents janz käsig um de Neese werden, wa. Die Kopfgeldprämie für den Tod des deutschsprachigen Kabaretts muß er sich allerdings mit anderen teilen.

Gegen die heimlichen Aktivitäten des sogenannten »Sprayers von Zürich« war eigentlich nichts zu sagen. Seine Zeichnungen sind gekonnt, und die Anonymität des Urhebers machte sie um so sympathischer. Nun ist aber der 41jährige H. Naegeli in Stuttgart erwischt worden und hat leider sofort ausgepackt: Seine Dosenkunst will er als »Ergebnis eines Kampfes mit dem eigenen Ich« gewürdigt wissen, dem er »kulturgeschichtliche Bedeutung« zumißt. Ach, hätte er nicht warten können, bis irgendein Feuilleton-Professor sein Gesprühtes als »moderne Hieroglyphen« erkannt und ihn zum »Ikonografen der Jetztzeit« ernannt hätte?

Denn siehe, kaum eine Woche nach seiner vorläufigen Festnahme ward H. Naegeli bereits von Oberstadtdirektor Dr. Wimmer dazu eingeladen, »geeignete Fassaden in der Osnabrücker Innenstadt mit seinen Strichmännchen zu verschönen«. Alsdann, nichts wie raus aus dem Leben und immer rein in den Kunstverein.

Noch einmal zurück zu den lebenden Leichen:

Dr. E. Keller war Eisschnelläufer, Arzt und TV-Entertainer dazu. »Das hat sich nie gebissen. Fernsehen war im Sommer. Eislaufen im Winter«, sagt Dr. Keller, der seit seinem Öffentlichwerden als Olympiasieger 1968 eines der – um mit einem bekannten Teppichhändler zu reden – größten Arschgesichter der Nation ist, und damit natürlich prädestiniert, für Kreditkarten zu werben. Per Interview. Noch eine Frage: »Herr Dr. Keller, was hat Ihnen am meisten Spaß gemacht?« – Dr. Keller: »Alles!« Irgendwie glauben wir das sogar. Ach ja, über die enge Verknüpfung von Wintersport und Peinlichkeit ließe sich noch so manches sagen. Genauso wie über die Frage, ob Prinz Charles noch Jungfrau ist. Oder über griechische Musik. Aber wohin soll das alles noch führen? Wohin . . .

MAI

1.	Manfred Köhnlechner *(Heil)*
2.	Günter Kunert *(Unheil)*
3.	Romy Schneider *(Knef-Nachfolge)*
4.	David Shears *(Beobachter)*
5.	Peter Paul Pachl *(Regie-Theater)*
6.	Rolf Vollmann *(Henkel-Tropf)*
7.	Karl Carstens *(Lübke-Nachfolge)*

»Das Schlimme bei uns ist, daß wir alle keine Ahnung voneinander haben . . .« So beginnt ein Artikel über Gabriele Henkel, in dem der Tübinger Feuilletonist R. Vollmann unfreiwillig das genaue Gegenteil beweist. Das Schlimmste daran ist nicht einmal die Bekanntschaft mit der Düsseldorferin und Prominentenfängerin; peinigender ist es, den schamlosen Schmäh des Schreibers R. Vollmann kennenzulernen. Vier Seiten lang raunt er irgendwo zwischen Jean Paul und St. Pauli ins FAZ-Magazin hinein, bis er am Ende – nomen est omen – wie noch jeder miese Lyriker von den eigenen Ergüssen ganz besoffen ist: »Diese Stunde lang vergesse ich leicht und gern die Vergangenheit, die ja in diesem schönen Fall nur erläutern soll, was die Gegenwart glücklich einmal besitzt.«

Unglücklich besitzt unsere Gegenwart zwei besonders unschöne Fälle: daß aber M. Köhnlechner und G. Kunert – Heilpraktiker der eine, Unheilstheoretiker der andere – auch noch ein gemeinsames Hobby verbindet, wollen wir uns bis zum Schluß aufheben. Zunächst die kleinen Unterschiede: M.

Köhnlechner ist hauptberuflich Vorbeuger. Seine gigantischen Fitness-Progrome, hat der ›Spiegel‹ ausgerechnet, sind ein Fulltime-Job, Lebensinhalt. Man fragt sich, wann der Vitamin-Wichser Zeit findet, all die Artikelserien zu unterschreiben, die immerhin so fein ausgetimed sind, daß, schon drei Tage nach einer dringenden Empfehlung der »Sauerstoff-Mehrschritt-Therapie« durch »Kombination der Arzneimittel Reteca I und II« im redaktionellen Teil, die passende Anzeigenserie »Aktiv leben – unbeschwert, vital, leistungsfähig« anläuft, die neben einem schwervitalen Köhnlechner-Portrait verheißt, »die Kombination der Arzneimittel Reteca I + II nach Köhnlechner« gebe es »ab sofort in allen Apotheken«.

»Uns umgibt eine Atmosphäre völliger Gesundheit«, stellt der Heimapokalyptiker G. Kunert angewidert fest. Auch er sieht übrigens genau so aus, wie er schreibt. Der Privatpessimist setzt voll auf Endzeit: ökologische Katastrophe, communicationbreakdown usw. Man kann es oft genug sagen. Reizend ist auch bei dem »Preisträger des Kulturkreises im Bundesverband der deutschen Industrie« vor allem die selbstgestrickte Befriedigung: »Die Ausweglosigkeit unserer Lage verstärkt meine Heiterkeit.« 94% aller Deutschen finden gut, was M. Köhnlechner tut. G. Kunert dürfte ungefähr den gleichen Prozentsatz der deutschen Literaturkritik hinter sich haben. Beide braucht man nur anzuschauen, um den unumstößlichen Vorsatz zu fassen, das Leben bis zum letzten Wermutstropfen zu genießen und vor allem niemals das Rauchen aufzugeben.

›Don Giovanni‹ in Kassel: flippig nackte Teenies auf dem Ball, die Bauern als rollschuhfahrende Disco-Deppen und Elviras Zofe ist oben ohne und bei der zweiten Serenadenstrophe schon heftig am Vögeln. Als ob nicht der Witz des Librettos wäre, daß der Großerotiker eben dazu nicht kommt! Mozart sei Dank muß man sich mit derlei Unfug in der Neuenfels-Nachfolge nicht argumentativ auseinandersetzen. P. P. Pachls ›Don Giovanni 2000‹ ist ja auch keine Oper, sondern ein »Denkspiel«. Und die FAZ fragt weiter: »Wo kann dieses Denkspiel sich besser ereignen als im menschlichen Gehirn?« Unser Vorschlag: in Kassel.

Der Korrespondent des Londoner ›Daily Telegraph‹, D. Shears, hat 16 Jahre in der BRD verbracht. Zum Abschied teilte er mit, was ihm hier aufgefallen ist: unsere »formale Art« (Händeschütteln und Siezen), unser »gebrochenes« Verhältnis zur eigenen Geschichte (»in den Kneipen« wird kaum übers Dritte Reich »diskutiert«), »der Funke der Kreativität«, der uns so fehlt und »daß wir nicht sehr gut über uns selbst lachen können«. In den regnerischen Heimat-Pubs wird manchem darüber vor Lachen der Bowler hochgehen – falls die kreative Diskussion über die Burenkriege dazu Zeit läßt.

Das doofe Leben hat R. Schneider ihr letztes Happy-End vermasselt. Zunächst lief alles wie in einem geschmierten Film von Lelouch: Im Falle einer Scheidung verlangt der Schurke Daniel Biasini, 31, von ihr Kind und Geld. »Romy verzweifelt.« Klar. Doch dann stellt sich plötzlich heraus: »Wegen gewisser juristischer Schusseligkeiten« gilt die Ehe in Frankreich als »nicht geschlossen«. Keine Tragik. Das ist emotional unbefriedigend und absolut stillos. Das grenzt schon an Betrug. Dafür Platz 3.

K. Carstens könnte es als erster Präsident seit H. Lübke schaffen, daß wir uns auf Staatsbesuche wieder richtig freuen. Indira Gandhi »hat auf mich einen sehr starken Eindruck gemacht mit ihren großen Kenntnissen der indischen Innenpolitik«. Daß sich jemand in der eigenen Innenpolitik auskennt – ungewöhnlich. Merkwürdig auch, daß 8000 Inder ein Stipendium der Humboldt-Stiftung verdienen. »Das zeigt, wie viele intelligente Inder es gibt.« Das zeigt auch, wie wenig intelligente Bundespräsidenten – ach was: ist doch prima.

JUNI

1.	Niki Lauda *(Monster)*	
2.	Yoko Ono *(Ghule)*	
3.	Christoph Schirch *(Sonnenölgötze)*	
4.	Hausbesetzer *(Nürnberg)*	
5.	Charlie Rivel *(Akrobat schön doof)*	
6.	Bundesgartenschau *(Kassel)*	
7.	Josef Kapellmann *(1860 München)*	

Das Schlimmste an vielen Menschen ist, daß sie einfach keine Ruhe geben. Wir schon gar nicht. Von Y. Ono war zu erwarten, daß sie sich nicht damit begnügen würde, das von ihr selbst ruinierte Talent ihres toten Gatten auf herkömmliche Weise auszubeuten. Zur »optischen Unterstützung« ihres ersten Posthum-Hits verkauft sie nun ein Video-Band. »Es zeigt«, laut ›Bild‹, »sie und den Ex-Beatle beim Liebesakt«, vorerst nur »nackt von der Hüfte aufwärts«. Wir warten die Hardcore-Fassung ab, bevor wir singen: »We got to get her out of his life«.

Als »letzten Vertreter einer inzwischen längst ausgestorbenen Clown-Generation« läßt sich Ch. Rivel seit Jahrzehnten feiern. Sein »Akrobat schöööön« ist inzwischen weltberüchtigt geworden. Seine Verkörperung reinen Kindischseins stinkt längst zum Himmel. Dort, glaubt Rivel, werde er auch »Charlie Chaplin wiedersehen«. Mit diesem komischen Vorbild hatte er allerdings nie mehr als den Vornamen gemeinsam. Wann er endlich still sein will? »Niemals. Wenn ich nicht mehr spielen kann, dann sterbe ich«, sagt Ch. Rivel; und das klingt für den bedrohlich, der je eine seiner inzwischen unzähligen Abschiedsvorstellungen gesehen hat. »Für dieses Jahr«, freut sich die ›Frankfurter Rundschau‹ unerschrocken, »sind bereits Galas in der Bundesrepublik, Schweden und Dänemark fest terminiert.«

Anscheinend ist auch N. Lauda nur mehr von Feind Hein zu stoppen. Er hat offenbar das Hirn gewechselt. Nach der relativ regen, reifen Erkenntnis, es sei doch irgendwie »sinnlos, immer im Kreis« zu brummen, will er nun genau das wieder tun. Ob aus »Geldnot oder Langeweile« (›Bild‹), aus totalem Todestrieb oder purer Deppernis ist uns egal. Wir möchten zu Protokoll geben, daß wir, wenn es ihn diesmal in seinem Formel-1-Leichenwagen aus der Kurve zur allerletzten Ölung trägt, keinen unserer drei Zylinder ziehen werden. Soll doch der große Sponsor seiner Turboseele gnädig sein.

Noch peinlicher als Paul Breitner mit seinem Comeback nach 2000 Tagen und etwa ebenso vielen Beteuerungen der Unmöglichkeit desselben (»Nie wieder!«) ist der Fußballspieler J. Kapellmann alias Jupp Skalpellmann alias Rolf Breitacker von 1860 München. Er möchte dort gern etwas werden, was Uli Hoeneß mangels Ballbehandlung bei Bayern geworden ist. Bei der Generalversammlung kam nun auf, daß sein Verein einem »Rolf Breitacker« jährlich für »Managerdienste« DM 130 000 auf ein Luzerner Konto abzweigt. J. Kapellmann lehnt zwar »jeden Kommentar« dazu ab, ist aber dabei so rot geworden, daß er, der auf dem Spielfeld schon so manchen Meniskus freigelegt hat, sich schwor, fürderhin als Dr. med. die Leute doch lieber in aller Offenheit und auf Krankenschein zu bescheißen.

Daß auch Hausbesetzer dem ehernen Adornoschen Gesetz, in Deutschland laufe Engagement noch allzeit auf Geblök hinaus, unterliegen, haben vier junge Nürnberger bewiesen. Sie teilten vom Dach einer okkupierten Villa mit, sie würden sogleich hinunterhüpfen, wenn nicht ab sofort alles nach ihrem Willen ginge. »Ein aus München zu Hilfe gerufener Polizeipsychologe«, berichtet der ›Sechsämterbote‹, habe sie zum Aufgeben überredet. Wer aber möchte noch bei einer Revolution mitmachen, die schon ein einziger Polizeipsychologe im Keim ersticken kann? Wir nicht.

Auch eine Bundesgartenschau ist an sich schon keine sehr geistreiche Sache. In Kassel haben die Planer unter dem Kommando des Stuttgarter Flurbereinigers Wolfgang Miller einen lässig gewachsenen englischen Garten zum pseudobarocken Paradeplatz für Zierpflanzen begradigt. Dafür mußten eine alte Lindenallee umgelegt, ein See in Beton eingelocht und viele Beete »mit Gasbomben unkrautfrei geschossen werden« (FAZ). Zur Eröffnung des paramilitärischen Strebergartens ließ Bundespräsident K. Carstens stielvoll einen Nelkenstrauß überreichen, den 10 Läufer in einem »Blumenmarathon« in 3 Tagen über 274 km ab nach Kassel trugen – d. h.: getragen haben sie die Nelken eigentlich nicht, denn »um die Blumen duftend und frisch in Kassel übergeben zu können«, ist »das Bonner Angebinde auf dem größten Teil der Strecke im Begleitfahrzeug des Masseurs transportiert« worden.

Der Neu-Liedermacher Ch. Schirch hat sich per Foto qualifiziert. In seinem prallen Pullover sieht er auf seinem ersten Plattencover aus wie ein Sylter Skilehrer mit solider Schiffsschaukelbremservergangenheit. Das Album trägt den verheißungstollen Titel ›Niemandsland‹. Wir haben es fairerweise nicht angehört, denn der Gruner + Jahr Verlag hat uns – ebenso fair – vorgewarnt: »Seine Lieder reflektieren Selbsterlebtes.« Und was wird Ch. Schirch schon erlebt haben?

»Ich lag im Bräunungsstudio
und dachte krampfhaft: Oh, oh, oh,
ich muß noch zum Friseur!
Denn später in der Sauna
sind ganz bestimmt auch Frau'n da –
ein Beau, Beau, Beau hat's schwör.«

Oder beau ähnlich.

JULI

1.	Philip Rosenthal *(Lebenskunstgewerbe)*
2.	Thomas Brasch *(Jungfilmer)*
3.	Désirée Nosbusch *(jung)*
4.	Dr. Hartmut Lück *(Opfer)*
5.	Michael Schirner *(Werber)*
6.	Alfred Böll *(Bruder)*
7.	Josef Schmidt-Konz *(SJ = Schamloser Jesell)*

Robert Kempowski kam als erster auf die Idee, aus dem Erfolg des Bruders Walter selbst ein Buch zu machen. Wir haben davor gewarnt. Trotzdem hat auch A. Böll nun ein Werk vorgelegt: ›Die Bölls – Bilder einer deutschen Familie‹, in dem wir »den beginnenden Ruhm des Bruders Heinrich erleben« sollen sowie »gleichzeitig die Geschichte eines Volkes, das vom Kaiserreich über eine Diktatur zur Demokratie unserer Tage gefunden hat«. Wenn weiter nichts drinsteht: Platz 6 und den Nobelpreis.

Ph. Rosenthal, laut Eigenwertung »umweltengagierter Unternehmer, sozialengagierter Politiker, Ruderer, Bergsteiger und Autor«, war auch ›Einmal Legionär‹. In seinen Porzellan-»Studios« hält er z. Z. »Litera-Stunden« ab, in deren Verlauf man angeblich »zwei Männer kennenlernen kann«, die »gegen den Strom schwimmen wollen und müssen«. Das zweite Beispiel für kompromißlosen Nonkonformismus und exprimentelle Literatur ist übrigens Walter Kempowski (s. o.). Ja, mit »über 100 internationalen Künstlern und Entwerfern unserer Zeit« arbeitet Ph. Rosenthal zusammen. Selbst HAP Grieshaber hat eben noch rechtzeitig vor seinem Ableben eingesehen, daß man »aus einem Kunstwerk auch guten Kaffee trinken kann«. Wir aber nicht: Clever kalkulierter Erfolg hat mit sozialem Heldentum ebensowenig zu tun wie Kunst mit Kaffeekannen. Und das Vergnügen, »die Künstler unserer Zeit« auf Milchtöpfchen-Niveau zu bringen, ist uns genausowenig nachvollziehbar, wie wenn »Lebenskunst« darin besteht, sich aus »künstlerisch wertvollen« Näpfchen vollzukleckern.

Auch erfolgreiche Werber leiden gern darunter, daß sie mit Reklame immer nur Geld verdienen, nie jedoch Ansehen oder gar Liebe. Kaum ein Artbuyer mag einsehen, daß auch das coolste Storyboard Goyas ›Capriccios‹ nie ersetzen kann und selbst die heißeste Headline an einen Hölderlin-Vers nimmer heranreicht. Diesen Unterschied zu verwischen, hat der Geschäftsführer der Agentur GGK, M. Schirner, anläßlich der Düsseldorfer ›Interpack‹ zu einer Theateraufführung mit anschließender Diskussion geladen. Aufgeführt werden ›Die Mitschuldigen‹ von Goethe: »Alle Schauspieler stecken in riesig vergrößerten Produktionspackungen bekannter Markenartikel.« Diskutiert wird die Wunschthese, daß die Massenkultur die alte Hochkultur bald überwältigt haben möge: »Ist Goethe eine Camel-Packung?« Dazu Goethe: »Ja, viele kommen zur Erkenntnis des Vollendeten und ihrer eigenen Unzulänglichkeit nie und produzieren Halbheiten bis an ihr Ende.«

In allen Medien ist neuerdings D. Nosbusch angesagt: als Vertreterin der Jugend schlechthin. Sie ist erst 16 und kommt schon aus Luxemburg. Außerdem moderiert sie im Fernsehen, plaudert im Radio, schreibt in Zeitschriften, singt Schlager und spielt ihre erste Filmrolle. Alle Medien – und besonders ihre Manager – sind begeistert, »wie spontan und spielerisch, wie natürlich und talentiert« sie eben diese Medien bedient. D. Nosbusch ist tatsächlich so spontan und spielerisch wie eine Musicbox, so natürlich wie Soft-Eis und hat ungefähr soviel Talent wie ein Paar Rollschuhe. Dabei ist sie nicht wirklich dumm oder dreist, sondern nur gerade anpassungsfähig genug, um die ganze Welt zum Anlaß zu nehmen, immer erst das

Mäulchen aufzusperren, um dann sogleich entgeistert loszuquietschen.

Wer einen Film macht in Deutschland, sorgt meist dafür, dessen Wichtigkeit durch das gleichzeitige Erscheinen eines gleichnamigen Buches drückend nachzuweisen; selbst wenn dem Film ein Buch vorausging. So ist ›Die Blechtrommel‹ plötzlich von V. Schlöndorff und ›Berlin-Alexanderplatz‹ von R. W. Fassbinder. Nur ›Die glücklichen Jahre‹ waren und blieben als Buch, als Film und als Buch zum Film von R. Kunze. Wir ehren hier stellvertretend T. Brasch für sein Film-Buch ›Engel aus Eisen‹. Wenn er sich schon nicht zwischen den Gattungen entscheiden kann, hätte uns der sorgfältig Unrasierte doch wenigstens mitteilen können, ob er in Zukunft als Brecht- oder als Wondratschek-Verschnitt geführt werden möchte in unseren Akten.

Längst als »aktiver Nichtraucher« registriert ist Dr. H. Lück. Er hat dem ›Spiegel‹ einen Leserbrief geschrieben, in dem steht: »Die Nichtraucher sind die Juden der Raucher.« Wie es ausgerechnet diesem Häftling gelingen konnte, ein Kassiber aus unserem KZ zu schmuggeln, ist uns ein Rätsel. Wir werden der Sache nachgehen. Vorerst: Platz 4.

Der Jesuitenpater J. Schmidt-Konz hat im Fernsehen etwas angedeutet, was sich selbst für Ungläubige unglaublich anhört: Der Papst sei nach seinem Attentat nun schon fast so heilig wie Jesus. Es mag stimmen, daß diese Schüsse K. Wojtyla vorerst daran hindern, endgültig zum depperten Dappertutto zu werden – doch stimmt es nicht auch bedenklich, liebe Brüder, daß ausgerechnet *wir* nun den Herrn aus Nazareth gegen den Stellvertreter seines Vaters und seine Helfershelfer auf Erden in Schutz nehmen müssen? *Uns* schon.

AUGUST

1.	Rosi Mittermaier *(Inzucht)*
2.	Oriana Fallaci *(Unzucht)*
3.	Richard Wurbs *(FDP)*
4.	Joan Baez *(Mama Courage)*
5.	Lothar Günther Buchheim *(Papa Courage)*
6.	Pierre Brice *(Heterosexualität)*
7.	Gabriel García Márquez *(Wortbruch)*

Die Nachricht, daß Winnetou (P. Brice) eine gewisse Hella Krekel (32) geheiratet hat, traf uns wie ein Schmetterhieb seines alten Freundes Old Shatterhand. Ja, weiß denn der welsche Apache gar nicht, was er seiner Rothaut schuldig ist? Old Shatterhand und Winnetou haben keine Frauen. Nie! Unser einziger Kommentar:

Uff! Platz 6.

Noch eine Verbindung, die uns nicht paßt: Seit unser aller Olympiasiegerin R. Mittermaier ihren Wedel-Kollegen und Hübsch-Hupfauf Chr. Neureuther heimgeführt hat, geht es talwärts mit ihr. Statt Lebenssinn darin zu finden, abgetakeltsten Landräten bei jeglicher Art von PR zur Shake-Hand zu gehen, werben die zwei jetzt auch noch gemeinsam für rote Polohemden. Und was da mitten in deutschen Städten starr wie die Hausmarder von Litfaßsäulen metergroß herabzahnt, ist unbeschreiblich. Dieser parallele Blick, steif und fest nach rechtsaußenvoraus, als ob dort der Leibhaftige seinen Mantel aufklappte, wirkt nicht nur angestochen, sondern gleichzeitig so irritierend enterotisierend, daß wir uns doch fragen, wie ausgerechnet dies saubere Paar ein eigenes Kind zusammengebracht hat. Wir sind eben süchtig nach Sex, besonders in der Werbung.

In diesem Sinne hatten wir O. Fallacis Zwiegeturtel mit L. Walesa schon ausführlich begrüßt. Damit hat es die italienische Star- und Topinterviewerin endlich geschafft, selbst interviewfähig zu werden: »Ein Interview ist für mich eine Liebesgeschichte, ein Kampf, ein Koitus«, vertraute sie der ›Frankfurter Rundschau‹ an. Ja, dann ... Wir Dummis glaubten nämlich bisher immer, ein Interview sei der mehr oder weniger überflüssige Plausch zweier mehr oder weniger unterhaltsamer Individuen, die sich halt im Moment etwas zu wichtig nehmen.

Die Festschrift ›Für Klaus Piper zum 70. Geburtstag‹ enthält auf 370 Seiten all jene Peinlichkeiten, die Autoren ihrem Verleger zu diesem Anlaß gewöhnlich um den Bart seifen. Drei Beiträger ragen heraus: S. Unseld, der sich mit zum Glück unnachahmlicher Komik an einen Abend erinnert, den er mit Ingeborg Bachmann in der römischen Diskothek ›Piper‹ verbracht haben will, können wir nicht mehr ehren, denn er war bereits dreimal auf der Liste.

Theo Sommer, der auf knapp vier Seiten wieder seine sämtlichen Geschichtskenntnisse von »Kaiser Konstantin mit seinem Toleranzedikt, 312« bis zur »alten Frage Thomas Hobbes: Quis judicabit?« auspackt, möchten wir auch weiterhin der Obhut H. L. Gremlizas überlassen. Bleibt L. G. Buchheim, selbsternannter »Handwerker« und notorischer Maulheld, der als einziger den Mut fand, sich mit der Weigerung, sich an dieser Festschrift zu beteiligen (»Wenn ich dann noch ›Festschrift‹ höre ... krampft sich mir die Schreibhand ...«), an dieser Festschrift zu beteiligen.

Unfreiwillig komisch wirkt es auch, wenn eins ein viertel (oder ein halbes?) Jahrhundert lang seinem Protest gegen alles

Verlogene sanglich glanzäugig Ausdruck verleiht und damit am Ende in ›Bio's Bahnhof‹ ankommt. Dies war die vorläufig letzte Station auf dem Leidensweg der J. Baez. Zwischen Inkarnationen des derzeit aktuellsten Untalents wie Margot Werner sen. und Max Greger jun. gab sie eine Vorstellung, die selbst den letzten Zug fluchtartig abfahren ließ. Die im Studio versammelten Flachköpfe waren von soviel Verspätung natürlich hellab begeistert.

Und noch ein Unfall: 1975 hatte der sehr erfolgreiche kolumbianische Romancier G. G. Márquez (›Hundert Jahre Einsamkeit‹) feierlich angedroht, er werde kein einziges erzählendes Wort mehr veröffentlichen, bevor nicht der gleichfalls recht erfolgreiche chilenische Diktator Pinochet gestürzt sei. Seine ›Crónica de una muerte anunciada‹ soll im Herbst in Deutschland erscheinen und DM 20,– kosten. Daß es ein Roman ist, wenn auch ein kurzer, hat der ›Pflasterstrand‹ bereits per Vorab-Raubdruck auf 16 Seiten komplett nachgewiesen. »Chilenische Freunde«, so G. G. Márquez, hätten ihn zu dieser kleinen Voreiligkeit »überredet« – wohl in der Hoffnung, Pinochet möge davon erfahren und niedergestreckt von der Macht des erzählenden Wortes auf der Stelle umfallen.

Ein Jahr lang haben wir zugelauert, was R. Wurbs denn eigentlich für einer sei, der Name klang versprechend. Schon wähnten wir, Wurbs sei bloß die pseudovirtuelle Attrappe einer Chimäre, denn es tat sich nichts als die blanke Existenz Wurbsens: keine Rede, keine Doktrin, kein Mucks, nein, nicht einmal ein Murks – aber jetzt ragt Wurbs auf einmal weit über den Rand derselben hinaus: Wurbs ist nicht nur Bundestagsvizepräsident und neuer Schatzmeister seiner Partei, sondern auch Capo der FDP-»Canalarbeiter«-Riege im Bundestag und also Cönig dieser Cretins, der Nichtigste der Nichtigen mithin. Dafür sei Wurbs hier ausgezeichnet und bedankt.

SEPTEMBER

1.	Norbert Blüm *(halbgar)*
2.	Hanni Vanhaiden *(reif)*
3.	André Heller *(überreif)*
4.	Gerhard Zwerenz *(Spaßvogel)*
5.	Kai Schröder *(Armleuchter)*
6.	D. Bober *(N-Bomber)*
7.	Maria und Ingrid *(frau/frau)*

Dieser September 1981 ist nicht irgendeiner, nein, es ist der September, in dem H. Vanhaiden »mit 40 Jahren« ihr Abitur nachmachen möchte. »Die TV-Ansagerin mit dem blonden Rettichkopf liegt auf Ibiza am Sandstrand und büffelt in der Sonne«, meldet ein Herr Wolfgang Windel in der ›Bild‹-Zeitung. Und diesmal glauben wir ihm jedes Wort: »Danach will die geschiedene Hanni auf der Universität Kinder-Psychologie studieren.« Die Aussicht, danach mit diesem blinden Nebbich-Tropf etwas gemein zu haben, tut uns so weh, daß wir uns für den Ernstfall spontan entschlossen haben, unser Reifezeugnis zurückzugeben. Folgen Sie unserem Beispiel bitte recht massenhaft.

Für den Oktober dann hat A. Heller eine Tournee angedroht, zu der er auch noch »seine Freunde« mitbringen will. Gegenwärtig turnt er noch mit seinem »poetischen Varieté« durch die Gegend, ›Flic Flac‹ genannt, und gedacht für all jene, deren Phantasie an hartem Stuhlgang leidet und die als Laxativ immer mal eine Veranstaltung brauchen, bei der sogar Versprecher und

Versager peinlich genau einstudiert sind. Uns reicht das Programmheft, das den Turnvater wie folgt besingt: »Literat, Komponist, Selbstdarsteller, Sänger, Filmemacher, Erfinder, Verwandlungsreisender ... 12 Lang(!)-spielplatten, 6 Buchveröffentlichungen, 3 Theaterstücke, 27(!) Fern(!)sehfilme, 5 Spielfilm-Haupt(!)-rollen, 5 Bühnenmusiken ... Zahlreiche Auszeichnungen, u. a. (!) Deutscher Schallplattenpreis 1981.« Daß hier jemand seinen eigenen Lebenslauf offenbar als Wichsvorlage verwendet, reicht für eine weitere Auszeichnung: die Aufnahme in unsere Ewigenliste der Peinlichkeit. Dreimal dabeigewesen – bitte nicht weiterquälen.

Auch N. Blüm zu zitieren ist kein Vergnügen: »Die Antwort auf den Streß der Leistungsgesellschaft ist weder Schlaraffenland noch Nirwana, sondern die Fähigkeit, zwischen verschiedenen Ansprüchen zu wechseln.« Ah, so. »Arbeit und Muße, Genuß und Leistung kooperieren miteinander, indem sie sich ergänzen.« Wo denn? »Ullsteins ›Gourmet-Journal‹ macht diesen modernen und einzigen Weg zur Glückseligkeit deutlich. Ich begrüße ...« Ja, in diesen Sätzen kooperieren werbliche Botschaft und persönliches Bekenntnis miteinander, indem sie sich ergänzen. Peinigend daran ist wohlgemerkt nicht irgendein herstellbarer Widerspruch zwischen sozialem Engagement und feinschmeckerischen Ambitionen, sondern allein die Kraft dieser Formulierungen, die einem das Wasser im Munde schier gefrieren läßt.

Statt G. Zwerenz sollten wir eigentlich all diejenigen Literaturkritiker hier auf- und abführen, die ihn jahre-, ja jahrzehntelang wie einen ernstzunehmenden, ja hochpolitischen Schriftsteller behandelt haben. Ihnen verdankt es dieser bärtige Mann immerhin, daß er noch kürzlich nur äußerst knapp am Büchner-Preis vorbeigeschrammt ist. Von den ca. 50 Büchern, die G. Zwerenz in seiner ersten Schaffenshälfte schon vollgemacht hat, rechtfertigt keines auch nur den Ladenverkaufspreis. Aber für seinen Auftritt in der ARD-Serie ›Solo für Spaßvögel‹, in der sich G. Zwerenz vor allem über die Literaturkritiker erregte, hat er etwas verdient: Platz 4.

»Kai Schröder, armamputierter 22jähriger aus Nienburg, darf zur Bundeswehr«, lesen wir entsetzt. Mit »Hilfe des Petitionsausschusses des Bundestages« und mit »Unterstützung des Verteidigungsministeriums« hat er es tatsächlich geschafft, daß ihm dort nun – Stümpfe an die Hemdennaht! – der Arsch ebensoweit aufgerissen wird wie jedem kompletten Armleuchter auch.

Ja, bisweilen grummeln aus der Tiefe des Volksganzen Stimmen empor, derart majestätisch und überwältigend in ihrem kahlen Stumpfsinn, daß man niederknien möchte, um anzubeten. Ein Leserbrief von D. Bober, Wiesbaden, verdient diesen Respekt. »Die Zerstörung des Atomkraftwerkes im Irak hat nicht nur bewiesen, daß AKWs nicht ›bombensicher‹ sind, sondern vor allem gezeigt, wie wichtig es ist, die Entwicklung der Neutronenbombe voranzutreiben, die ja bekanntlich ›nur‹ Menschenleben vernichtet.« Ein weiterer Vorzug dieser Waffe, so fügen wir in aller Demut hinzu, ist die umgehende und gründliche Hinwegraffung von Schreibern solcher Briefe.

Über Sätze wie: »Ich kann jedenfalls über einen Vergewaltigungswitz nicht lachen! Und jedem, der/die das kann, soll's im Halse stecken bleiben!«, von »Maria und Ingrid« an die Berliner ›zitty‹ geschrieben, mag man auch kaum noch lachen, zumal »jedem/jeder, der/die/das« noch schöner getönt hätte. Wenn man/frau den ganzen Tag mit ihrem Geschlecht unter dem Arm herumlaufen, wirkt das penetrant sexistisch und wird auch dadurch nicht komischer, daß »frau« auf Althochdeutsch »fro« zurückgeht, was nichts anderes als »Herr« bedeutet, und deswegen – Schluß damit! Es ist wirklich zu herr- bzw. dämlich.

OKTOBER

1.	Fritz Dietz *(kafkaesk)*
2.	Stefan Zweig *(zweigsam)*
3.	Ernst Fuchs *(füchsisch)*
4.	Eva Christina Fuchs *(seine Frau)*
5.	Karl Heinz Hansen *(Durchflieger)*
6.	Rudolf Augstein *(Vorkriegsopfer)*
7.	Gerhard Zwerenz *(rote Karte)*

R. Augstein hat die Neutronenbombe offenbar um den Restverstand gebracht. Verzeihlich, daß er in ein und derselben ›Spiegel‹-Ausgabe ein und denselben »Vietnam-General Westmoreland« in zwei verschiedenen Aufsätzen mit ein und demselben »automatisierten Gefechtsfeld« zitiert; kann vorkommen, im Eifer desselben.

Aber warum R. Augstein in seinem Zwei-Fronten-Kampf gegen den Krieg gleich all seine allerschwersten militärhistorischen Geschütze von den »Streitwagen des Pharaos Necho« über »Hannibals Kriegselefanten« und »die Azteken des Kaisers Montezuma« bis zu den Kanonen, von denen »Ferraras Fürst zu seiner Zeit die besten Stücke goß«, auffährt, warum er über sämtliche Schlachtfelder von »Athen und Sparta« bis »Azincourt, Waterloo« und »Cambrai« brummelt und Kriegs-Macher und -Berichterstatter von »Thukydides« über »Scharnhorst, Clausewitz, Wellington, Schlieffen, Ludendorff« u.v.a. bis zu »Adelbert Weinstein« von der FAZ bemüht, bleibt unbegreiflich. Warum sagt R. Augstein nicht einfach, daß auch er Angst hat vor dem nächsten Krieg? Hat er etwa keine?

Als Bundeswehr-Freund hat sich recht überraschend auch der Bundeskanzler-Feind K. H. Hansen, MdB und Major d. R., herausgestellt. Eine knappe halbe Million haben seine Flugstunden gekostet. Wir sind zwar gewohnt, daß man unser Geld in Luft auflöst – aber daß K. H. Hansen bei der Piloten-Prüfung auch noch durchgefallen ist, das geht uns doch zu weit: Platz 5.

Kommen wir zu den Kitschiers. St. Zweig war ganz gewiß einer. Seine ›Sternstunden der Menschheit‹ sind der Beweis. Sie funkeln immer noch wie eitel Speckschwarte. Daß er hier posthum geehrt wird, hat er nur dem S.-Fischer-Verlag zu verdanken, der mit unbändiger Schamlosigkeit und einer zehnbändigen Gesamtausgabe heuer St. Zweigs 100. Geburtstag begeht. Zur Erinnerung: Robert Musil lehnte es seinerzeit ab, nach Amerika zu emigrieren – Begründung: Da sei schon der Zweig.

Ein leider immer noch aktueller Wiener Schluri und Kulturverdünner ist E. Fuchs. Ob Darstellung oder Selbstdarstellung: mit seiner unverfroren judentümelnden, blattgoldbelegten Kunsthandwerkelei macht er seit jeher gutes Geld und böse Träume. Nun hat sich E. Fuchs mit einem anderen Götterboten zusammengetan. Für Horst Sterns Umweltmagazin ›natur‹ pfriemelt er allmonatlich das Frontispiz. 10 000 Mark kriegt er pro Menetekel, und dafür geht er voll aus sich heraus. Bisheriger Höhepunkt war der August-Titel: ein feuriger Schwellkörper, auf eine Art gezähntes Rhönrad geflochten, in Flammen gehüllt, von Taifunen geschüttelt, von Vulkanen bespien, rodelt die Erde und seine menschliche Verwandtschaft nieder.

Vielleicht hat Frau Fuchs Modell gerodelt. Frau Fuchs malt nämlich auch: ungelenke, großäugige spinnerte Figürchen, die in pseudonaiven, pastellflachen Bilderbuchlandschaften herumhängen. Frau Fuchs malt diese Bilder zu den modernen Märchen, die Herr Fuchs bisweilen schreibt. Aber Frau Fuchs kann gar nicht malen. Sie hat nicht einmal das schmissige bißchen Fließband-Talent heutiger Kaufhaus-Künstler, geschweige denn den heiligen Ernst der alten Ikonen-Maler, die sie verniedlicht. Sie hat gar nichts. Außer dem anderen heiligen Ernst, der ihr Mann ist.

F. Dietz ist das, was wir früher einen Arsch mit Ohren nannten. So sieht er auch aus. Ein zuckerimportierender mittelständischer Unternehmer war er, mit Leib und Seele und IHK-Vorsitz. Sonst gar nichts. Die letzten 18 seiner 72 Jahre hat er dem Wiederaufbau der Frankfurter Oper geschenkt. Deren Wiedereröffnung sollte nun für »den ungekrönten König von Frankfurt« (›Christ und Welt‹) zur späten Krönung seines mittelständischen Lebens werden. Schon die Generalprobe war Prozeß, Urteil und Strafkolonie in einem. Bei der Rede, die F. Dietz da hielt, durfte man wirklich an Kafka denken, da sie »Stellen hatte, die jeden berechtigt hätten, von der äußersten Stelle des Saales mitten durch und über alle Zuhörer hinauszurennen«. Was dann auch geschah: Als F. Dietz anfing, Handküsse zu verteilen, flohen die Musiker; als ein von ihm bezahlter Handkäs-Poet begann, hessische Verse zu babbele, folgten die Zuhörer.

Abschied zu nehmen heißt es auch von G. Zwerenz. Sein vor sieben Jahren groß angedrohter Fußball-Schlüsselroman ist nun, gnädig zur Kurzgeschichte geschrumpelt, im deutschen Hochhuth-Magazin ›Penthouse‹ erschienen. Der Text ist jenseits von Gut und Möse. Denn vom Fußball versteht G. Zwerenz natürlich auch nichts. Er schreibt nur drüber – und zwar so: »Die ersten fünf Minuten stellten wir die Leute von Kickers Löwenthal« – wer hat da gelacht? Ach, das war er selbst – »einfach kalt, schoben das Leder mal hierhin oder dorthin . . .« Oder wie? Oder was? Aufhören! Abpfeifen! Schluß.

NOVEMBER

1.	Johannes Gross *(Schmock)*
2.	Heidi Brühl *(Rock)*
3.	Eberhard von Brauchitsch *(Flick)*
4.	Manfred Bissinger *(Beinahe-Rentner)*
5.	Claus-Hinrich Casdorff *(Frag-Frag)*
6.	Ulrich Klever *(Schmeck-Schmeck)*
7.	PLUS *(prima)*

Vier Jornalisten aus einem Land. Fangen wir beim Harmlosesten an. Der Freßkritiker als Kotzbrocken – so darf man U. Klever wohl bewerten, der seit Jahren seine Nase in alle zugänglichen Näpfe, Töpfe und Flaschen Europas steckt. Nicht ohne Langzeitschäden: So tischt U. Klever im jüngsten ›Gourmet Journal‹ das semantisch verblüffende Geständnis auf, er riskiere bisweilen gar die Todsünde eines aperitiven Pilses vor dem Essen, denn trotz der ertaubenden Wirkung des eiskalten Bierchens auf die Geschmacksnerven sei seine »Zunge immer wieder ganz schnell auf Schmeck-Schmeck eingestellt«. Wir meinen, so was kann nur einem widerfahren, dessen Hand permanent Schreib-Schreib macht, weil das Bankkonto so heftig Nimm-Nimm fordert, wohingegen aus dem angebrannten Hirnkastl nur mehr Ga-Ga kommt.

Man kann's nämlich leicht übertreiben. Und das sollte sich auch C.-H. Casdorff hinter die abstehenden Ohren schreiben.

Seine Sendung ›Monitor‹ gilt zwar immer noch als »links«, und er als »kritischer Journalist« – doch was, wenn diese medienübliche Verwechslung von Pose mit Gesinnung entdeckt wird? Noch kann er in seiner neuen Talkshow ›Schlag auf Schlag‹ desto unbarmherziger Esprit versprühen – aber auch diese Champagnerlaune der Intendanz mag verrauschen. Und dann? Mit seiner festgefrorenen Gesichtsmaske des süffisant und sowieso allesbesserwissenden Eggheads kann C.-H. Casdorff dann allerhöchstens noch den Phänotyp desselben in Alois-Brummer-Filmen mimen: »Auch unterm Blazer wird gejodelt«.

M. Bissinger mochte seinem Glück offenbar selbst nicht trauen. In einem Anfall von Schamhaftigkeit hat er sich aus den Sielen des politischen Frühpensionats auf den Sessel eines ›konkret‹-Chefredakteurs gerettet. Warum hat er nach seinem unfreiwilligen Rentenanspruch in Hamburg nicht die Kohle genommen, um auf den Bahamas Tunix zu praktizieren? Warum ließ er seinen loyalen Mentor Klose die 1,5 Millionen Silberlinge in immer unseligeren Interviews so lange rechtfertigen, bis dieser daran politisch krepiert war? Und nun ›konkret‹ – wir ahnen Peinliches: Soviel Lottergeld und ein toter Klose – das will vor den Genossen erst einmal trauerarbeitsmäßig getilgt sein.

Was J. Gross im FAZ-Magazin allwöchentlich seinem ›Notizbuch‹ anvertraut, ist in der Regel scharf bedacht, tief empfunden, brillant formuliert und hochgebildet obendrein. Erstaunlich ist, wie widerlich das Ganze wirkt: verlogen, schamlos, aufgeblasen, eitel. Liegt es nur daran, daß hier ein kleiner Mann große Welt spielen möchte? »Am Abend gute Ausstellung und liebenswürdiger Empfang bei den eleganten Gastgebern.« Oder daran, daß sich ein großmannssüchtiger Weltgeist auf eine Wirklichkeit einläßt, von der er gar nichts versteht? »Motto für die Alternativen: Gras freß ich, Großmaul bin ich, Steine schmeiß ich.« Nur eine Anmerkung: Gras, das raucht man.

Die Karriere der H. Brühl ist wieder mal auf dem Nullpunkt. Daß sie überhaupt so weit nach oben gekommen ist, war schon ein Mißverständnis. Denn der blonde Pferdeschwanz signalisiert seit mehr als 25 Jahren, daß aus seiner Trägerin nur das Nichts werden konnte, das sie schon als Mädel vom Immenhof verkörperte. Aber nun: »Es wird viel zu wenig für die Jugend getan«, hat H. Brühl erkannt. »Die haben doch leider überhaupt keine Vorbilder mehr. Die brauchen dringend etwas, woran sie glauben können.« Glauben sollen die nun daran, daß H. Brühl »den Rock entdeckt hat« und fortan »rockige Englisch-Songs« singt. An die Auferstehung des Fleisches oder den Erfolg von Abrüstungskonferenzen zu glauben, fällt uns persönlich leichter.

Wenn deutsche Wirtschaftsführer sich über das blanke Soll und Haben hinaus äußern müssen, erfaßt sie regelmäßig ein Hirnweh. Auch E. von Brauchitsch hat es in seinen ›Daten zur mittelfristigen Wirtschaftsentwicklung in der BRD‹ voll erwischt. Wir zitieren: »Bildung ist nach meiner Ansicht: Wissen, Können, Wollen und Sollen. Wissen ist die Elementarvoraussetzung. Mit Können bezeichne ich (äh . . .) die Fähigkeit zur konkreten Anwendung des Wissens, mit Wollen (äh, äh . . .) die Fähigkeit zum eigenverantwortlichen Handeln, und mit Sollen (äh, verdammt, mit was bezeichne ich denn dies doofe Sollen? Ach was:) . . . mit Sollen die Fähigkeit zur Achtung des anderen (Puh).« Ja, das ist die Bildungsreform aus der Chefetage des notorisch steuerbegünstigten Hauses Flick: der gestirnte Himmel über mir, das moralische Gesetz in mir und die Pulle Château Lafite vor mir.

Botschaften an die konsumierende Masse klingen dagegen um so gemeiner. Noch niederträchtiger als die Mitteilung »Man liebt sich beim MM«, die ja ebenso offensichtlich gelogen ist wie die Behauptung »Kaffee ist Liebe«, weil ja jeder weiß, daß »Gold Liebe ist«, wirkt auf uns das Dechiffrat der Krämerladengroßgruppe PLUS, das da lautet: »Prima leben und sterben.« Denn das wollen wir doch wirklich alle.

DEZEMBER

1.	Walter Wallmann *(Taschenbillard)*
2.	Heike Doutiné *(Dichterin)*
3.	Horst Eberhard Richter *(Dichter)*
4.	Marcel Reich-Ranicki *(Richter)*
5.	Andy Warhol *(Drucker)*
6.	Suhrkrampf *(Verlag)*
7.	Wolfram Esser *(Pulloverspezialist)*

Als W. Wallmann labersam zum OB von Frankfurt gesalbt ward, gelobte er auch, stets ein offenes Ohr für die Anliegen seiner Bürger haben zu wollen, für die großen der Großen wie für die kleinen der Kleinen. Das war nicht gelogen. So führte er nun z. B. einen Beleidigungsprozeß gegen einen jugendlichen Bürger, der ihn in einem Flugblatt als »Walter Wixmann« enttarnt hatte. Aber ist das nicht zuviel der neuen Sensibilität? Wer sich – wie dieser Lummer im Aktentaschenformat – so gern auf offiziellen Fotos mit der Hand in der Hosentasche zeigt, der muß mit solcher Deutung schon rechnen. Platz 1 für Walli W.

Auch S. Unseld ist ja so empfindlich. Kaum hat er sich mit vier handgeschröpften Warhol-Siebdrucken (nach Tischbeins ›Goethe in der Campagna‹) über die knapp gescheiterte Fusion seines Gemischtverlagshauses mit der Ramschladenkette ›Aldi‹ hinweggetröstet, da geschieht ihm schon neues Leid: In Großanzeigen preisen Suhrkamp und Insel die Werke ihres Autors Hermann Lenz, darunter auch den Roman ›Die Augen eines Dichters‹. Lenz' Buch heißt freilich ›Die Augen eines Dieners‹. Wir schlagen im Sinne solch gezielter Verfeinerung radikalere Umbenennungen vor: Weg mit dem öden Insel-Verlag! Tönte nicht Pinsel-Verlag weit pittoresk-poetischer?

Überhaupt: die Sprache. Mit nachgerade todesmutigen Platitüden (»so besingt sie ihr Elend mit Anmut, ihre Passion mit Schwermut, ihr Glück mit Übermut«) besingt M. Reich-Ranicki 1 volle FAZ-Seite lang die Lyrikerin Ulla Hahn, die ihrerseits 84 Buchseiten lang Verse wie diese zu verantworten hat: »Ich zog dich aus der Senke deiner Jahre / und tauchte dich in meinen Sommer ein.« Um auch mal eine scharfe Metapher zu riskieren: Mit diesem gußeisern dünnpfiffigen Schrott taucht die deutsche Literaturkritik in ihre tiefste Senke ein. Wobei Ranickis Prosa eigentlich kaum über die Lyrik Hahns handelt, sondern vielmehr von dem, was ihm sonst noch so durch den herbstlichen Literatenschädel brummt: »Epische Elemente sind in diesen Gedichten kaum vorhanden, Balladen und Moritaten, Fabeln und Parabeln gibt es überhaupt nicht.« Fotos, Romane und Lokalpossen auch nicht. Eigentlich schade. Ein verdienter 4. Platz.

H. Doutiné, unlängst zur CDU konvertiert, nimmt diese gedankensparende, zeilenbringende Masche auf. Wenn die blonde Epikerin für WamS den blonden Torjäger Dieter Hoeneß porträtiert, erfahren wir gleichfalls, was dieser nicht ist: »Ich überlege, ob er etwas Schwerblütiges an sich hat? Nein.« – »Ist er zartbesaitet? Sein Körper ist es nicht.« – »Dieter Hoeneß sieht gar nicht ehrgeizig aus . . . Er ist nicht kopflastig . . . Ohne jede Nervosität.« Und nochmal: Was ist Dieter Hoeneß? »Dieter Hoeneß ist alles andere als ein angepaßter, perfekt pragmatischer Mittelstürmer mit zwei A- und zwei B-Länderspielen.« Aha. Dann bitte die letzte Frage: »Wie heißt die herrliche Kirche dort drüben?« Und seine »ehrliche Antwort: ›Die Kirche? Weiß ich nicht. Keine Ahnung.‹«

Viel mehr haben die professionellen Plumpsäcke, die im Fernsehen Sport moderieren, aber auch nicht zu sagen. Wen sollten wir stellvertretend für einen Berufsstand, dessen kulturelle Spitzenleistung im Jahre 1981 darin bestand, mit dem Begriff »Bananenflanke« im Mund in den deutschen Sprachraum einzudringen, hier nominieren? Etwa K. Angermann, dessen aufgeregt drängende Radrennreportagen immer so klingen, als komme jetzt nicht das Peloton, sondern der Kommentator selbst? Oder H. J. Rauschenbach, dessen geschliffene Geistesabwesenheit bei jeder Ansage aufs neue den Eindruck vermittelt, er sei nicht da?

Wir sind den gefährlichen Mittelweg gegangen und ehren W. Esser, weil er es wie kein zweiter versteht, sich Pullover auszusuchen, über denen selbst sein Gesicht noch vergleichsweise geschmackvoll, ja manchmal geradezu ansprechend – um nicht zu sagen: hübsch – wirkt.

Ein letztes Opfer selbstverschuldeter Vollmundigkeit, diesmal im Schatten der Neutronenbombe, ist der Gießener Psychiater H. E. Richter. Er hat sich aus dem standhaften Eigenbau solidaritätssuchender Therapiegruppen auf ein weites Feld hinausgewagt, das er wohl für »Polit-Fiction« hält. »Alle reden vom Frieden«, heißt dräuend sein Buch, das der ›Spiegel‹ auch noch vorabgedruckt hat. Mitansehen zu müssen, wie der flüchtige Forscher, von Anfang an gebunden an den Pflock der eigenen Idee und rettungslos gefangen in den Fußangeln der mitgeschleppten Begrifflichkeit, planlos durch ein selbstgepflanztes Gestrüpp halbwahrer Meldungen und halbgarer Meinungen im kleinsten Kreise strauchelt, hat uns weh getan. Eines aber lernen wir daraus wieder: Im Dschungel der Fiktionen hilft nur die Machete des Stils.

Einfacher ausgedrückt, extra für Sie, Prof. Richter: Flüchten oder Rand halten!

1982

ERHARD EPPLER – OSKAR LAFONTAINE

JANUAR

1.	Hans A. Pestalozzi *(Umweltschützer)*
2.	Erwin Horn *(Rindvieh)*
3.	Dietmar Schönherr *(Arschloch)*
4.	Josef Beuys *(Eichenpflanzer)*
5.	Donald Regan *(Namensneffe)*
6.	Alexander Kluge *(Knieschützer)*
7.	David Hamilton *(Ferkel)*

Nochmal: Bedenkenloser Mißbrauch von Sprache ist auch eine Form von Umweltverschmutzung. Führend ist hier der Schlagwortwart der Bewegung, H. A. Pestalozzi (Schweiz). »Die Wirtschaft, so wie wir sie haben, ist Faschismus in sich«, formuliert der ehemalige Manager forsch und pfiffig. »Faschismus ist die Übertragung des Management-Prinzips auf die Gesellschaft.« Kein Gedanke – gleich weiter: Es folgt natürlich »der ökologische Holocaust«. Bäume gleich Juden. Der Wald ein KZ? Kein Wunder, wenn sich die KOMM-Angeklagten in Nürnberg gelbe Sterne an den Parka stecken. Wie und was hier gerade in wohlwollenden Köpfen alles durcheinandergeht, ist in gewisser Weise besonders erschreckend.

Auch J. Beuys möchte zur Verwirrung beitragen. 7000 Eichen will er anläßlich der nächsten Documenta in Kassel pflanzen. Unter dem Motto: »Stadt-Verwaldung anstelle von Stadt-Verwaltung.« Ein öder Kalauer und eine blöde Idee. Der nämliche dämliche hirnverbrennende Besinnungskahlschlag. Wir jedenfalls mögen Kioske im Wald genausowenig wie Wald vor dem Kiosk. Darum: Weg mit dem Dreck! Schluß mit dem Stuß!

Unter Reimzwang leidet offenbar auch Ronald Reagan. Ein anderer Grund für die Berufung seines Finanzministers Donald Regan ist uns nicht bekannt. Ewig ungereimt bleibt dagegen, warum ein Herr Weinberger Verteidigungsminister werden konnte. Aber das weiß vielleicht nicht einmal sein Präsident.

Und diesen wilden Mann hat nun der Alt-Talkmaster D. Schönherr »ein Arschloch« genannt, mitten im Fernsehen, mitten in der Schweiz. Auch dieses Wort trifft nicht genau. Ein Arschloch hat – verglichen mit Ronald Reagan – etwas zutiefst Menschliches; ausgerechnet ihn so zu nennen, wirkt unangemessen familiär. Ja, und dann hat D. Schönherr seinen Ausdruck auch noch »außerordentlich bedauert«. Rausgeflogen ist er trotzdem. Und das hätte er eigentlich wissen müssen: Präzisionsinjurien sind doch o so wichtig; gerade im Fernsehen, gerade in der Schweiz. Das beweist auch der Ausfall des Kinder-Stars Udo Lindenberg, der im bayerischen Fernsehen ungestraft behaupten durfte, US-Außenminister Alexander Haig gehöre »in die Klapsmühle«. Die Diagnose ist zwar nicht sehr originell, dafür aber richtig. »Sanktionen sollten«, beteuert da der Sender, »das Allerletzte sein.«

Ein erstaunlich anderes Verhältnis zur amerikanischen Politik hat das SPD-MdB E. Horn. In seiner »Bilanz einer überzeugenden Sicherheitspolitik« meldet er überzeugend: ». . . die Bundesrepublik Deutschland rangiert an zweiter Stelle hinter Amerika hinsichtlich seiner Verteidigungsausgaben . . .« Und wofür gibt die BRD sein Geld aus? »In keinem anderen Partnerland sind so viele Nuklearsprengköpfe gelagert wie in der Bundesrepublik Deutschland.« Das ist so stolz und treffend formuliert, daß man kleine grammatikalische Fehler gern verzeiht. Platz 2 plus.

Unser Bild-Teil: Im Schatten junger Mädchenblüte, genauer, in der Grauzone zwischen Höschen und Möschen, ist D. Hamilton seit langem emsig auf Motivsuche; immer mit der Kamera hinter dem Auslöser her. Das führt dann zu überraschend unscharfen Fotos und Publikationen wie seiner ›Private

Collection‹, die er – na klar – erst »nach langem Drängen der Freunde« veröffentlicht hat.

Für sein nach Kleinmädchenpipi riechendes Künstlertum hält D. Hamilton ein paar Vergleiche bereit, die sich auch nicht gewaschen haben: Courbet, Manet, auch Rembrandt, bitte schön. Trotzdem haben wir für D. Hamiltons welke Schamlippenbekenntnisse nicht einmal Platz 6 übrig.

Schönere Bilder hat das neue Opus Magnum von A. Kluge und O. Negt ›Geschichte und Eigensinn‹. Daß jeder der beiden Herren des anderen Pseudonym sei, wurde bereits vermutet. Daß keiner von ihnen Karl Marx ist, darf als gesichert gelten. Ihre Verheißung geht dahin, man könne den Text an jeder beliebigen Stelle zu lesen beginnen. Es ist in der Tat egal, wo man anfängt. Freiwillig liest man nirgendwo weiter.

Kleine Rückblende: In A. Kluges vorläufig letztem Film ›Die Patriotin‹ – auch daran nagte schon Negt – spielt »ein Knie, das einsam um die Welt geht« die heimliche Hauptrolle. Darf man vermuten, daß dies Knie, mit den Einspielergebnissen inzwischen seßhaft geworden, nunmehr als Philosoph dilettiert, sofern es sich nicht gerade selbst fickt?

Und noch eine Rückblende; extra für Herrn Pestalozzi, um darüber nachzudenken: »Was für eine Narrheit«, sagte Montesquieu, »die Inquisition zu verleumden.« Kleine Hilfe: Der Akzent liegt auf dem letzten Wort.

FEBRUAR

1.	Michael Pfleghar *(Kokskeks)*
2.	Hanna Renate Laurien *(Schnüfflerin)*
3.	Günter Verheugen *(Zwieback)*
4.	Paul C. Martin *(Dollarprinz)*
5.	Perser *(in Deutschland)*
6.	Eberhard Schoener *(Gemischtarien)*
7.	Walter Scheel *(Galopper des Jahres)*

Letzte Nachwehen der großen Bonner Friedensdemonstration wurden aus Berlin (West) gemeldet: Dort waren die zuständigen Volksbildungsstadträte aufgefordert, herauszufinden und dem Senat mitzuteilen, welche Schüler an jenem 10. Oktober friedenswegen die Schule geschwänzt hätten. Selbst der eigene Pressesprecher mochte seiner Schulsenatorin diese plumpste Art von Gesinnungsschnüffelei nicht zutrauen und erklärte den Rundbrief für subversive Fälschung. Dumm war dann, daß sich bald herausstellte, die Unterschrift war echt: H. R. Laurien.

Heuer gehen auch die hiesigen Perser wieder auf die Straße. »Freiheit für alle politischen Gefangenen im Iran« und »Nieder mit dem Ayatollah«, fordern ihre erstaunlich akkuraten Spruchbänder. Man kneift unwillkürlich beide Augen zu: Sind das nicht exakt die gleichen Forderungen wie schon vor gut 10 Jahren? Sie sind es. Abgesehen davon, daß damals der Schah niedergemacht werden sollte. Daß sich ein religiöser Alt-Fanatiker nicht wesentlich freiheitlicher aufführen würde, hätten wir ihnen schon damals sagen können.

Man muß aber kein Prophet sein. So bot der Wirtschaftsjournalist P. C. Martin auf dem Höhepunkt der amerikanischen Aufrüstungseuphorie im August 1981 (der Dollar stand bei DM 2,50) in der WamS jede Wette an, »daß der Dollarkurs in der Amtszeit Reagans auf 3 Mark steigen wird«. Kurs zum Jahreswechsel: 2,28 DM. Tendenz: fallend. Irren ist menschlich. Doch der verarmte P. C. Martin ist ja Fachmensch: »Wer seine fünf Sinne und noch eine Mark auf dem Konto hat, wird in Amerika investieren – und viel Geld verdienen.« So forsch zu irren, wirkt dann peinlich und verdient Platz 4.

Wir prognostizieren gern Gesichertes. Im März z. B. wird Esther Ofarim mit Kompositionen von E. Schoener auf Texte von Wolf Wondratschek zur Deutschlandtournee antreten. Das wird bestimmt grauenhaft. »Ich will beweisen, wie gut Unterhaltungs- und ernste Musik miteinander harmonieren«, droht E. Schoener. Seine elektronischen Beigüsse sind bereits durch alle 3. Fernsehkanäle geronnen. »Live aus dem Circus-Krone-Bau, München«, jeweils nicht unter 4½ Stunden lang. Bunte Abende zwischen Rick Strauss und Richard Wakeman – für jeden etwas und deshalb garantiert nichts für uns. Wir halten es nämlich mit Nik Cohn, der schon vor 12 Jahren davon überzeugt war, daß »der Rock seine besten Tage hinter sich hat«. Beklagen wir mit ihm »die neue Feierlichkeit und Frömmigkeit des Pop, die Tatsache, daß jeder Pißpottbarde augenblicklich als Messias begrüßt wird und daß der Pop seine Energie, seine Ehrlichkeit und seinen Witz verloren hat und damit alles, was ihn einmal so unwiderstehlich sein ließ«. E. Schoener nennt seinen funèbren Pomp zutreffend »Rock und Klassik«. Beide Musikrichtungen hätten einen etwas gescheiteren Totengräber verdient.

Die neue Modedroge heißt mal wieder Kokain. Auch der einzige deutsche Show-Regisseur mit immer wieder beteuerter Amerika-Erfahrung soll davon genascht haben. Laut Interpol gleich für DM 5000. Wenn das stimmt, werden allerdings seine Unterhaltungsversuche von ›Klimbim‹ bis ›Susie‹ noch strafbarer. Gerade Kokain regt doch den Denkfluß an und hebt den Einfallspegel. Das versichern jedenfalls Experten von Burroughs (»Die anregendste Droge, die ich je genommen habe.«) bis Antje Huber (»Ich warne eindringlich . . .«). M. Pfleghar hat also entweder ein drogenresistentes Vakuumhirn oder die undurchlässigsten Nasenschleimhäute der Welt. Ein medizinisches Wunder? Wie dem auch sei: Schade um den teuren Stoff.

Aber darf man sich in einem Lande, in dem Hans-Dietrich Genscher mit dem Karl-Valentin-Orden ausgezeichnet wird, überhaupt noch wundern? Genschers Generalsekretär G. Verheugen hat sein Vorbild, was Anpassungswillen betrifft, immerhin erstaunlich rasch eingeholt. Ob wildwetternde Hausbesetzer oder sanftkichernde Sanyassin, G. Verheugen zeigt die immer gleich tiefe Sorge und fühlt sich stets so hochgradig betroffen wie ein professioneller Liedermacher. Nun hat er auch ein Herz für die Bildzeitung und ihre Aktion »›Bild‹ kämpft« entdeckt. Daß dieses Geschmeiß an »Menschen in Not« eine besonders unappetitliche Mixtur aus gezielter Public-Relation und verkitschtem Passions-Journalismus ist, stört den liberalen Denker offenbar nicht. G. Verheugen wörtlich: »›Bild‹ ist auf diese Weise so etwas wie ein Ombudsmann geworden.« G. Verheugen dürfte auf diese Weise bald so etwas wie ein durchaus unglaubwürdiger Spitzenpolitiker werden.

In diesem Zusammenhang müssen wir uns berichtigen: W. Scheel ist natürlich nicht zum »Galopper des Jahres« gewählt worden; er ist lediglich Präsident des »Direktoriums für Vollblutzucht und Rennen«. Der deutsche Galoppsport kann trotzdem stolz auf ihn sein. Irgend etwas muß er schließlich können. Und zum »Galopper des Jahres« konnte W. Scheel ja nun wahrhaftig nicht gewählt werden. W. Scheel ist doch kein Pferd.

MÄRZ

1.	Klaus Bölling *(Entbindungshelfer)*
2.	Karin Struck *(Doppeluntalent)*
3.	Thomas Brasch *(Gummiengel)*
4.	Reiner Schöne *(Wichsvorleger)*
5.	Jochen Richter *(Alt-Filmer)*
6.	Frank Sinatra *(Polen-Pate)*
7.	Duisburg *(Ruhr-Ort)*

Der Jungfilmer T. Brasch hat den Bayerischen Filmpreis, den er für seinen ersten Spielfilm ›Engel aus Eisen‹, der, laut T. Brasch, »Kriminalität als reinste Form des Aufbegehrens gegen die Macht darstellt«, aus der Hand des bayerischen Ministerpräsidenten F. J. Strauß entgegennehmen sollte, mit der Begründung abgelehnt, er befürchte, damit selbst »zum Komplizen der Macht zu werden«.

Und was ist daran nicht in Ordnung? Daß T. Brasch den mit DM 50 000 dotierten Preis keineswegs abgelehnt, sondern ihn aus Straußens Pratze voll entgegengenommen hat. »Mit viel Unbehagen« (Brasch) und als »Demonstrationsobjekt bayerischer Liberalität« (Strauß). – Begründung: Er (Brasch) wolle damit seinen nächsten Film finanzieren – »über den Widerspruch«.

Wir sehen da gleich zwei Widersprüche: Erstens kann man mit nur 50 000 Mark keinen Spielfilm drehen, und zweitens gibt es doch Geld genug für alle Filme. Jüngstes Beispiel ist J. Richter, einschlägig vorbelastet durch den bisher teuersten Flop des damals jungen deutschen Films, Titel: ›Umarmungen‹. Gerade hat er vom bayerischen Fernsehen, als erneuten Beweis »bayerischer Liberalität«, Geld für ein Projekt bekommen, das so gehen soll: »Der Mann ist unheilbar an Krebs erkrankt. Lena verspricht, mit ihm zu sterben. Eine Wochenillustrierte bietet dem Paar ein hohes Honorar, damit die Geschichte ihres gemeinsamen Sterbens in Wort und Bild ›protokolliert‹ werden kann. Die Belästigung durch fremde Menschen veranlaßt die beiden zu einer Flucht über Wien nach Venedig.« J. Richter ergänzt philosophisch: »Letztlich stellt sich für das Paar die Frage: Wem gehört mein Leben?«

Alles ist letztlich eine Frage des Honorars. Deutschlands seichte Mutter K. Struck hat z. B. keine Bedenken, ihre sexuellen Phantasien dem ›Playboy‹ zu erzählen. »Ich bin keine militante, sondern eine differenzierte Feministin«, differenziert sie militantenhaft. Und der ›Playboy‹ jubelt: »Vive la différence!« Es lebe der kleine Unterschied. Die mehlige Geschichte von Vera und ihrem Pizzabäcker (»Sie suchte Sex. Sie fand Paolo. Und sich selbst.«) hat die entfesselte Courths-Mahler »gewissermaßen als Vorübung zu ihrem ersten erotischen Roman« hingeschlunzt. Und nun besucht sie »auf Sylt« auch noch einen »Zeichenkursus«. Die zeichnerische Ausbildung der Autorin ist zwar »noch nicht abgeschlossen«. Wir vergeben trotzdem schon Platz 2.

Noch schamloser zeigt sich »der Schauspieler, Song-Schreiber, Rock-Musiker und Chef der Reiner-Schöne-Band« R. Schöne, der »seine sagenhafte Frau Sascha exklusiv für ›Lui‹-Leser fotografierte«, pudelnackicht versteht sich, und so anpreist: »Sie ist das lustigste Lumpi der Welt ...« Aus R. Schönes Pictorial sticht weiter hervor, daß sich »die Jungs von der Band schon wie die Hunde« auf die Aktfotos der »Chefin« freuen. »Der Doc«, ihr »Tastenmann«, hechelt bereits: »Mensch, Reini, deine Frau is vielleicht ne heiße Else!«

Auch Bonns unanständiger Vertreter in Ost-Berlin, K. Bölling (53), geht neuerdings mit seinen Ehegeschichten hausieren. Immer aktuell, vertraut er sich lieber der ›Bild‹-Zeitung an. »Nach 22 Monaten steckt seine Ehe mit Alexandra (31), Tochter des Industriellen Rodenstock (Brillen), in einer schweren Krise.« Dazu Bölling: »Alexandra muß ihren eigenen Weg gehen« (zum Pizzabäcker?), »um ihre Identität zu finden.« Die seine hat K. Bölling spätestens als Regierungssprecher endgültig verloren. Jetzt redet er so: »Für Alexandra war die Doppelbelastung zu groß, First Lady in Ost-Berlin zu sein und gleichzeitig ihr Studium zu beenden ... Deshalb habe ich sie von ihren protokollarischen Pflichten entbunden.« Ob er im Bett genauso redet? »Ich freue mich, dir mitteilen zu können, daß ich unser heutiges Liebesspiel, das übrigens wieder auf bemerkenswert hohem Niveau stattfand, soeben mit einem Samenerguß zu meiner vollen Zufriedenheit abgeschlossen habe, und wünsche dir eine gute Nacht.«

Wir stehen natürlich alle alle hinter den Interessen des polnischen Arbeiters. Wie weit dahinter? Tja, daß sich nun auch noch ein Unterhaltungsindustrieller wie F. Sinatra in unsere Einheitsfront eingereiht hat und polnische Arbeiterlieder knödelt, wirft uns natürlich schon ein wenig zurück. Ob das der Mafia überhaupt recht ist?

Wenig Vertrauen flößt uns auch eine Theorie ein, derzufolge ausgerechnet »die Ruhr-Stadt Duisburg 3000 Jahre vor Christi Geburt die Hauptstadt der ganzen Welt« gewesen sein soll. »Sie wurde von Odysseus gegründet und galt als das Zentrum aller Kontinente, die damals noch nicht durch die Weltmeere getrennt waren.« Wahrscheinlich sind sie deshalb so schnell abgedriftet. Heute gilt Duisburg jedenfalls in Kennerkreisen eher als Zentrum des Schreckens. Und daß die Stadt vom Verbreiter solcher Thesen, dem Düsseldorfer Grafiker H. Mohren, immer noch keine Gegendarstellung verlangt hat, verrät zumindest einen bedenklichen Mangel an Schamgefühl.

APRIL

1.	Ernst Albrecht *(Opferbereiter)*
2.	Martin Bangemann *(opferbereit)*
3.	Pierre Brice *(Friedenstreiber)*
4.	Carl Holliger *(Kriegsgewinnler)*
5.	Walter Wallmann *(verpackungswillig)*
6.	Andy Warhol *(signierfreudig)*
7.	Horst Hächler *(Jugendfreund)*

Vor den zahlreichen mehr oder minder geglückten Bereicherungen namhaft gemachter deutscher Politiker ist der freiwillige Verarmungsversuch des niedersächsischen Ministerpräsidenten E. Albrecht ein wenig verblaßt. Ob er sich nun von DM 220 000 (›Bild‹) oder von DM 217 400 (›Frankfurter Rundschau‹) 1 Prozent abknapsen will, ist uns eigentlich egal. 1 Prozent macht jedenfalls gut 2000 DM im Jahr. Das sind knapp 200 DM im Monat, also pro Tag rund 6 Mark 50. »Ein Zeichen« wollte E. Albrecht damit setzen. Wofür, hat er nicht gesagt. Und woran will er überhaupt sparen? Etwa an Zahnpasta? Unmöglich. Wieviel matter schimmerte das sphinxische Lausbubenlächeln dann.

Vielleicht sollte E. Albrecht beim Opfern auf M. Bangemann hören. »Solange in Polen Kriegsrecht herrscht, sollten wir Solidarität zeigen«, fordert der Liberale selbstlos. Solange sollen wir solidarisch auf »russischen Kaviar, Krim-Sekt, Wodka und Pelze« verzichten. Wer ermessen will, wie schwer das fällt, der muß sich M. Bangemann einmal vorstellen, wie er gewöhnlich im Zobel den Beluga mit Rotem und Klarem herunterspült. Fragt sich, ob der Russe so in die Knie zu zwingen ist, oder ob M. Bangemann unseren Jahreskaviarverbrauch, vom eigenen ausgehend, nicht doch überschätzt hat.

Was aber, wenn der Kreml, von M. Bangemann in Panik versetzt, nun auch so reagiert?

Beim Atomschlag: Zeitung über den Kopf – klar. Unklar war bislang nur, welche denn. Ab 31. März ist die Lücke geschlossen, die im Zivilschutz klaffte: ›Aegis International‹ heißt das rettende Blatt. Wie der Herausgeber die Chancen seiner Zeitschrift sieht, entnehmen wir der Vorankündigung. »Gigantische Ölunfälle, Umweltkatastrophen gewaltigen Ausmaßes, das Damoklesschwert radioaktiver Verseuchungen, das sind die Schlaglichter, welche das apokalyptische Szenario beleuchten, dem Europa heute real ausgesetzt ist.« Der O-Ton kommt aus berufenem Munde. Der apokalyptische Beleuchter C. Holliger ist in Zurich/Switzerland daheim. Und folgerichtig ist sein Tun, besitzt er doch auch schon die »weltweit renommierte Militärfachzeitschrift ›Armada‹«.

Winnetous Schwester z. B. singt bei den neuesten Karl-May-Feiern Hymnen auf den Frieden. Und Winnetous Stellvertreter auf Erden, P. Brice, schaut tatenlos zu. Da darf er sich freilich nicht wundern, wenn seine Hallenreittournee kaum einer ansehen mag. Daß das Friedensgeschrei ausgerechnet von Ralph Siegel komponiert wurde, rettet den rötlichen Mann auch nicht mehr. Kriegstänze wie Siegels unsterblicher ›Dschingis Khan‹ wären wohl eher sein Fach.

Selbst Goethe ist gegen posthume Verheerungen machtlos. »In Verbindung mit dem Insel-Verlag Frankfurt« hat die »Stadt Frankfurt am Main, Kulturdezernat« einen Wettbewerb ausgeschrieben, der »aus Anlaß des 150. Todestages« Goethes »aufs neue die Aufmerksamkeit auf Goethes Werke lenken« soll. Das wurde aber auch Zeit. »Gleichzeitig soll der Wettbewerb breitere Schichten an die Dichtung Goethes heranführen«, die übrigens auch im Insel-Verlag erschienen ist. »Und darüber hinaus« soll er »zur Förderung der Lesekultur beitragen«. Dazu Goethe: »Die guten Leutchen wissen nicht, was es einem für Zeit und Mühe gekostet, *lesen zu lernen*. Ich habe achtzig Jahre dazu gebraucht, und kann noch jetzt nicht sagen, daß ich am Ziel wäre.« Er kann beruhigt sein: »Das Deutsche Fernsehen wird über den Wettbewerb berichten.« Und wenn einer aus den breiteren Schichten tatsächlich fünf Goethe-Gedichte zusammenbringt, dann kann er am Ende gar einen »Besuch bei Andy Warhol zum Signieren des Warhol-Goethe-Portraits« gewinnen. Klasse.

Der Oberbürgermeister der Stadt Frankfurt am Main, W. Wallmann, versteht ja auch was von moderner Kunst. Leider will und will ihm der bulgarische Verbergungskünstler Christo (»Verpacken ist nicht das richtige Wort: verbergen oder so.«) den Gefallen partout nicht tun, die neue alte Oper einzuwickeln. Unser Vorschlag: Soll Christo doch W. Wallmann möglichst dauerhaft verbergen. Wir zahlen das Packpapier, S. Unseld das Porto nach New York, und A. Warhol signiert den Sack gleich mit.

Nein, keine Geschichte ist so dumm, daß sich nicht ein noch Dümmerer darin fände. Nehmen Sie nur den Fall ›Chopper‹. Da waren zunächst der Professor Bender, der Reporter Rummler und die ganze Bundespost nicht imstande, sich die 5000 DM, die BamS für Entlarvung und Ergreifung des zahnärztlichen Geistes ausgesetzt hatte, zu verdienen.

Verdienen will zweifellos der »Filmproduzent« H. Hächler, »Ex-Mann von Maria Schell«, der die Spuk- und Spuckhelferin Claudia von der Praxis weg engagieren möchte. »Sie wirkt so natürlich und fröhlich, daß ich sie in meinem nächsten Film über Jugendprobleme einbauen will.« Womit wenigstens das Jugendproblem wohl gelöst wäre.

MAI

1.	Herbert von Karajan *(hoffnungslos)*
2.	Horst Buchholz *(Nirwana)*
3.	Karl-Heinz Rummenigge *(Jenseits)*
4.	Gisela Elstner *(Abseits)*
5.	Josef Garbald *(Öko-Ufo)*
6.	Duisburg *(spielfrei)*
7.	Horst Janssen *(Abzeichner)*

Wir sind gegen den neuen Moralismus – aus moralischen Gründen, versteht sich. Uns geht es entschieden gegen den Strich (haha!), wenn sich angeblich linke Feministinnen gegen billige Wichsfigurenkabinette wie Peep-Shows und damit für servile Saubermänner wie Walter Wallmann engagieren. Fehlte noch, daß sie die »Prüfstelle für jugendgefährdende Schriften« anrufen, wie die SPD-Fraktion in Duisburg. Die wehrhafte Stadt hat den gefährlichen »Kriegsspielautomaten« den Kampf angesagt. Ein therapeutisches Manöver, das sich offenbar an einer Heilpraxis orientiert, die gegen Beulenpest ›Clearasil‹ verordnet: Schaut mal, die ganzen Pickel sind weg!

»Wer nix dagegen hat in nem Filmland zu leben das von Frauen und Mädchen geleitet wird und nicht auf Geld und Waffen und Macht abfährt für den ist wohl noch Platz in der Ökotopia Universal Film Organisation.« Ganz gleich, ob es die Öko-Ufo und ihren Organisationsabteilungsleiter J. Garbald gibt oder nicht, allein die Vorstellung, das geplante »Lichtspiel für Große und Kleine ›Reise nach Ökotopia‹«, das »realistische Möglichkeiten für Problemlösungen auf dem Gebiet der Energieeinsparung, Krankenversorgung, Produktion von Lebensmitteln und Energie, Ausbildung etc. zeigen« soll, könnte tatsächlich je fertig werden, ist peinigend genug. Da hilft auch die Versicherung nichts, »außer Spaß und bunten Bildern bringt die Produktion eine größere Zahl von Arbeitsplätzen in der BRD« – die bringt der Main-Donau-Kanal auch.

Tatsächlich fertiggeworden und im Rowohlt-Verlag erschienen ist ein neuer Roman von G. Elstner. Er »entfaltet sich« sogar, und zwar »vor dem Hintergrund einer weltberühmten Geschichte: Flauberts Geschichte der Ehebrecherin und Selbstmörderin Madame Bovary«. G. Elstners Mamsell heißt »Lilo Besslein« und hat »trotz ihres Schwipses« nicht »die geringste Lust, mit Fred Meichelbeck ins Bett zu gehen«. Warum sie es dann doch tut und was das ganze Gewürge mit Flaubert zu tun hat, wird wohl eines der Geheimnisse der neudeutschen Literaturgeschichte bleiben. Der Roman heißt übrigens ›Abseits‹.

K.-H. Rummenigge hat seine Jenseits-Vorstellungen dem christlichen Magazin ›Weltbild‹ anvertraut. Seine Konfession, »ich bekreuzige mich auch vor jedem Spiel, allerdings in der Kabine«, seine Bibellektüre, »ich lese oft darin«, und selbst sein Gloria auf den regierenden Papst, »er ist ein Vorbild für mich«, nehmen wir dem rechtgläubigen Rechtsaußen nicht weiter übel. Was uns bei seiner bekannten Dribbelstärke sehr enttäuscht hat, ist die Sache mit Jesus. »Jesus«, sagt der gottgefällige Torriecher nämlich, »bewundere ich.« Ach, und wir hatten so fest geglaubt: An Jesus kommt keiner vorbei – außer Rummenigge.

H. Buchholz braucht weder Gott noch Teufel. »Ich habe das Glück, befähigt zu sein, mich selbst zu lieben.« Außerdem hat der Befähigte noch eine Frau mit »Temperament« (»nicht nur im Bett«) und einen mächtigen Freund in der Redaktion des Bad Homburger Gesellschaftsmagazins ›Voilà‹. ›Voilà‹-Reporter Marlon C. Hecht hofft »Hotte, wie die Berliner ihren Star zärtlich nennen, bald in Frankfurt begrüßen zu dürfen, zur

Eröffnung des ›Voilà-Clubs‹ «. – »Hotte: Wenn ich so in meinen Terminkalender schaue«, (Tu's nicht, Hotte!) . . . »würde ich sagen«, (Sag's nicht, Hotte!) . . . »daß eigentlich nichts dazwischen kommen kann.« – Nichts. Nirwana.

Während wir auf Schlagzeilen wie »Elstner erhält Büchner-Preis«, oder »Rummenigge trainiert im Kölner Dom« immer noch warten müssen, scheint die Verschmelzung von E- und U-Musik endgültig geglückt. »Karajan-Symphonie mit Georg Danzer«, meldet die ›Bild‹ Zeitung. »Herbert von Karajan (73) dirigiert mit den Berliner Philharmonikern zum erstenmal eine Rock-Symphonie. Titel: ›Hoffnung‹.« Untertitel: My baby baby balla balla.

Eine relativ neuartige Methode, die eigene Einfallslosigkeit als Meisterleistung zu verkaufen, hat der Zeichner H. Janssen entfaltet. Er zeichnet ab. »Gibt es denn das?« fragt da der »Grafik Verlag Bernd Slutzky GMBH« zu Recht. Ja. »Der unbestrittene Meister der schöpferischen Nachbildung« H. Janssen »hat bis heute hunderte von ›Kopien‹ radiert und gezeichnet.« Er macht vor keinem halt: »James Ensor und Paul Klee gehören dazu, wie Caspar David Friedrich, Botticelli oder Goya.« Alle in einem Buch »und eine handsignierte farbige Grafik für nur 240,– DM.« Gibt es denn das? Ja, das gibt's. Und wer's nicht glauben mag, liest nun zur Strafe noch ein paar Zeilen über »die Madame Bovary von heute«: »Und als er« (Fred Meichelbeck) »ihre« (Lilo Bessleins) »Jeans öffnete, fing sie sogleich sich auszuziehen an. Verstohlen beobachtete sie« (Madame Bovary) »Fred Meichelbeck, der sich« (Fred Meichelbeck) »nun ebenfalls auszog. Sein Gesäß war völlig eingefallen.« Ob wohl Flaubert das auch eingefallen wäre?

JUNI

1.	Werner Herzog *(Weißgott)*
2.	Günter Wallraff *(Mitläufer)*
3.	Hermann Josef Abs *(Mitfahrer)*
4.	Peter Härtling *(Mitmacher)*
5.	HA Schult *(und Frau)*
6.	Peter Kleine *(ganz groß)*
7.	Usingen *(Hochtaunuskreis)*

»Die Stadtverordnetenversammlung von Usingen (Hochtaunuskreis) hat am Montag einstimmig beschlossen, Adolf Hitler die Ehrenbürgerrechte abzuerkennen.« 37 Jahre nach dem Ableben des bislang einzigen Ehrenbürgers der Stadt wirkt diese Geste auf uns merkwürdig kleinkariert.

Weniger kleinlich benimmt sich der Frankfurter Verkehrsverbund, kurz FVV, wenn es zu ehren gilt: »ein ›Torten-Top-Ticket‹ in Gestalt einer riesigen Marzipantorte, der Monatskarte des FVV nachgebildet« wurde dem »Kronberger Bürger« H. J. Abs dafür überreicht, »daß Herr Abs des öfteren mit der S-Bahn von Kronberg in die Frankfurter Innenstadt fährt«. Dabei könnte sich »Herr Abs« doch wirklich ein Taxi leisten – ach was, tausend Taxis! Aber durch Verschwendung wird man eben kein Millionär, und deswegen hat uns der freiwillige Verzicht des »Ehrengastes« auf einen Freifahrtschein auf Lebenszeit auch so enttäuscht. Schlimmer noch: »Der Bankier zeigte Verständnis für diese Entscheidung, weiß er doch, daß es Ärmere als ihn gibt, die auch brav ihre Fahrkarte bezahlen müssen.«

»Würde man Schriftsteller dazu kriegen, für den ›stern‹ ihr Privatestes zu enthüllen« – nein, es geht nicht um Aktfotos, sondern bloß darum, »ihre erste und schönste eigene Liebesgeschichte zu schreiben«? Die erste und schönste Reaktion in der ›stern‹-Redaktion war angeblich »Skepsis«. Würde man? Tatsächlich fanden sich drei Mutige, die Herren Muschg, Bieler und von der Grün, die absagten. »Der erste, der zusagte, war« – jawohl, er war's: »Peter Härtling. Er empfand die Aufgabe als literarische Herausforderung.« Wir empfinden den gemütlichen Autodidakten ähnlich. Und unsere Aufgabe ist es, auch den letzten Rest von Skepsis endgültig zu vernichten. P. Härtling macht jeden Scheiß mit. Vom grießgrauen Seniorentanztee bis zur kunterbunten Kinderzeitschrift patroniert er, über jedes gewünschte Thema von Mörike bis Schurike schwadronierend, einfach alles. Das reicht jetzt für Platz 4.

Wir lesen übrigens auch Klappentexte. Die Sprache von Autorenselbstportraits vibriert meist von verdächtiger Sachlichkeit: ». . . Träger verschiedener internationaler Literaturpreise; lebt in Saas Fee und Wanne-Eickel.« Manchmal freilich bricht die Eigenliebe sich Bahn und verkündet im Klartext, was da sonst mühsam chiffriert wird: die grenzenlose Sehnsucht nach Bestätigung und einem Denkmal zu Lebzeiten. Blauäugigstes Beispiel: die Vita eines Schachbuchherausgebers namens P. Kleine. Wir zitieren gern: »Geb. 1960 in Neheim-Hüsten. Medizinstudent. Westdeutscher Vizemeister 1973 (der Schüler) im Degenfechten.«

Die eigene Frau zu Dummheiten anzustiften liegt zwar nahe, ist aber gemein. Außerdem ist es keine Kunst. Auch wenn der Mann sich HA Schult nennt und »der erste und wichtigste Umweltkünstler ist«. Seine Frau Elke hat im Düsseldorfer Kunstverein 4000 Plastiktüten aufgehängt und behauptet nun im Radio: »Das bedeutet, daß wir 8000 Wäscheklammern brauchen zum Aufhängen.« Nicht mal die Rechnung stimmt: 4001 Klammer hätten genügt. »Die Plastiktüten zeigen ein lückenloses Portrait unserer Gesellschaft, die später einmal danach rekonstruiert werden kann.« Auch dieser Gedanke könnte von HA Schult stammen, für dessen Rekonstruktion die 8000 Wäscheklammern reichen dürften. Oder der Klammerbeutel, mit dem er einst gepudert ward.

Der Filmkünstler W. Herzog ist schon ein paar Filme zu viel gelobt worden. Das hat ihn in einen Zustand versetzt, den das Wort Größenwahn noch sehr verniedlicht. Der infernalische Medienrummel, den W. Herzog jahrelang um seinen ›Fitzcarraldo‹ veranstaltete, hat nicht nur die Indianer Perus um den verdienten Schlaf gebracht. Ausgleichende Gerechtigkeit mit dem fertigen Film schenkt er ihn uns zurück. Daß ein Schiff über einen Berg fährt, mag als literarische Vision für Schulfunkzwecke noch taugen. Ins Bild gesetzt, ist es nicht mehr als eine schweratmig-verschwitzte Viecherei, der zuzuschauen rechtschaffen müde macht.

G. Wallraff, Deutschlands erster und bester Rollenreporter, ist ein ganz anderer geworden. Man fragt sich besorgt: warum? Durch jogging – pardon: »Wir haben das früher immer Laufen genannt. Und so nenne ich das heute noch.« Aber sonst hat sich alles verändert. Depressionen, Aggressionen – wie weggeblasen. Ein »neues Selbstbewußtsein«, ja sogar einen neuen Traum hat G. Wallraff, ganz im herzoglichen Sinne. »Mein Traum ist, ein halbes Jahr durch Norwegen zu laufen. Bis zum Nordkap.« – ». . . mit den Ozeandampfern um die Wette . . .«, ergänzt Deutschlands weiblichste Gerichtsreporterin Peggy Parnass geradezu wohltutend. Das vielseitige Interview, das die beiden für ›konkret‹ miteinander führten, läßt den Verdacht zu, daß diese verwegene Jagd nach dem blauen Band schrittweise zur Verblödung führt. »Außerdem hat es etwas Kommunikatives, ein sensibles Miteinanderumgehen.« Das Laufen. »Jedenfalls kenne ich keinen Faschisten, der läuft.« Stimmt: die haben immer andere für sich laufen lassen. Bis zum Nordkap.

JULI

1.	Joseph Beuys *(vocal)*
2.	Baldur Springmann *(Kittel)*
3.	Nina Hagen *(Fettel)*
4.	Désirée Nosbusch *(Superbiest)*
5.	Björn Borg *(Sexprotz)*
6.	Eliette von Karajan *(Plattenbilder)*
7.	Ralph Siegel *(Ein bißchen Hörsturz)*

Wir hatten an dieser Stelle bereits bei Amtseinführung des noch herrschenden amerikanischen Präsidenten jeden noch so naheliegenden Kalauer mit dessen Nachnamen zum Jokus non gratus erklärt. Wenn nun J. Beuys auf seine alten Tage mit dem Liedchen ›Lieber Sonne statt Reagen‹ als Popsänger debütiert, ist das ein flagranter Verstoß gegen unser Gebot und wird als solcher mit Platz 1 geahndet. Strafverschärfend geben wir den Nachnamen des rheinischen Gelegenheitskünstlers hiermit für Wortspielereien im gesamten englischen Sprachraum frei: Come on, beuys and cowbeuys!

Ein professionellerer Kriegs- und Friedensliedermacher versucht, sich den Folgen seines Tuns auf klinischem Wege zu entziehen. R. Siegel, Komponist der deutschen Grand-Prix-Beiträge ›Dschingis Khan‹ und ›Ein bißchen Frieden‹, »darf 14 Tage lang keine Musik hören«. Entschuldigungsgrund: »Hörsturz«. Solche Tatarenmeldungen rauben uns das letzte bißchen Frieden und lassen uns am Vorhandensein einer höheren Gerechtigkeit ein bißchen zweifeln. Unser selbstloses Streben, die vakante Position zu besetzen und wenigstens ein bißchen Ordnung in das medienerschütternde Chaos unserer erstaunlich zählebigen Zeit zu bringen, ist natürlich eitel und vergebens. Menschen, die auf ihrer eigenen Meinung bestehen, wirken ja leicht etwas dünkelhaft.

D. Nosbusch wirkt eher wie Dunkelhaft: man möchte verrückt werden. Zumal sie nun nicht mehr beim ZDF die »Musicbox mit Désirée«, sondern »Unterhaltung mit ein bißchen Tiefgang machen« will. Fragt sich, ob's noch tiefer geht. Ihr Bärchen hat D. Nosbusch ja schon in ihrem ersten Film (›Nach Mitternacht‹) tapfer vorgezeigt. Im zweiten (›Fan essen Rockstar auf‹) fand sie sich so scharf fotografiert, daß sie gleich selbst dagegen prozessieren mußte. Jetzt hat sie in Frankreich ›Die Superbiester‹ abgedreht, einen reizenden Film mit vielen mädchenhaften Pubertierchen in besonders tiefhängenden Unterhosen, die mit saucigem Charme und temperamentvoller Öligkeit am Strand Papis und Mamis Ehe kitten. Bisher beweist das alles nur, daß man von Popcorn und Sonne schön dick und braun und keine Schauspielerin wird.

Doch D. Nosbusch hat gleich neue Pläne: eine stundenlange Talkshow mit N. Hagen z. B. Wer verfolgt hat, was die junge Mutter seit der Geburt ihrer Tochter »Cosma Shiva« noch alles absondert, kann dieser Begegnung nicht ganz seelenruhig entgegensehen. »Ich hab einfach Gott in mein Herz reingelassen«, behauptet N. Hagen, obwohl man eher den Eindruck hat, das Herz sei ihr darauf in die Hosen gerutscht – so aufgeschwemmt wirkt sie da unten. Macht nichts: »Wir haben Freunde im Weltraum, wir sind nicht allein.« N. Hagen hat sogar neue Freunde hienieden. Mit Hans (›Dalli-Dalli‹) Rosenthal, der eben in der ›Neuen Revue‹ eine schwerpopuläre Kampagne gegen die »negativen Meldungen« und das »politische Blabla« der Tagesschau führt, funkt sie auf einer Wellenlänge, im Namen der Jugend: »Wir wollen nicht nur schlechte Nachrichten hören. Wir wollen an das Gute glauben.« Wir doch auch. Aber wir schaffen es einfach nicht mehr.

Eine ähnlich »optimistisch stimmende Idee der Partnerschaft«

hat nämlich auch B. Springmann entwickelt. Die stellt der alte Lappenkittel nun »den Vorreitern der Apokalypse entgegen«. Soweit wir im Vorbeireiten sehen, handelt es sich bei dieser Idee um eine Handvoll Dreck, in die der Grüne mit den weißen Haaren liebevoll seinen Zinken zu tunken im Begriff steht. Diese Fotografie, die sein Buch ›Partner Erde‹ schmückt, hat tatsächlich eine so säuerliche Ausdünstung von selbstgenügsam-in-sich-gekehrtem Altersschwachsinn, daß man die »Einsichten eines Öko-Bauern« nur auf den Mist zurückwünschen kann, auf dem sie gewachsen sind.

»Eliette von Karajan hat erst vor wenigen Jahren zu malen begonnen . . . Aus Hobby wurde Passion.« Schon faul. E. v. Karajan gibt an: »Ich male innere Welten, keine äußeren, Blumen und Landschaften, alles aus dem Gedächtnis.« Diese Innenwelten sind jetzt auf 50 Platten des Gatten außen drauf und legen Zeugnis ab von einem Gedächtnis, das so allgemein zugänglich und verschmiert ist, daß es den Vergleich mit keinem Bahnhofsklo der Welt zu scheuen braucht.

Einer hat uns besonders enttäuscht: B. Borg. Der galt bisher als pressescheues Wesen. Wenn man das Interview gelesen hat, das er der Zeitschrift ›High Society‹ (deren amerikanischer Titel ›Celibrity Skin‹ genauer sagt, worum es geht) gegeben hat, ahnt man, warum der Schwede so verschwiegen war. Außer dem Bekenntnis, daß er »ohne Tennis nicht sein könnte«, hat B. Borg nicht viel mitzuteilen. Alles weitere ergibt sich daraus: »Sex ist für mich nicht das Wichtigste«, erklärt B. Borg und präzisiert dem zudringlichen Schmeichler (»Sie sind sehr offen und ehrlich.«) zuliebe: »Einmal die Woche reicht uns.« Uns reicht's für diesen Monat auch mal wieder.

AUGUST

1.	Hans Jürgen Syberberg *(Klingsor)*
2.	Udo Lattek *(Plattek)*
3.	Erhard Eppler *(Brieffreund)*
4.	Gottfried Helnwein *(Denaturalist)*
5.	Thomas Gottschalk *(Jugendfreund)*
6.	Dorothee Sölle *(Bergpredigerin)*
7.	Jacques Teboul *(Ölderlin)*

Bevor wir die Fußballweltmeisterschaft in Spanien ganz vergessen, gedenken wir noch einmal jener Männer, ohne die sie auch möglich gewesen wäre: der Experten. Sie verdanken ihre Medien-Existenz einem Mißverständnis: dem, daß sich der wahre Fußballfreund für irgendeine Meinung interessiert außer der eigenen. Da staunt der Laie höchstens darüber, daß der Fachmann glaubt, ihm noch wunders was vormachen zu können. Wir ehren stellvertretend für die ganze Zunft den Trainer U. Lattek (ARD), der bereits am 2. Spieltag von sich behaupten konnte: »Ich habe gestern schon bewiesen, daß ich nicht gut tippen kann.«

»Der Erfolg«, verriet T. Gottschalk (ZDF) der ›Neuen Post‹, »wird mir nicht zu Kopf steigen.« Welcher Erfolg denn und welcher Kopf? Erfolg als turnschuhtragender Twen-Darsteller? Als kesser Jugendjargon-Imitator? Als Désirée-Nosbusch-Double? Vor jedem Auftritt, wissen wir aus ›Hör zu‹, schaut der Thomas jedenfalls seiner Thea so lange in die Augen, bis es klatsch-bum macht und alles alles versinkt. Dann gibt es nur noch Thomas, Thea und die beginnende Glatze auf dem Hinterkopf unseres Hochtoupierten.

Was T. Gottschalk im Fernsehen ist und der Zombie im Film, könnte G. Helnwein für die abbildende Kunst werden. Spätestens seit seinem Mick-Jagger-Portrait dürfte feststehen, daß der Wiener Fotorealist nicht bloß ein »unbequemer, genauer Beobachter« ist, sondern auch ein ausgewachsenes Anliegen hat. Durch Ekellicht und Gruselschatten will er nämlich unsere guten alten Sehgewohnheiten zerstören und strichelt darum vom LP-Cover bis zum Hochglanz-Kalender nichts als verzerrte Visagen voller Falten, Poren, Pusteln und Pickelplantagen. G. Helnwein kann was, das sieht man überdeutlich. Nur schade, daß es immer dasselbe ist.

Von Quichotes wie W. Herzog (›Fitzcarraldo‹) bis zu Pansas wie E. Schmidt (›Der Fan‹) – alle machen sie das Buch zum Film. Drehen denn wir etwa den Film zum Artikel? Nein, wir wenden uns nur angewidert ab, wenn wir in der ›Bild‹-Zeitung lesen, daß Filmbuchmacher H. J. Syberberg (›Parzival‹) seinem spätentdeckten »Freund« R. W. Fassbinder nachsagt, der »sei künstlerisch mehr oder weniger schon tot gewesen«. Etwas riecht faul im Hause Syberberg. ’s wird wohl der Hausherr sein.

Scharf abzulehnen sind übrigens auch Bücher, in denen weniger bekannte Autoren die bekannten Biographien bekannterer Kollegen nacherzählen und den Tratsch dann hinter Romantiteln verbergen. So behandelt ›Woldsen oder Es wird keine Ruhe geben‹ von I. Bachér den unruhigen Sohn Theodor Storms, ›Ach Elise oder Lieben ist ein einsames Geschäft‹ von S. Knauss die einsame Geliebte Friedrich Hebbels und ›Die dreifache Maria‹ von P. Härtling Eduard Mörikes dreifache Maria. Besonders überflüssig erscheint uns ›Lauf, Hölderlin‹ von J. Teboul, denn diesen Poeten hatte doch P. Härtling vor Jahren schon zu Prosa gemacht.

In der SPD als Friedensgrüner zu gelten, ist nicht schwer. Es dort zu bleiben, scheint schon schwieriger. Deswegen läßt der ehemalige Studienrat E. Eppler bisweilen die Öko-Maske fallen und den Schülersprecher tief Luft holen. »Ich bin nämlich«, schreibt er an Ronald Reagan via ›twen‹ (†), »dafür, daß Europa und die USA Bündnispartner bleiben. Der Bolschewismus ist ein mißratenes Kind deutscher Geistesgeschichte«, weiß der Musterknabe und wird ganz bildhaft: »Es ist nicht ratsam, den Bären in die Ecke zu drängen.« Eine schlimmere Strafe kann er sich nicht vorstellen. »Je energischer Sie uns auf Vordermann bringen wollen, desto bockiger werden wir.« Wie höflich der Junge sich entrüsten kann! »Wir entscheiden selbst, wem wir Röhren liefern . . .« Jawohl, E. Eppler hat sogar eine eigene Meinung – zufällig die der SPD.

Es stimmt uns nachdenklich, daß uns der Ruf nach Frieden, Frieden, Frieden, so weit und so bald schon zu den Ohren heraushängt. Liegt es an der »Bewegung« selbst, die sich bei einem solch bombenfesten Standpunkt naturgemäß gar nicht bewegen kann und so Gefahr läuft, sich in Ringelreihen zu erschöpfen? Dabei hat sie so unbestreitbar, so unumstößlich recht, daß es sehr leicht geschmacklos wirkt, immer und immer wieder darauf zu bestehen. Dann läge es also an ihren Sprechern und Vertretern, denen Gespür dafür, daß auch der richtigste Gedanke, andauernd wiederholt, reizbare Menschen früher oder später zum Widersprechen reizen muß, offenbar abgeht. Sie sollten sich vielleicht nicht gar so oft auf ihr Gefühl und die Stimme ihres Herzens berufen. Das Herz ist doch kein Feldwebel, dem jeder unbedingt gehorchen muß. Womöglich sollten sie ihre Gesinnung in unaufdringlichen Zeichen ausdrücken und ihren Wortreichtum auf einen kurzen Gruß beschränken: Frieden! bietet sich an. Bergpredigten braucht das Thema nicht. Bei längeren Reden rutschen sonst nur rhetorische Fragen im Sportpalast-Stil heraus, wie diese: »Wollt ihr die totale Aufrüstung?« Einmal dürfen Sie raten, Frau Dr. Sölle.

SEPTEMBER

1.	Oskar Lafontaine *(Rückzieher)*
2.	Otto Lambsdorff *(Graf)*
3.	Ernst Breit *(Arbeiterführer)*
4.	Otto Mühl *(Dreckzieher)*
5.	Caroline van Bergen *(Tochter)*
6.	Michael Braun *(Reporter)*
7.	Wolfgang Hildesheimer *(Marbot)*

Bereits der Graf zu Rautenberg beklagte im 18. Jahrhundert, daß seine Standesgenossen »meistenteils unwissend, stolz auf ihre Namen und ihre Stiftung und nichts weniger als tätig für das gemeine Beste« wären und daß der typische deutsche Edelmann, »sich ebenso vornehm und wichtig glaubte wie die Nabobs in Indien«. Spätestens bei »Indien« fiel uns O. Graf Lambsdorff ein, der sich in seiner dickäugigen Mogulenart gerade um eine Wiederbelebung der »Gold gab ich für Eisen«-Mentalität verdient macht. Die daraus folgende Verarmung bürgerlicher Kreise rechtfertigt er mit dem kindischen Seiltrick, daß »sozialen Zwangsabgaben Einhalt geboten und ihm« (dem Bürger) »mehr eigener finanzieller Spielraum gelassen werden muß«. Und um den Niedergang des deutschen Adels perfekt zu machen, rühmt er sich seiner inhumanen Asozialpolitik gern mit den Worten: »Das ist human, das ist sozial.«

Wer das Pech hat von ›stern‹-Reporter J. Serke gemocht zu werden, wird von ihm auch portraitiert. Und das ist ein

Unglück, auch für seinen »Sozi für die Zukunft« O. Lafontaine, bisher designierter Nachfolger des resignierten E. Eppler auf Erden. Aus der Diskussion, ob H. Schmidt mit seinen »Sekundärtugenden« geeignet wäre, ein KZ zu führen, halten wir uns raus. Ob H. Schmidt geeignet ist, die BRD zu leiten, bleibt fraglich. Daß O. Lafontaine dazu ungeeignet ist, scheint uns kritischer Katholizismus hin, moderne Ehe her, immerhin gesichert. »Er ist überwältigend spontan« – so umwerfend beim Aufstehen, daß es ihm selbst peinlich ist.

E. Breit (DGB) dagegen gehört laut H. Schmidt zu den »sorgsam und gründlich Überlegenden« im Lande. Es braucht entsprechend lange, ehe etwas herauskommt. Jetzt erst biedern sich die Gewerkschaften unter dem Motto »Für ein Leben ohne Bomben« bei der Friedensbewegung an. Ihr pazifistischer Kampf gipfelt in der Forderung an die Bundespost, eine Sondermarke »Nie wieder Krieg« herauszugeben, »die einen Soldaten zeigt, der sich ergibt«. Vermutlich vor der geballten Bräsigkeit ihres neuen Vorsitzenden, der seinem Namen wahrhaft Ehre macht: »Ernst« sind das Mienenspiel und die Bedenken, und »Breit« ist seine Aussprache.

Nachdem wir unserem geliebten Bundeskanzler so gleich drei Feinde auf einen Streich vom Leibe geschafft haben, wenden wir uns wieder familiären Scheußlichkeiten zu. Ingrid van Bergens Tochter Caroline z. B., die es zwar »nicht gut« findet, daß die eigene Mutter ihre Resozialisierung ausgerechnet per Aktfotos in ›High Society‹ betreibt, es aber auch nicht schlecht findet, durch ein längeres Interview unter dem Titel ›Ich ziehe mich nicht aus‹ für dasselbe Magazin, daran noch mitzuverdienen.

Oder O. Mühl, dem Schweineschlachtgesellen der Wünsch-dir-was-Ära. O. Mühl will wieder ins Gerede kommen und redet deshalb erfolgreicheren Ex-Kollegen wie dem Baumschulmeister J. Beuys das Wort: »Du wäschst die Wassertriebe von Worten über Hitler bis Wagner, das Ritterkreuz mit Eichenlaub und Diamanten aus dem Geäst dieses unschuldigen Baumes. Ich bewundere Deinen Mut, diesen Baum aus dem ideologischen Morast gezogen zu haben.« Wir bewundern allenfalls O. Mühls

Mut, solchen Morast zu reden. In demselben stecken übrigens nach wie vor Erdnüsse, Wodkaflaschen, Rasierklingen aus Kruppstahl, Ledergürtel sowie einige Windhunde – wer zieht sie heraus?

M. Brauns zwanglos-gammelige Jungreportertaten werden meist am Sonntagmorgen gesendet, wenn zwischen Familienfrühstück und ›Internationalem Frühschoppen‹ das Gros der heranwichsenden Zielgruppe noch verkatert vor dem Gerät klebt. »Es tönt der Ruf des Vaterlands« heißt es dann unheilverkündend, und M. Braun in der Rolle des unbefangenen Rekruten stößt bei der Bundeswehr natürlich das mechanisierte Töten besonders übel auf, das ja auch »so entsetzlich anonym wird. Du sitzt da wie am Flipper, drückst einen Knopf und siehst deinen Feind explodieren – das läuft so blitzschnell, daß dir gar nicht richtig bewußt wird, daß es sich um Menschen handelt . . .« M. Braun zuliebe sollte die Bundeswehr wirklich zum Handtöten nach längeren Gesprächen zurückkehren.

Um W. Hildesheimer tut es uns ein wenig leid. Aber nachdem sein Jubeljahr abgelaufen ist und die Literaturkritik trotzdem nichts gegen seinen Roman ›Marbot‹ unternommen hat, müssen wir handeln. Um fürderhin billige Science-Fictions und Fantasies wie ›Astronauten bei Caesar‹, ›Gemüse im Weltall‹, ›Der Papst in Polen‹ und ähnliche Time-Tunnel-Themen aus unserer geliebten Hochliteratur fernzuhalten, verbieten wir hiermit die Erfindung fiktiver Literaten wie ›Marbot‹ und ihre Verwendung zu Literaturzwecken. Jedwede Bildungshuberei, ob sie nun Marbot bei Goethe, Rocker bei Haydn, Luther und die Grünen oder Genscher in Babylon auftreten läßt, wird ab sofort gerecht bestraft. Und zwar mit dem Preis der Bayerischen Akademie der schönen Künste. Den hat W. Hildesheimer ja auch bekommen.

OKTOBER

1.	Manfred Lahnstein *(Primus)*
2.	Anthony Perkins *(Zweiter)*
3.	Hannelore Schmidt *(Loki)*
4.	Joachim Fuchsberger *(Blacky)*
5.	Siegfried Munz *(Bibel-Brettl)*
6.	Beatrice Richter *(frauenfeindlich)*
7.	Roberto Ciulli *(frauenfreundlich)*

Jetzt ist es heraus: In H. (»Loki«) Schmidt, die ihren Kanzler im Urlaub noch so brav bekochte, steckt ein spontanes Hippiemädchen mit Sinn für Romantik, Faltenröckchen, Sonnenblumenkerne, Horn, Geige und Klavier. Vor Freude über ein Trio des Ungarn György Ligeti schenkte sie ihrem neuen Galan prompt eine Blüte. Der bedankte sich ritterlich – obwohl das Angebinde gar nicht aus der Bluse der Dame stammte, sondern nur aus der Saaldekoration. Doch wäre die Mäzenatengeste wahrhaft barock gewesen, Ehrenmann Schmidt hätte den Troubadour aus der Puszta wohl zum Duell fordern müssen.

Versteh einer die Frauen. Daß richtige Männer wie das CDU-MdB B. Friedmann ein 15monatiges »soziales Pflichtjahr« für Jungmädel fordern und CDU-Freund G. Löwenthal gar vorschlägt: »Wenn die Emanzen Gleichberechtigung wollen, sollen sie in die Bundeswehr«, leuchtet ein. »Sehen Sie sich die knackigen israelischen Soldatinnen an – Klasse!« Daß aber auch ambitioniertere Ulknudeln wie B. Richter nichts dagegen haben, finden wir weniger Klasse. »Pünktlichkeit und Disziplin würden einigen Nudelsuppentypen ganz gut tun. Sollen sie ruhig die Uniform anziehen.« B. Richter hat für den ›Playboy‹ alles ausgezogen und versprochen; »Einem richtigen Mann erfülle ich jeden Wunsch.« Drei Kaffee, bitte.

R. Ciulli, Regisseur des ›Theaters an der Ruhr‹, wollte schon vor Becketts Ende dessen ›Endspiel‹ um die »Polarität Mann–Frau« und »Intellekt–Gefühl« bereichern, indem er die Dienerrolle Clov mit einer Frau besetzte. Netterweise fragte er Beckett vor der Clownerei um Erlaubnis, erhielt jedoch eine Abfuhr und konterte kühl: »›Endspiel‹ in der üblichen Weise zu spielen, ist« – ätsch – bätsch – »für eine Truppe, die neue Theateraspekte erschließen will, uninteressant.« Der künstlerische Elan soll so gedämpft sein, daß wir vorerst sogar auf Schlüsselkinderdramen wie ›Warten auf Mama‹ verzichten müssen. Ersatzweise könnte womöglich die beliebte Kind-Umwelt-Polarität in ›Barbie – ein Puppenheim‹ zur Erschließung gelangen.

Wenn Filmschaffenden die Einfälle ausgehen, gibt es einfach Fortsetzungen. 20 Jahre nach Hitchcocks Meisterwerk wird jetzt z. B. ›Psycho 2‹ abgedreht. Der alte und neue Hauptdarsteller A. Perkins ist auch noch stolz darauf. Und er sieht angeblich noch genauso psychosympathisch aus wie damals. »Der Maskenbildner brauchte kein Fältchen wegzuputzen«, lobt ›Bild‹. Perkins dazu enigmatisch: »Ich bemühe mich.«

In der BRD wäre er mühelos beim Fernsehen untergekommen. Dort spielt endlich auch Alt-Inspektor J. (»Blacky«) Fuchsberger eine Rolle, in der seine zu kurzen Stempel längst nicht so unangemessen auffallen wie bei früheren Hexer-Jagden im Wallace-Tempo. Als Talkmaster darf er sitzen bleiben und mit rauchender Pfeife jene besser riechenden Zeiten beschwören, da er sich noch als ›4711‹-Männchen hinter beiden Ohren naß machte. Sein Fragestil ist trocken und führt mitten in die ödesten Antwortwüsten. Sein Mienenspiel ist immer noch beredt: Nicht umsonst gelten Münchner Schauspieler als die schlechtesten der Welt, scheint es uns sagen zu wollen.

Abgetakelte Kabarettisten werden von den christlichen

Kirchen sehr gesucht und leider auch gefunden. In ihrem Bestreben, auch die letzten Würden-Bürden endlich loszuwerden, modernisieren sie die Bibel mit einer Frechheit, als gehöre deren Sprache ihnen allein. Ein Vertreter dieser bigotten, flotten Form der Verkündigung und Versündigung ist der Funk-Pastor S. Munz (NDR). Sie lesen die Aufnahme: »Abraham hatte Wind von der ganzen Sache gekriegt . . . ›So nicht, mein Gott‹, bezog er Gegenposition . . . ›Ich hör wohl nicht recht‹, reagierte Gott sauer . . .« Und dafür hat sich einer kreuzigen lassen? Kaum zu glauben. Einziger schwacher Trost: Falls es nun doch jenen Gott geben sollte, den sie so lästern, werden diese Flegel sich noch umschauen, spätestens beim Jüngsten Gericht. Dann wird sein Heulen und Zähneklappern.

Aber was soll aus M. Lahnstein werden? Sein rechtsrheinisches Arschloch-Image hat er bereits zur Prototypie des unangenehmen Reihenhausnachbarn aufpoliert und ist damit auf dem besten Wege, zum dynamischen Normalbürger zu werden. Für ›Quick‹ demonstrierte er bereits lehrbuchhafte Originalität, mit Zigarrenfressen und Volkstümelei: »Jeder hat seine Macken.« M. Lahnsteins reichen bis tief in seine Schulzeit zurück. Er war nämlich Primus – »aber nicht im abträglichen Sinne«. Denn »wenn es Schlägereien gab, habe ich kräftig mitgehalten«. Für Toupet- und Gebißträger Lahnstein war soziales Verhalten also schon immer mit Kraft und Haue eng verbunden. Aber wohin mit der ganzen schönen Energie? Milliardenlöcher stopfen? Dachlatten zerbrechen? Pferde treten? Das Verteidigungsministerium ist leider noch von M. Lahnsteins Vorgänger im Amt, dem Schmidtschen Musterknaben, H. Apel, besetzt. Und kommender Primus in der SPD zu sein, ist zwar gerade noch eine Erfüllung – aber wohl mehr eine im abträglichen Sinne.

NOVEMBER

1.	Paul Breitner *(Autor)*
2.	Marcel Marceau *(Grafiker)*
3.	Norbert Blüm *(CDU)*
4.	Wolfgang Niedecken *(BAP)*
5.	Heiko Gebhardt *(konsequent)*
6.	Rainer Langhans *(Dieser)*
7.	Träger *(jener gealterten Lederjacken)*

Von janz weit draußen kommt ein janz feines Stimmchen her, das wollen wir janz genau zitieren, sonst glaubt es uns keiner. Also: »Diesers Verstand muß zugeben, daß ihm dieser Beobachtungsgegenstand immer unbegreiflicher wird, je länger und tiefer er in ihn hineinschaut . . . Dieser freut sich darüber, denn das macht die Verhandlungen mit seinem Verstand leichter, die diesen dazu bewegen sollen, im Chor der anderen Stimmen mitzuarbeiten . . .« Zum besseren Verständnis: Diesers ist der Genitiv von Dieser, und Dieser ist nicht etwa der Held eines neuen Opus spirituale von Botho Handke, nein, dieser Dieser ist vielmehr das Alter ego eines alten Revoluzzers namens R. Langhans, der sich – vielleicht zwecks instinktiver Distanzierung von seinem Expartner F. Teufel – in München für den himmlischen Part entschieden und sein Seelchen dem Guru Kirpal Singh verschrieben hat. Und zwar auf garantiert holzhaltigem Papier und unter dem Titel ›Die Mitte der Dunkelheit‹, was deutlich zeigt, daß Abschrammen doch seine Spuren an den Leuten hinterläßt.

Auch für nautische Signale sind wir auf der Titanic naturgemäß hellhörig. So haben wir den Kapitän zur See H. Gebhardt geortet. Dieser, Pressesprecher im Verteidigungsministerium, nahm Stellung zu Berichten, wonach bei Bitburg in der Eifel bereits die erste amerikanische Basis für die neuen Cruise Missiles gebaut werde. Man bleibe, so erklärte der Käpt'n auf Anfrage, konsequent dabei, Berichte über angeblich für die Raketenstationierung vorgesehene Standorte weder zu bestätigen noch zu dementieren. Endlich ein Pressesprecher, der weiß, wozu er da ist: weder – noch. Den Satz darf man auf der Zunge verkosten. Das Wörtchen konsequent gibt ihm die würzige Restschärfe.

Wenn einer zum Visagisten geht, kommt er im allgemeinen mit einer Visage zurück. Ein schönes Belegexemplar für diese These ist der Arbeitsminister und Träger des goldenen Sportabzeichens N. Blüm, der seine Sozialexpertennase seit kurzem mit einer drahtgeränderten Schubert-Brille bestückt hat. Konnte N. Blüm für seine im besten Risselsheimerisch hingeknautschten Kommentare bislang fast so etwas wie lokale Authentizität in Anspruch nehmen, so wirkt er mit dem neoprofessoralen Augenglas bestenfalls noch wie die zweite Besetzung eines leicht zerstreuten Landesvaters bei den Städt. Bühnen Mainz. Und wenn er dann seufzt: »Wir müssen bei der sozialen Sicherheit eine Atempause einlegen . . .«, wird auf den billigen Plätzen verzweifelt nach Luft geschnappt.

Um seinen pseudosentimentalen Maffayaden einen volkstümlichen Anstrich und seinen Fans lindenberghaften Lehrstoff zu verpassen, singt Karohemdträger W. Niedecken in einem Phantasiekölsch, das er wohl selbst nicht ganz versteht. Auf Legastheniker-LPs wie ›for usszeschnigge‹ und ›vun drinne noh drusse‹ nimmt er angepaßtes Spießertum unter die unangepaßte Lupe. So erfreut er sich als gebildeter Vergangenheitsbewältiger (›Kristallnaach‹), Krautrockmessias (›Wenn et Bedde sich lohne däät‹), Frauenfreund und die eigene Unverdorbenheit bestaunender Nichtwellenreiter der klassischen »Einer von uns«-Berühmtheit – nicht bloß beim Freizeitclub der Sprachbehinderten, sondern auch bei dem Teil der Jugend, dem man mit echt gutgemachter Spontanität noch imponieren kann. Und der ist größer, als man wünscht.

Man erkennt ihn leicht an seiner jugendlichen Vorliebe für altaussehende Klamotten. Knittertrenchs, Wetzejeans und Hängelatzhosen – jeder Jahrgang hat seinen Gammellook und die chemische Industrie für alles einen Abnehmer. Auch für kunstvoll abgescheuerte Lederjoppen, die den süßen Duft welterfahrenen Buschpilotentums verströmen und deren Ärmelchen sich so salopp zur faltigen Ersatzhaut krempeln lassen, während man auf den nächsten wartet, dem man ein lässiges »klar, die hab' ich da und da gekauft« antworten kann.

Rätselhaft bleibt uns die Sucht, stets auch noch das zu machen, was einer nun schon gar nicht kann. Der alte Ausdruckstänzer M. Marceau z. B. tritt neuerdings mit Graphiken an die Öffentlichkeit, in denen er die bedeutungsheischende Stille seiner pantomimischen Gestenarmut mit der süßlichen Frömmelei im Stile Marc Chagalls aufs dilettantischste zur Deckung bringt. »Jüdische Gartenlaube« nannte das Max Beckmann prophetisch. »Bringt sie dem Schauspieler genug Geld ein«, weiß der ›stern‹, »will er sich im kommenden Jahr ganz aufs Malen verlegen.«

Und ein Jahr darauf, 1984, »wenn die Sache mit dem runden Leder« nicht mehr läuft, will auch P. Breitner ein neues Feld erobern: als Kinderbuchautor. »Ich erfinde diese Geschichten spontan, und eines ergibt sich aus dem anderen«, behauptet der Rabenvater, der seine Erzählkunst an den eigenen Kindern ausprobiert haben will. »Sie dauern oft ein halbes Jahr bis zum Happy-End.« Das erinnert stark an P. Breitners Art, Fußball zu spielen. Da wurde man meist auch das quälende Gefühl nicht los: Der könnte noch ein halbes Jahr so weitermachen, eh' ein Tor fällt.

DEZEMBER

1.	Veronica Carstens *(Klosterfrau)*
2.	Marius Müller-Westernhagen *(Mauermann)*
3.	Harold Macmillan *(alt)*
4.	Werner Kroeber-Riel *(Affenforscher)*
5.	Wolf Feller *(Affe)*
6.	Hartmut Fanghänel *(& Reinhart Lohmann)*
7.	Bundeswehr *(& Polizei)*

Die Zahl der Autofahrer, denen der Erzengel Gabriel den Untergang dieser Welt für 1984 ankündigt, wächst. Im Fahrzeug der Herren H. Fanghänel und R. Lohmann aber hat er leider noch nicht gepredigt. Die beiden Werbeagentur-Inhaber aus Frankfurt wollen den Trend zur Höllenfahrt einfach nicht wahrhaben. »Wir resignieren nicht, wir tun etwas dagegen.« Bloß was? Fürs erste haben die beiden Weltverbesserer einen Aufkleber entworfen, der die Menschheit auf andere Gedanken bringen soll (200 Stück DM 25,-). Parole: »Zukunft. Wir sind dafür.« Wir sind dagegen, durch die intellektuelle Desolatheit dieses und ähnlicher Slogans dem Erzengel letzte Gewißheit zu verschaffen, daß unser Planet nicht mehr zu retten sei.

Ganz ähnlich sieht (falls er noch sehen kann) auch Altpremierminister H. Macmillan, der es nicht ungern hört (falls er noch hören kann), wenn man ihn als »Englands großen alten Mann« bezeichnet, die Entwicklung und sagt (reden kann er noch) rosige Zeiten voraus. Alt ist er wenigstens: 88. Aber so alt kann einer gar nicht werden, daß wir ihm diesen Satz durchgehen ließen: »Der Westen steht vor einer neuen großen Epoche von Reichtum und Stärke.« – Als ob wir jemals arm und schwach gewesen wären!

Schließlich können wir uns sogar eine starke Bundeswehr leisten. Und die größte Friedensbewegung der BRD veranstaltet – nur um im Training zu bleiben – ab und zu mal einen Schießwettbewerb mit scharfer Munition, zu dem auch unsere Polizei geladen hatte. Und sie wäre nicht die Bundeswehr, wenn dabei nicht das Fleißkärtchenprinzip und die ›Chappi‹-Belohnungsmethoden der Hundedressur verschärft zum Einsatz kämen: Freibier gab es unlängst in Bonn nur für diejenigen, welche alle Anforderungen der gezielten Ballerei voll erfüllt hatten. Erkennen konnte man die alkoholisierten Pistoleros natürlich auch an einer Plakette: »Ich bin für Verteidigung«.

Andere Wege der Abrichtung erprobt an der Uni Saarbrücken der Professor Doktor W. Kroeber Bindestrich Riel. Unter diesem Namen (i. F. WKR abgekürzt) hat er eine ganze neue Wissenschaft erfunden: Psychobiologie. Untersucht wird eine Abart des Menschen, die früher Verbraucher hieß, die WKR jedoch apart zum »Konsum-Äffchen« verniedlicht. Genauer: WKR ist es gelungen, mit Lügendetektor, Blutdruckmesser und Thermografie-Kamera herauszufinden, daß Versuchspersonen, denen die Seife ›Hoba‹ in Verbindung mit »stark angenehmen Bildreizen, ohne jede Zusatzinformation« gezeigt wird, diese später als »zärtlich, erlebnisreich, kameradschaftlich, fröhlich, anregend« erinnern. »So wie ein Affe durch Lernprozesse«, so WKR triumphierend, »so kann ein Konsument dazu abgerichtet werden, eine positive Haltung zu einem Produkt einzunehmen.« Um sich sogleich in einen erstaunlich unbegabten Werbetexter (s. o.) zu verwandeln, fügen wir kameradschaftlich hinzu. Denn auf diesem Niveau zu streiten, hieße – mit einem guten amerikanischen Werbetext zu sprechen –, unechte Perlen vor echte Säue zu werfen.

Im deutschen Fernsehen verteilen die Säue bekanntlich ihr Perlendes persönlich. Die gleisnerischsten Grunzlaute stößt derzeit trotz stärkster Konkurrenz (Lueg, Weiss, Trampe, Anger- und Obermann) eindeutig W. Feller, Bayern, hervor. Er sei dreifach verflucht: für seine grotesk devote Hofschranzenhaltung CSU-Bonzen gegenüber. Für seine öffentlich demonstrierte Unfähigkeit, gegenüber weltanschaulichen Abweichlern auch nur ein Minimum an Höflichkeit zu wahren. Und für die übergroßen Karos seiner Sakkos, die in fremdartigem Gegensatz zum kleinen Karo seines auch außenrum schwärzlichen Hauptes stehen.

M. Müller-Westernhagen, protzfrecher Jugenddarsteller, hat den CDU-Mythos von Wiedervereinigung und deutschdeutscher Liebe ruck-zuck-zockend zur Wunschvorstellung des unanpaßbaren kleinen Mannes aufgebrüht, deren Schwaden sich in dessen Rübe als Phantasie niederschlagen. Als ›Mann auf der Mauer‹ träumt er von dem, was wohl dahinter ist. Unser Tip: Berlin. Und jene heiße Luft, die auch MMW's Angeber- und Aufkleberliedchen durchweht. Er zählt nämlich zu jenen Doppelbegabungen, die man so gut voneinander abziehen kann, daß unterm Strich nicht mal *eine* Begabung herauskommt.

Auch in der Villa Hammerschmidt (»Die Leute wollen, daß wir hier sind.«) glaubt man an Wiedervereinigung, Kekse und Kräutertee (»Kräuter haben soviel Heilendes in sich.«). V. Carstens hat der Zeitschrift ›Weltbild‹ das ihre mitgeteilt, das sie offenbar aus dem Hause Klosterfrau-Melissengeist bezogen hat. Von A wie Atomwaffenangst (»Ich bin überzeugt, daß junge Leute nur Urängste artikulieren, die sie als Kind nicht losgeworden sind.«), bis Z wie Zweierbeziehung (»Stellen Sie sich vor: Ein reizendes Ehepaar läßt sich jetzt scheiden – der Mann glaubt, er müsse frei sein.«) – die Ärztin und Gattin weiß Bescheid: »Das liegt am Wegfallen der Tabus und des Glaubens.«

Gut zu wissen, daß V. Carstens in dieser heillosen Zeit wenigstens schöne Erinnerungen bleiben, an den Meditationskursus in Maria Laach z. B.: »Wir durften überhaupt nicht miteinander reden.« Hoffentlich fährt sie recht bald wieder hin. Schweigen – wir sind sehr dafür.

1983

FRANZ ALT – UTA RANKE-HEINEMANN

JANUAR

1.	Klaus Staeck *(Gestohlenes)*
2.	Hannelore Kohl *(Gefrorenes)*
3.	Alfred Biolek *(Gehobenes)*
4.	Karl Sekanina *(ÖFB)*
5.	Jürgen Serke *(›stern‹)*
6.	Klaus Umbach *(›Spiegel‹)*
7.	Robert Rompe *(DDR)*

Was haben Tiefkühltruhen und Mittelstreckenraketen gemeinsam miteinander? Wenn man sie erst hat, muß man sie auch benutzen. H. Kohl, hausgebackene Kanzlergattin, deren pausbackenes Profil jedem Fleischereiinnungskalender zur Zier gereichte, ist diesem Fluch als fanatische Zeitsparerin sogleich erlegen. Sie friert ein, was die Truhe hält. Schon beim Einzug ins neue Amt hat die breitkiefrige Kaltmamsell ihren dicken Mann und ihre doofen Söhne mit tiefgefrorener Lasagne erwärmt, nun hat die erste Dame das wöchentliche Machen und Haltbarmachen von Scheunendrescherportionen zur Philosophie ernannt, die sie in ›Hör zu‹ praxisbezogen erklärt: »So spare ich Zeit und stehe nur dreimal die Woche in der Küche.«

Da bleibt natürlich mehr Zeit zum Fernsehen. Und dort spielt mit nickelbebrilltem Osterhasengrinsen, demonstrativer Herzlichkeit und konzentrierter Originalität noch immer A. Biolek »unseren Bio«, den Showmaster mit Niveau und das bahnhofsmissionarische Kulturgewissen des Unterhaltungsprogramms. Der schreckt auch vor dem Aufwärmen alter Hippieflausen zu neuen Schaurezepten nicht zurück: »Das Publikum soll mal auf Kissen sitzen«, phantasiert der Lockerungsfetischist, »es soll nicht klatschen, sondern auf mitgebrachten Instrumenten applaudieren.« Was auch immer bei dem Geschrammel herauskommen mag – ein Volkshochschul-Yogakurs dürfte mitreißend wirken dagegen.

Wer keine Schnitte bei den Frauen kriegt, verbittert und verkauzt – wie zum Beispiel DDR-Professor R. Rompe, der als Nestor der DDR-Physik aus seiner Not eine Tugend und daraus experimentell eine Warnung vor Zufrühehen gemacht hat, »selbst auf die Gefahr hin, als weltfremd oder alter Mann abgestempelt zu werden«. Jung zu freien, behauptet Opa, beeinflusse die Leistungsfähigkeit von Nachwuchsprofessoren und dürfe »niemals auf Kosten wissenschaftlicher Produktivität gehen«. Die DDR-Perspektive für eine weltfremdere Zukunft: Rückkehr zum alten Idealpaar Galetti–Frankenstein, der zerstreute Professor und die zersägte Jungfrau. Mehr Wichsen schafft mehr Wissenschaft!

K. Sekanina hatte als österreichischer Bautenminister und Präsident des Fußballbundes immer seine liebe Müh', die Freizeit totzuschlagen. Bis er, genau wie sein BRD-Pendant H. Neuberger, Abwechslung in allerlei Verbandszores suchte, der mit seinem Rücktritt als ÖFB-Präsident noch lang nicht endete. Recht fesch war noch seine Idee, den ÖFB-Vize W. Zips einen offenen Brief schreiben zu lassen, in dem das Nationalteam seine, K. Sekaninas, sofortige Rückkehr forderte. Eher resch seine Reaktion, als der Schmäh endlich aufflog. Da machte sich K. Sekanina selbst erbötig, »den ganzen Wickel zu klären«. Heraus kam aber nur eine Sintflut von Petitionen, die zufällig alle seine, K. Sekaninas, Wiederamtseinsetzung erflehten.

Das Unterschriftensammeln zum Zweck der Selbstbestätigung ist weit verbreitet. So hat es J. Serke geschafft, der ermüdenden Debatte deutsch-deutscher Verbandsschriftsteller endlich ein gemäßes Thema zu verschaffen: Ab jetzt wird nicht mehr über Frieden und/oder Freiheit verhandelt, jetzt geht es nur mehr um J. Serke. Der hatte im ›stern‹ dem VS-Vorsitzenden

B. Engelmann Vorwürfe gemacht und sich dann selbst angegriffen gefühlt, wogegen ihn prompt, wiederum im ›stern‹, nun all seine Freunde, von Biermann bis Zwerenz, ausführlich in Schutz nehmen dürfen. Eine Massenkarambolage ist unvermeidlich, und die muß, da BRD-Sentimentalität und DDR-Paranoia aufeinanderprallen, wohl zu mentalem Totalschaden führen.

Was J. Serke für den ›stern‹ tut, besorgt beim ›Spiegel‹ K. Umbach. Er ist dafür zuständig, daß an sich folgenlose Kulturranderscheinungen ins Zentrum hausgemachter Diskussionen rücken. K. Umbach ist ein Freund der italienischen Oper, sofern sie mit Skandal verbunden. Als raffinierter Prophet bringt er es fertig, das erste und einzige Gebot seines Gottes H. Neuenfels, bei jeder Verdi-Oper »den Sub-Text und die Sub-Musik mitzuinszenieren«, so hartnäckig und dummdreist in Frage zu stellen, bis man es beinahe für eine Kulturleistung halten möchte, jede Oper eben so aufzuführen, wie sie garantiert nie gemeint war.

Von allen Plagiaten der ›Titanic‹-Kanzlerbirne haben uns die des Heidelberger Großgrafikers K. Staeck am schlechtesten gefallen. Er verbreitet seine faule Variante gleich wieder massenhaft als Plakat, Postkarte, Heft- und Buchtitel. So kämpft er zwar »gegen den neu vorbereiteten Betrug« – meint damit aber nicht den eigenen. K. Staeck hält seine Birne selbstverständlich nicht als bloßen Scherzartikel hin, sondern benutzt sie gleich als Alibi gegen den selbstausgedachten »Vorwurf künftiger Generationen, wir wären abermals feige weggetaucht und hätten der Reaktion nur ein paar flotte Sprüche und einige fade Witze entgegengesetzt«. Ach, wären es doch wenigstens die eigenen gewesen.

FEBRUAR

1.	Dr. Manfred Köhnlechner *(Unheil-Praktiker)*
2.	Barbara Rütting *(Tierfreundin)*
3.	Hans Wallow *(Dallas-Feind)*
4.	Eduscho *(Naturfreunde)*
5.	Wolf Schneider *(Weihnachts-Feind)*
6.	Paul C. Martin *(Paul-C.-Martin-Freund)*
7.	Elke Sommer *(malt)*

Filmschauspielerinnen fällt es offenbar besonders schwer, in Ehren alt zu werden. Sie entwickeln dagegen die absonderlichsten Aktivitäten: E. Taylor geht auf »Friedensreise« in den Nahen Osten, B. Bardot kämpft mit offenen Briefen gegen den »schändlichen Mord« an minderjährigen Robben im fernen Westen, und hierzulande hat sich B. Rütting, die bisher unsere Geschmacksnerven mit selbstgewürztem Verdauungsbrot bekämpfte, ans Tor des Schering-Konzerns gekettet, um gegen Tierversuche zu protestieren. Um ihr Wallraff-Remake noch unglaubwürdiger zu machen, kündigte sie bereits weitere Menschenversuche an: »Ich stelle mich kostenlos Firmen für Werbezwecke zur Verfügung, die Kosmetik ohne Tierversuche herstellen.« So richtig überzeugt von der Lachhaftigkeit ihres Anliegens wären wir erst, wenn B. Rütting noch Geld dafür bezahlt, ihr Gesicht endlich wieder in der Zeitung zu sehen.

Auf den Sympathierabatt des Naturschutzgefühls setzt auch die Firma Eduscho. Im Gegensatz zu anderen Kaffeeröstereien verhökert sie leider keine Billig-Recorder mehr. Sie verleiht lieber den ›Heinz-Sielmann-Preis‹ an Nistkastenbesitzer und Gebietsbefeuchter. Denn »wenn nicht alles kaputtgehen soll«, philosophiert Schonkaffeebaron K. Blüchel, »müssen die Leute ran«. Die anderen, vorzugsweise. Denn Eduscho-Bohnen werden ja längst von sensiblen Öko-Indios auf naturbelassenen Bio-Plantagen von der Knospe bis zur Reife gestreichelt, um sodann solargeröstet . . . Kaffeeräusche wie diesen zu erzeugen.

Insofern müßte man eigentlich Alt-Sternchen E. Sommer dafür loben, daß sie sich nicht der Glühwürmchenlöschung, sondern der Sonntagsmalerei verschrieben hat. Wenn sie sich nur nicht gleich »mit 26 ›One Woman Shows‹ in der ganzen Welt von Hawaii bis zur Spielbank Hamburg . . . als Malerin vorgestellt« hätte. Und wenn ihre Bilder nicht ›Berufsrisiko‹ hießen und sich darauf bezögen, »daß im vergangenen Jahr 2900 Briefträger von Hunden gebissen wurden«. Ja, gibt es denn niemanden mehr auf dieser Welt, der sich auf das beschränkt, was ihm seine Beschränktheit zuweist?

Doch, sagt P. C. Martin: P. C. Martin. Aber wer zum Teufel ist P. C. Martin? P. C. Martin: »Profiliertester deutscher Wirtschaftsjournalist, seit 8 Jahren Herausgeber von ›basis‹.« Wer sagt das? P. C. Martin natürlich. Und wo? In ›basis – die Wirtschaftsinformation des Monats‹, in der P. C. Martin gerade P. C. Martins Buch ›Wann kommt der Staatsbankrott‹ zum »Buch des Monats« gewählt hat. Warum? Das weiß nur P. C. Martin.

Da wir von Schamlosigkeit sprechen, darf ein Name nicht fehlen: Dr. M. Köhnlechner will sich aus der aktiven Heilpraxis nach Ibiza zurückziehen. Zuvor allerdings möchte die Personifikation einer männlichen Hebamme noch flink seinen Adoptivsohn Jochen in einem Schauprozeß vernichtend verteidigen. Jochen hat eine Bank überfallen, doch der Anwalt der Vererbungslehre hat schon mildernde Umstände für sich vorbereitet: »Jochens Vater war mehrmals straffällig« und: »Seine Mutter hatte vier uneheliche Kinder.« Köhnlechners sind also doppelt unschuldig. »Als wir Jochen bekamen, wußten wir das nicht.« Wir glauben dem besserwisserischen Außenseiter aufs Wort: sonst hätte er Jochen doch nie genommen.

Zum Anwalt des unmündigen deutschen Fernsehzuschauers hat sich MdB H. Wallow, SPD, ernannt. Er fordert die Absetzung aller ARD-Chefs (»Holt die Intendanten vom Hocker!«) und der Serie ›Dallas‹, aus der seiner ganz bescheidenen Meinung nach »Millionen von Kindern und Jugendlichen . . . jede Woche Niedertracht und schlimmsten Egoismus lernen«. Wo sollen sie denn sonst lernen, was sie fürs spätere Leben wirklich brauchen? H. Wallow kann ihnen höchstens Nachhilfe in Biedersinn und dünkelhafter Bigotterie geben. Seine Sonderschüler bekommen dann statt »Kaugummi fürs Gehirn« zur Belohnung Smarties für ihr Gewissen.

Irgendein Schulmeister findet sich immer, wenn es darum geht, die dümmsten Einfälle auch noch auszusprechen. Der Journalist W. Schneider (›Deutsch für Profis‹) hat für den ›stern‹ sogar noch ›Drei Einwände gegen Weihnachten‹ wiedergefunden. Wir ersparen sie uns gerne – alle sind ohnehin jedem bekannt – und zitieren lediglich W. Schneiders Fazit: »Gehört es nicht zur Liebe unter den Menschen, daß man ein Fest denen nicht aufnötigt, die es nicht haben wollen?« Wir wären sogar bereit, diese Frage – und wenn sie noch so rhetorisch gestellt wurde – mit ja zu beantworten – allerdings erst, wenn Sie, liebe Leser, unseren folgenden 3-Punkte-Vertrag unterschrieben haben, in dem steht: daß es sich 1. gerade unter lieben Menschen nicht gehört, daß man ihnen Fragen aufnötigt, die man selbst beantworten kann. Daß es 2. auch zur Liebe unter den Menschen gehört, die zu hassen, die das nicht lassen können. Und daß sich 3. der ›stern‹ zu einem so militanten Kampfblatt der neuen Gutwilligkeit entwickelt, daß man es selbst denen nicht aufnötigen sollte, die es haben wollen. Also bitte: . . .

MÄRZ

1.	Jack Lang *(Antiamerikaner)*
2.	Sydne Rome *(Amerikanerin)*
3.	Rosi Mittermaier *(BRD)*
4.	Alexander Rentsch *(Außerirdischer)*
5.	Bernward Th. Rhode *(Erdstrahlen)*
6.	Jürgen Palm *(Trimmprobst)*
7.	Marisa Mell *(Nekrophile)*

Der März bringt nicht nur Wahlen zum deutschen Bundestag, nein, es wird auch darüber entschieden, wer die BRD beim Grand Prix d'Eurovision betreten machen wird. Schneidig im Rennen liegt R. Mittermaier, die zusammen mit Ehemann Christian ein Lied des Vorjahressiegers Ralph (›Ein bißchen Frieden‹) Siegel vorsingen soll. »Es ist eine sportliche Platte, zum Mitmachen, die international Chancen hat«, behauptet der Kenner vorsorglich. Unsere Formel: $M \times S = P^2$ (Mittermaier mal Siegel gleich Peinlichkeit zum Quadrat). Den Vorgang vorab zu disqualifizieren ist zwar reine Spekulation – aber das war die Relativitätstheorie auch. Und Einstein hatte doch recht.

Der Titel des verdächtigen Hits, ›Enorm in Form‹, könnte leicht zur Hymne der neuen Bewegungs-Bewegung werden. J. Palm, der sich mit plump begeisterten »Trimm dich!«-Parolen und daumenzeigenden Frohhopplern für immer ins Weichbild der 70er Jahre gedrückt hat, wäre bestimmt dafür. Er intensiviert gerade unter der Schirmherrschaft Frank (›Wetten daß‹)

Elstners den bundesdeutschen Blutdruckkult und will unser aller Puls mindestens einmal täglich auf eine gesunde DIN-Norm bringen: »trimming 130« heißt die Tempo-Heilslehre, bei deren Verkündigung Sonntagsmissionar Palm die Bibel fachidiotisch auslegt und Pfarrern Predigtthemen nahelegt: »Jedem Christen kann klargemacht werden, daß seine eigene Leiblichkeit zu den von Gott geschenkten Gütern zählt, die ihm in die eigene Obhut gegeben sind . . . die Gemeinden können sich der Aktion mit einem Trimming-Tanz widmen oder zu einer Bergwanderung, einem Trimming-Lauf, einem Spielfest aufrufen . . .« Die Passion als Trimm-Pfad. Turnschuhe an zum Gebet. Der Herr ist mein Hirte. Er wird mich schon mangeln . . .

Die amerikanische Variante des Trimm-Terrors vertritt die Schauspieler-Tochter J. Fonda. In Deutschland ist die Schauspielerin S. Rome ihre Prophetin. Atemlos haucht sie Lobpreisungen der kalifornischen Kunst, sich so viel Sauerstoff zuzuführen, daß man aussieht, als würde man gern platzen. Aerobic nennt sich diese Spätfolge des Discofiebers. Mehr als 100 000 deutsche Hausfrauen haben sich, laut ›Bild‹, bereits das passende Trikot im Tanga-Schnitt besorgt. Die Vorstellung ist unpassend genug. Und rätselhaft bleibt, wozu die neuen Gesundheitsreserven eingesetzt werden sollen. Ein Leben wird schließlich nicht dadurch sinnvoller, daß man es verlängert.

Aerobic wäre eigentlich ein Fall für J. Lang, der seit 1982 als französischer Kulturminister seinen Kampf gegen den amerikanischen Kulturimperialismus führt. »Ich glaube, daß die Europäer zurückfinden müssen zu ihrem Stolz, sie selbst zu sein.« Wir glauben, daß schon ein solcher Satz ausreichend nachweist, daß Europäer zu sein noch keine Eigenschaft ist, auf die man stolz sein könnte. »Ein Europa ohne geistigen Gehalt ist ein Europa ohne Wert.« Sagt J. Lang. Wir sagen, daß geistige Inhalte, auf die irgendein Zeitgenosse, außer ihrem Schöpfer, stolz ist, von vornherein der Wertlosigkeit verdächtig sind. »Alle Menschen, die für Kreativität und für das Leben kämpfen, müssen ein großes Bündnis eingehen.« Fordert J. Lang. Wir fordern, daß man Kreative mit irgendwelchen Lebenskämpfen verschont, da sie nur bedingt bündnisfähig sind. »Was uns vom Tier unterscheidet, ist doch die Freude am Schönen.« Was uns von J. Lang unterscheidet, ist der Ärger über Plattheiten.

Wie diese: »Ob Erdstrahlen Krebs auslösen können, ist bis heute nicht bewiesen. Dennoch sollte die Wissenschaft dieser Frage ernsthaft nachgehen und neugierig bleiben. Zusammenhänge zwischen Krebs und Erdstrahlen dürfen daher nicht von vornherein ausgeschlossen werden.« Zitat: Prof. med. B. T. Rhode, Oberstarzt im Bundeswehrkrankenhaus Hamburg, Chefarzt der Dermatologie. Da wir auch Zusammenhänge zwischen Hausmusik und Hautkrankheiten nicht ausschließen können, sind wir für eine strenge Untersuchung.

Womöglich in Zusammenarbeit mit M. Mell, die bereits vorhatte, mit Dr. M. Köhnlechner »eine Hautklinik in Innsbruck zu eröffnen«. Fünf Jahre lang, eröffnet die kuhäugige Femme-fatale-Darstellerin weiter, sei sie die Geliebte des Schah gewesen: »Ich sah Soraya zum Verwechseln ähnlich.« Östrogenhaft aufgedunsen wirken auch ihre Beweise: Der unversicherte, unsichtbare Millionenschmuck ist weg (»gleichzeitig verschwand eine Sekretärin, aber beweisen konnte ich nichts«), der Schah schweigt eh, und aus dem Skandalnudelgericht lernt man nur, daß man sich beim Aufwärmen von Leinwand-Scheintoten nicht wundern darf, wenn's stinkt – nach Altersheim-Wichtigtuerei.

Für ›Hör zu‹ hat ein A. Rentsch eine hilfsschülerhafte Nacherzählung der Abenteuer E. T.s angefertigt, die der Film nun wirklich nicht verdient hat: »Und ab geht die Post«, denkt ein A. Rentsch wohl zum Erschlagen ähnlicher Außerirdischer, »durch das Maskentreiben auf den Straßen . . . Ihr findet uns häßlich – wir wissen das – und deshalb«, kombiniert A. R. messerscharf-psychologisch, »sind wir scheu. Herzbeleuchtung glüht stark. Angst . . .« – Nach Hause! Nach Hause!

APRIL

1.	Bernhard Vogel *(Vögeln)*
2.	Udo Lindenberg *(Nörgeln)*
3.	Peter von Zahn *(Fernsehen)*
4.	François Mitterrand *(Frankreich)*
5.	Forum *(»DDR«)*
6.	Capital *(»BRD«)*
7.	Arndt von Bohlen und Halbach *(katholisch)*

Die Spekulationen über das Sexualleben des Dr. B. Vogel (CDU) wollen einfach nicht abreißen. Und warum sollten Sie auch? Schuld ist er schließlich selbst daran. Das Letzt-Interview des letzten Junggesellen auf einem deutschen Ministerpräsidententhron verdunkelte das Rätsel um seine Triebe und deren Abfuhr eher noch. »Ich habe überhaupt nichts gegen Frauen«, vertraut er der ›Neuen Revue‹ an, beantwortet dann jedoch die natürliche Nachfrage: »Aber haben Sie denn keine feste Freundin oder mal gelegentlich eine Frau für vergnügliche Stunden?« mit einem scharfen: »Nein.« Den Umkehrschluß: »Sind Sie vielleicht lieber in Männergesellschaft?« läßt er »Auch nicht« zu. Und selbst das verzweifelte Angebot der NR: »Und wenn Sophia Loren mit Ihnen schlafen möchte? Gingen Sie darauf ein?« wird abgelehnt: »Sicher nicht.« Ja, was bleibt denn noch? Pudel? Ziegen? Minderjährige Madonnen? Der eig'ne Bruder gar? Antworten Sie, Herr Dr. Vogel! Die Öffentlichkeit hat ein Recht darauf.

Im Fall A. von Bohlen und Halbach ist sie bestens informiert. Dafür sorgt A. v. B. H. schon selbst. In einem ›Frau im Spiegel‹-Interview z. B., das ihm Gelegenheit gab, den menschenscheuen Philosophen ebenso dick wie das Make-up aufzutragen. Und das hat die adlige Renommiertunte nun von seinem Geld und seinen kleinen Philippinos: eine Paranoia vor Tomaten. »Was ist schon reich?« fragt er treudoof und mag nicht dabei sein, wenn uns der Osten »wie eine reife Tomate« schluckt. Denen, die damit seine Autos beschmissen haben, prophezeit er Plagen: Generalstreiks, Revolutionen und Sowjetinvasion. Der Gläubige wäscht derweil seine Händchen in Parfum und faltet sie in den USA zugunsten seines neuerdings katholischen Tipgeber-Gottes: »Ich danke ihm täglich für die reichen Botschaften, die er mir zukommen läßt.« Auf Barschecks vermutlich.

Ärger mit dem Osten hat auch U. Lindenberg sich gemacht. Der Provokationsapostel hängt sich an jeden vorbeifahrenden Zug. Notfalls verarscht er sogar die, die sich garantiert nicht wehren, und benutzt im ›Sonderzug nach Pankow‹ ganz cool die DDR-Oberfreaks als Musiksandsäcke, auf die er mit erbarmungslosem Humor eindrischt: »Och, Erich, ey, bist du denn wirklich so ein sturer Schrat / warum läßt du mich nicht singen in deinem Arbeiter- und Bauernstaat?« Vielleicht weil drüben noch die alte Regel gilt, daß Schlagzeuger nur halbe Portionen an Geisteskraft sind. Dabei ständen die Chancen nicht schlecht. Um den chronischen 5-Jahres-Rückstand zum Weltniveau zu halten, kritisiert das FDJ-Zentralorgan ›Forum‹ gerade die, auch von U. Lindenberg bekämpfte, ›Neue Deutsche Welle‹: Sie habe »fortschrittliche Positionen zu den brennenden Fragen« geräumt. Statt »Aufbegehren und Anklage« sei da nur mehr »Anpassung und Abschlaffung«. Das monotone »Bum-tsching-bum des Schlagwerks« anstelle der »einstigen Kreativität«. Was treibt die ›Forum‹-Redaktion? Sehnsucht nach Biermann?

Auch in der BRD machen sich Zeitschriften um die Kultur verdient. Das Herzblatt der Verdienenden, ›Capital‹, will standesgemäß einen »Kunstpreis für Mäzene« vergeben. Der Modus ist so kompliziert, wie es sich anhört: »Ein bekanntes Unternehmen wird mit dem Werk eines unbekannten Künstlers und ein unbekanntes Unternehmen mit der Arbeit eines bekannten Künstlers ausgezeichnet.« Das klingt nach höherer Gerechtigkeit, ist aber wohl nur ein gröberer Unfug.

In Frankreich wächst die Kreativität weiter auf Antiamerikanismus-Humus. Zum großen Kultur-Erntedankfest wurden mehr als 300 Dünger und Jünger nach Paris eingeflogen. Nur vom Feinsten: Greene, Sontag, Eco, Strehler, Loren, Brando, Coppola, Frisch, Sagan, Senghor, Mercouri, Millet, Ionesco, Beauvoir, Schlöndorff, Garcia-Marquez, Robbe-Grillet etc. sprachen 1,5 Tage lang über »Kreativität und Wachstum«. Außerdem sprach natürlich Kulturguerilla und Kultusminister J. Lang, der diesmal sogar seinen Chef F. Mitterrand als Schirmherr vorzeigen konnte. Ein Ergebnis hatte der Blitzkongreß auch: »›Dallas‹ ist keine Kultur.« Wer immer das behauptet hat – er hat jedenfalls unrecht. Und dieses Unrecht sowie der »Kulturimperialismus« und der »geistige Kolonialismus« amerikanischer TV-Produzenten, sie müssen bekämpft werden. Mit allen Mitteln. Auch und gerade mit öffentlichen, versteht sich.

Ganz andere Vorstellungen vom Fernsehen der Zukunft hat P. v. Zahn. Weil er bei seiner Geburt schon dabei war, spielt der »Reporter der Windrose« seitdem mit plump kontrastierender Reiselinse den Nestor des Erdkunde-Journalismus und für ›Bild‹ neuerdings auch mal den Oberintendanten, der mit Menschen, Tieren und Sensationen zum heilen Gänschenweltbild beitragen möchte. 24 Stunden Spielfilme und das »Thema des Tages« (neue Superautos z. B.) würde der Medienphilosoph gern sehen und so die »Schwach- und Krankheitspunkte der Gesellschaft« auf Mitternachtssendezeiten verdrängen. Denn wer sich dafür interessiert, »der bleibt schon auf«. Aus der eigenen Altersschlaflosigkeit ein Programm zu machen, ist ein ganz neuer Aspekt für das Privatfernsehen.

Der Kampf um ›Dallas‹ geht jedenfalls weiter. Wir sind dafür.

MAI

1.	Paul Newman *(Grease)*
2.	Günter Grass *(bibelweich)*
3.	Dieter Krebs *(Selbshilfe)*
4.	Luise Rinser *(Wahlhelferin)*
5.	Karl Carstens *(Hungerkünstler)*
6.	Felix Magath *(Spielverderber)*
7.	Vilmen *(auf Fideo)*

Ob der Zweck auch das mieseste Mittel noch heiligt, oder ob gewisse Mittel auch den besten Zweck mies machen, darüber wollen wir hier nicht streiten. Unsere Meinung steht ehern fest, zumindest seit es in der BRD üblich geworden ist, mit Mitteln mäßiger Unterhaltung an das gutgemeinte Wohlwollen zu appellieren. Keine Fernseh-Show ohne Spendenaufruf, keine Langspielplatte ohne Notopfer. An der neuesten LP zugunsten der Deutschen Welthungerhilfe ›Leben‹ ist schon das Cover bemerkenswert peinlich. Es zeigt hüllenfüllend einen Lebkuchen mit dem Ticket der Firma Teldec, von dem rechts unten schon einer abgebissen hat. Wer war das? Die Interpreten Maffay, Danzer, Lindenberg etc. scheiden aus, da sie mit vollem Mund noch weniger singen könnten. So fällt der ganze Verdacht voll auf den Schirmherrn des Unternehmens »Leben schenken«, Bundespräsident K. Carstens, denn seine Rechtfertigung: »Als Schirmherr der Deutschen Welthungerhilfe bitte ich Sie, beim Kampf gegen den Hunger mitzuwirken«, wäre auf nüchternen Magen wohl kaum zu ertragen gewesen.

Der Konkurrenz von der Deutschen Krebshilfe hat sich neuerdings ein Mann verschrieben, der das aus bestimmten Gründen besser nicht gemacht hätte: Der Schauspieler Dieter Krebs. Selbst ein Mensch, der seinen Ruf einer Sendung wie ›Rudis Tagesshow‹ verdankt, sollte wissen, daß es Kalauer gibt, die so naheliegen, daß selbst wir sie herunterschlucken, obschon wir schier daran ersticken möchten.

Seit einer ihrer Kollegen Präsident geworden ist, werden amerikanische Schauspieler gern moral-politisch. »Von keinem Star wird ›Hollytis‹, die Renaissance des politischen Engagements, so glaubwürdig verkörpert wie von Paul Newman, 58«, lobt der ›Spiegel‹. P. Newman hat sogar den Mut, offen zuzugeben, daß er »Angst hat«, Angst vor dem Krieg. Und seine Gag-Schreiber haben sich gleich ein Argument für ihn ausgedacht: »Stell dir vor, es sitzen zwei Männer in einem gasgefüllten Keller, und der eine verfügt über zehn, der andere über acht Streichhölzer . . .« P. Newman folgert aus dieser brenzligen Situation, es sei nun notwendig, den Streichholzbesitzstand einzufrieren – »Freeze«! Ein toller Filmtitel und ein prima Plot, wenn den beiden Helden aufgeht, daß ein Streichholz vollkommen ausreicht, alles in die Luft zu jagen, auch P. Newman in seiner Bombendoppelrolle.

Damit es härter im Trend liegt und sich schärfer vom vulgären Super-Acht unterscheiden läßt, hat die Hobby- und Tunix-Industrie das teure Video-Filmen dreist zum Tu-Wort aufgeblasen. Nach »Yachting« und »Surfing« wird nun das skandinavisch-schlüpfrig anmutende »Vilmen« von Freizeitfanatikern nachgeplappert. Hat denn einst Luther die deutsche Sprache reformiert, auf daß sich unsere Mädel den valschverstandenen Versprechungen vanatischer »Vilmproduzenten« hingeben?

Nein, Luther hat die Bibel übersetzt, um seinem Stellvertreter auf Erden G. Grass Argumente gegen die Volkszählung an die Hand zu geben. Speziell die Evangelien von Lukas und Matthäus, in denen »berichtet wird, . . . daß eine Schätzung der Familie und des Stalles samt Inventur nach Christi Geburt stattgefunden hat, weshalb nicht auszuschließen ist, daß dem Kindermord Schätzungsdaten zugrunde lagen«.

Es ist natürlich auch nicht auszuschließen, daß dieser Interpolation einige Goldwässerchen zugrunde lagen, der Schlußsatz des Beinahe-Nobelpreisträgers bleibt dennoch unverzeihlich: »Es lohnt sich doch immer wieder, die Lutherbibel in die Hand zu nehmen, nicht nur im Luther- und Volkszählungsjahr.« Hier stehle ich, ich kann nicht anders.

Daß deutsche Dichter und Dichterinnen ein so verhältnismäßig kompliziertes Wahlsystem wie das eigene nicht ganz verstehen, wundert schon weniger. Die Alt-Katholikin und RAF-Begünstigte L. Rinser hat, wie sich leider erst später herausstellte, zur letzten Wahl gleich zwei Aufrufe mitunterzeichnet: einen für die SPD, den anderen für die Grünen. Na und, wird sie sich gedacht haben, doppelt hält besser, und schließlich hat man doch zwei Stimmen – oder nit? Wir denken uns, daß man sich da freilich auch nicht wundern darf, wenn ein Wesen wie Helmut Kohl diese Wahl so glatt gewinnt.

Aber wir wundern uns eigentlich über gar nichts mehr.

Doch da wir gerade von Wundern reden: Es gibt sie nicht mehr. Das hat auch unser aller Bundestrainer Jupp (»Hiob«) Derwall schmerzlich erfahren. Weiter muß er nun nach einem die Nation vom ewigen Klein-Klein erlösenden Spielmacher suchen. F. Magath (HSV) will in der National-Mannschaft einfach nicht mehr mitspielen. Vor allem das Hohelied der Presse hat dem angekündigten »Retter der deutschen Fußballehre« den Glauben an die alleinseligmachende Kraft seiner langen Pässe genommen. »Das hat mich erschreckt. Ich kann kein Messias sein, niemand kann das.«

Eigentlich schade, denn zu erlösen gäbe es einige in diesem Lande. Uns z. B. von der sündigen Fron des monatlichen Gespötts, das uns dereinst auch noch übel angerechnet werden soll. Denn wie sagt schon der allererste Vers des allerersten Psalms: »Wohl dem, der nicht wandelt im Rat der Gottlosen noch tritt auf den Weg der Sünder noch sitzt, da die Spötter sitzen, . . .« Ja, es lohnt sich doch immer wieder die Lutherbibel zur Hand zu nehmen – vor allem, wenn man jemanden erschlagen will.

JUNI

1.	Wim Thoelke *(Aussteiger)*
2.	Julius Hackethal *(Mutterschänder)*
3.	Heinz Rudolf Kunze *(Kunstrichter)*
4.	Hansjörg Schertenleib *(Kunstdichter)*
5.	Alan J. Pakula *(Kunstfilmer)*
6.	Petra Krummacher *(17)*
7.	Holger Güssefeld *(Einsteiger)*

H. Güssefeld hat uns auch am Telefon nicht ganz davon überzeugt, daß seine Leer- und Wunderjahre gar nicht so peinlich waren: Der ehemalige Chef-Texter stieg 1980 aus der Werbung, weil er sich nicht länger als »System-Nutte und totaler Talmi-Typ mit dem ewigen Kreativ-Gekrampfe« wohlfühlen mochte. Aus dieser Botschaft machte er dann ein Buch gegen die Branche und eine Agentur mit »Gütesiegel für ehrliche Werbung«, um hinfort nur noch »Sachen, hinter denen ich stehen kann«, zu vertreten. Da aber die Alternativen, die hinter diesen Sachen standen, kein Geld für seine Ehrlichkeit ausgeben mochten, ging H. Güssefeld 1983 zurück: in die Werbung, die verlogene. Mildernd ist allein der Umstand, daß er laut Eigenaussage in der ersten Agentur nach einer Woche selbst kündigte und in der zweiten nach zwei Wochen gekündigt wurde. Deswegen nur Platz 7.

Ein Großmeister der Eigenwerbung ist auch J. Hackethal. Und wenn's der »biologisch-naturgemäßen Ganzheitsmedizin« dient, schlachtet der geborene Chirurg sogar die eigene Mutti aus. Die verarbeitet der mutige Doktor zu einem Arztroman, der glatt in ›Frau im Spiegel‹ stehen könnte – und auch dort steht: »Sie war die beste Mutter der Welt. Gütiger, herzlicher als die besten Mütter sonst.« Und wen hat die Grundgütige wohl am besten gehabt? Natürlich ihren Lausbub am OP-Tisch, der ihr herzlich lachend den Witz vom bösen Krebs erzählte: »Mein Lachen hinderte sie am Erschrecken.« Und übers Jahr »war der Krebs eingetrocknet, der Lungenwurzelknoten geschrumpft, das Rippenfell breit verschwartet«. Die zähe Alte überlebte allerdings nur ihren Krebs, nicht aber die Witze ihres Sohnes. Pointe gelungen – Patient tot.

Weil nur eine rotzfreche Reifezeit später reifes Niveau garantiert, helfen Meinungsknöpfe unserer auf den Kopf gefallenen Jugend beim Gesellschaft-Provozieren. Doch um auch Pappis Freunden zu gefallen und selbst den Generations-Konflikt zu verweigern, hat Teenie P. Krummacher in Heimarbeit Verdummungsbuttons herausgepreßt, die im Stil der Zeiten-Wende »poppig-flockig, niemals bockig« altklugscheißern und – »von nun an geht's bergauf«, »pack an!«, »nur Mut« – mit dem ansteckenden Kennzeichen »D« gar offen zugeben, »daß man gerne Deutscher ist«. Uns gefällt aus P. Krummachers optimistischer Kollektion allenfalls »weniger fordern, mehr geben« – was für uns heißt: »weniger einstecken, mehr austeilen«.

Auch für W. Thoelke gibt es ein Knöpfchen, das paßt: »Vertragt Euch!« W. Thoelke kann es nämlich nicht ertragen, wenn andere Menschen anderer Meinung sind als er. Pikant ist, daß W. Thoelke offenbar gar keine Meinung hat. Aber die verteidigt er mit allen Mitteln. Wenn's dann Streit gibt, verläßt der eitle Mops sogleich die Runde, schmollend, doch stolzgeschwollen. Für seinen Ausstieg aus der Fernsehdiskussion über die »Schwierigkeiten der Deutschen mit dem Leichten« läßt er sich nun von ›Bild am Sonntag‹ als »Aussteiger des Monats« feiern. Dabei hat er nur bewiesen, daß er zu jenen Deutschen zählt, die es sich mit Schwierigkeiten gern leicht machen. Wie sagte schon sein Bundeskanzler Helmut Kohl: »Für mich sind alle Deutschen Mitglieder einer großen Friedensbewegung.« W. Thoelke sollte einer ihrer Führer werden.

Der ›stern‹ in seinem nimmermüden Streben, es allen recht zu machen, bietet uns nicht nur falsche Hitler-Tagebücher, sondern auch echte Poesie. »Kamera und Sprache beschwören den Frühling ... Der Amerikaner Denis Stock/Magnum fotografierte Blumen ... der Schweizer Schriftsteller Hansjörg Schertenleib schrieb Blütenträume.« – Stilblütenträume, 22 Seiten lang. »Was ist es, das uns den Atem nimmt, das uns lähmt: Die Gewalt der Schönheit mag es sein.« Uns lähmt die Unverfrorenheit, mit der hier poetische Delikatesse wieder aufgewärmt wird, die schon hartgesottenen Romantikern ungenießbar vorkam und sich selbst so darstellt: »Jede Aufnahme soll zum ersten Satz einer möglichen Geschichte werden, die sich im Kopf des Betrachters fortsetzt.« Bitte: »Plötzlich steht das Jahr still, und auf einem der Kieswege kommt uns Claude Monet entgegen.« Grußlos tritt er uns in die Eier.

Daß man achtklassige Literatur auch in bewegte Bilder umsetzen kann, beweist A. J. Pakulas oscartragender Film ›Sophies Entscheidung‹. Daß die Vorlage von W. Styron durch diese erstklassige Verfilmung nicht erträglicher wird, beweist unsere Wut beim Verlassen des Kinos. Wut über die Unverschämtheit, mit der hier ganze KZs zur Verklärung verschwitzter Triolen und tränenblinder Liebeswehwehchen aufgebaut werden. Auschwitz für Anfänger und ein fortgeschrittener Dünkel, der hier so andächtig und ausdauernd zitiert wird, als sei er das, was er eben nie sein wird: große Kunst.

Was große Kunst ist, hat der »Niedermacher« H. R. Kunze jüngst entdeckt: »Ein Spiegel aus so merkwürdig mit Welt gehärtetem Material, mit dem man den Nagel auf den Kopf treffen kann.« Das Lehrerschwemmenopfer, das sich gern für die deutsche Ausgabe des amerikanischen Sophisticators Randy Newman und des österreichischen Entertainers Peter Handke hält, spielt dazu Gitarre. Denn: »Die Gitarre erzählt ja von mir.« Tut sie auch: dumm dumm dumm dumm.

JULI

1.	Peter Scholl-Latour *(erhöht)*
2.	Simone de Beauvoir *(beleidigt)*
3.	Michael Ende *(betrogen)*
4.	Dietrich Kittner *(verlogen)*
5.	Uschi Glas *(belesen)*
6.	Thomas Gottschalk *(gottgefällig)*
7.	Moewig *(Verlag)*

Daß die schärfsten Kritiker der Elche meistens selber welche waren, hat schon der frühe F. W. Bernstein scharf beobachtet.

Daß die schärfsten Kritiker des Staates Geld von diesem Staat nicht nur nehmen, sondern geradezu fordern, verurteilen wir ebenso scharf. Und dann das Gezeter, wenn dieser Staat sich endlich so stur stellt, wie es ihm seine Kritiker immer schon vorwerfen, und erklärt, er wolle keine Alimente mehr zahlen: »Nach Logik dieser Erklärung darf ernstzunehmendes Theater nun wohl nicht mehr gefördert werden«, beschwert sich gleich der Kabarettist D. Kittner, der sein ›Theater an der Bult‹, Hannover, natürlich für besonders förderungswürdig hält. Unseretwegen kann er »kittners kritisches kabarett« ruhig dichtmachen. Ernstzunehmen ist ein staatlich geförderter Staatskritiker ohnehin nicht.

Auch in Frankreich reagieren kritische Geister auf mangelnde staatliche Unterstützung gleich wie indignierte Leberwürstchen. Bitter beklagt sich die feministische Serenissima S. de Beauvoir:

»Ich bin von Mitterrand genauso schlecht behandelt worden wie Sartre seinerzeit von Giscard.« – Anstatt stolz darauf zu sein, wirft sie ausgerechnet ihrem chef d'état vor, nicht dafür gesorgt zu haben, daß ihr chef d'œuvre ›Das andere Geschlecht‹ vom staatlichen Fernsehen adaptiert wird. Um Monsieur zu ärgern, läßt sich Madame nun einfach nicht in die Ehrenlegion aufnehmen. Ob Monsieur nun Trost in der Fremdenlegion suchen wird?

Wenn aber ihr Werk mit großem Aufwand verfilmt wird, ist das sensiblen Autoren so auch wieder nicht recht. Die deutsche ›Constantin‹ hat da bereits einträgliche Erfahrungen mit L. G. Buchheims ›Boot‹ gemacht. Die ganze schöne Prise, mit ein paar tausend Abschreibe-Tausendern auf 56 000 000 aufgerundet, wird derzeit in ›Die unendliche Geschichte‹ nach M. Ende gepumpt. Daß dabei aus dem hohlen Lied des reinen Tiefsinns und der heilen Phantasie ein pyrotechnischer Parademarsch wird, kann niemanden überraschen, der nur etwas Phantasie hat – bis auf M. Ende. Doch der Autor schlägt zurück und distanziert sich von der Verfilmung seines Schinkens so weit, daß man meinen könnte, er hätte ›Die unendliche Geschichte‹ nie geschrieben.

Auch irdische Kriege hatten ihre Sternstunden. Um unseren Zweiten, faszinierend perversen Weltkrieg richtig auszuschlachten, bedient sich der ›Moewig‹-Verlag seit '45 brachliegender Instinkte der Durchlese-Propaganda: Auf blutrotem Kruppstahl-Cover schnörkeln sich zähe Frakturrunen flink zum »Reichsführer SS Himmler« oder zur »Herrschaft der Gestapo« und liefern harte Argumente »für alle, die mitreden wollen«, besonders für die vier Stammtisch-Wüstenrommler, wenn sie zu Werbezwecken zusammenhocken und ». . . wenn Karl-Heinz in Politik und Zeitgeschichte so manchem alten Fuchs was vormacht . . .«

Mit Balzac versucht die ›Bunte‹ ihre Hausgymnastikerin U. Glas, den naiven Büstenhalter der Kinofrühzeit, aufs Reifepferd zu hieven. Die Hemdoffenträgerin darf hier eine »unheimlich ausgeschmückte« Novelle wie ein Spülmittel auf ihre Stilmittel testen. Einige Sätze hat U. Glas gleich mehrmals gelesen, »weil sie so poetisch, unheimlich weich und wunderbar dahinfließen. Einfach schön für uns zu lesen, vor allem in der heutigen Zeit.« Denn »unsere Sprache«, klagt das verflossene Biederhöschen, »ist kühler, fast kurzschriftähnlich geworden.« – Was sie wohl damit meint? Telefonb.? Briefkast.? Ablehnungsschreib. vom Fernseh.?

Weil dort derzeit jeder Sendungsinhaber Fremdsendungen diffamieren darf, übt Alleinunterhalter T. Gottschalk meßdienliche Kritik am ›Wort zum Sonntag‹: »Warum läßt man nicht mal Franz Alt, Dieter Kürten oder Frank Elstner ran?« predigt der Saloppierer der ›Hör zu‹, auf daß auch die Kirche endlich »die Sprache der Zeit« finde. ›Wetten, daß es einen lieben Gott gibt?‹ – ›Eins zu Null für Jesus!‹ – ›Tommys Betshow!‹ – ja, am liebsten würde T. Gottschalk wohl selbst mit lockeren Teufelsaustreibungen und Rekordversuchen im Dauersegnen seinen Namensvetter ehren. Wenn der unvergeßliche Pfarrer A. Sommerauer dafür die Hitparade ansagen darf, haben wir im Prinzip nichts dagegen.

Es ist schwierig zu sagen, was an den Vorgängen in und um den ›stern‹ eigentlich am peinlichsten gewesen ist. War es die Leichtgläubigkeit der alten Redaktionsspitze? War es die Leichtfertigkeit der Konzern-Herren beim Einkauf einer neuen? Die Schwerblütigkeit des redaktionellen Kampfes unter A. von Manikowsky (»Es tut mir leid, nach allem, was in den letzten Tagen geschehen ist, diesen Vergleich wählen zu müssen – aber das, was wir hier erleben, ist ein Stück Zeitgeschichte, so etwas wie die Machtergreifung 1933 – und das sogar ohne Ermächtigungsgesetze.«)? Oder die Schwerstbetroffenheit der Solidaritätsadressen von A. Schwarzer (»Gratuliere zum Widerstand«) bis H. Stern (»Meinen Respekt dieser Redaktion«)? Der ›stern‹-Leser mußte jedenfalls den Eindruck bekommen, bei dieser ganzen dummen Geschichte gehe es nicht bloß um die Frechheit und die Auflage irgendeiner Bilder-Zeitung, sondern zumindest um die Freiheit der Kunst und den Frieden der Welt. Wir ehren stellvertretend den neuen Chefredakteur P. Scholl-Latour, damit er das Gefühl nicht los wird, ihm sei nun wohl »das größte Unglück« passiert, das er sich laut ›Fragebogen‹ des ›FAZ-Magazins‹ vorzustellen vermag: »Der Verlust der menschlichen Würde.«

AUGUST

1.	Alain Delon *(schön)*
2.	Bianca Jagger *(schöner)*
3.	Karl Weinberger *(SPD)*
4.	Franz Barsig *(mutig)*
5.	Brigitte Beckenbauer *(tapfer)*
6.	Peter Tosh *(hilfreich)*
7.	Pavel Kohout *(ABC-Schütze)*

Der ehemalige Intendant des Senders Freies Berlin und jetzige »Medienexperte« der SPD, F. Barsig, hat die Gefahr erkannt: »Die Neue Deutsche Welle stülpt bewußt Minderheitsmeinungen einer Mehrheit über.« Das ist nun keineswegs F. Barsigs Privatmeinung, sondern: »Hier handelt es sich um eine gezielte Methode, die Jugend zu verunsichern und gegen den Staat einzunehmen.« Wie schaffen die neuen, deutschen, von unaufmerksameren Musikkritikern gern affirmativ geschimpften Wellenreiter das bloß? Mit Drogenberatung z. B.: F. Barsig zitiert zwar Nina Hagen (»Laß mich an deinem Joint ziehen . . .«) und die Spider Murphy Gang (». . . heute schnupfen wir Kokain«), aber die harten Dealer läßt er weiter Kasse machen mit Stoff wie »Kleine Haschischlampe brenn!« von Markus und Nena, »Mach mir bloß kein Einstichloch« von Ixi und natürlich dem Sommerhit »Franz Barsig ist nur mit ganz viel Heroin zu ertragen« von der Supergruppe SFB (»Sender Franz Barsig«).

Daß Drogen in Sängerhand auch Segen bringen können,

beweist P. Tosh, der Rastapfarrer mit Bo-Derek-Frisur. Daß er eine Asthmatikerin, die »jeden Tag ins Koma fiel«, mit Rauchgras kuriert hat, ist dem Köhnlechner des Reggae allerdings dermaßen aufs Gehirn geschlagen, daß er keine Walt-Disney-Filme mehr gucken mag, »weil sie versuchen, Phantasie als Realität darzustellen«, und mit dem bekannten Hochmut des Überentwickelten finster droht: »Wer sich nicht weiterentwikkelt, von dem nehme ich Abstand.«

Alsdann: zurück zur SPD. Einen ihrer Hinterwaldbänkler hat der ›Spiegel‹ gleich serienmäßig vom Reserveleutnant, Jagdgehilfen und einsamen Oberlehrer zum Don Camillo der Partei befördert. K. Weinbergers Glaube an die eigenen Platitüden ist auch durch die Frozzeleien seines Gegenkandidaten Peppone Seehofer (CDU) schwer zu erschüttern. Nein, »Charly« setzt sogar schon an, den naturnahen Linksgläubigen O. Lafontaine auf der Schleimspur zu überholen. Und obwohl er beim Politikspielen bisher nichts ausrichten konnte, mag er doch nicht aufhören damit – denn »Politik macht süchtig«. Vor allem, wenn die volle Dröhnung mit der Diätenspritze verabreicht wird.

Während ihr Ex-Mann Mick Drehbücher über das Schicksal alternder Rock-Stars verfaßt, sammelt B. Jagger in Nicaragua »Informationen für den Kongreß in Washington«, da sie sich und ihrer Heimat wünscht, »daß auch US-Präsident Ronald Reagan mit den einfachen Menschen spricht«. B. Jagger ist so ein einfacher Mensch. Trotzdem ist ihr der Gegensatz zwischen dem »Elend in Nicaragua« und ihrem »Luxus in New York«, den der ›stern‹ allzeit kritisch hinterfragt, auch schon aufgefallen. »Ich lebe in zwei Leben, das stimmt. Manchmal fühle ich mich auch völlig isoliert.« Ach, wer schön sein muß, will leiden.

Eine andere Ex-Gattin gibt sich noch tapferer. Seit ihr Franzerl fort ist, geht es B. Beckenbauer, Prototyp moderner Trümmerfrauen, angeblich »beneidenswert«. Der ›Quick‹ darf die Beneidenswerte dafür die Gefühlsvorturnerin, Unabhängigkeitsberserkerin und knausrige Patentmutti vormachen. Und erbarmungslos kippt die Hobby-Emanze (»Ich kann tun, was ich will«) Vertrauen über ihre Probleme, schmiert sie jedem aufs

Brot und hat ansonsten keine Wünsche: »Besser ist, wenn man selbst etwas für sich tut.« Dann wird man am Ende gar das, als was sich B. Jagger schon fühlt: »Eine vollwertige Frau.«

Als vollwertiger Mann fühlt sich garantiert A. Delon, bisher als Belmondo für Sensiblere tätig. Jetzt soll er für die ganz Sensiblen in Volker Schlöndorffs Proust-Exekution ›Un amour de Swann‹ den Exzentriker geben. Das hat ihm zunächst einmal ein schönes Titelfoto auf der französischen ›Elle‹ eingebracht sowie die Erlaubnis, den Proustschen Fragebogen, den in der BRD das ›FAZ-Magazin‹ verschickt, auszufüllen. Daß A. Delons geschichtlicher Lieblingsheld der »General de Gaulle« gewesen ist und daß er selbst am liebsten »Attila« geworden wäre, mag Proust-Gelehrte befremden. Doch »Sie sind frei, mich anzunehmen oder abzulehnen«, kontert der Engel eiskalt und macht mit seiner Antwort auf die Frage nach seiner größten irdischen Glücksvorstellung alles wieder wett: »Oh la la!«

Als P. Kohout, CSSR, die Fotos seines Tierarztes T. David, Ungarn, zum ersten Mal sah, hatte er eine »Erleuchtung«. Nämlich, schreibt P. Kohout im ›Zeit-Magazin‹, »die Idee, daraus ein gemeinsames Buch zu entwickeln«. Tolle Idee. Doch für den Erleuchteten war es ein »verdammt schweres Spiel«, zu diesen Bildern, auf denen weibliche Puppenköpfe zu sehen sind, etwas zu schreiben. Und nun hat er etwas geschrieben, das spätestens seit James Krüss und der ›Sesamstraße‹ verboten sein müßte: »Kurzporträts . . . aller dieser Frauen«, die »konsequent abecelich aus den Wörtern« bestehen, »die mit den entsprechenden Buchstaben beginnen«. Weiterlesen auf eigene Gefahr – wir zitieren wörtlich: »Anna – aschblond, attraktiv, adrett und apart, also eine atypische Alemannin, amüsant, aber auch aristokratisch, anlockend, aber allerhand anständig, . . . alle alternativen Aktivitäten als abfällig abblitzend, . . .« P. Kohout klaubt kanz kest keit kiesen Keschichten: »Ich habe durch sie gewaltig Deutsch gelernt.« Wer sagt ihm die Wahrheit?

SEPTEMBER

1.	Peter Zadek *(Librettinist)*
2.	Ignaz Kiechle *(Agrognom)*
3.	Alice und Ellen Kessler *(Aerobück)*
4.	Norman Forster *(Bluffo)*
5.	Gudrun Landgrebe *(blamierte Frau)*
6.	Max Schmeling *(brauner Bomber)*
7.	SPD *(Baesweiler)*

Wer bei I. Kiechle, dem neuesten Landwirtschaftsminister, tiefpflügt, stößt bald auf eine sture Schicht von Einfalt, Frömmelei und Altväter-Katholizismus, wie man sie nur mehr aus den Sämann-Ackergaul-Idyllen alter Schullesebücher kennt. Schollen-Chic, Krumen-Power und Muh-Kühe bestimmen das rübengrüne Kleinweltbild der lebenden Kartuffel, die den Einsatz von Chemiekram sehr schlicht leugnet: »Dazu sind wir Bauern viel zu naturverbunden.« Für den Fall, daß mehr als Weihwasser auf den Acker rieselt, wälzt der Baldur Springmann der CSU jegliche Verantwortung ab: »Wir wissen, der Boden ist uns nur geliehen.« Da fragt der Bauer seinen Lehnsherrn kalt: »Mein Gott, mir ist ein Fäßchen DDT ausgelaufen – macht das was?«

Unter Geschmack läßt sich leiden. Warum sich Deutschlands Filmkritiker nun alle die flambierte Frau G. Landgrebe in den Spind gepinnt haben, ist uns ein Rätsel. Auch das Verworfene, das zu verkörpern sich die neue Landserflamme sparsam und doch rührend bemüht, macht sie für uns noch lange nicht scharf. Und »schön« schon gar nicht. G. Landgrebe ist allenfalls schön doof. Sonst hätte sie das »spontane Angebot« des pickelreichen Romy-Schneider-Schänders B. Driest, unter seiner Regie die mördermordende Marianne Bachmeier hinzulegen, wohl kaum zu dem schönen Satz verleitet: »Auf diese Rolle freue ich mich schon sehr.« Wir sind nur gespannt, wer nun wen vergewaltigen wird.

Das Gros seiner Fans ist im Krieg geblieben, die eigene Legende ist längst Nostalgie – nun liegt M. Schmeling im Clinch mit der kampfstarken Umwelt und schlägt seine Zeit damit k. o., in alter Wochenschaumanier, »Zeitungen mit schlechten Nachrichten« vor seiner lieben Frau Anni zu verstecken. Jugendprotest hält der Nestbeschützer mit der harten Rechten für Lügenpropaganda, und die Bravheit der schweigenden Jugendmehrheit findet er schwer erwähnenswert: »Darüber lese ich leider nur sehr wenig.« Womöglich sollte der hirnzerschüttelte Vielleser sein Schwergewicht von Coca- auf Afri-Cola werfen. Die stehen ja stramm auf deutschen Haken und Kreuzen.

»Bewegung ist unser Leben«, behaupten auch die vierbeinigen Zwillinge A. und E. Kessler natürlich einstimmig. Und kaum ist die Bewegung eigentlich vorüber, da erscheint auch bereits ihr Aerobic-Buch ›Fröhliche Wege zu einem völlig neuen Fitnessgefühl‹. Ach, wenn man so alt geworden und so blond geblieben ist, dann tröstet man sich mit der fröhlichen Gewißheit, daß man zu zweit mehr in den Beinen hat als manch einer hinter den Ohren und daß die Letzten irgendwann einmal die Allerletzten sein werden. Wenn sie es nicht schon sind.

Wie schnell aus Reichstagsspielen bitterer Ernst werden kann, das hat man nun in 5112 Baesweiler gesehen. Dort hatte die SPD-Fraktion eben ihren obligatorisch schlappen Atomwaffenfreien Zonenantrag gestellt, da schallte ihr von der anderen Seite des Rathauses auch schon das böse Wort »Bolschewikenfreund« entgegen. Nun sahen die auftauenden Kommunalkrieger ihren heiligen Kommunistenhaß in Frage gestellt und verließen im Original Weimarer Gänsemarsch die Stätte, an der ihnen diese

»größtmögliche Beleidigung eines Deutschen« widerfahren war. Judenmörder, Altnazi oder SS-Scherge läßt sich so ein Provinzstadtrat noch gefallen – aber in die Nähe von Kommunisten mag er sich nicht rücken lassen. Fest steht: die Russen werden es verdammt schwer haben, wenn sie nach 5112 Baesweiler kommen.

Die Firma Dannemann verkauft seit Monaten ihre Stumpen mit ausführlichen Bauchpinseleien selbsternannter »Aussteiger«. Das sind Dannemänner, die in ihrem ersten Beruf sehr erfolgreich waren und nun in ihrem zweiten noch erfolgreicher sind. Den meisten ist es durchaus nicht unangenehm, über diese Erfolge zu sprechen. Eine Ausnahme macht N. Forster, Hamburg. »Es tut mir leid«, sagt er, »aber es kommt mir idiotisch vor, sagen zu müssen, daß ich in Amerika als Opernsänger gefeiert wurde. Daß ich dann sechs Jahre lang Mitglied der Wiener Staatsoper war und von 1958 bis 1970 an allen großen europäischen Opernhäusern gesungen und mit den meisten berühmten Dirigenten zusammengearbeitet habe. Daß es zwölf Schallplatten von mir gibt. Erfolgreiche. Daß ich als Schauspieler viel Erfolg hätte . . . Daß ich schließlich Schriftsteller wurde und die Kritiken über meine Bücher hervorragend sind. Das alles sagen zu müssen, regt mich auf . . .« Uns doch auch.

Schamlosigkeit ist auch die Spezialität von P. Zadek, der in Stuttgart seine erste Oper inszeniert hat. Erfolgreich wie immer hat er dabei ›Figaros Hochzeit‹ zur 20er-Jahre-Revue vertingelt und da Ponte ins »Alltagsdeutsch« vertangelt. Was kann man einem Menschen, der sich nicht scheut, Mozarts Musik Texte wie »Cherubin, du bist plem-plem« anzudichten, noch nachsagen? Daß er ein Volltrottel ist? Zuviel der Ehre. Voll sind bei P. Zadeks Autodaffkes höchstens die Theater, und zwar mit Trotteln, die schon Adorno gekannt haben muß: »Die Bevölkerung ist so an den Unfug gewöhnt, der ihr widerfährt, daß sie selbst dann nicht auf ihn verzichten mag, wenn sie ihn halb durchschaut.«

OKTOBER

1.	Lothar Späth *(Prophet)*
2.	Cornelia Froboess *(Spätentwicklerin)*
3.	Hardy Krüger *(Tramp)*
4.	Barbara Valentin *(Vamp)*
5.	Helga Anders *(Frühentwicklerin)*
6.	Gustav Bergmanns *(Camping-Prediger)*
7.	Gudula Lorez *(Anthologistin)*

1983: Jahr der Verhinderten. Verwischte Karrieren und verpfuschte Leben werden gebeichtet. Für ›Quick‹ hat B. Valentin, der mütterliche Busenschreck, Image- und Intimpflege verwechselt und einen plumpen Riesenbrustbeutel ausgepackt. Ihr Frivolsein mit wildfremden Damen und befremdlich wilden Herren überrascht dabei weniger als ihr Ehemonopol auf den wehrlosen Fassbinder, das sie eines uralten Antrags wegen reklamiert: »Natürlich bin ich nicht seine Witwe. Aber irgendwie kommt das doch auf dasselbe heraus.« Hinter der vögelfreien Bindungsangst und dem Kokettieren mit der körpereigenen Kaputtheit der rosa Dickhaut aber kommt – wer hätte das gedacht – die Einsamkeitspose der unglücklichen Kindfrau heraus, die vom Normalsein träumt: »Ich glaube, eine große Liebe könnte mich retten.«

Längst nicht mehr zu retten ist H. Anders. In ›Bild‹ hat sie gleich serienmäßig Ursachen mit Wirkungen verwechselt und sich nachgewiesen, daß eigentlich schon nach ihrer ersten Filmrolle alles zu spät war: »Damals bin ich Außenseiterin geworden«, behauptet die damalige Hübschheit, »und geblieben bis in die furchtbaren Einsamkeiten einer geschlossenen Anstalt für Alkohlkranke.« So einfach geht das: Erfolge enden im Suff – und Suff beendet die Erfolge. Erfolglosigkeit aber führt leider dazu, mit Sauftouren wie mit Entziehungskuren gleichermaßen zu prahlen.

Es geht auch ohne Alkohol. Man hat dann allerdings noch weniger zu sagen. C. Froboess gibt sich selbst als »Interview-Muffel« aus – in einem längeren Gespräch mit ›Petra‹. Die Karriere kennt man: »Vom Kinderstar zur Spitzenschauspielerin«. Doch »andererseits«, beklagt sich der Ex-Fratz, »daß mein Reifeprozeß zu spät stattgefunden hat«. Vielleicht liegt es daran, daß die rastlose Spitzenschauspielerin »zwischendurch« immer wieder »ausrasten möchte, das erlaube ich mir«. Oder der Kinderstar in ihr hat doch recht: »Ich bin eben immer noch ein Spätentwickler.« Immerhin hat der späte Entwicklungsprozeß sie noch von frühen Munterkeitsausbrüchen wie »Pack die Badehose ein« zu reifen Erkenntnissen geführt wie: »Spaß haben ist toll.«

Den Eindruck, daß nur Frauen gern zu viel reden, läßt H. Krüger gar nicht erst aufkommen. Er hat gleich einen ganzen Roman zu viel geschrieben. Nachdem er sich darin als ›Junge Unrast‹ und stramm antifaschistischen Widerstandspimpf präsentierte, darf der spätere Großwildjäger und Frauenzähmer nun das Pauschalerlebnis einer selbstgebuchten Fahrt auf der Transsibirischen Eisenbahn bertelsmännlich nacherzählen. Mit Mario Adorf hat er demnach zwischen Wolga und Wodka beschlossen, demnächst ›Tom Sawyer und Huckleberry Finn als Pensionäre‹ auf die Tourneebühnen zu zwingen. Dick und Doof sähen den pensionsreifen deutschen Weltstars ähnlicher.

G. Lorez sammelt. »Träume, Phantasien, Geschichten, Gelüste.« Egal welche: »Eifersüchtige, zornige, mordlustige, hemmungslose, gierige, besessene, launische, verlassene, kratzbürstige, tückische, unversöhnliche« – Hauptsache sie sind von Frauen. »Auf daß ein Buch entstehe über die Eifersucht.« Von Frauen. ›Das andere Gefühl – Eifersucht‹ ist nicht die erste

Sammlung von Frauen für Frauen, die G. Lorez im eigenen Verlag herausgibt. Daß Frauen sich so gern Frauen-Bücher schenken und schenken lassen, erinnert an Kindergeburtstage. Abgesehen davon, daß in Kinderbüchern nur Drachen die Schwänze abgehackt wurden. Die sexuellen Wahnvorstellungen von Frauen gehen jetzt über solche widerwärtigen Kastrationsphantasien hinaus: »Vielleicht / liegts am Silbertablett / daß es ein Kopf sein muß / Ein abgehackter Schwanz wäre einfach / zu unscheinbar.«

»Ich bin ein Betrieb mittlerer Größe. Ich hätte sozusagen den zehnfachen Umsatz, wenn ich die nötige Pinke-Pinke hätte« – Franziskanerpater G. Bergmanns spricht die Sprache des einfältigen Mannes und benutzt sie, um Klagenfurter Campern, denen »in Sachen Sex alles geboten wird«, ihr angeblich »stinkfades« Leben missionarisch zu versauern und auf ihrer urlaubsbedingten Denkschwäche mit »Humpa-Humpa« (Rockmessen) Bekehr-Bestleistungen zu begründen. Bleibt zu hoffen, daß seine Opfer nach der Bergmannspredigt kräftig weiterhuren und dem hummelfleißigen Seelenaufkäufer mit einem zweifachen Mors-Mors den verlängerten Rücken kehren.

Rechtzeitig zum Orwell-Jahr 1984 hat der Ministerpräsident der Zukunft L. Späth die CDU-Reformen als Teil einer paradiesorientierten Strategie enthüllt. Im Stil längst überholter Computer-Kamellen will der Weißseher anstelle von Arbeitslosen und Fließbandbedienern eine »solidarische Individualgemeinschaft« biedermännischen Schaffens und utopischen Ausruhens formieren, in der Tauschhandel die Regel und »Kreativität« keine Ausnahme sein soll. »Wer handwerklich begabt ist, wird vielleicht selbstentworfene Möbel bauen – für den Eigenbedarf oder Verkauf.« Am besten bequeme Fernsehsessel, auf daß die Kreativen ihrer Lieblingsbeschäftigung frönen können: Kabelfernsehen bis zum Umfallen.

NOVEMBER

1.	Tomi Ungerer *(Aphorismen)*
2.	Wim Thoelke *(Utopien)*
3.	Ruth *(63 Jahre alt)*
4.	Iryta Saiter *(18 Jahre jung)*
5.	Michael Kneissler *(Lagerkommandant)*
6.	Grit Boettcher *(niedlich)*
7.	Wolfgang Altenburg *(friedlich)*

»Ich muß glänzen, so wie ein Diamantring, der nur gelegentlich an den Finger gesteckt wird, für besondere Anlässe . . .« Ein Essen und Trinken mit ›Essen & Trinken‹-Reporterin Fee Zschokke war für den Schnellzeichner T. Ungerer Anlaß genug, besonders hart um diesen Glanz zu ringen. »Ich brauche die momentane Illusion, daß ich brillant bin, daß ich intelligent bin – das kommt davon, daß ich kein Abitur habe . . .« Davon kommt wohl auch eine Selbstüberschätzung wie diese: »Ich bin so eine Mischung aus Misanthrop und Ribbentrop.« Was Ein- und Aussteiger T. Ungerer dann erzählt, klingt eher wie ein Aufguß aus Pimmel und Simmel. »Mein Erotismus ist eine Rebellion gegen das Puritanische in mir.« So erfolgreich war diese Rebellion, daß ihre Ergebnisse jetzt sogar an puritanische ›Zeit‹-Leser zum Vorzugspreis verhökert werden. ». . . und ich sage jedesmal: Erfolg ist ein Minenfeld, Erfolg macht einen nicht glücklicher.« Aber was ist Glück? »Glück ist ein unergreiflicher Regenbogen, man muß dran arbeiten.« Und was sind Streichhölzer? »Streichhölzer sind zum Streicheln da, wie

Frauen . . . und dann zum Anzünden.« Wie bitte? »Das sind so meine Aphorismen, sie machen Psch-pscht! – und aus.« Die Tragödie des begabten Kindskopfs besteht darin, daß er selbst weiß, warum es aus ist: »Wenn man sich ernst nimmt, dann ist man auch kaputt.«

Das Problem führt weiter: Will man sich nämlich partout nicht ernstnehmen, macht man sich leicht lächerlich. Wie die zehn alten Damen, die mit ihren 679 Jahren unbedingt noch Theater spielen müssen. Stellvertretend für ›Die Spätentwickler‹ haben wir Ruth, 63, ausgeguckt, die ihre unwürdige Greisenvitalität am schamlosesten herzeigt: »Ich habe Falten im Gesicht, aber eine gute Figur. Warum soll ich nicht in Netzstrümpfen auftreten?« – Darum.

Die Jugend legt mehr Wert auf gepflegtes Aussehen. »Ich wähle FDP, weil mir der Spitzenkandidat Dr. Wolfgang Gerhardt am besten gefällt«, begründet Erstwählerin I. Saiter ihre Hessen-Wahl. So ganz hat sie unsere Mode-Demokratie allerdings noch nicht begriffen. »Die Grünen kommen nicht in den Landtag«, irrt sie sich diktatorisch. »Außerdem sind sie schlecht angezogen und wirken nur störend.«

Seine Breitenwirkung hat den Unterhaltungssolipsisten W. Thoelke nie gestört, wenn er allmonatlich Millionen Zuschauerbäuche mit verwegenen Riiisiko-Fragen anquietscht. Für die ›Bunte‹ hat der Dicke – seicht und seicht gesellt sich gern – jetzt H.-D. Genscher heimgesucht, um kuhhandelnd journalistisches Profil gegen dilettantische F.D.P.-Werbung einzutauschen. Zur Belohnung durfte der Jumbo mit dem hilflosen Gebaren säuglinggebliebener Außenseiter dann noch im »ungemein praktisch angelegten Garten« vor dem »nicht auf angeberische Weise repräsentativen Haus« des unterbeschäftigten Außenministers herumsitzen und mit der Idee aufwarten, in Zukunft dem ZDF »Impressionen aus dem Weltall für jedermann verständlich zu übermitteln«. Wahrscheinlich reizt ihn trotz des Riiisikos die Schwerelosigkeit. Wir wünschen guten Flug mit der Einwegrakete.

G. Boettcher, hektische Originalpartnerin von H. Juhnke aus

der beliebten TV-Serie ›Ein paar Verrückte‹, hat nun einen Bauernhofkomplex. Dort überträgt sie ganz privat Boulevard-Szenen auf ihr ländliches Summerhill für 17 Vögel, 7 Hühner und weitere affengeliebte Familienmitglieder. Während die Schwester Strümpfe für den Hofhund strickt, vertreibt das fratzenhafte Lachnervenbündel formvollendet Wespen (»Gehen Sie weg! Ich habe Sie vor ein paar Minuten entlassen!«) und durch ihr Allheilmittel Rindviehbetrachtung Depressionen und Vollbeschäftigungsmanien. Dabei hat die Geborgenheitsberserkerin nur den einen Wunsch: »Eine Schauspielschule eröffnen, lehren, weitergeben . . .« Bis der Bedarf an Tierstimmenimitatoren gedeckt ist.

W. Altenburg läuft Gefahr, sich selbst überflüssig zu machen. Gefahr ist für ihn als Generalinspekteur der Bundeswehr zwar sein Geschäft, doch wenn so einer im WDR verspricht, die Menschheit werde eine »atomare Auseinandersetzung nie erleben«, grenzt das an Selbstvernichtung. Wenn nämlich auch die Sowjetunion keinen Atomkrieg und »wahrscheinlich auch keinen konventionellen Krieg« will – wozu wollen wir dann noch eine Bundeswehr? Und einen Generalinspekteur, der sich um Kopf und Kragenspiegel redet, brauchen wir schon gar nicht.

Was wir brauchen, sind Männer wie M. Kneissler von Amnesty International. Der fand zwar den ›Quick‹-Redaktionsarsch bisher zu eng: »Aber dann war ich im Asylantenlager«, erzählt der besinnliche Gewissensbeißer, und »seitdem habe ich Probleme mit mir.« Denn im Lager traf der schikanierte Mitleidheischer keine dankbaren 3.-Welt-Sambos, sondern motorisierte pflicht- und leidensunwillige Emigranten, zu faul und fein, sich auf einen längeren Barackenaufenthalt einzurichten. Klar, daß der geleimte »Journalist in mir« gleich Afghanen entlarvte, die gar nicht bedürftig und verfolgt sein konnten – weil nur reichen Scheichen so eine Flucht überhaupt erschwinglich sei. Unter M. Kneisslers Aufsicht hätte sich Thomas Mann in den USA wohl nicht einmal Schreibpapier kaufen dürfen.

DEZEMBER

1.	Ina Deter *(Verstand)*
2.	Richard von Weizsäcker *(Überzeugung)*
3.	Maria Schell *(Gefühl)*
4.	Franz Wittmann *(Kopfschuß)*
5.	Wolfdietrich Schnurre *(Obergefreiter)*
6.	Franz Burda *(Verleger)*
7.	Schneekluth *(Verlag)*

Man muß die Toten in Schutz nehmen gegen Freund und Feind. Die naive Mexikanerin Frida Kahlo wird, seit es eine Frauenbewegung gibt, besonders schonungslos verehrt. Ihre Bilder machten sich auch verdächtig prächtig als Emanzen-Poster, doch daß ihr ›Selbstbildnis mit abgeschnittenem Haar‹ nun noch eine LP (›Aller Anfang sind wir‹) der deutschen Naiven I. Deter (»Ich schwimme nicht im Frauenbewegungswasser«) covern muß, das hat sie wirklich nicht verdient. I. Deter hat den anerkannten Übeln dieser Zeit, wie Fernsehen, Vergewaltigung, Auschwitz, Atom und Reagan, nichts als die gemäßen Genrebildchen entgegenzusetzen. Die Text-Mischung der hosentragenden Rock-Frau aus »Was tat man den Frauen an«-Gejammer und »Laßt uns wieder Freunde sagen«-Geklammer gipfelt nämlich in dem urdeutschen Lamento: »Hier wird der Verstand / immer noch verbrannt.« Uns scheint es beklagenswerter, daß sich hier immer noch die am meisten um den Verstand sorgen, die am wenigsten davon haben.

M. Schell setzt lieber gleich auf Gefühle. »Liebe«, empfindet die gereifte Seele, »ist der Schlüssel zum Gemeinsamen. Mein Bankkonto heißt Sympathie. Mein Erfolg drückt sich in Zuneigung aus. Leben heißt träumen und Träume verwirklichen, indem man das, was wir innen tragen, zu etwas Greifbarem nach außen bringt.« Zur Erklärung öffnet die Verschlüsselte ihren Emotionsbrutkasten und bringt verträumt einen Realitätsbegriff nach außen, der gleichsam überirdisch klingt: »Realität«, definiert sie, »ist das Produkt unserer Gefühle.« Für unser Gefühl hat sie damit ihr Sympathiekonto erfolgreich überzogen.

Zurück zu den Toten. Mit dem Schriftsteller Georg Büchner wollte, anläßlich eines Preises, der ihm im Namen des Frühvollendeten verliehen wurde, der Dichter W. Schnurre einmal »Tacheles reden«: »Sie sind für sich kein Verehrungsobjekt, sondern Kollege«, herrscht er ihn an und macht uns klar, daß er den Kollegen Büchner mit seiner »Privatdozentur« nebenbei, seinem »schmalen Werk« und seinen knapp 25 Erdenjahren ohnehin nicht ganz ernstnehmen kann. Trotzdem würdigt ihn der Veteran W. Schnurre noch der ernstgemeinten Frage: »Obergefreiter Büchner, wie hätten Sie sich bei Woronesch verhalten?« Da ist der Drückeberger sprachlos – er dreht sich stumm im Grabe um.

Der Tod des Raketennazis Kurt Debus hat den Illustriertendoktor F. Burda zu einem eigenhändigen und eigenlöblichen Nachruf in der eigenen Zeitung inspiriert. Der Vater der ›Bunten‹ stellt sich schlau (»Warum fliegt der Mensch ins All?«) und blickt feuchten Auges auf einen Wunderwaffenstart zurück: »Ich kann nicht anders. Ich breite meine Arme aus und drücke ihn an meine Brust.« Debus überlebt. »Wir schweigen lange und genießen den erhebenden Augenblick.« Man kann nur bedauern, daß zwei so prächtige Menschen nun durch den Tod des einen nur getrennt wurden.

Nunja: »Wir leben nicht im Paradies, da können Fehler passieren.« Zu dieser fatalistischen Einsicht ist das MdB F. Wittmann (CSU) auf dem Krankenbett gelangt. Dort schwärmt er immer noch so beseelt von jener »wunderschönen Übung« des Panzergrenadierbataillons 561, daß man meinen möchte, der Mörserschuß, der dem Reservemajor »Fuß und Unterschenkel unterhalb des Knies« (wo sonst?) abriß, sei generalstabsmäßig eingeplant gewesen. »Einfach, wie sich's gehört.« Und die komplizierte Amputationsmethode deutet ja tatsächlich auf eine »Zielgenauigkeit, die frappierend war«.

R. v. Weizsäcker hat sich das Ziel gesetzt, Bundespräsident zu werden. Der weißhaarige Berufsnestor hat auch schon eine Überzeugung: »Meine Überzeugung ist, daß im zentralen europäischen Bereich die Geschichte jeden Zustand verändert hat. Jeder Politiker sollte ein grundlegendes Wissen über die geschichtlichen Zusammenhänge haben, aus denen politische Konstellationen entstehen.« Da dem Allgemeinplatzwart in diesem Punkt kaum jemand widersprechen wird, kann er weiter in Ruhe am Friedensbruderbonus schmarotzen und zu seinen Ambitionen staatsmännisch den Mund halten, was in seinen Kreisen gern für »intellektuell« gehalten wird – »das stört mich nicht, weil es nicht stimmt«. – Stimmt.

An dem Werbespruch, mit dem der Schneekluth-Verlag den Roman ›Unjahre‹ verkaufen möchte, stimmt was nicht: »Alles, bis auf die kleinste verrostete Sardinenbüchse atmet Sinnlichkeit.« Wenn es stimmt, daß hier dem Autor Knut Faldbakken »eines der aufregendsten Werke der Gegenwartsliteratur« gelungen ist – warum vertraut er sein wichtiges Buch dann einem Verlag an, der ihm öffentlich die Fähigkeit abspricht, kleine verrostete Sardinenbüchsen wenigstens ein wenig Sinnlichkeit atmen zu lassen? Die Frage wird wohl unbeantwortet bleiben, bis auf weiteres.

1984

BHAGWAN SHREE RAJNEESH-YOKO ONO

JANUAR

1.	Rainer Barzel *(deutschfreundlich)*
2.	Günter Grass *(naseweis)*
3.	Franz Alt *(altklug)*
4.	D. Eduard Lohse *(evangelisch)*
5.	Joseph Höffner *(katholisch)*
6.	Peter Schumacher *(psychologisch)*
7.	Rudolfo Bahro *(alternativ)*

Wo Konflikte nicht mehr ausgetragen werden können, werden sie mystifiziert. Die neuen Dämonen haben Atomsprengköpfe. Daß eine Stationierung amerikanischer Mittelstreckenraketen auf westdeutschem Boden nicht zu verhindern war, stand seit gut vier Jahren fest. Trotzdem wurde erst 1983 das Jahr des Protestes gegen den Nato-Doppelbeschluß von 1979. Selten standen Aufwand und Ergebnis einer Bewegung in ungünstigerem Verhältnis zueinander. Was davon übrigbleibt, sind gewisse Zweifel am Sinn gewaltloser Aktionen und die »offenen Briefe« derjenigen, die es nicht nötig hatten, bei dem naßkalten Wetter auf die Straße zu gehen.

In der ›Zeit‹ trat G. Grass die »Kassandra-Nachfolge« an. Sein »dringlicher Appell an die Abgeordneten des deutschen Bundestages« ist vor allem – um seine eigene Lieblingsvokabel zu gebrauchen – »infantil«. Insgesamt fünfmal nennt er die Raketenbefürworter so, zweimal »unreif«, je einmal »trotzig«, »kindisch« und »verbockt«. So hat der verharmlosende Vorschulmeister der Nation wieder einmal die »Unvereinbarkeit von schriftstellerischer Einsicht und politischer Praxis bewiesen«. Und um diesen Nachweis der eigenen Besserwisserei ging es ja wohl.

Dagegen wirkt die Bergpredigt des SWF- und CDU-Mitglieds F. Alt im ›Spiegel‹ zunächst beinahe vernünftig. Da er seine »lieben Parteifreunde im Bundestag« gut genug kennt, versucht er gar nicht erst, sie bei »christlichen Wertvorstellungen« (G. Grass) zu packen, sondern wendet sich gleich an das, was sie unter Vernunft verstehen: »Ein geschlossenes ›Ja‹ der CDU/CSU« sei, da allzu viele Wähler gegen die Nachrüstung seien, »auch parteischädigend«. Und: »Es ist keine Schande« bei einer solchen Entscheidung »auch parteipolitisch zu denken«. Der neudeutsche Patriot F. Alt denkt leider wie G. Grass: »Infantil« ist auch für ihn die »deutsche Vorstellung von Partnerschaft«. Denn: »Partnerschaft ist nicht Knechtschaft.« Die Bundesrepublik möchte er als »erwachsengewordene europäische Mittelmacht« sehen, die sich »endlich emanzipieren müsse«. Das Krabbelstubengebrabbel ist symptomatisch: Wer die BRD für einen souveränen Staat hält, ist naiv. Und wer glaubt, mit psychologischer Kriegsführung praktische Friedenspolitik machen zu können, bleibt ein Kindskopf.

Offener als alle Laienpropheten drücken sich da immer noch die professionellen Konfessionsvorsteher J. »Kardinal« Höffner und E. »Landesbischof« Lohse aus, die nach der Entscheidung im Bundestag für ihre beiden Kirchen die »gemeinsame Erklärung« zusammengebracht haben: »Wir wissen, wie schwer die Verantwortung ist, die auf Regierung und Politikern liegt. Darum rufen wir zu Gott, daß er rechte Einsicht und Gedanken schenke, die dem Frieden dienen.« Mal sehen, was passiert.

Dieser fatalistischen Einsicht widerspricht Bundestagspräsident R. Barzel für seine Verhältnisse geradezu gedankenschwer: »Nichts von den Widrigkeiten ist uns verordnet als unabwendbares Schicksal. Was uns plagt, ist Menschenwerk.« Wie er die Plagen aus der Menschenwelt zu schaffen gedenkt, hat R. Barzel dem ›Hör-zu-Jugendforum‹ mitgeteilt: »Es gibt nur einen Ausweg« aus der Arbeitslosigkeit, meint er: »Wir müssen wieder

Vollbeschäftigung erreichen.« Auch die Lösung des Ausländerproblems ist ganz einfach: »Deutsch sein, das ist nicht nur eine Frage des Geburtsorts oder eines Stücks Papier. Das ist auch innere Einstellung.« Zum Beispiel diese Barzelsche: »Die Teilung Deutschlands ist gegen die Natur.« Oder diese: »Das eigene Vaterland, das muß man kennen – bevor man in die Welt geht.« R. Barzel kennt sein Vaterland: »Hier kann jeder seine Meinung äußern . . .« Das dürfte der Grund sein, der R. Barzel hier zurückhält.

Und die übrigen Deutschen? Die können ja fernsehen. Am liebsten haben sie 1983 die Serie ›Das Traumschiff‹ im ZDF gesehen. Warum wohl? »In einer Welt mit Arbeitslosen und Rüstungsgezänk suchen die Menschen Trost auf dem ›Traumschiff‹. Das Traumschiff ist Seelenbalsam für beanspruchte Nerven, Alltagsprobleme sind für eine Stunde vergessen.« Zur Formulierung solch abgrundtiefer Einsichten hält sich die ›Bild‹-Zeitung eigens einen »Diplom-Psychologen aus Frankfurt«. Sein Name ist P. Schumacher. Und Poet ist er dazu.

Ach, nur wenige erleben das Glück, ihr Traumland selbst zu bereisen. R. Bahro war bei Bhagwan Shree Rajneesh und glaubt seitdem, Oregon sei »der wichtigste Ort dieser Welt«. Für R. Bahro vielleicht, denn dort ist der Gehemmte offenbar auf Gegenliebe gestoßen. Anders als bei den Roten, die ihn als Kritiker ernst genug nahmen, um ihn einsperren und ausweisen zu lassen. Anders auch als bei den Grünen, die ihn nicht einmal als Bestätiger mehr ganz ernstnehmen mochten. Bei den Sanyassin glaubt R. Bahro (»Gläubig war ich immer.«) nun endlich Raum »zur ungehemmten Entfaltung von Sinnlichkeit und Sexualität« gefunden zu haben. Leider ist zu befürchten, daß er auch aus der Überwindung der eigenen Schmuseschwierigkeiten wieder ein Programm und daraus ein Buch macht: ›Die Alternative, Teil III‹ z. B.

FEBRUAR

1.	Henri Nannen *(todgeweiht)*
2.	Günter Grass *(mordsgescheit)*
3.	Lech Walesa *(Papist)*
4.	Wolfdietrich Schnurre *(Kafkist)*
5.	Caterina Valente *(Talent)*
6.	Norbert Blüm *(Energieklops)*
7.	Heinz Kaminski *(Brotfresser)*

Für einen 70jährigen ist H. Nannen noch erstaunlich wendig. Der ›stern‹, der ihn mit einem großen Hofbericht verabschiedet hat, wird so bald keinen Chef wiederfinden, der seinen windelweichen Opportunismus so energisch vertritt, daß er geradezu revolutionär wirkt: »Journalismus heißt die Welt verändern . . .« In welche Richtung auch immer: »Nannen ist immer für eine Überraschung gut«, sagt der angehende Kunsterzieher von sich selbst. Eine hat er sich für den ›Zeit‹-Spazierplauderer Ben Witter aufgehoben. Dem schüttet er schamlos seine Mördergrube aus: »Ich leide an Herzrhythmusstörungen und kann auf der Stelle tot umfallen.« Toll, was der alles kann. Er tut's bloß nicht. Dabei hat er das Szenario doch schon entworfen: »Wenn es bei mir soweit ist mit dem Sterben . . . müßte noch jemand da sein, eine Frau, und wenn sie die Zimmertür offenläßt und, sagen wir mal, bügelt.« Das ist genau die Mischung aus falscher Bescheidenheit und echtem Selbstmitleid, die den ›stern‹ und seinen Erfinder groß und ungenießbar gemacht hat.

Auch N. Blüm kann sich einfach nicht entscheiden, wem er

außer sich selbst noch imponieren will. Er hat es nämlich nicht bloß in den kurzen Beinen, auf denen er alljährlich ein »Goldenes Sportabzeichen« absolviert, sondern auch im kanonenkugelrunden Kopf. In dem bereitet der sportliche Swinigel eben »die nächste Kanonade zur Frauenfrage« vor. Ein Schnellschuß? Weit gefehlt: »Kein Schnellschuß diesmal, da stricke ich ganz lange dran.« Für seine »Bonner Standhaftigkeit« wird dem Bundesarbeitsminister nun vom »Heimat- und Carnevalsverein Dürstadt« auch noch der »Courage-Orden« verliehen. Und Mut hat er. 2,5 Millionen Arbeitslose können das bestätigen.

Auch »Show- und Gesangsstar Caterina Valente« hat noch »ganz andere Talente«. Für die Firma V. I. P. in 7120 Bietigheim hat sie z. B. »vielbewunderten Schmuck« aus goldenen Cs und silbernen Vs entworfen. »Der Entwurf entstammt« sogar »ihrer eigenen scheinbar unbegrenzten künstlerischen Begabung. Seit Verehrerinnen und Verehrer das wissen«, erzählt die Firma V. I. P. mit scheinbar unbegrenzter werblicher Begabung weiter, »haben sie ihr Idol bestürmt, sich ebenfalls damit schmücken zu dürfen. Inzwischen dürfen sie. Denn Caterina hat nachgegeben . . .« Ja, das hat sie – und: »Was ursprünglich als ihr ganz persönlicher Schmuck gedacht war . . . steht nun auch Ihnen offen.« Was C.V., V. I. P. und ihren Verehrern sonst noch offensteht, verschweigt der Firma Höflichkeit.

G. Grass ist endgültig Politiker geworden. Ein Schriftsteller hätte seinen wirren Aufruf zur Wehrdienstverweigerung wohl auch kaum unterschrieben. Als Politiker hat G. Grass immerhin begriffen, daß man möglichst schnell die Positionen einnehmen muß, die der politische Gegner geräumt hat. So will er jetzt »eine Bundeswehr, die um ihren Verteidigungsauftrag betrogen wurde«, vorwärtsverteidigen, indem er feinste militaristische Unterschiede zwischen offensiven und angeblich defensiven Waffensystemen macht. Der ehemalige Romancier und Frontsoldat von 1944 (»In kurzen Hosen mit meinem Pappkoffer reiste ich an.«) setzt den Pershings eine private Erstschlagwaffe entgegen: das Gewissen. »Meines schlägt, wenn ich sehe, daß der Auftrag der Bundeswehr schleichend in ein Konzept umgedeutet wird, das den Angriffskrieg möglich macht.« Wenn es nach diesem Krieg wieder darum geht, wer angefangen hat – man sollte G. Grass und sein Gewissen fragen.

Als Friedensnobelpreisträger verabscheut L. Walesa »alles, was mit Militarismus verbunden ist«. Ansonsten ist er »zufrieden mit dem, was ich habe, möchte nur das sein, was ich bin«, und bemüht sich sehr, »ein Mensch zu sein«. Außer sich selbst mag der feiste Pole noch den Papst. Das wird aus dem Fragebogen, den er für das ›FAZ-Magazin‹ ausgemalt hat, arg klar. Lieblingsmaler? »Der Papst. Er entwirft eine neue Gestalt der Welt; er malt ein Bild des echten Menschen.« Lieblingskomponist? »Der Papst. Er komponiert eine wahrhaft christliche Welt.« Lieblingsschriftsteller? »Der Papst.« Lieblingslyriker? »Der Papst.« Helden in der Wirklichkeit? »Der Papst.« Heldinnen? Der – eben nicht: »Die heilige Mutter.«

Man kann natürlich auch einfache Fragen wie »Was lesen Sie gerade, Wolfdietrich Schnurre?« kompliziert beantworten: »Und schließlich ›Wüstenadel‹, ein Bekenntnis zum arabischen Pferd, weil ich, hierin vielleicht doch mit Kafka übereinstimmend in den Pferden, vorweg den rassigen, eine Reinkarnation der talmudischen Dienstengel erblicke, die unter uns zu wissen mir Ungläubigem eine große Genugtuung bedeutet.« Auch Kafka dürfte vielleicht diese rassige Übereinstimmung späte Genugtuung bedeuten.

Noch eine simple Frage hat die ›Bild‹-Zeitung gestellt: »Was essen die Deutschen Heiligabend?« Zwischen Lachs und Kaviar nehmen sich die »Schnittchen mit Wurst und Käse«, die »Weltraum-Professor Kaminski (62) wie jeden Abend« verdrückt hat, zunächst bescheiden aus. In der Begründung liegt die Würze: »Bei so viel Elend auf der Welt würde mir ein Braten gar nicht schmecken.« Uns kommt er gerade wieder hoch. Verzeihung.

MÄRZ

1.	Wolf Wondratschek *(Don José)*
2.	Nastassja Kinski *(schwanger)*
3.	Fritz Molden *(pleite)*
4.	Wolf Vostell *(Aktioneur)*
5.	Charles Wilp *(Sportsfreund)*
6.	Günther Uecker *(Null)*
7.	Günther Kießling *(von der Bundeswehr)*

Wahrlich, wir leben in hochromantischen Zeiten. Und in solchen kommt es vor allem darauf an, das, was man scheinen möchte, so überzeugend zu verkörpern, bis andere glauben, man sei so. Erst wenn man anfängt, selbst daran zu glauben, werden die Auftritte peinlich. Denn der Glaube an das eigene Sein ist ein schlechter Ersatz für das Vertrauen in das eigene Können. Mit diesem Glauben steht man bald allein.

Wir wissen nicht, wer dem Lyriker W. Wondratschek noch seine Macho-Posen abnimmt. Außer dem ›stern‹ natürlich, für den der Poet der Interrail-Generation in Mexiko den Spuren seines Trinker-Vorbildes Malcolm Lowry und den Stars der Verfilmung von Lowrys Hauptwerk ›Unter dem Vulkan‹ nachsteigen durfte. »Malcolm Lowry, für den ich eine schwer erklärbare, aber doch eindeutige Bewunderung hege.« Selbst für denkschwache Menschen ist diese Bewunderung eindeutig zu erklären: M. Lowry ist eine Legende – und eben das wäre W. Wondratschek auch gern. Er wird nie eine werden, trotz aller Emsigkeit, mit der er sich an die anderer hängt. Deshalb hat ihn

Mexiko so begeistert: »Am Drehort«, hat er gleich gemerkt, »sind Legenden versammelt, wie man sie selten bei einem Film antrifft . . .« Und er? »Und ich, guter Gott: ich hatte nun die Wahl, entweder mit Huston zu pokern oder mit Nicholson zu kiffen.« Nach dem Feuchtwanger-Motto: »Lieber einem neunjährigen Stier in einer Sackgasse in den Weg laufen, als einer Frau, wenn dein Herz geil ist«, hat der 40jährige Ochse nun im Stil eines mäßig begabten Neunjährigen hurtig eine 64seitige Erzählung »Von meiner Begegnung mit Carmen und meiner Liebe zu ihr, von anderen Männern, die sie lieben, und Frauen, die sie hassen« zusammengeschwindelt. Das Buch zum Kultfilm trägt, um jede Verwechslung auszuschließen, den Titel ›Carmen‹. Erscheinungstermin: März '84.

Zwei Monate später soll das Kind erscheinen, mit dem Deutschlands einziger Weltstar mit Flop-Garantie, N. Kinski, noch schwanger geht. Sie weiß nicht, wer der Vater ist, und verrät es auch keinem. Sie weiß aber schon lange: »Wenn ich ein Kind bekomme, höre ich auf zu filmen.« Das werden die mit ihren Filmen gestraften Produzenten nicht ungern hören. N. Kinski hat sich trotzdem noch eine Begründung ausgedacht: »Ich will unbedingt eine Familie, ich brauche einen Mittelpunkt, ich will nicht wie Marilyn Monroe und Romy Schneider enden.« Daß sie den Mittelpunkt braucht, um drin zu stehen, ist uns klar – wie jemand als M. Monroe enden will, der als N. Kinski angefangen hat, bleibt uns ein Rätsel.

Drei Beispiele dafür, wie bildende und abbildende Künstler in Deutschland ihr Geld verdienen. Am schwersten arbeiten muß noch G. Uecker, der Mann mit dem Hammer. Den Stumpf einer alten Ulme hat er geteert und benagelt. In Wuppertal steht der Restbaum nun ebenso stumpf wie behämmert am »Kunstpranger«. Als Mahnmal. Wofür? Dafür, daß »im Reich der Kunst« nun wirklich alles erlaubt ist. Vorausgesetzt, es war schon oft genug da.

Noch einfacher macht es sich der Happening-Veteran W. Vostell. Aus São Paulo, wo er gerade »eine neue Art zu leben« auf Kosten anderer ausprobiert, verschickt er Einladungen zu einem

»Aktionskonzert«. Titel: »Juana la Loca – Sibirische Extremadura – El Tango de Béton«. Die zentralbrasilianische Polka ist für DM 100,– in Berlin zu besichtigen. 1 Cocktail incl.

Ob Alt-Werber C. Wilp zu seinem Geld kommen wird, stand bei Redaktionsschluß noch nicht ganz fest. Seine Idee könnte im Afri-Cola-Rausch entstanden sein: »Wenn die Eisläufer in Sarajewo Gold holen, sind für sie je 5 Millionen Mark drin.« Jedenfalls dann, wenn die »heiße Nummer« Norbert Schramm und die »Spitze des Sex-Appeals« Claudia Leistner sich von C. Wilp für »alles, von Zahnpasta bis zum Schlankheitsmittel«, abknipsen lassen. Sonst wird er wohl weiter mit Selbstportraits für goldene Overalls Reklame machen müssen.

Bis zu seiner großen Pleite war F. Molden 15 Jahre lang ein ausgezeichneter Verleger-Darsteller. Nun rechnet er in seinem Erinnerungsbuch ›Der Konkurs – Aufstieg und Fall eines Verlegers‹ mit der Undankbarkeit der Welt ab. »Weggenossen der Berg- und Talfahrt« waren neben ein paar unbedeutenden Literaten immerhin »Charles de Gaulle, Anwar el Sadat, Moshe Dayan, Franz Josef Strauß, Bruno Kreisky, Henry Kissinger und Swetlana Stalin«. Staatspräsidenten, Parteichefs, Minister und Diktatorentöchter hat F. Molden aus seinen Autoren gemacht. Aber nun, in der »Stunde Null«, da steht er wieder allein, ohne Freunde in der Not, der »bunte Vogel in der Nadelstreifenwelt der Großkonzerne und computergesteuerten Manager . . .« Muß bitter sein.

Für uns überragt das gesamte Panorama peinlicher Persönlichkeiten in der Affaire Kießling am Ende doch der Titelheld persönlich. Wer so gern wie G. Kießling von seiner Generals-Ehre redet und so viele Vier-Sterne-Ehrenworte gegeben hat, und dann noch nicht einmal den Schneid hat, die verantwortlichen Ehrenabschneider reihenweise zum Duell zu fordern, der ist schlimmer als schwul. Falls es für G. Kießling überhaupt etwas Schlimmeres gibt.

APRIL

1.	Wolfgang Neuss *(Sensationshascherl)*
2.	Marlene Dietrich *(Schnodderschnäuzchen)*
3.	Gert Bastian *(tiefer Freund)*
4.	Petra Kelly *(tiefe Freundin)*
5.	Yoko Ono *(Berufswitwe)*
6.	Liv Ullman *(Kinderfräulein)*
7.	Goldenes Herz *(+ Menschliches Miteinander)*

Einen bedenklichen Vorschlag hat Inge Meysel gemacht: »Ältere Leute sollten sich geistig junghalten: täglich zwei bis drei Sätze aus der Zeitung auswendig lernen.« Vorzugsweise den Quatsch, den sie selbst absondern.

»Quatsch« ist auch M. Dietrichs Lieblingswort. Für »so einen Quatsch« hat sie anfangs z. B. das Projekt gehalten, ihre Altersgrobheiten mit Ausschnitten aus noch älteren Filmen von ihr, die sie (»Ich gehe mich einen Dreck an!«) meist für reinen »Kitsch« hält, zu bebildern. Leider hat sie Maximilian Schell dann doch den Gefallen getan. Herausgekommen ist nicht nur neuer Quatsch, Kitsch und Dreck, sondern auch das unangenehme Gefühl, daß sich hier eine »zu Tode fotografierte« Greisin vor lauter Todesangst um Kopf und Kragen redet. Das bestreitet die »schnoddrige Berliner Schnauze, bitte, nicht?« natürlich: »Nee. Wer hat schon Angst. Man sollte Angst haben vor dem Leben, ja, aber nicht vor dem Tode, doch nicht . . . so ein Quatsch.« Bitte nicht.

W. Neuss hat es mit 60 Jahren endlich zum ›stern‹-Humoristen gebracht. »Ich mache keine Witze mehr über Kohl. Ich lache gleich über ihn.« Das ist bei weitem die schlüssigste Pointe, die er in seiner 3-monatigen Probezeit zustande gebracht hat. Er hat sich leider nie daran gehalten.

Vom ehrwürdigen Kalauer: »Iß was, Kanzler, es geht um die Wurst« bis zum uralten Architekten-Gag: »Stört den Oggersheimer nicht, er baut jetzt an Europa . . . hoffentlich fällt ihm nichts ein« verfolgt er »Charles de Kohl« mit seinen Berliner Großmutterwitzen, die nicht selten ins debil Senile spielen: »Lieber ein grün gebrochenes Tabu als ein schwarz gekotztes Ehrenwort.«

Ein immergrünes Tabu haben P. Kelly und G. Bastian in der Talk ›III nach Neun‹ gebrochen. Und es war zum Kotzen. Was treibt diese nicht mehr ganz jungen Menschen dazu, ausgerechnet im Fernsehen ihre »sehr tiefe Freundschaft« zu gestehen? Was bringt P. Kelly, 36, dazu, ihre Jungmädchen-Sehnsüchte in so geschwollenes Deutsch zu verkleiden: »Das Vorrecht, daß ich auch mehrere tiefe Freundschaften haben möchte, wie auch das fast alle Männer tun, dieses Vorrecht nehme ich mir auch.« Und was zwingt den 60jährigen G. Bastian dazu, in aller Öffentlichkeit zu pubertieren: »Ich habe immer eine starke Beziehung zu Frauen gehabt . . . Ich kann mich nicht ändern.« Aber auch Ehefrau Charlotte kann er leider nicht vergessen: »Daß sie die Großartigkeit hat, das zu tolerieren, danke ich ihr sehr.« Daß Liebe blind mache, das sagt man so – daß sie so blöd macht, ist eigentlich unsäglich.

Es ist zum Heulen. Aber geweint wird schon genug. L. Ullman, die als Botschafterin der UNESCO ein besonders großes Herz für Kinder haben muß, hat praktisch durchgehend Tränen in den blassen Augen. Auch bei ihrem Kurzauftritt zwischen Nenas ›Fragezeichen‹ und Nickis ›Servus, mach's gut‹ in der »Deutschen Hitparade«, wo sie so nett von dem kleinen Jungen in einem der »Flüchtlingsläger« erzählte, der ihr erzählt haben soll: »Manchmal weine ich, aber nur wenn es regnet, so daß die anderen Kinder es nicht sehen.« Und dann hat die bescheidene Schauspielerin noch zugegeben, »ganz nervös« zu sein. Die einzig passende Antwort wußte Dieter Thomas Heck: »Hoffentlich liegt das nicht an mir.«

Ach ja, man möchte manchmal schon ein guter Mensch werden – wenn nur die guten Menschen nicht gar so unerträglich wären. In Berlin haben sich unlängst welche aus sehr verschiedenen Lagern zusammengefunden zu der Aktion ›Goldenes Herz – menschliches Miteinander‹. Die ›Deutsche Herzhilfe‹ und die Umweltstiftung der ›World Wildlife Fund‹ möchten so wohl zwei Wild-Fliegen mit einer Herz-Klappe schlagen und haben dafür gleich ein neues Symbol erfunden: »ein goldenes Herz mit der Sonne und einem Pandabären«. Sobald das erste »Trimm-Männchen« beim Hummerwerfen für die »deutsche Krebshilfe« gesichtet wird, möge man uns benachrichtigen. Wir möchten es anfassen.

Verglichen mit soviel ungezügelter Wohltätigkeit könnte die zügellose Geschäftstüchtigkeit der Lennon-Witwe Y. Ono geradezu wohltuend wirken. Doch leider geht es auch bei ihren Leichenfleddereien nicht ohne Tränen ab. »Ich habe im Studio geweint, als ich Johns Stimme hörte. Darum hat es so lange gedauert.« Das neueste Nekrophilen-Album ›Milk and Honey‹ ist trotzdem fertig geworden, und obwohl einige Lieder nicht auf Lennons Posthumus gewachsen sind, wird es gewiß nicht das letzte bleiben. Die schwarze Witwe hat schon angedroht: »Irgendwo im Universum ist John Lennon und arbeitet an neuen Liedern. Ich kann sie hören.« Wir bald nimmer.

MAI

1.	Margot Werner *(Umweltkatastrophe)*
2.	Clemens Christians *(Weltverbesserer)*
3.	Fritjof Capra *(Ökologie-Mystizist)*
4.	John Naisbitt *(Ökonomie-Darwinist)*
5.	Michael O. R. Kröher *(Jung-Rocker)*
6.	Herman van Veen *(Alt-Clown)*
7.	Anna Moritz *(Panzer)*

Optimismus im Orwell-Jahr – warum nicht? Weil er nicht angebracht ist, nur angesagt.

So hat der amerikanische Atomphysiker F. Capra »eines Nachmittags im Spätsommer . . . am Meer« im Unendlichen »Parallelen zwischen Physik und Mystik« entdeckt und ist seitdem endlich dafür, daß die »verhängnisvolle Trennung von Ich und Welt aufgehoben« werde. Er weiß zwar auch nicht genau, wie das zu geschehen habe – aber in dieser Unschärfe bestehen ja gerade seine Relationen zu Heisenberg und sein »neues Weltbild«. Da unterscheidet der Übergangs-Prophet allerdings scharf zwischen »tiefer« und »seichter Ökologie«. Die seichte kennen wir von unseren Grünen. Aber: »Mit tiefer Ökologie meine ich dagegen die innere Öko-Vernetzung und gegenseitige Abhängigkeit aller Phänomene des Universums.« Noch wissenschaftlicher ausgedrückt: Von nichts kommt nichts. Allenfalls ein Welt-Bestseller wie F. Capras ›Wende-Zeit‹, »wissenschaftlich und spirituell zugleich«.

So einen hat auch der amerikanische Futurologe J. Naisbitt

geschrieben: ›Morgen wird alles besser‹, frei nach dem eigenen Motto: »Mein Gott, in welch einer phantastischen Zeit wir doch leben.« J. Naisbitt findet einfach alles gut, was man bisher schlecht fand. In Wirtschaftskrisen, Firmenpleiten, Arbeitslosigkeit usw. sieht der Langzeitdenker »zwar Probleme«, aber auch »ungeahnte Möglichkeiten für alle, die einen klaren Kopf behalten«. J. Naisbitt hat nie einen gehabt, und seine Träumereien vom »Weltauto« wirken allenfalls rührend. Wie der vom »Weltfrieden« auch: »Stellen Sie sich einmal vor, die Sowjets hätten einen 25prozentigen Anteil an unserer Wirtschaft und wir einen 25prozentigen an deren. Sehr unwahrscheinlich, daß dann noch irgendwer auf den Atomknopf drücken würde.«

Aber es geht noch simpler: »Wir müssen einfach so schöne Musik machen, daß die Amerikaner und die Russen vor lauter Ergriffenheit und Begeisterung die Finger von den Sprengknöpfen nehmen . . .« Wie H. v. Veen, der tieffliegende Holländer, das machen will? »Ich tue alles mit den Ohren«, sagt er. Womit er wohl beweisen will, »daß die Realität eine Form von Schwachsinn ist«. Quod Herman demonstrandum.

Auch deutsche Lehrer sollen deutsche Schüler fortan »Optimismus« lehren. Schon hat Lehrer-Verbands-Präsident C. Christians eine Rahmenrichtlinie ausgegeben, die auch von Lebensfreude-Kanzler H. Kohl sein könnte: »Die Negativ-Stimmung, die eine Null-Bock-Mentalität bei den Schülern herausgebildet hat, muß raus aus der Schule. In den jungen Leuten stecken so viele Kräfte, die in eine positive Richtung gelenkt werden müssen.«

Der junge deutsche Autor M. O. R. Kröher hat in einem seitenlangen ›Zeit-Dossier‹ versucht, seinen geliebten Rock'n' Roll der »Hand von Biedermännern und Kommerzhaien« zu entreißen. Seine Informationen hat er auch aus zweiter Hand. Immerhin sind die Geschichten, die er besser direkt aus Nik Cohns preisenswertem Büchlein ›A WopBobaLooBobALobBamBoom‹ abgeschrieben hätte, noch das Beste an seinem mannhaft-biederen Artikel. Nun, M. O. R. Kröher ist Jahrgang '56, und man kann ihm nur wünschen, daß er je so alt wird, wie er jetzt schon schreibt. Stilprobe: »Little Richard wirkte . . . wie Beelzebub persönlich . . .« und er »kreischte wie ein von einer Tarantel gestochener Derwisch . . .« und »nach zwei Minuten lief ihm der Schweiß . . .« wie M. O. R. Kröher beim Ausdenken solcher und ähnlich verzopfter Vergleiche.

Ungefähr auf dem Niveau spielt sich auch die ganze sechsteilige ZDF-Sonntags-Serie ›Liebt diese Erde‹ ab. Die Geschichte vom singenden Superstar Elsa Gabriel, die ihre Weltkarriere opfert, um die Umwelt vor dem Untergang zu retten, klingt – um Cohn zu variieren –, als hätten sie sich zwei Ministranten während der Frühmesse ausgedacht. 2,5 Millionen DM hat die katholische Kirchenredaktion dafür hergeschenkt. Einen Teil davon erhält die Hauptdarstellerin M. Werner für das wiederholte Absingen von Kampf- und Kraftliedern mit Titeln wie ›Wasser ist Leben, es fließt durch die Adern der Natur‹ und ›Liebt diese Erde, ihr habt ja nur sie‹. Manchmal bedauern wir ehrlich, daß es für uns keine andere gibt.

Zum Beispiel, wenn wir in der ›Bild‹-Zeitung lesen, daß junge Mädchen durchaus wieder für ein freiwilliges Pflichtjahr zu haben wären. »Allerdings würde ich«, beschränkt sich »Politikstudentin Siegrun Lang (19) aus Kiel«, »lieber zur Bundeswehr gehen, zu den Panzerfahrern.«

Übertroffen wird ihr Drang nach langen Rohren noch von »Zahnarzthelferin Anna Moritz (19) aus Hannover«: »Panzerkommandant werden – das fände ich toll.« Womit das sich weitverbreitende Vorurteil, Frauen seien wenigstens auf gewissen Gebieten gescheiter als Männer, wohl vorerst widerlegt ist.

JUNI

1.	Hannelore Kohl *(zentraler Nervensegen)*
2.	Shree Rajneesh *(Sackwan)*
3.	Maurice Sendak *(Geisteskind)*
4.	Herrmann Nitsch *(leidig)*
5.	Susan Brownmiller *(ledig)*
6.	Henning Venske *(langweilig)*
7.	Sabine Emlein *(Heidelberg)*

Jeder Mensch hat das Recht auf eine eigene Meinung. Er hat auch das Recht, diese Meinung zu ändern. Wir sind auf dem besten Weg, von begeisterten Anhängern der uneingeschränkten Meinungsfreiheit zu entschiedenen Gegnern derselben zu werden.

S. Rajneesh, Bhagwan, wies uns diesen Weg, indem er sich auf wundersame Weise vom Sexual-Apostel, der »jede Zelle« des Körpers zur »Geschlechtszelle« erklärte, zum Gummi-Fetischisten wandelte: »Kondome während des Sex-Aktes und Latex- oder Gummihandschuhe während des Vorspiels« hat der simple Sanyasin nun zu tragen. Wir wissen nicht, welche Marke der bärtige Rheumatiker empfiehlt. Wie empfehlen: Fromm's Orange, natürlich.

Ohne rot zu werden, legen auch gestandene Feministinnen neuerdings wieder Rouge auf. »Mein Gesicht, ungeschminkt – was vor einem Jahrzehnt noch Ausdruck der Freiheit war –, wirkt auf einmal trauerklößig, altmodisch, zickig.« S. Brownmiller trauert außerdem ihren abgelegten Kleidern nach, »dem eleganten Fluß der Stoffe« usw. Mit 48 Jahren hört der Spaß an der Freiheit offensichtlich auf. Statt Feminismus ist in S. Brownmillers neuestem Buch jedenfalls wieder »Feminity« angesagt: Weiblichkeit, die vor allem darin besteht, sich den Rest Verstand abzuschminken und rechtzeitig »den Bauch einzuziehen«, sobald ein heiratsfähiger Mann in der Nähe ist.

Bis die letzten Opfer solcher Bewegungen und Gegenbewegungen merken, was sie in Zukunft nachzudenken haben, braucht es immer länger. Im ›stern‹ findet sich noch nach jedem Arsch-&-Titten-Titelbild eine Leserin, die sogleich »Gleichberechtigung« fordert: »Ich fordere Gleichberechtigung: Zeigt endlich mal ein männliches Geschlechtsteil auf dem Titel«, schreibt S. Emlein aus Heidelberg und meint ganz zu Unrecht: »Sie haben wohl vergessen, daß Sie auch weibliche Leserinnen haben.« Das wird der ›stern‹ gewiß nicht vergessen, denn von deren Dummheit lebt er schließlich auch.

Selbst folgenlosere Figuren wechseln zunehmend flotter die Gesinnung. H. Venske, Ex-Satiriker, hat für das III. Fernsehprogramm sein Segel in den Wind gehängt und dümpelt nun als mediterraner Animateur von griechischer Insel zu griechischer Insel. Zwischendurch stellt der ehemalige »Kalauerkönig« vollkommen ironiefest Sachen fest wie diese: »Der Jahresrhythmus der Schwammtaucher prägt diesen Ort, der aber auch für einen Badeurlaub ausgezeichnete Möglichkeiten bietet.«

Was ist daran komisch?

Wer oder was M. Sendak geprägt hat, ist nicht so einfach festzustellen. Das ›FAZ-Magazin‹, das sein Kinderbuch ›Als Papa fort war‹ vorabdruckt, bemüht die folgende Ahnenreihe: »die Brüder Grimm, Ludwig Richter, Caspar David Friedrich, Philip Otto Runge, Heinrich von Kleist, die zähe Überlebenskraft der ›kleinen Leute‹ auf den Straßen von Brooklyn, Lewis Carroll, Edward Lear, John Tenniel, Wilhelm Hauff, Clemens von Brentano, Wilhelm Busch, Mickey Mouse, John Cruikschank, Mathias Grünewald, Albrecht Dürer und E.T.A. Hoffmann«. Der vielfache Enkel hat beim Zeichnen auch noch Musik gehört: »Ich wollte nur Mozartklänge für dieses Buch.«

Das bläßliche Poesiealbum sieht zwar mehr nach Salieri-Begleitung aus, aber zum »Picasso des Kinderbuchs« hat es der autodidaktische Eklektiker damit immerhin gebracht.

Über 15 Jahre treu geblieben ist sich der Künstler H. Nitsch. Er wäre wohl zu loben, wenn sein A. A.-Aktionismus nur nicht immer so extrem unappetitlich wäre. Für Ende Juli plant der Unverwüstliche sein bislang blutigstes Schlachtfest: Ausweiden eines ganzen Ochsen über einem nackerten Mann mit anschließendem Zertrampeln von roten Trauben und braunen Innereien, bis jenes »Gemisch aus Maische, Blut, Most und Kot entsteht«, unter dem H. Nitsch »die Wahrheit einer bis ins Tragische reichenden Schönheit der Welt« versteht. Das ist schon komisch.

Endlich hat übrigens auch H. Kohl ein freies Pöstchen im Wohltats-Staat besetzt. Nachdem traditionell M. Scheel die Krebs- und V. Carstens die Multiple-Sklerose-Kranken betreuen, darf H. Kohl als Nicht-Medizinerin nun für Opfer bitten, die »durch Unfälle an Schädel oder Hirn verletzt« wurden. Ihr »Kuratorium ZNS für Unfallverletzte mit Schäden am zentralen Nervensystem« will also Menschen helfen, die auf den Kopf gefallen sind. »Ich habe erschütternde Schicksale erlebt«, versichert H. Kohl, laut ›Bild‹: »die Frau des Bundeskanzlers«, durchaus glaubhaft. Sie hat ja selbst einen solchen Fall in der Familie.

JULI

1.	Rolf Winter *(Betrogener)*
2.	Luise Rinser *(Erhobene)*
3.	Wolf Wondratschek *(Interviewer)*
4.	Wolfgang Hildesheimer *(Flüchtling)*
5.	Sybil Schönfeldt *(Gräfin)*
6.	Alfred Hrdlicka *(schöpferisch)*
7.	Luise Schottroff *(gottvertrauend)*

Auf den »Flügeln unserer Vorstellungskraft« haben die »Grünen« L. Rinser zur Alternativkandidatin für das allerschönste Staatsamt emporgejubelt. »Einfühlsam, rebellisch, klug und unbeugsam«, wie sie angeblich sein soll, hat die Frau tatsächlich kandidiert und sich so zumindest den »Respekt« des Siegers gesichert. Da sie, ehemals »des großen Führers verschwiegene Gesandte«, schon seit den 30er Jahren eine Schwäche für »Bewegungen« aller Art hat, hält sie sich nun für weitere Aufgaben bereit. Uns wäre alles recht, was die »ostasiatische Seele« vom Schreiben abhält. Wer z. B. könnte das olympische Motto bei den Bewegungsspielen in Los Angeles überzeugender hersagen als sie: »Die Teilnahme ist wichtiger als der Sieg.«

W. Hildesheimer will freiwillig das Schreiben aufgeben. Um seine »Zukunft« und eine »Nachwelt« fühlt er sich vom »Grauen« und den »Katastrophen unserer Tage« glatt »betrogen«. Denn: »Der Mensch wird in Bälde die Erde verlassen haben.« Das könnte für W. Hildesheimer, 67, durchaus zutreffen. Doch er hätte es gern allgemeiner: »Es ist mir unverständlich, wie sich jemand heute noch hinsetzen und eine fiktive Geschichte schreiben kann.« Behauptet er. Wir glauben ihm, denn seit den ›Lieblosen Legenden‹ vor knapp 30 Jahren ist W. Hildesheimer keine einzige mehr eingefallen, die halbwegs lesbar gewesen wäre.

Auch W. Wondratschek, 40 und »nicht mehr zu ändern«, hat Ärger mit sich selbst. Kein Wunder, wenn man mit sich selber redet. Das Selbstgespräch, das die ›Penthouse‹-Redaktion für eine »Weltneuheit« hält und W. Wondratschek für »ein verdammt hartes Stück Arbeit« ausgibt, ist natürlich nichts weiter als ein älterer Hut und eine unverschämte Kinderei. Originalton Wondratschek:

»Wondratschek: Ich bin Schriftsteller. Das ist alles, was ich bin.

Wondratschek: Ich habe aber mal gelesen, daß Sie nichts dagegen haben, wenn man Sie als Dichter bezeichnet.

Wondratschek: Kann schon sein. Ich selbst aber würde mich niemals so nennen. Es klingt abscheulich, lächerlich, einen von sich selbst sagen zu hören, er sei ein Dichter.«

Genauso isses.

Bildende Künstler von der Schlagkraft A. Hrdlickas brauchen »kein scheinheiliges Alibi für mangelnde Vorstellungskraft«.

Der unaussprechliche Klein- und Groß-Plastiker hat also seinen »Pasolini-Zyklus« begonnen, ohne recht zu wissen, »wie er ausgesehen hatte«. »Ich kenne nur wenige seiner Filmwerke«, bekennt er stolz. Doch eine »Wahlverwandtschaft« zu dem wehrlosen Toten hat er gleich gerochen. Vielleicht besteht sie darin, daß Pasolini noch weniger von Hrdlickas Bildhauereien kennt als der von ihm.

Nachdem der neue Chefredakteur des ›stern‹, R. Winter, sich zur Freude seiner Anzeigenabteilung als Kohl-Wähler zu erkennen geben durfte, ist er nun »Woche für Woche ... sehr damit beschäftigt, die alte Reputation dieses Magazins neu zu erarbeiten«. Er hat sogar Methode: Wie der »›stern‹ betrogen wurde« mit »unsäglichen Hitler-Tagebüchern«, wie der gutwillige Bürger mit dem »unsäglichen Fall Wörner« veralbert worden ist, so haben nun die Parteien mit ihren Amnestierversuchen angefangen, »diesem Staat ... seinen Anstand zu nehmen«. Grundanständige, unschuldige, betrogene Opfer, wohin R. Winter schaut – so war's schon unter Hitler, so ist es heute, so wird es, geht es nach dem ›stern‹, auch bleiben. Man ist dort ja nur ärgerlich, daß man sich selbst nicht amnestieren kann.

So wenig wir R. Winter glauben, so wenig glaubt S. Gräfin Schönfeldt an den Sommer. »Wer in der Großstadt lebt«, klagt die große greise Dame der Feuilletons, »hat keine Jahreszeiten.« Sie spürt ihn gar nicht mehr, den »Sommer in der Stadt«. Bleibt nur die Frage, ob das am Sommer, an der Stadt oder doch an S. Gräfin Schönfeldt liegt, die ihre Gedanken über und für die ›Zeit‹ einfach von so weit herholen muß, daß ihr beim besten Willen keine Zeit mehr bleibt, sie einmal nachzuprüfen.

Besser noch als unbewiesene Behauptungen gefallen uns ganz unbeweisbare, wie diese der Mainzer Theologin L. Schottroff: »Gott ist eindeutig für die 35-Stunden-Woche.« Da kann man wirklich nur noch Ja oder Amen sagen.

AUGUST

1.	Yves Montand *(Traumpräsident)*
2.	Peter Boenisch *(Traummann)*
3.	Fritz J. Raddatz *(Trauma)*
4.	Uta Claus *(Märchentussi)*
5.	Elmar Gunsch *(Wetterbuffo)*
6.	Thomas Ködelpeter *(Stadtrat)*
7.	Paul Breitner *(Traumtrainer)*

Eine Geschichte aus dem richtigen Leben vorweg: Daß in München an der Isar heuer »40 Nacktbader festgenommen und gefesselt ins Polizeipräsidium gebracht worden« seien, hatte der grüne Stadtrat T. Ködelpeter angeprangert, da er durch diesen Willkürakt eines der wichtigsten Ziele seiner Partei, die totale Befreiung des Individuums von Anziehsachen, schwer gefährdet sah. Der zuständige Polizeidirektor N. Brummer dementierte in Versen, zunächst noch holprig:

»Dem Ködelpeter möcht ich sagen:
Will grüner Saubermann er sein,
soll er in Gott's Nam uns z'erst fragen!
Vielleicht erspart ihm dies viel Pein.«

Dann, nachdem der Ködelpeter ihm nicht glauben mochte, reimte der Brummer schon erstaunlich sicher:

»Und die Moral von der Geschicht'?
An solchen Wirbel macht man nicht,
wenn man nicht gute Quellen weiß
und sicher ist, der Tip ist heiß.«

Da kam alle Pein auf: T. Ködelpeters heiße Quelle war leider nur »ein einziger Informant, der mittlerweile aus München mit unbekanntem Ziel verreist ist«.

Schauspieler sind oft dumm genug, ihre Rollen in Filmen mit denen im Leben zu verwechseln und umgekehrt. R. Reagan ist ein bekanntes Beispiel, Y. Montand könnte ihm ähnlich werden. Seit er im Film keine exilspanischen Trenchcoatkommunisten mehr spielt, spielt er mit dem Gedanken, Präsident der Republik zu werden. Sein Kabinett, das er in der französischen Frauenzeitschrift ›Marie Claire‹ vorgestellt hat, ist hoch besetzt: für Inneres: A. Delon, für Äußeres: C. Deneuve, Verteidigung: J. Hallyday, Soziales: L. Ventura, Verkehr: G. Depardieu, Umwelt: B. Bardot, Drogen: S. Gainsbourg, Erziehung: Coluche, Sport: J. P. Belmondo, Finanzen: M. Piccoli – und weitere »Minister, die wissen, wovon sie sprechen«. Ein olala-französisches Programm ist auch schon da: »Vergessen Sie nicht zu lachen und vor allem vergessen Sie nicht, Liebe zu machen. Ich bitte darum.« Rät die »Stimme Frankreichs« seinen Interviewern vom ›Spiegel‹ und ergänzt sein Credo: »Ich begreife mich als Mann mit gesundem Menschenverstand.« Etwas Kränkenderes können wir ihm auch nicht nachsagen.

Aber warum soll so einer wie er nicht Staatspräsident werden, wenn so einer wie F. J. Raddatz immer noch Feuilleton-Chef der ›Zeit‹ bleiben darf? Einer, der von europäischen Großschriftstellern wie Shakespeare, Proust, Kafka und Joyce so viel behalten hat: »den blutigen Wahn der Lady Macbeth, die Weißdornhecken von Colombray, die Verwandlungen des Käfers, Mr. Blooms obszöne Monologe«. Meint er nicht doch eher Mr. Macbeths blutigen Wahn? Die obszönen Monologe hat Joyce jedenfalls Mrs. Bloom zugeschrieben. Und der Käfer verwandelt sich nicht in Kafka, sondern Kafka seinen Helden Samsa in einen Käfer. Peinlicher noch sind die Weißdornhecken: denn die läßt Mnemotechnikermeister Proust nicht in »Colombray«, sondern in Combray blühen. In Colombey-les-deux-Eglises starb dagegen Charles de Gaulle, der seiner glühenden Bewunderung für die blühende Phantasie des Gernzitierten vorzugsweise so Ausdruck gab: Vive le Fritz!

»Der Mann, der Kohl verkauft«, Regierungsversprecher P. Boenisch, genießt seinen Ruf als »begehrtester Junggeselle Hamburgs« leider nicht mehr schweigend. Seine »Erfahrung im Umgang mit Frauen« spricht deutlich aus jeder seiner Schleimereien, und ›Petra‹ ist auch ganz fasziniert von seiner Fähigkeit, »so viele Dinge« zu sagen, »die Frauen gerne hören«. Wann er sich die vielen Dinge in seinem harten Männerjob nur alle ausdenkt? Nun, der alte »Romantiker« schläft »ja noch zwei Stunden weniger als der Kanzler«. Toll: ein Mann, der mit bloß 14 Stunden Schlaf pro Tag auskommt!

Es war zu erwarten, daß nach der ARD-Lottofee K. Tietze-Ludwig nun auch der ZDF-Wetterfrosch E. Gunsch sein Wissen dieser Welt nicht länger vorenthält. Unter dem etwas sperrigen Titel ›Donnerwetter Vertröstliches‹ macht der sonorige Mann »dem Leser klar, daß es eigentlich von ihm selbst abhängt, ob ›es schön ist‹ oder nicht. Mit Humor und Optimismus« natürlich und nach dem gottlosen Motto: »Fürs Wetter draußen kann keiner etwas, doch fürs Klima drinnen sind wir selbst verantwortlich.« Wir wünschen dem vertröstlichen Büchlein so viele Leser, wie es sie verdient.

Aus dem Herbstprogramm des »Eichborn-Verlags mit der Fliege« ragt – was auf dieser Ebene von Scenediktionären und Schummelbrevieren entsetzlich ist – ein Buch noch nach unten heraus: ›Total tote Hose – 12 bockstarke Märchen‹, nacherzählt von U. Claus. »Da knackt so'n heißer Macker die tolle Biene Dornröschen ... Ein bemooster Macker springt mit Aschenputtel innen Ferrari ... Rotkäppchen ist zwar'n heißer Zahn ... Schneewittchen auf alternativem Trip ... Dafür ist Sterntaler aufm Wahnsinnstrip ... Froschkönig vonner Emanze erzählt ... Psychoterror im Schloß endet mit Rumpelstilzchen ... Da grämen sich die Grimms im Grab«, gratuliert sich die Werbung. Wir würden der erzählenden Emanze gern stellvertretend einen Satz heißer Ohren verabreichen – womöglich »schnallt frau die message« dann.

Übrigens: P. Breitner hat zwar »nach nur 7 Monaten seine Beratertätigkeit bei Eintracht Braunschweig« aufgegeben, nicht jedoch den stillen Traum, daß sich beim Neuaufbau der Nationalelf nun auch für ihn ein Pöstchen findet. Als Bierholer und Bartträger soll der zyklopenhafte Mensch ja Erstaunliches leisten.

SEPTEMBER

1.	Peter Handke *(»Welt«-Verbesserer)*
2.	Hans A. Engelhardt *(Justiz-Irrtum)*
3.	Sophia Loren *(altstarr)*
4.	Eliza Halberkann *(neuschmierig)*
5.	Robert V. Flögel *(Deutsch-Verbesserer)*
6.	Franz Beckenbauer *(ballverliebt)*
7.	Henri Nannen *(Brief-Freund)*

Bevor F. Beckenbauer sein neues Amt als Aushängeschild des Deutschen Fußballbundes antritt, ist er noch einmal zu seinen Anfängen zurückgekehrt, auf Giesings Höhen, wo »ich den Ball gegen die Wand getreten habe . . . Ich habe die Abdrücke wiedergefunden. Ich hab' meine Hand drauf gehalten.« Und da, Hand drauf, kam dem Knabenhaften die Erleuchtung: »Der Ball und der Körper sind das wichtigste.« Und der Ball, Fuß drauf, ist rund. »Alles, was wichtig ist, ist rund«, lehrt drum der Heilige Franz. »Die Sonne, die Erde. Die runde Form ist ein Lebensgefühl.« Zumindest wenn man sich in diesen Kreisen bewegt. »Ich will, daß die deutsche Nationalmannschaft dieses Ballgefühl wiederbekommt.«

Ja, wer schon in seiner Jugend nichts Gescheites angefangen hat, braucht auch keine Angst vorm Altwerden zu haben. S. Loren wird am 20. September »ein halbes Jahrhundert alt – na und?« Na, und was hat sie bisher getan? Sie ist »eigentlich immer früh schlafen« gegangen, »was nämlich auch schön erhält«. Schön dumm, zumindest. Oder wie kommt man sonst zu solchen Altersweisheiten: »Ich bin überzeugt, daß Schönheit von innen kommt.« Womit sie für alle Frauen spricht, die eigentlich immer mitten daneben stehen.

Mittendrin steht zweifellos E. Halberkann. Mitten im Klatsch-Blatt ›Züri-Woche‹ z. B., dem wir den Lebenslauf des »einstigen Star-Fotomodells« entnehmen; schöner konnten wir uns »die kühle Blonde«, die »sich bei Mutter Teresa karitativ betätigte« nämlich gar nicht ausdenken: Wie sie sich dann »der Esoterik zuwandte« und »nebenbei Plantagen in Sri Lanka bewässerte« und nun seit »zwei Jahren in ihrer Dichterklause bei Einsiedeln« hockt und »bereits ihr drittes Buch« geschrieben hat. »Ein sehr lustiges Buch, es handelt vom Aufbau meiner Kokosnuß-Plantage in Sri Lanka« gibt, »die Neo-Schriftstellerin, der es noch nie an Selbstbewußtsein mangelte«, an. »Man sagt mir, ich sei ein Riesentalent. Das Buch ist eine Bombe.« Wie viele Kokosnüsse ihr in Sri Lanka auf den Kopf gefallen sind, verrät Mutter Eliza leider nicht.

Sehr zu Unrecht steht Bundesjustizminister H. A. Engelhard im Verdacht, ein intellektueller Weichling zu sein. Man sollte sich von seinem melierten Kinnbart und seinen genierten Hundeaugen nur nicht täuschen lassen: Der Mann kann erzengelhart sein: »Unsere Kinder und Jugendlichen müssen besser vor rückfälligen Mördern geschützt werden!« fordert er in ›Bild am Sonntag‹ markig. Und der Theoretiker weiß auch, wie das zu machen ist: Auf Psychiater mag er sich keinesfalls mehr verlassen. »Man sollte halt auch mal auf Leute mit praktischer Erfahrung hören.« Auf jenen »einfachen Polizeibeamten« etwa, der einem rückfällig gewordenen Kindesmörder »damals schon« vorausgesagt haben soll: »Der hat Lust am Morden und kommt davon nicht mehr los.« Das sieht man doch. Und unsere Polizei hat Lust am Vorbeugen, und Kindsmörder werden wir todsicher los auf ihre einfache Art.

Daß die Deutschen kein Deutsch mehr schreiben können, wurde in diesem Sommer gern beklagt. Besonders von Germanisten wie Professor R.V. Flögel, den die Titelgeschichte des ›Spiegel‹ ›Ächz, würg! Eine Industrienation verlernt ihre

Sprache‹ zu dem folgenden Leserbrief anspornte: »Die vom ›Spiegel‹ verzeichneten Merkmale, Mängel und Fehler sind nur die Spitze eines Eisberges, der sich besonders nach 1945 zu einem ignorierten Kulturniedergang aufgebläht hat und in Sprache, Kultur und Kunst zu einem beträchtlichen Teil von Importiertem ernährt und beeinflußt wird.« Da schätzungsweise 99,5 % aller Deutschen nicht erst seit 1945 solche unterernährten Blähungen ohne weiteres als gut deutsch verstehen, ist uns für die Zukunft dieser Sprache nicht bange – ächz, würg, göbel.

Briefe für die Post-Reklame muß H. Nannen inzwischen schreiben. Und er macht das schon sehr nett: »Briefe sind ein Zeichen der Liebe zwischen den Menschen«, behauptet er einfach, »und was hätten wir nötiger als dies: ein bißchen Zuneigung, ein bißchen freundschaftliche Geborgenheit, ein bißchen mehr Miteinander und Füreinander.« Das ist die Frage, und auch die alte Schwäche des ›stern‹, der eben auch die simpelsten Sachverhalte allzu langstilig breittritt. Das sollte er der ›Bild‹-Zeitung überlassen, deren Verleger A. Springer es schon vor Jahren vorausgemacht hat: »Seid nett zueinander!« Das ist ein Befehl. Und der sagt alles.

Zuviel hat P. Handke in nun schon unverschämter Weltfremdheit A. Springers ›Welt‹ gesagt. Unter anderem als ›Zitat des Tages‹ auf Seite 1: »Was uns jetzt als Aufklärung entgegentritt . . . ist doch kümmerlich, das ist wie saurer Regen. Ein riesiger humaner Bereich ist durch die Götzen einer minderwertigen Aufklärung von Brecht bis Adorno in Verruf geraten.« Was uns in P. Handkes Interview entgegenhinkt, ist nur ein weiteres schlimmes Beispiel für das alte Mißverständnis aller dilettierender Sinnstifter, die ihre Sehnsucht für Erfüllung und ihre Hoffnungen für Wahrheit nehmen wollen, um ihren Infantilismus endlich zur Norm erhoben zu sehen. »Ich sehe auch, daß in den Menschen neue Sehnsüchte erwachsen. Nach dem Ganzen«, spricht P. Handke. »Das Ganze ist das Unwahre«, sagt Theodor W. Adorno. Und er hat P. Handke noch einiges zu sagen: 1. »Kein Gedanke ist immun gegen seine Kommunikation.« 2. »Kultur einzig mit Lüge zu identifizieren, ist am verhängnisvollsten in dem Augenblick, da jene wirklich ganz in diese übergeht.« 3. »Für den, der nicht mitmacht, besteht die Gefahr, daß er sich für besser hält als die anderen und seine Kritik der Gesellschaft mißbraucht als Ideologie für sein privates Interesse.« P. Handke sollte sich schämen, falls er es vermag.

OKTOBER

1.	Bernd Eichinger *(Monsterproduzent)*
2.	Björn Engholm *(Sozialperformer)*
3.	Rolf Milser *(Negerinnenfreund)*
4.	Fiorella Mancini *(Negerfreundin)*
5.	Hans Christoph Blumenberg *(Filmkritiker)*
6.	Peter Buchka *(Filmkritiker)*
7.	Ulrich Greiner *(Filmkritiker)*

Von sämtlichen deutschen Siegertypen in Los Angeles hat sich im nacholympischen Herbst der Gewichtheber R. Milser als das größte Ekelpaket selbst herausgestellt. Er ist nicht bloß 1,73 m groß und fast 2 Zentner schwer, nein, er ist auch noch stolz auf seine Fleischeinwaage: »Ich bin stolz auf meinen Körper, ich möchte nicht anders aussehen.« Stolz ist er auch auf seine echte »Rolex« (»Früher hatte ich eine falsche . . .«) und seinen Geschmack beim Essen (»Immer nur das beste Fleisch . . .«) wie beim Lieben: »Bei den Frauen muß die Kiste stimmen.« R. Milsers Schönheitsideal ist eindeutig an hottentottischen Fruchtbarkeitsmatronen orientiert. Die »Kiste«, auf die er »immer zuerst« schaut, befindet sich zwischen Taille und Beinansatz. Da »muß alles schön knackig und stramm sein«. Wie bei den schwarzen Sprinterinnen, weil die »ne Kiste« haben, »auf der könnte man ein Pils abstellen«.

»Gewichtheber sind« vielleicht »keine Monster«, doch ihren scharfen Hang zum Monströsen müssen sie mit italienischen

Modemacherinnen teilen. Unter dem Motto »Wollt ihr Venedig wiederbevölkern?« hat die Hemdenmacherin F. Mancini zu einem »erotischen Happening« geladen, dessen tiefer Unsinn auf den Einladungen von einem großen, starken Negersmann verkörpert wird, dem der Glockenturm von San Marco zwischen den nackten Schenkeln hervorragt. Für die Gastgeberin ist er »das Symbol des Sieges, wie es die schwarzen Spitzensportler in Los Angeles zeigten, während der Campanile das neue Venedig repräsentiert, das wir schaffen wollen«. Für uns symbolisiert der Neger einen Neger und der Campanile seinen großen Schwanz.

Wesentlich undeutlicher sind holsteinische Happenings. Der ›Rosdorfer Anzeiger‹ meldet: »Susanne Kist träufelte sich in bedauernswerter Selbstkasteiung zwölfmal Kerzenwachs auf das Haupt, bevor sie über einem Spiegel niederkniete, um mit den Lippen einen Rosenstrauß zu zerfleddern.« Erst wer den Anlaß kennt, zu dem die »Kassler Kunststudentin« niederkniete, kann eine Deutung wagen: War mit dem Wachs womöglich die Wachstumspolitik der jetzigen Bundesregierung gemeint? Und verbarg sich hinter dem benagten Rosenstrauß am Ende ein Lippenbekenntnis zur SPD? Die »Performance« fand nämlich im Rahmen eines »Künstlerfestes« statt, zu dem der Kieler Oppositionsführer B. Engholm mehr als 300 »Mitstreiter aus Kunst und Politik« geladen hatte. Wozu das Ganze? »Just for fun«, wie B. Engholm auf amerikanisch meinte. Eher deutsch klang aber »ein Unterfangen, das, laut Engholm, die Konzentrationsfähigkeit der Zuschauer strapazieren sollte«: Zwei Menschen, »die zwanzig Minuten lang den im Hintergrund undeutlich geflüsterten Kernsatz ›Gleichgültigkeit ist die schlimmste Gewalt‹ zu personifizieren suchten«. Uns soll niemand vorwerfen, daß wir solchen sozialdemokratischen Dorftrottel-Scharaden gleichgültig zusähen: Wir finden sie gewaltig.

Daß sein vom Verleih umstrittener Film ›Paris, Texas‹ irgendwie »ein Hammer« werden würde, hat Wim Wenders »schlagartig« vorausgewußt. Der Hammer hat zumindest große Teile der deutschen Filmkritik so voll aufs Haupt getroffen, »daß einem die Worte fehlen«. Das behauptet ein P. Buchka in der ›Süddeutschen Zeitung‹, doch es hält ihn nicht davon ab, unbekümmert darum, daß »man in den Verdacht des Delirierens gerät«, so weiterzuschreiben: Wenders »hat sich als der zur Zeit beste Regisseur der Welt etabliert«. Sein Team ist »unter jedem Aspekt ... absolute Spitzenklasse«. Sein Film »wird das Kino ... verändern«. Zumindest hat er P. Buchka um den Verstand gebracht, von dem wir allerdings nicht wissen, ob er je über ihn gebot.

Ähnlich ist es U. Greiner in ›Indiana Jones und der Tempel des Todes‹ gegangen. Ihm ging wohl alles viel zu schnell in diesem »Film, der die Kritik entwaffnet«. Doch auch »das Gefühl, in Achterbahn und Geisterbahn gleichzeitig zu sitzen«, macht leider nicht ganz sprachlos. Es gibt ja noch: »Die Neo-Sprache der Jugendkultur, die dergleichen Konsumerlebnisse mit Vokabeln wie ›geil‹ und ›macht mich an‹ belegt«. Und sie kommt U. Greiner plötzlich »keineswegs so schlicht« vor, »wie es scheint«. Nichts scheint gefährlicher als die Sehnsucht des Kritikers, sich hinabzulassen zu den einfachen Betrachtern.

Doch gefährlicher noch ist seine Sehnsucht, als Regisseur den Film selbst zu machen, dessen Kritik man jahrelang im Kopf bewegt hat. ›Tausend Augen‹ müßte man zudrücken, um das Regie-Debut des ›Zeit‹-Kritikers H. C. Blumenberg einigermaßen kurzweilig zu finden. Immerhin hat er durch die Verfilmung seiner knabenhaft sterilen Phantasien dafür gesorgt, daß man in Zukunft keine seiner Kritiken mehr ernstzunehmen hat.

Auch B. Eichinger ist auf dem besten Weg, sich allmählich lächerlich zu machen. »Der Big Tycoon des deutschen Films« hat angefangen, seiner eigenen Image-Werbung zu glauben. »Wenn ich einen Deal mache oder eine Frau haben will, dann tändle ich nicht herum, ich gehe geradewegs auf mein Ziel zu.« Der »hypersensible« Erfolgsmensch hat u. a. das Ziel, nach der ›Unendlichen Geschichte‹ nun endlich einen Film »mit Blödel-Otto Waalkes zu machen«. Damit geht er nun schon seit Jahren hausieren. Und spätestens seit er ›E.T.‹ gesehen hat, ist das

Projekt angeblich »ganz konkret in Planung«. Auch aus dem Titel macht B. Eichinger schon kein Geheimnis mehr: ›Otto und das Spaghetti-Monster‹ soll er heißen. Wir können, da wir aus Spaghetti-Monster-Kreisen ungewöhnlich gut unterrichtet werden, ausnahmsweise ganz konkret versprechen: Daraus wird nichts.

NOVEMBER

1.	Elizabeth Teissier *(Nostradame)*
2.	Heinz Kaminski *(Kassandrus)*
3.	Andrej Tarkowskij *(Sinnfinder)*
4.	Elfriede Jelinek *(Kulturerbin)*
5.	Walter Kempowski *(Ehegatte)*
6.	Peter O. Chotjewitz *(Donaldeur)*
7.	Horizonte *(Verlag)*

Zum letzten Mittel hat die alternde Sterndeuterin E. Teissier gegriffen. Um ein vorletztes Mal in den Schlagzeilen erscheinen zu dürfen, hat sie sich selbst nicht nur vorhergesagt, daß sie sterben werde, sondern auch wann und wie: »Ich werde noch sehr jung sein. Und ich werde selbst schuld an meinem Tod haben – es wird ein Unfall oder ein Unglück sein.« Nun steht die 46jährige vor der unglücklichen Wahl, entweder in einem neuen Beruf alt zu werden oder astrologischen Posthum-Ruhm einzuheimsen, den zu genießen ihr dann freilich schwerfallen wird. Das hätte sie sich eigentlich vorher überlegen können, doch so weit hat die irdische Voraussicht offenbar nicht gereicht. Ihr berühmtes Vorbild Nostradamus wird die todesmutige Kleindarstellerin ohnehin nicht mehr erreichen: Der »legte sich ins Bett und sagte: ›Morgen werde ich nicht mehr leben.‹ Am nächsten Tag war er tot.« Solide Arbeit.

Besser davon kommen Wettervorhersager wie der bebrillte Professor H. Kaminski von der Sternwarte Bochum. Der wagte für ›Hör zu‹ im Mai »den Blick nach vorn«: »Das wird wieder ein toller Sommer!« Bei der herbstlichen Nachbetrachtung unter dem Motto »Nein, das war doch kein Sommer!« brauchte er im gleichen Blatt kein vorwitziges Wort zurückzunehmen. Daß »der schlechteste Sommer seit 100 Jahren« auch seine guten Seiten hatte, erfuhren wir von seinem dermatologischen Kollegen Prof. Dr. H. Ippen, Göttingen: »Das Klima war ein ›wahrer Jungbrunnen‹ für den Teint.« Der Dauerregen hat angeblich vor allem Damen, die, den optimistischen Prognosen vertrauend, ohne Schirm ausgingen, sehr wohl getan: »Dieser Sommer machte die Frauen jünger.« Nur den Prof. Kaminski und seine Jünger ließ er ziemlich alt aussehen.

Geradezu »bibliophil« soll eine »sechsbändige Luxusausgabe« aussehen, die der »Horizont-Verlag« uns unbändig »zur Ansicht« anbietet. Unsere Ansicht steht fest: »In schweinsledergenarbten, schweren dunkelbraunen Balacron gebunden« wird »diese Sammlung zweifelsohne ein repräsentativer Mittelpunkt für Ihre Bibliothek«. Vorausgesetzt, diese bestand bisher aus zerfledderten Comic-Heftchen. Nun können Sie »die unsterblichen Abenteuer von Asterix und seinen Freunden« endlich »auf hochwertigem Papier«, »mit Goldprägung« und »mit einem Leseband versehen« nicht bloß »genießen«, sondern auch »erleben«. Und vor Ihren Freunden brauchen Sie Ihren stillen Hang zu Analphabetismus und Balacronkultur auch nicht mehr zu verstecken.

Was man erfolgreichen Comics noch antun kann, demonstriert derzeit im Kinderfunk der Ex-Romancier P. O. Chotjewitz. Er geht den schwierigeren Weg und läßt die Bilder von Donald Duck und seinen unsterblichen Feinden notgedrungen weg. Walt Disneys gesammelte Werke wirken im Rundfunk und mit einigen Chotjewitzen angedünnt ungefähr so komisch wie ein Chaplin-Film in Blindenschrift.

P. O. Chotjewitz war einmal für die Romancieuse E. Jelinek »existentiell wichtig«. »Durch ihn« hat sie ihre »Lust am Trivialen« erst entdeckt. »Mode«, »Krimis«, »Dallas«, »Denver«, »Selbstmord«, »Sadomasochismus«, »Engagement im weitesten Sinne« – über alles weiß die menschenscheue Österreicherin nun zu plaudern. Sie hat das besonders ausführlich unter der zuvielversprechenden Überschrift »Wahrscheinlich wäre ich ein Lustmörder« in der ›Zeit‹ getan. Da geht so vieles durcheinander, daß man sich fragen muß, woher das kommt? »Ich meine, daß ich sehr stark meine Wurzeln in der jüdischen Kultur habe . . . Ich bin wahrscheinlich eh die letzte Dichterin dieser Richtung.« Der Hoffnung möchten wir uns anschließen, denn diese Richtung ist uns zu kreisförmig: »Wenn ich die Kunst nicht hätte, als Ventil, würde ich mich wahrscheinlich in Dinge verstricken, die sehr zerstörerisch wären«, heißt es noch lustmordlüstern auf Seite 1 der Hirnentrümpelung. Auf Seite 2 ist die Lust längst raus: »Ich glaube, wenn ich ein geregeltes Einkommen hätte, würde ich überhaupt nichts mehr tun.«

Auf ein längeres Gespräch hätte sich auch der frischemigrierte Regisseur A. Tarkowskij nicht einlassen sollen. Nur anfangs wirken die Bekenntnisse seiner russischen Seele einigermaßen fremd und rätselhaft. Dann geht es wie in seinen regenreichen Kultfilmen: Sobald die Frage nach dem Sinn des Lebens nicht nur gestellt, sondern beantwortet werden soll, löst sich das ganze feuchtnölige Ringen in der banalsten Jungschareinsicht auf: »Sich selbst bekriegen, ist der schwerste Krieg – sich selbst besiegen, ist der schönste Sieg.« O-Ton Tarkowskij: »Die Frage beschäftigt mich fortlaufend, ob ich mich selbst besiegen werde oder nicht. Das ist der Sinn meines Lebens.«

Schriftstellergattinnen finden den Sinn des Lebens oft darin, dem Schriftstellergatten das seine erfreulicher zu machen. Selten spricht es eine so offen aus wie H. Kempowski: »Ich mache gerne den Küchen- und Tischdienst.« Das mag hingehen, doch was dann an resignierter Leidensbereitschaft aus der Lehrerin quillt, das übersteigt die unsere: »Ich sehe mich immer an seiner Hand laufen: Er geht voran, und ich schleppe mich hinterher. Ihm verdanke ich alles. Ich war zu nichts in der Lage . . . er hat mir zur Emanzipation immer die Freiheit gegeben, mich immer gelassen.« Dann ist W. Kempowski also auch verantwortlich für diesen Geisteszustand seiner Frau und deren Selbstdarstellung in aller ›stern‹-Öffentlichkeit. Vielleicht kann er die häusliche

Aufstieg vom SPD-Jungminister zum echten Bertelsmann paßt genauso ins Bild wie der helle Schnauz und das »rabenschwarzgekachelte« Gästeclo, das der ›Männer-Vogue‹ so imponiert hat. Was den Clobesitzer nämlich »schon immer interessiert hat ..., ist Volksbildung, speziell Arbeitnehmerbildung«. Als Zuständiger für »Neue Medien« will er jetzt mit einer ganzen »Produktpalette von Informationen, Bildung, Kultur und Unterhaltung« das Privatfernsehvolk »zur Hebung des kulturellen und damit auch des materiellen Niveaus« anhalten. Der Volksfreund war stets bemüht, Gegensätze zu versöhnen. Seine »Helden in der Wirklichkeit« sind »Arbeiterpriester und große Unternehmer«. Warum soll er nicht beides zugleich sein?

Einfach reich zu werden, reicht keinem mehr. J. Marquard, »ein Wunderknabe der Verlagswelt«, jedenfalls für die ›Züri-Woche‹, hat sein Geld mit Kinderzeitschriften wie ›Pop‹ und ›Pumuckl‹ verdient. Nun wirft er eine deutsche Ausgabe von ›Harper's Bazar‹ auf den Markt. Und das nicht etwa als ein weiteres überflüssiges Hochglanzprodukt unter Dutzenden, sondern als unentbehrlichen Begleiter »auf der Entdeckungsreise zum eigenen Ich«.

Womit wir bei der Hochkunst wären. Einer ihrer erfolgreichsten Vertreter ist seit Jahren der Österreicher A. Rainer. Ob er den eigenen behaarten Körper oder harte Hiroshima-Fotos übermalt, für den Künstler selbst ist das allemal nur »Wirrwarr«, »Gepatze«, »Abfall«. Das ist es allerdings, doch »in der Kunst gibt es« ohnehin »nur mehr Anläufe«. Da trifft es sich gut, daß A. Rainer einen Vorläufer seiner »Verlegenheitsbilder« gefunden hat: Jesus Christus hieß der Superstar. »Für mich ist er der richtige Künstler, ein idealer Performance-Künstler ...«, und A. Rainer ist sein Prophet: »Die Botschaft, daß Siege sich nur aus und in der Niederlage ergeben, die Vollkommenheit nur aus dem Kreuz – das ist doch die Philosophie des modernen Künstlers.« Amen.

MÄRZ

1.	Ralph Siegel *(Macho)*
2.	Jesusa Rodriguez *(Macha)*
3.	Germaine Greer *(Mama)*
4.	Erich Fried *(Opa)*
5.	Myrrha von Aretin *(Freifrau)*
6.	Christian Schwarz-Schilling *(Privatgelehrter)*
7.	Karl Brunnacker *(Professor)*

Wenn ein deutscher Professor im Winter kalte Füße bekommt, befürchtet er natürlich gleich das Allerschlimmste: »Wir stehen am Beginn einer neuen Eiszeit«, darauf versteift sich K. Brunnacker von der Universität Köln in der ›Bild‹-Zeitung. Und da stehen wir nach seiner Rechnung schon ziemlich lange. »Wir wissen, daß alle 10 000 Jahre eine neue Eiszeit kommt. Die letzte ist vor 12 000 Jahren zu Ende gegangen.« Wenn man 2000 Jahre nur so rumsteht, ist es kein Wunder, daß einem die habilitierten Zehen frieren, doch es kommt noch unverfrorener: »Dann wird es 70 000 Jahre lang bitter kalt« bei uns. Einzige Hoffnung: die Luftverschmutzung! »Die unsichtbare Kohlendioxydglocke (CO_2) verhindert, daß die Erdwärme in die Atmosphäre entweicht.« Daß Professorenhirne aufweichen, kann sie allerdings nicht mehr verhindern.

Aber den deutschen Wald könnte sie noch retten, jedenfalls nach Meinung der selbsternannten »Waldbaronin« M. Freifrau von Aretin, 76. »Ich bin sogar der Meinung, daß der Wald besser wächst, wenn er Stickstoffdioxyd und Kohlendioxyd aus den bleifreien Auspuffgasen bekommt.« – »Und was sagen Sie zu dem heißumstrittenen Tempolimit?« fragt die ›Funk-Uhr‹ streitbar nach. Klare Antwort: »Ich halt's für Unsinn.« Der wahre Feind des Waldes hat nämlich keine Räder, sondern vier Beine und einen Bürzel, wo bei anständigen Autos der Auspuff sitzt. »Keiner will wahrhaben, daß der wirkliche Schädling des Waldes das Wild ist.« Das weiß die Waidmännin mit mörderischer Sicherheit – aber warum will das nur keiner wahrhaben? Vielleicht, weil's Unsinn ist?

Die kinderlose Ex-Feministin G. Greer wäre mittlerweile »glücklich, wenn mein Haus voller Babys wäre«. Die unausgefüllte Hausbesitzerin empfiehlt deshalb in ›Buch aktuell‹: »Die Frauen müssen wieder keusch werden, auf empfängnisverhütende Mittel verzichten, Kinder kriegen. Denn es gibt nichts Wertvolleres als eine Großfamilie.« Nicht einmal ›Klosterfrau Melissengeist‹. Nein, es gibt laut G. Greer und ›Petra‹ überhaupt nur zwei Alternativen: »Cruise missiles« oder »ein paar Gemälde im Metropolitan Museum zu hinterlassen«. Doch das kinderlose Mensch kann sich nur ihr eigenes Schicksal ausmalen: »Gucken Sie sich kinderlose Menschen an, die kreisen ständig um sich selbst, sind schwierig, grüblerisch, gelangweilt und langweilig.« Frisch, fromm, fröhlich und frei sind nur gebärende Frauen – Männer zählen für G. Greer im ›stern‹ schon gar nicht mehr: »Über die Zahl der Männer, mit denen sie schlief, sagt sie gern selbst, sie seien nicht zu zählen gewesen.« Dumm, wenn man nicht mal bis 3 zählen kann.

Da hat Deutschlands erfolgreichster Tonsetzer R. Siegel für den ›Playboy‹ über seine Eroberungen besser Buch geführt: »Ich habe es . . . auf einen Erfahrungsaustausch mit Damen aus 22 Nationen gebracht«, gibt der Erfahrene an. »Eine richtige Frau ist für« ihn »eigentlich jede Frau, die sich klar zum weiblichen Geschlecht bekennt«. Wie z. B. G. Greer. Wie sie findet R. Siegel die ganze Emanzipation auch ziemlich überflüssig. »Ich sehe wirklich keine Notwendigkeit, warum Mann und Frau gleich sein sollten.« Und dem Leser der ›Abendpost/Nachtausgabe‹

verspricht er: »Wer den Unterschied zwischen Mann und Frau nicht sieht, ist blind und taub.« Was immerhin den Vorteil hätte, daß einem nicht bloß die Visage des wilden Mannes, sondern auch seine milden Liebes- und Friedenslieder ein bißchen erspart blieben.

Sieben Frauen waren es, die sich unter Anleitung der Mexikanerin J. Rodriguez an Mozarts ›Don Giovanni‹ vergangen haben. Auf »ein Klavier« haben sie seine Musik kastriert, auf »skandierenden Sprechgesang« da Pontes Text zurückgestutzt. Das ist zwar noch keine eigene Idee – aber: »Wir Frauen waren voller Intuition, ganz und gar, mit allen Sinnen.« Der eiskalten Vernunftfrage nach dem »Warum« setzt soviel weibliche Wärmeenergie ihr ungerührtes »Warum nicht« entgegen. »Don Juan ist eine Metamorphose. Mit ihm ist alles möglich.« Auch eine »Donna Giovanni«.

Nicht »Vanessa, die Mandeläugige« oder »Barbara, soft und sexy« hat E. Fried besungen. »Sally« hat er sich ausgesucht: »ein ganz heißer Ofen«, bloß mit schwarzen Schaftstiefeln und Gestapo-Mützchen bekleidet. Das Überraschendste an den »bisher unveröffentlichten« Versen des linksgestarteten Emigranten, die Herausnehmer K. R. Röhl für sein neuestes Herrenmagazin ›New York, New York‹ ausgewählt hat, ist, wie schamhaargenau dies senile Gewichse zwischen Sallys offene Schenkel paßt:

Von »Nichts in der Welt ist so groß
wie dein offener Schoß . . .«
bis »Nichts in der Welt ist so rein
wie ganz in dir zu sein.«

Wir machen uns folgenden Reim drauf: Aus London grüßt ein mattes Glied / New York, New York druckt Erich Fried.

Die sauren Früchte seiner Hochbildung hat Doppelnamenminister C. Schwarz-Schilling dem Fragebogen des ›FAZ-Magazins‹ anvertraut. Ob Konrad Fuzius oder Konrad Adenauer, er kennt sie alle – und er nennt sie, denn das Prinzip des Bogens hat er nicht ganz raus. Er antwortet auf jede Frage gleich vielmals: »Wer oder was hätten Sie sein mögen?« S.-S.:

»Chinesischer Maler der Sung-Dynastie; Theologe im Spätmittelalter; Komponist im 17./18. Jahrhundert; Naturwissenschaftler im 19./20. Jahrhundert; und heute: was ich bin.« Also einer, der sich röhrend bemüht, das erste und einzige Programm seines Regierungschefs H. Kohl zu erfüllen: mehr Fernsehen für alle.

APRIL

1.	Hans Apel *(Balina)*
2.	Volker Hauff *(Frankfottä)*
3.	Waltrude Schleyer *(Witwe)*
4.	Jens von Bandemer *(Jünger)*
5.	Jörg Andreas Elten *(Bhagwaneur)*
6.	Hans Böttger *(Mimichrist)*
7.	Karl-Georg Schumann *(Mixer)*

Die SPD hat es ja nicht leicht. Aus der vertrauten Bonner Provinz muß sie ihre arbeitslosen Minister in die großen Städte hinausschicken, wo die abgewählten Machthaber wieder ganz klein anfangen sollen. Um ihre Wahlen zu gewinnen, haben sie es mit radikaler Anpassung versucht. Dem lockigen Hanseaten H. Apel ist es nicht schwergefallen, den Alt-Berliner Schnodderschnauzenton zu treffen. »Wir werden Rabatz machen!« hat er der ›Berliner Morgenpost‹ ins »Wählertelefon« versprochen. Erschrocken über soviel ausdrückliche Kraft fragt der ›Spiegel‹: »Hans Apel ist in Berlin zum Sponti geworden?« Doch das weiß H. Apel besser. »Das weiß ich nicht, aber ich habe auch in Berlin meinen Verstand nicht an der Garderobe abgegeben.« Den hatte er nämlich schon in Bonn verloren. Der Spitzen-Kandidat entsinnt sich dunkel: »Ich war auch mal junger Abgeordneter. Nach zwei Jahren wußte ich gerade, wo die Klos sind.« Womit auch das doofe »Rotationsprinzip« und seine alternativen Befürworter für ihn erledigt wären.

»Ich bin zwar aufgewachsen im Stuttgarter Raum«, mußte der

Frankfurter Kandidat V. Hauff dem Metropolenmagazin ›Pflasterstrand‹ gestehen, aber den Makel seiner Geburt hat auch er nach Kräften zu tilgen getrachtet. Nicht etwa durch »klare politische Aussagen« oder gar »Festlegungen« gegen die »Grünen« nach »der Rezeptur Hans Apel: Ich werde mich mit denen nicht einlassen«. Nein, der vorsichtige Schwabe hat es geahnt: »Mit vorweggenommenen Koalitionsspielereien gewinnen wir kein Vertrauen beim Wähler.« Vertrauen beim Frankfurter Wähler schafft eher schon »ein Kneipenbummel durchs Ebbelwei-Revier«, zumal wenn die ›Bild‹-Zeitung und »die hübsche Ehefrau Ursula (38)« mit von der Anbiederungspartie sind. Der Begleitschutz war nützlich, denn so durfte der ehemalige Forschungsminister beim geliebten Weißwein bleiben und mußte nicht selbst mit der Wirkung gegorenen Apfelsafts experimentieren. »In meiner Familie gibt's einen leidenschaftlichen Apfelweintrinker – meine Frau.« Das reicht.

In München kümmert man sich kaum um Kommunalpolitik. Man gibt sich weltläufig und trinkt seinen sauren Whiskey nur in der ›American Bar‹. Da stimmt wirklich alles, und deshalb ist es kein Wunder, wenn dies süße Leben so provinziell wirkt. Der stolze Bar-Besitzer K. G. Schumann, der sich einfach »Charles« abkürzt, hat die richtigen Drinks, die richtige Musik, die richtigen Gäste und sogar die richtigen Träume, richtige Rentnerträume, on the rocks. »Eine kleine Bar in einer stillen Straße, wo man seine Ruhe hat, um die Sportzeitungen zu lesen, und wo man langsam auf den Tod warten kann«, den unpünktlichen.

Selbst der »größte europäische Bremsenhersteller« J. v. Bandemer ist mit seinem bisher »völlig normalen Leben«, bestehend aus »Parties, Jagdausflügen und flotten Flitzern« nicht mehr zufrieden. Er möchte ausprobieren, ob es wohl »ein Leben nach der Bergpredigt« gibt. Seine Bremserei will er verkaufen, um mit dem Erlös der 50jährigen »Prophetin« und Hausfrau Gabriele Wittek nachzufolgen und ihrem »Heimerholungswerk Jesu Christi« im Würzburger Stadtteil Heuchelhof eine Art Urchristengemeinde zu finanzieren, frei von »Ehrgeiz,

Neid, Vorgesetztengehabe« und größeren »Gehaltsunterschieden«. Um vollkommene Besitzgleichheit zu garantieren, sollte das Heuchelheim womöglich nur Großindustriellen von einer Umsatzmilliarde an aufwärts Erholung bieten.

Eine noch praktischere Einstellung zu ihrem Gott hat W. Schleyer. Unter uns Terroristen-Witwen will sie auch der neuen Leidensgenossin Zimmermann zum wahren Glauben helfen. »Der Glaube an Gott – o ja, der hilft natürlich.« Zumindest, »falls der liebe Gott dazu beisteuern kann, daß das Furchtbare leichter getragen wird.« Und wenn man schon so an ihn glaubt, dann ist er eigentlich auch beisteuerpflichtig. Himmel und/oder Hölle sollte er wenigstens in Bewegung setzen. Denn »Menschen, die glauben können, daß man sich im Jenseits wiedersieht, die haben es natürlich besser als einer, der herumrätselt, wie es weitergeht«.

Die Zukunft der evangelischen Kirche ist uns rätselhaft. In Hamburg-Bergedorf z. B. ist es jetzt »mucksmäuschenstill« während der Gottesdienste. Der 75jährige Diakon H. Böttger trägt seine Predigten nämlich wortlos vor, weißgeschminkt, mit Ringelhemd, ganz wie sein Schutzpatron St. Marcel Marceau. In der »Sprache der Gestik und Mimik« drückt er die Bibel so aus, daß das ›Hamburger Abendblatt‹ sogar »die Geschichte des Abraham, der seinen eigenen Sohn opfern soll« wiedererkannt haben will. Der mundfaule Autodidakt bekennt: »Ich bin mit der Pantomime verheiratet.« Seine Kirche sollte sich überlegen, ob die Aufhebung des Zölibats nicht doch ein Riesenfehler war.

»Verrücktenführer« Bhagwan hat »die Verrückten der ganzen Welt« nach Oregon eingeladen. Einige kamen zur Wahlhilfe aus amerikanischen Obdachlosenasylen, andere, aus Deutschland, waren längst da, um von der »ganz multimedialen Aktion« zu künden. Also: »Es gab unheimlich tolle Meetings mit denen.« Man kann sogar echt sagen, »daß ein gewisser Prozentsatz dieser Leute ganz toll ist, super«. Diese »wunderbaren Typen« sind inzwischen »vollkommen integriert«. Und ob wir es nun glauben oder nicht: »Plötzlich hat es bei denen geknackt, und dann sind sie abgegangen wie Raketen.« Richtung Nirwana, versteht sich.

Swami J. A. Elten war als Augenzeuge dabei. Wir glauben, daß der Alt-Reporter allein für seine neue Sprach-Power ein ›stern‹-Abo auf Lebenszeit oder sterbenslänglich Fegefeuer verdient hätte.

MAI

1.	Raimund Harmstorf *(Seewolf)*
2.	Wilhelm Berkhahn *(Wehrwolf)*
3.	Marianne Luther *(Auszieherin)*
4.	Katherine Hamnett *(Anzieherin)*
5.	Hans Lothar Fauth *(Lübeck)*
6.	Pic *(»Pic«®)*
7.	Kurt Mätzler *(»Pierino«)*

Eine generös klingende »Einladung an arbeitslose Mitbürger der Innenstadt« hat H. L. Fauth, »Kaufmann/Gastronom« und »Mitglied der Lübecker Bürgerschaft« zur Feier seines 57. Geburtstages per Zeitungsannonce ergehen lassen. Für 12 Uhr war ein »zünftiges Mittagessen« angekündigt: »Damit möchte ich erreichen, daß ich Sie für ein paar Stunden aus Ihrem sorgenvollen Alltagsleben herausholen kann«, hatte sich der Christ und Demokrat sorglos vorgenommen. Doch zwei Tage vor dem großen Fressen hatte er die Spendierhosen gestrichen voll. »Eine Katastrophe« könnte er wohl erleben, wenn »sich hier alle Arbeitslosen angesprochen fühlen«. Und da man ja weiß, wie gefräßig alle Arbeitslosen sind, stellte er klar: »Außerdem steht nicht im Mittelpunkt das Mittagessen, sondern das Gespräch mit meinen Wählern.« Die Drohung wirkte: Nur etwa 50 Arbeitslose brauchten mit »Erbsensuppe (ohne Einlage)« und leeren Versprechungen abgespeist werden. Für H. L. Fauth immer noch zu viele: »Es wäre schon ein Erfolg gewesen, wenn nur fünf gekommen wären ...«

Mehr oder weniger arbeitslos ist seit 13 Jahren auch der ehemalige ›Seewolf‹-Imitator R. Harmstorf. »Aber, Junge, wichtig ist zu überleben.« Der breitbrüstige Mann, der einst Kartoffelbrei mit der bloßen Hand zermalmte, hat sich auf einer Eigentumsinsel in der Karibik überlebt. »Da lass' ich voll den Robinson raushängen«, hat er ›Hör zu‹ erzählt. In der ›Bild‹-Zeitung dagegen wollte er lieber den Don Juan raushängen lassen. Es hat jedoch nur zum Leporello gereicht, da der »Eroberer« über seine Frauen selbst Buch führen mußte, von Nummer 1 (»Margot«) bis 2000. »Diese Erinnerung ist mein Paradies«, schwärmt er unverdrossen, »aus dem ich nicht vertrieben werden kann.« Zumal die Wahrscheinlichkeit, daß der Wolfsjunge irgendeinen Baum der Erkenntnis darin finden wird, relativ gering ist.

In höllischer Nacktheit wollen sich 1985 mindestens 9 Millionen Deutsche im Urlaub präsentieren. »20 Prozent Zuwachs gegenüber dem Vorjahr«, freut sich die FKK-Branche. »Eine Million mehr als im letzten Jahr«, hat ›Bild‹ ausgerechnet. Wir haben uns damals schon gefragt, warum tun diese Menschen sich und uns das an? »Es ist ein tolles Gefühl«, behauptet nun fettweg eine gewisse »Marianne Luther, 25, ledige Angestellte«. Die leidige Ausgezogene findet es »schön, wenn die Männer mich so anschauen«. Wir fragen uns weiter, wozu solche Menschen noch ein Gesicht mit sich herumschleppen, da ihr gesamtes Selbstvertrauen doch offensichtlich im Arsch ist.

Um diesem drohenden Drang zu sommerlichen Exhibitionismen entgegenzuwirken, müssen die Modemacher sich schon etwas einfallen lassen. Und da sie ihre Kundschaft kennen, muß es schon etwas ausgefallen Abgeschmacktes sein. Vor dem malerischen Hintergrund von Umweltzerstörungspanoramen ließ die Engländerin K. Hamnett ihre Modelle auf der »Londoner Modewoche« in Sack und Jute aufmarschieren. Ganz ohne Scham, Plastik und Kosmetika, die zuvor an Tieren ausprobiert wurden, will sie der »Bedrohung der Schönheit« wehren. Ihr Motto »Think global« darf man wohl dahingehend übersetzen, daß sie sich beim Denken nicht mehr von Kleinigkeiten wie

Folgerichtigkeit und Originalität aufhalten läßt, sondern globale Trottelei bevorzugt.

Auf besonders dumme Gedanken muß man nämlich besonders gut achtgeben. Der ›Roncalli‹-Clown »Pic« hat sich seine einzige »Idee«, Seifenblasen als »Poesie« zu verkaufen, jetzt gerichtlich schützen lassen. Nun dürfte das eingetragene Markenzeichen ja eigentlich zufrieden sein, doch als beglaubigter Weltfremder und echter Ernstmacher will er seinen Konkurrenzkampf vor allem als Streit für eine bessere Zukunft verstanden wissen: »Ich bin mir bewußt, daß es viel größere Ungerechtigkeiten gibt auf der Welt«, hat er in einem »Offenen Brief an Freunde und Kollegen« bescheiden eingeräumt – aber: »Aber ich glaube auch, daß, wenn die Welt gerechter werden soll, es auch an solchen Kleinigkeiten liegt.«

Wir sind da großzügiger: Wenn es schon keine Gerechtigkeit gibt auf der Welt, dann sollten sich wenigstens die Clowns bemühen, uns zum Lachen zu bringen. Aber das wollen sie gar nicht. Der neueste »Pic«-Nachfolger »Pierino« »kauert auf dem Trapezstand nieder, holt eine winzige Mundharmonika aus der Tasche, ein Schwyzer Örgeli, und spielt. Spielt für sich selbst . . .« Dann spielt er für sein schleunigst gerührtes Publikum noch »Pierino, den Zauberhaften« oder »Pierino, den Melancholischen«, denn auch er versucht mit allen bekannten Mitteln »den anderen Menschen Freude zu bringen. Eine leise, stille Freude, die ihnen hilft, den grauen Alltag ein wenig zu vergessen.« Die bunte Absicht verbindet ihn mit dem Lübecker Armenspeiser H. L. Fauth. Dabei war »Pierino«, als er noch K. Mätzler hieß, weder Kaufmann noch Gastronom – der Mann war Lehrer. Und das erklärt heutzutage so gut wie alles.

W. Berkhahn war Wehrbeauftragter des deutschen Bundestages. Als solcher hat er auch in seinem letzten Jahresbericht wieder einige »große Schwierigkeiten mit dem Recht auf Menschenwürde innerhalb der Streitkräfte« entdeckt. Weniger »menschenverachtende Worte« und »mehr Verständnis bei den Vorgesetzten gerade in den persönlichen Angelegenheiten der Soldaten« wünscht sich der SPD-Naive zum Abschied. Aber auch an den gemeinen Wehrpflichtigen hat er was auszusetzen: »Es gibt zu viele Ja-Sager in der Bundeswehr!« Das ist natürlich barer Unsinn. Es gibt nur Ja-Sager in der Bundeswehr, denn ohne Ja-Sager gäbe es gar keine Bundeswehr. Das ist doch klar wie Kloßbrühe. Wer nein sagen will, tut das gefälligst rechtzeitig und geht gar nicht erst rein in die Armee. Kapiert, Berkhahn, altes Frontschweinchen? Na also. Weggetreten.

JUNI

1. Heinz Rühmann
(Spät-Buddha)

2. Luise Rinser
(Oma-Utan)

3. Rainhardt Fendrich
(Alt-Wiener)

4. Eric Warburg
(Uralt-Banker)

5. Paulina Porizkova
(Jung-Autorin)

6. Elly Sauerbrei
(61)

7. Niki Lauda
(Denker + Lenker)

Die kleine Zuschauerin E. Sauerbrei, 61, hat sich bei ihrer großen Programmzeitschrift darüber beklagt, daß Menschen ihres Alters im Fernsehen regelmäßig »für dumm verkauft« würden. Über ungerechte Verfilmungen haben sich schon die meisten Deutschen geärgert: vom Oberinspektor bis zum Unternehmer, vom Außenminister bis zum Binnenschiffer. Die »wutschnaubende Großmutter« hat von ihren Leidensgenossen nun aber so viel Zustimmung für ihre These, »ältere Menschen« würden in Unterhaltungssendungen »entweder als liebenswerte Dummchen oder als weltfremde Menschen gezeigt«, bekommen, daß sie seitdem ernsthaft erwartet, »die Leute von Fernsehen und Werbung könnten den Stellenwert der älteren Menschen in unserer Gesellschaft künftig noch einmal überdenken«. Täten sie das, könnte das Ergebnis wenig schmeichelhaft ausfallen. Denn wer Werbung mit Realität verwechselt und vom Fernsehen Gerechtigkeit erwartet, ist nicht bloß weltfremd, sondern unheilbar dämlich. Und dafür, daß ältere Nörgler durchaus nicht liebenswert sein müssen, gibt es die abschreckendsten Beispiele.

Selbst Affen peinlich ist inzwischen die Tagebuchführerin L. Rinser, 74. Sie hat für das ›Zeit-Magazin‹ im Berliner Zoo einen Orang-Utan angesprochen: »Bruder Tier, verzeih uns, daß wir dich einsperren, verzeih uns die Vivisektion, verzeih!« Was soll da der haarige Bruder seiner selbsternannten Schwester sagen? »Er dreht sich gelangweilt weg.« Für ihre Kinder gab es kein Entrinnen. Die mutige Mutter erinnerte sich pünktlich zum 8. Mai, wie sie vor 40 Jahren einmal einen »Pappmaché-Hitler« an einen selbstgebauten Galgen hängte und »mit meinen Kindern um den papiernen Gehenkten tanzte«. *Nach* Hitlers Tod, versteht sich.

H. Rühmann, 83, hat »keine Angst vor der letzten Klappe«. Nach seiner praktischen Wiedergeburtslehre wird er die eigene selbst dann nicht lange halten müssen. »Wir verlassen die Erde. Aber wir kommen wieder.« Warum, wieso, weshalb, das weiß der Greis auch nicht genau – »aber es lohnt sich, an das Gute zu glauben«. Dann erfüllen sich im höchsten Alter noch die dümmsten Jugendträume. »Ich wollte zeit meines Lebens ein Clown werden.« Nun wird er auch das noch, und gleich in einer sechsteiligen Serie. Für den todsicheren Weinerfolg garantiert im Hintergrund das erfahrene Volk vom ›Zirkus Roncalli‹. Doch sein Direktor B. Paul irrt sich gewaltig: »Ein Mann ohne Feinde« ist sein »Idol« H. Rühmann keineswegs. Wir sind der lebende Gegenbeweis.

Prominente Alte wollen anscheinend immer nur das eine: »Ich will arbeiten«, behauptet nicht nur der alte Herzensbrecher H. Rühmann, auch der Hamburger Privatbanker E. Warburg kann sich mit 85 Jahren noch nichts Schöneres vorstellen. Sohn Max, 37, ist Zeuge: »Vater ist jeden Morgen im Büro.« Dort hat der Alte sich in nimmermüder Kleinarbeit etwas zurechtsenilisiert, was die ›Bild‹-Zeitung eine »Lebensphilosophie« nennt: »Geld ist kein Genuß, sondern Verpflichtung.« Die Verpflichtung, sich damit Genuß zu verschaffen, meint der Geldbesitzer bestimmt nicht. Eher schon die dagobertianische Neurose: Mehr ist besser als viel und viel mehr besser als alles.

Das erinnert an N. Laudas frühere Einsicht in die offensichtliche Sinnlosigkeit von Autorennen. Er war es bereits 1979 leid, »immer im Kreis herumzufahren«. Nach dem Rücktritt von seinem Rücktritt sind dem längst wieder erfolgreich Kreisenden neue Zweifel an seinem »Sport« gekommen: »Es gibt wesentlich wichtigere Dinge im Leben und auf dieser Welt«, hat er mit Vollgas herausgefunden. Und beim Wiedersehen der dümmeren Kollegen »da ist mir plötzlich durch den Kopf geschossen: Wie sollst du es mit diesen öden Menschen ein ganzes Jahr lang aushalten?« Im Prinzip gibt es nur eine Hoffnung für den Formel-1-Philosophen: Wenn er »diese Visagen« wirklich »nicht mehr sehen kann«, dann muß er halt vorausfahren und bloß nicht in den Rückspiegel schauen, zumal darin das auftauchen könnte, was er selbst seit seinem Totalschaden 1976 als Gesicht benutzt, obwohl seitdem ja auch der meiste Lack und ein halbes Kotflügelohr ab sind.

Den eigenen Beruf weit verfehlt hat leider auch P. Porizkova. »Ich finde meinen Job saublöde«, hat das »internationale Fotomodell« dem deutschen ›stern‹ enthüllt, »aber im Augenblick kann ich damit so viel Geld verdienen, daß ich ja bescheuert wäre, wenn ich das nicht mitnehmen würde.« Saublöde ist nur, sich über das gute Geschäft mit dem Augenblick zu beschweren, zumal P. Porizkova gar nicht viel für ihre Schönheit tun muß: »Mein heißer Tip: viel Wasser und viel bumsen.« Doch das bumsfidele Wasserhuhn fühlt sich zu Höherem berufen: »Wenn ich diesen Scheiß-Modell-Job nicht mehr nötig habe, dann will ich Kinderbücher schreiben.«

»Ich wollte nie einer von denen sein«, hat der Wiener Liedermacher R. Fendrich seinerzeit brav mitgesungen. Einer von denen natürlich, »die nie im Leben aufbegehren / sich mit jedem arrangieren / verdammt in ihrer Mittelmäßigkeit . . .« usw. Da es bei ihm zur Mittelmäßigkeit nie gereicht hat, arrangiert der »Sänger« neuerdings seine Lieder »ohne Weltschmerz«, zeitgemäß optimistisch, marktgerecht antidialektisch. »Wienerisch ist meine Muttersprache«, erinnert er sich noch, doch »für bestimmte Themen« paßt ihm nun »Hochdeutsch« besser. Vor allem wohl, weil es um Wien geht: »Diese Stadt ist ein Schrei / sie ist high und modern / alle lieben den Duft / alle haben sie gern.« Vielleicht muß man diese letzten Schreier einfach gern haben. Lieber aber würden wir ihnen immer noch den Hals umdrehen.

JULI

1.	Klaus Schlappner *(Mr. Bundesliga)*
2.	Gabriele Sievers *(Miss World)*
3.	Jochen Stinauer *(Nr. »1«)*
4.	C. Everett Koop *(Nichtraucher)*
5.	K. H. Hiersemann *(Nichtbayer)*
6.	Richard Meier *(Nichtdenker)*
7.	Apricot *(Computer)*

Dumm und denkfaul war der größte Teil der Menschheit immer schon. Neu ist, daß man darauf jetzt stolz sein darf. Frauen haben es als erste ganz aufgegeben, diese schwierige Welt begreifen zu wollen. Es reicht ihnen offenbar, begriffelt zu werden. Dafür trainieren sie ihre unschuldigen Körper an Trimm- und Klimmgeräten so lange, bis auch der vorletzte Gedanke ausgeschwitzt ist. Den letzten formuliert eine der amerikanischen Vorturnerinnen der Bewegung: »Männer mögen Frauen mit straffen Körpern, und in ihren Phantasien stellen sie sich vor, wie es wäre, mit einer geschmeidigen, starken und muskulösen Frau zusammenzusein.« Es wäre vermutlich ebenso anregend wie das Zusammensein mit einem weichgeklopften Filetsteak, das allerdings den Vorteil bietet, daß man es in der Pfanne braten und aufessen kann.

In Deutschland verkörpert G. Sievers, Doppelweltmeisterin im Körperbilden, diesen zur Norm erhobenen Autismus einer Generation, die nur noch an das glaubt, was sie jederzeit anfassen kann: an die eigene Haut. Seine positiven Gedanken läßt sich das Muskelpäckchen von seinem Freund Volker vorsagen: »Man soll sich nicht soviel mit negativen Gedanken beschäftigen, das ist auch ein Friedensbeitrag!« Und sonst? »Auch trage ich meistens kurze Hosen sowie Tank-Tops, um meine Muskulatur stets zu sehen, wie sie arbeitet oder sich aufpumpt.«

In den USA, aus denen der Fitness-Shit gekommen ist, denkt man schon weiter. »Bis zum Jahr 2000« will C. E. Koop als Leiter der staatlichen Gesundheitsbehörde »eine rauchfreie Gesellschaft« geschaffen haben. Damit meint er durchaus nicht die Abschaffung von Industrieschornsteinen, Autoauspuffen oder sonstigen Groß-Abgaslassern – C. Koop will Menschen wie uns verfolgen, die den Fluß ihrer Gedanken bisweilen durch den Genuß von Tabak in Zigaretten- oder Zigarrenform befördern. Einem Menschen, der außer pathischen Gesundheitswahnvorstellungen nichts mehr im Kopf hat, muß dies Bedürfnis wohl unbegreiflich bleiben.

Während junge, junggebliebene, ewig jungbleibenwollende Muskelmenschen ihre Körper längst wie postmoderne Melkmaschinen malträtieren, verstecken coole Hightech-Hersteller ihre cleanen Produkte immer noch hinter anthroposophischen Rundungen und blumigen Obstnamen. Die toughen Youngster von ›Apple‹ waren die ersten, nun gibt es auch noch ›Apricot-Computer‹, »frisch« wie die patronierende Eierpflaume, »und das mit dem saftigsten Programm«: »Bis zu 20 Megabytes« soll das überlebensgroße Früchtchen auf den ganzseitigen Farbanzeigen enthalten. Megaherz, was begehrst du mehr?

Aus einem Computer stammt angeblich auch die große »1« mit den drei kleinen »ARD«-Buchstaben. DM 500 000,– soll die Entwicklung des Signets gekostet haben. Der deutsche Fernsehzuschauer sieht es trotzdem nicht gern. Deshalb ist WDR-Sendeleiter J. Stinauer auf die »Idee« gekommen, das Pausenzeichen »zu vermenschlichen«, und zwar »durch Kinder«. Kinder in WDR-T-Shirts mit WDR-Luftballons im WDR-Studio. »Dazu ertönt ansteckendes Kinderlachen.« Wir sind gegen Kinderkrankheiten glücklicherweise immun.

Der neue Spitzenkandidat der SPD in Bayern sieht beileibe nicht aus wie eine Computergrafik. Ob der Zugereiste seinem Wählervolk gefallen wird, ist trotz übergewichtiger Überanpassung fraglich. »Daß er ein g'standenes Mannsbild ist«, hat ihm »zwar bisher noch keiner abgesprochen«. Daß er »auch einer« ist, »der gern mit dem Bürger zusammen ein Fest feiert, mit ihm eine Maß Bier trinkt oder einen Schafkopf spielt«, sagt K. H. Hiersemann vorsorglich von sich selbst. Daß »das heißt, daß er schlichtweg genauso ein Bayer ist wie jeder andere auch«, glauben wir ihm ja. Aber ob die anderen Bayern schlicht genug sind, den Anbiedermann auch noch zu wählen, möchten wir fei bezweifeln.

K. Schlappner war früher NPD-Kandidat. Jetzt ist er Bundesligatrainer. »Wer nicht Bier trinkt, kann auch nicht Fußball spielen«, heißt seine Devise. Und dafür haben ihn die deutschen Fußballfreunde natürlich zum »Trainer des Jahres« gewählt. K. Schlappner sieht, vom Pepita-Hütchen bis zu den Adidas-Schlappen, tatsächlich so aus, als hätten ihn sich zwei Waldhöfer Rentner zum Frühschoppen bestellt: eine Bierschaumgeburt. Jetzt singt er auch noch den ›Schlappi-Räpp‹:

»Ich hätt' so gern 'nen Pappi, 'nen Pappi wie den Schlappi« usw.

Seine Sprüche wirken überhaupt erst in makellosem Mannheimerisch so richtig niederschmetternd: »Wenn man zu Hause im Zimmer sitzt, dann stirbt man dumm.« Wenn einer wie K. Schlappner sein Zimmer verläßt, wird die vitale Dummheit leider öffentlich.

Geheimhalten mußte lange Zeit auch R. Meier seine akuten Verständigungsschwierigkeiten. Jetzt ist er auf seine alten Tage noch Buchkritiker für die ›Welt‹ geworden und darf ganz ungeniert davon erzählen. Aus Anlaß eines simplen Thrillers z. B.: »Man nimmt also den Roman mit großen Erwartungen in die Hand.« Soweit hat R. Meier noch alles richtig gemacht – bald aber: »Bald aber wird man stutzig.« Hat man vergessen das Buch aufzuschlagen oder die Seiten umzublättern? Nein: »Es gelingt nicht, die Handlung festzustellen.« Das war für unseren Stutzer vordem bestimmt bequemer. Da konnte er ja seine Leute fragen: Bis 1983 war R. Meier nämlich Präsident des Bundesamts für Verfassungsschutz.

AUGUST

1.	Charles Bukowski *(Softie)*
2.	Eckhard Schmidt *(Loftie)*
3.	Helmut Schmidt *(Geräuschemacher)*
4.	Uta Claus *(abartig)*
5.	Aaron Ronald Bodenheimer *(obszön)*
6.	Paul Breitner *(obszöner)*
7.	Unni Rustad *(Norwegen)*

Norwegen ist kein breites Land. Vielleicht liegt es daran, daß die Norweger manches so eng sehen. 400 000 von ihnen haben sich in einer »Aktionsgemeinschaft gegen Pornographie und Prostitution (FPP)« gesammelt. Rund 10% der Gesamtbevölkerung hängen also dem Wirrglauben an, daß »Pornographie die größte Gefahr der Menschheit« sei, knapp »nach der Atombombe«. Sie wollen sie – die Pornographie – deshalb verbieten und »Geschlechtsdiskriminierung« mit Gefängnis strafen. Ihre Ombudsfrau U. Rustad begründet das drakonisch: »Es gibt überhaupt keinen guten Grund für die Existenz von Pornographie.« Es gibt auch keinen besseren Grund für die Existenz von selbstgestrickten Norwegerpullis.

»Sex und Crime und Anarchie« werden bei uns nicht aussterben; jedenfalls nicht, solange sich Deutschlands spekulativster Flop-Spezialist, E. Schmidt, so rührend um ihre Verfilmung bemüht. ›Loft‹ heißt sein bisher letzter Versuch. Doch auch »die neue Saat der Gewalt« wird wohl nicht aufgehen, denn wer so dilettantisch Gewalt sät, wird allenfalls das bißchen Wind ernten, das sieben gutaussehende Münchner Schauspielschüler in einer Kellerwohnung machen, wenn sie beständig mit den Nasenflügeln beben. Ihr Entdecker E. Schmidt: »Ich beschreibe ein Inferno der Emotionen, der unbeherrschten Lust und des unsagbaren Leids am Zustand der zerstörten Welt.« Wer die Zerstörtheit der Welt für die Verstörtheit des eigenen Verstandes verantwortlich machen möchte, hat keinen mehr.

Um seinen Namensvetter sorgt sich auch der Abgeordnete H. Schmidt, Hamburg: »Wir müssen aufpassen, daß uns im Zeitalter der elektronischen Medien Denken und Lesen nicht verlorengehen«, hat der beliebte Festredner ausgerechnet dem Gemischtmedienkonzern Bertelsmann ins 150jährige Stammhaus gesprochen. Besonders das Schicksal der jungen Menschen liegt dem Alt-Bundeskanzler am Herzschrittmacher. Rechtzeitig zur Feier des 300. Bach-Geburtstages sah er schon voraus, wie die ganze TV-Generation »in einem Meer von Geräuschen ertrinkt«. Der erfahrene Flutkatastrophenmanager kennt natürlich die Rettung: Selber singen! Schulkonzerte! Hausmusik! Das selbstgemachte Mehr an Geräuschen wirkt hoffentlich ebenso tödlich.

Der amerikanische Meister des schönen Obszönen, C. Bukowski, wird seiner Darstellung offenbar müde. Im ›stern‹ sagt er zwar noch einmal: »Shit!«, aber erst im dritten Satz. Und sein Einstieg im ›FAZ-Magazin‹ (»Ich habe nicht vor, mich auf die goldenen Scheißhäuser der Kultur zu abonnieren«) klingt schon bedenklich nach bedächtigem Altersstarrsinn. »Sex« sieht der Ersättliche unter Aufsicht seiner Linda »eher als eine Schmierenkomödie«. Seine »5000 verschiedenen Nummern« will der saubere alte Herr nur »aus rein wissenschaftlichen Gründen« geschoben haben. Der frischgewaschene Ehemann erinnert sich sogar an »Gewissensbisse. Das meine ich jetzt ernst . . .« Aber das Herumgebumse diente ja ernsthaften Zwecken: »Ich war dabei, Material zu sammeln.« Eine dümmere Entschuldigung würde selbst einem Pennäler kaum einfallen.

Für das Aufstellen dummer Thesen gibt es Hochschullehrer.

In Israel hat Prof. A. R. Bodenheimer eine hochgestapelt, derzufolge »das Fragen, unabhängig von seinem Inhalt und seiner Absicht, obszön ist«, und darüber noch ein ganzes Buch lang (›Warum? Von der Obszönität des Fragens‹) nachgedacht. In einem längeren Interview muß er – auf Befragen, versteht sich – am Ende zugeben, was der ganze Unfug, der aus Höflichkeitsfloskeln Existenzprobleme drechseln möchte, eigentlich meinen sollte: »Ich meinte nur, man soll sich gegenwärtig sein, was man tut und wem man es antut.« Auf diese Antwort fällt uns nun auch keine dümmere Frage mehr ein.

Obszön ist für uns eher die Karriere des ehemaligen ›Peking-Rundschau‹-Lesers P. Breitner, der endlich »exklusiv« bei der ›Bild‹-Zeitung gestrandet ist. Er weiß, warum: »Bei ›Bild‹ kann ich für Millionen schreiben«, womit er nicht einmal harte D-Mark meint, sondern die »vielen Leute«, denen er seine windelweichen »Gedanken über den Fußball« verkaufen möchte. Zur Vervollkommnung dieser Theorien studiert er nebenbei noch »Philosophie – das war schon immer mein Hobby«. Trotzdem ging die erste Prognose des Berufenen vor dem Spiel BRD–England gleich vollkommen daneben: Selbstverständlich »putzen wir die weg . . . Wir brauchen wirklich keine Angst zu haben.« Zur Erinnerung der Endstand: Wir 0 – die 3.

U. Claus hatten wir bereits für ihre Übersetzung Grimmscher Hausmärchen in eine sogenannte »Scene-Sprache« Schläge angeboten. Jetzt hat sich die »Diplompädagogin« Teile »unserer abendländischen« Dramenliteratur »vorgenommen«: ›Bockstarke Klassiker‹. Es fällt schwer, aus diesen »echt mordsmäßigen Stories« zu zitieren – aber es muß sein: »Willi Tell hat 'ne Wahnsinns-Power drauf . . . Faust findet Gretchen bockstark . . . Shakespeares Hammy braucht immer reichlich lange, ehe er eine Chose voll durchgecheckt hat . . . Nathan mit seinem affengeilen Durchblick haut den Leser glatt von den Socken« usw. Der verantwortliche Verlag weiß wohl, wo die Abnehmer für diese verschärfte Art von Pornographie noch hocken. »Für jeden lebendigen Deutschunterricht ist dieses Buch Pflicht!« belehrt er unbefriedigte Lehrer, die sich von diesem Jargon wohl in ihre Studentenzeit zurückversetzt fühlen. Und auch das diplompädagogische Gewissen wird beruhigt: »Bei dieser Lektüre wird unweigerlich der Wunsch geweckt, diese Stücke wiederzulesen, im Original zu vergleichen.«

Unsere Wünsche haben sich seit dem letzten Jahr geändert, da wir inzwischen eine Portrait-Fotografie der Autorin gesehen haben, angesichts deren wir auf die angedrohten Backpfeifen lieber verzichten.

SEPTEMBER

1.	Friedhelm Ost *(Fatsack)*
2.	Michael Groß *(Skinhead)*
3.	Andreas Rüß *(evangelisch)*
4.	Karl Kollmann *(katholisch)*
5.	Armin A. Dassler *(gläubig)*
6.	Klaus Uwe Hintz *(christlich)*
7.	Diether Stolze *(Freiheitskämpfer)*

Helmut Kohl hat endlich einen Mann gefunden, der seinem Herzen so nahe steht, wie es des Leibes Umfang eben zuläßt. Der neue Regierungssprecher F. Ost lebt mit der Erkenntnis: »Es gibt genausoviel kranke Schlanke wie gesunde Runde.« Ob das nun heißen soll, daß es weder das eine noch das andere gebe, weiß vermutlich auch sein Kanzler nicht. Aber der ist natürlich vollkommen seiner Meinung, denn er freute sich schon am ersten gemeinsamen »Arbeitstag«: »Wir verstehen uns sehr gut.« Nach den Flitterwochen hat die Liebe noch zugenommen: »Er begeistert mich immer mehr«, gestand, ohne rot zu werden, F. Ost der ›Bild‹-Zeitung. Die gewichtigste Gemeinsamkeit: »Wir sind beide keine Schickeria-Typen.« Das kann den beiden Plumpsäcken nun wirklich niemand vorwerfen.

Ein verflossener Regierungssprecher des gleichen Kanzlers ist seit geraumer Zeit wieder privat initiativ. D. Stolze kämpft jetzt für die »Informationsfreiheit«. Er gibt ›Hör zu‹ zu Protokoll: »Man muß zu Protokoll geben: Es sind die Linken, die die Freiheit für gefährlich halten.« Man muß ergänzen:

»Linke« vermutet D. Stolze in der SPD, und unter »Freiheit« versteht er das Privatfernsehen. Weil »einige Unternehmer wagemutig genug sind«, auf kommerzielle Sender zu spekulieren, und »einige bayerische Sozialdemokraten, offenbar ... von der Möglichkeit fasziniert, irgend etwas reglementieren oder am besten gleich ganz verbieten zu können«, ihnen das Profitieren nicht ganz so einfach machen möchten, ist D. Stolze nun ganz persönlich besorgt: »Tausend oder etwas mehr Arbeitsplätze in München und Umland werden es mittlerweile wohl sein, die an den ›neuen Medien‹ hängen.« Daran hängt auch D. Stolze. Der 1001. Arbeitsplatz sollte wohl sein sein.

Die Schaffung neuer Arbeitsplätze rechtfertigt nun ja alles. Auch das Billig-Angebot des wagemutigen Wahlstedter Unternehmers K. U. Hintz im Wahlstedter Anzeigen-Blatt: »Massenhaft Arbeit für DM 8,– je Stunde«. Massenhaft meldeten sich zumindest Arbeitslose. Aus 300 konnte sich K. U. Hintz zunächst 3 für gewisse Stunden aussuchen. Die Glücklichen: »Sie haben wieder eine Aufgabe gefunden.« Sollten sich die drei Selbstaufgeber fragen, warum ihr Hilfsarbeitgeber so gut zu ihnen ist, können sie es im ›Hamburger Abendblatt‹ umsonst nachlesen: »Ich tue das alles aus christlicher Nächstenliebe und gesellschaftlicher Verantwortung. Ein anderes Motiv gibt es nicht.«

Da können sich die christlichen Kirchen endlich wieder um ihre eigentlichen Aufgaben kümmern. Pastor A. Rüß, Mitglied der evangelischen »Sammlung um Bibel und Bekenntnis«, ist mit biblischer Strenge gegen Verstöße wider die Friedhofsordnung der Großgemeinde Henstedt-Ulzburg vorgegangen. Auf seinem Gottesacker sollen die Grabsteine in Zukunft nur noch »christliche Symbole« für die Ewigkeit tragen. Kornähren aber, das hat er den umliegenden Bauern auf den Dickschädel zugesagt, sind keine und deshalb auch verboten, besonders dann, wenn sie »geknickt« sind. »Das bedeutet Tod und ist ein Negativ-Symbol«, hat er den Landeiern ehern eingehämmert. Nur positive Kreuze sind weiterhin erlaubt: J. Christus hat schließlich stundenlang an einem gelebt.

Für flottere Symbole des modernen Lebens fühlt sich die katholische Kirche gerne zuständig. Im Eichsfeld bei Göttingen läßt man sein Auto segnen, bevor man damit in die Ferien fährt. »Wir erflehen hier den Schutz der Heiligen und von Gott im allgemeinen, weil wir gut und sicher wieder nach Hause kommen wollen.« Spezialist für Weihwasserwaschungen dieser Art ist im allgemeinen K. Kollmann. Doch der erfahrene Propst warnt auch vor zu viel Gottvertrauen. Auch »auf das verantwortungs- und rücksichtsvolle Verhalten des einzelnen« kommt es im Urlaubsverkehr an. Was ist das für ein flauer Gott, der nicht einmal Auffahrunfälle verhindern kann?

Dieser Gott offenbart sich lieber denen, die allzeit ein offenes Ohr haben für Sein Wort. So empfindet Puma-Chef A. A. Dassler die »innere Stimme«, die ihm vor Jahresfrist einflüsterte, B. Becker zu engagieren, inzwischen entschieden als »göttliche Eingebung«. A. A. Dassler hörte auf die Stimme seines Herrn, und B. Becker erhörte das Flehen des seinen: Er hat »Wimbledon ganz allein gewonnen«. Wenn auch »in Puma-Schuhen und mit einem Puma-Rackett«. Doch ward der Schuh- und Schlägerlieferant nun hochmütig in seinem Triumph? Schrieb er gar Das Buch Armin oder Das Hohelied Dassler? Nein. Er schrieb: »Die andere Boris-Becker-Story« oder: »Die Puma-Bum-Bum-Boris-Becker-Story« oder: »Die Puma-Wimbledon-Story«. Und unter diesem dreifaltigen Titel bezahlte er noch Geld dafür, sich in aller Bescheidenheit winden zu dürfen: »Wenn unsere gemeinsamen Entwicklungen positiv zum Erfolg beigetragen haben sollten, dann haben wir nur unsere Pflicht gegenüber allen anderen Tennisspielern getan.« Sieh mal an.

Ein noch prominenteres Opfer hat Bim-Bam-Boris auf dem jungen Gewissen. »Gegen den kann ich im Moment nicht anstinken«, ärgert sich der Schwimmer M. Groß. Weltrekorde, Olympiasiege, Meisterschaften – »Man hat erreicht, was noch keiner erreicht hat«, und trotzdem hat man noch ein Privatleben! Der große Junge hatte es nämlich bisher verstanden, ein kleines Geheimnis aus sich zu machen. Ausgerechnet jetzt, da keiner mehr was von ihm wissen will, kann der ehemalige »Albatros«

den Schnabel nicht länger halten. Heraus kommt bei seinem Geschnatter ein recht häßlicher junger Enterich, ein großmaulender Kleinkapitalist, der sich sogar die typischen Schwächen seiner verlogenen Generation leistet: »Cool bin ich nur nach außen. Ich finde es unwahrscheinlich super, wenn Männer noch richtig weinen können.« Uns kommen prompt die Lacoste-Tränen.

OKTOBER

1.	Karl Carstens *(Sonntagsprediger)*
2.	Franz Alt *(Leichenredner)*
3.	Wilh. Rademacher *(Lebenssporner)*
4.	Oskar Marhoffer *(Lehrherr)*
5.	Franz Steinkühler *(Erzieher)*
6.	Mathias Engelsberger *(Garderobier)*
7.	Eduard Rhein *(85)*

Staatsoberhäupter sollten auf Lebenszeit beschäftigt werden, sonst kommen sie nach Ablaufen ihrer Amtsperiode auf immer trübere Gedanken. Im Ruhestand hält es der ehemalige Bundespräsident K. Carstens nun für seine Christenpflicht, große Reden zu halten. Dabei offenbart er u. a. seine »größte Sorge im Hinblick auf die Zukunft«: »nicht die Atomwaffen«, auch »nicht die Zerstörung der Umwelt« und »nicht die Bevölkerungsexplosion in der Dritten Welt« sind es, die ihm schlaflose Tage bereiten, nein: »Meine größte Sorge ist, daß wir in unserer Zivilisation die religiöse Dimension verlieren könnten.« Früher, der Weitgewanderte erzählt es gern in Anekdotenform, gab es Konzentrationslager, aus denen mancher Atheist als braver Christ wieder herauskam. Heute gibt es die Abtreibung, die manchen Christen daran hindert, brav zur Welt zu kommen. Letztere verurteilt K. Carstens darum mit einem starken Argument des Mainzer Bischofs Kardinal Volk, dessen größte Sorge auch nicht der Umweltzerstörung gilt. »Das Schicksal der Bäume ist mir nicht gleichgültig. Aber man muß die Proportionen sehen. In unserem Lande werden jährlich 200 000 werdende Menschen getötet.« Noch mordsmäßiger fällt der Vergleich des Erzbischofs von München, Kardinal Wetter, aus. Der hat errechnet, daß »200 000 Kinder im Mutterschoß« mehr sind als »die Zahl der Opfer beider Atombomben von August 1945 in Japan«.

Da wirkt die Bombenidee des Fernsehpredigers F. Alt, Kardinull von Baden-Baden, beinahe tröstlich: Da er »nicht den geringsten Wesensunterschied zwischen einem neugeborenen oder einem ungeborenen Kind« machen möchte, schlägt er vor, »das ungeborene Leben zu bestatten«. Womöglich hat der Grundgütige seine »Rede an die Ungeborenen« bereits im Zettelkasten. In dem Fall sollten auch geborene Wesen keinen Unterschied mehr machen und sich gleich mitbegraben lassen.

Es sei denn, sie wären aus Faulbach. Dort hat sich Ehrenbürger W. Rademacher spontan »entschlossen, auf die Dauer vom 15. Juli 1985 bis 31. Dezember 1986 jedem in dieser Zeit in der Gemeinde Faulbach-Breitenbrunn neugeborenen Erdenbürger ein Sparbuch mit einem Geldbetrag von DM 1000,– zu spenden«. Das Argument des alten Kinderspenders klingt bedenklich: »Kinder sind die Arbeitskräfte und Rentenzahler von morgen.« Ob man mit diesen anstrengenden Aussichten »jungen Leuten« von heute »Mut machen« kann, bleibt allerdings abzuwarten.

Ein vorbildliches Zeugungszeugnis müssen wir der Familie Spengler aus Dietzenbach ausstellen: »Jasmin, Thorsten, Patrizia und Sven«, das sind immerhin Vierlinge. Und der Mut der Eltern sollte prompt belohnt werden, und zwar von »Horten-Geschäftsführer O. Marhoffer (46)«, der als Taufgeschenk einen Blumenstrauß und gleich vier Lehrverträge fürs Jahr 2000 mitgebracht hatte. O. Marhoffer bildet sich nämlich ein: »Ihre Kinder können sich bei uns zum Einzelhandelskaufmann ausbilden lassen.« Zu Zeiten, da das Wünschen noch geholfen haben soll, wurden Feen mit solchen milden Gaben noch an offener Wiege windelweich geprügelt.

Der 2. Vorsitzende der IG Metall F. Steinkühler hat bloß einen Sohn, doch der ist dafür schon vier Jahre alt und gibt angeblich daheim bereits »im Streit . . . den Ausschlag«. Denn in einem wackeren Gewerkschaftshaushalt geht das so zu: »Bei mir zu Hause herrscht paritätische Mitbestimmung.« Die Erziehungsideale des Bestimmers hören sich gravitätisch an: »Selbständig zu denken, zu urteilen, kritisch zu sein, auch sich selbst gegenüber« soll der Bub von ihm lernen. Die Methode ist eher schlicht: »Ich bringe ihm bei, Gut und Böse zu unterscheiden nach *meinen* Maßstäben.« Die Hervorhebung stammt von uns.

Die richtigen Kleider machen aus den dümmsten Kindern dann richtige Leute. Selbst wenn es nur zum Abgeordneten des Deutschen Bundestages gereicht hat, die Minelle muß immer hübsch in Ordnung sein. Gegen grüne »Freizeit- und Demonstrationskleidung« hat sich der CSU-Anzugträger M. Engelsberger überdeutlich ausgesprochen: »Eine Kleidung, die bei Angestellten eines Geldinstitutes selbstverständlich ist, kann wohl auch von Mitgliedern des Deutschen Bundestages erwartet werden.« Wenn der anzügliche Mann nur wüßte, wie recht er hat! Auch wir sehen zwischen einem Geldinstitut und einem Bundestag längst keinen Wesensunterschied mehr.

Überzeugter Schlipsträger ist E. Rhein, »Genie« (›Bild‹), »Wunderkind« (›Hör zu‹), eben »Der Mann, der Springer reich machte« (›Die Zeit‹). Er hat »über 600 Krawatten«, und nicht bloß darauf ist er sehr stolz. Die klare Luft der hohen Zahlen ist ihm 85 Jahre lang gut bekommen. Immer fühlt er sich »wie 60«. 21 Fortsetzungsromane hat er geschrieben, »15 oder 16 in Buchform«, mit einer Gesamtauflage »sagen wir, von 40 Millionen«. ›Hör zu‹ hat 4 Millionen wöchentlich, DM 200 000 soll ihr »Erfinder« monatlich gemacht haben, und »es kann stimmen«. »In Geldsachen« ist er, wie Springer, »großzügig«. Nicht aber in Details: »Ich bin ein Detailfanatiker. Lasse ich in einem meiner Romane im Fahrstuhl eines Wolkenkratzers in New York einen Mord geschehen und merke erst am Computer, daß ich mich um ein paar Minuten getäuscht habe, fliege ich rüber und kontrolliere die Zeit mit der Stoppuhr.« Ach, warum hat dem »Jahrhundertmann« denn nie einer gesagt, daß es inzwischen kleine klingelnde Kästen gibt, Telefon genannt, vermittels deren man selbst im fernen New York solche Details blitzschnell erfragen kann? So hat am Ende die alte Mutter recht behalten mit ihren letzten Worten: »Junge, wenn du dich nicht so verzettelt hättest, aus dir hätte was werden können.«

NOVEMBER

1.	Götz George *(Sensibilanski)*
2.	Eberhard Feik *(sein Assistent)*
3.	Horst Tappert *(sein Vorgänger)*
4.	Leo Maier *(sein Kritiker)*
5.	Elmar Zimmermann *(sein Berater)*
6.	Klaus Wennemann *(sein Nachfolger)*
7.	Kurt Biedenkopf *(ein Intellektueller)*

Ein gern verbreitetes Vorurteil besagt, daß alle Schauspieler dumm seien. Sie sind offenbar nicht klug genug, sich mit diesem Vorurteil abzufinden. Immer wieder versuchen sie, es öffentlich zu widerlegen. Dabei stellt sich meist heraus, daß einer, der im deutschen Fernsehen serienweise auftritt, nicht bloß von seinem Publikum mit seiner Rolle verwechselt wird, sondern auch selbst bald arge Identifizierungsproblemchen bekommt, was zumindest gewisse Rückschlüsse auf die Ausgeprägtheit seiner vorigen, sozusagen privaten Identität zuläßt. Tränensack H. Tappert ist dafür ein trauriges Beispiel: Er verbringt seinen Urlaub immer in Italien, weil er es dort für ein Zeichen persönlicher Zuneigung hält, wenn ihm Einheimische auf die Schulter klopfen und dazu »Bravo Derrick!« rufen. Vielleicht ist einer mal so hilfsbereit, ihn mit der anderen Hand um seine schwere Brieftasche zu erleichtern.

Den Schimanski in sich selbst muß, seit er die Rolle des prügelnden Parka-Polizisten übernommen hat, der Schauspielersohn G. George bekämpfen. Da ist er unerbittlich. »Schimanski ist« für ihn nämlich »nur eine Seite von George«. Fragt sich natürlich, was die andere tut. »Surfen und schwimmen.« Und zwar »am liebsten im Dezember, im Januar. Wenn das Wasser rauh ist und die Winde unheimlich hart. Dann surfe ich weit raus.« Ist George also noch härter, rauher, windiger als Schimanski? Weit gefehlt: »Im Grunde genommen ist man ungeheuer sensibel, verletzlich, verletzbar.« Denn »auch die Figur des Schimanski ist so ein Zwitterding zwischen Männlichkeit und Sensibilität«. Das findet der, der ihm seine Figur leiht, nur gut so: »Ein Mann, der in seinem Charakter etwas Brüchiges hat, nur der ist interessant.« Man muß nur achtgeben, wenn die Logik so brüchig wird, daß man am Ende einen Sprung in der Schüssel und keine Tasse mehr im Kleiderschrank hat.

Für den Fall steht Schimanskis Nachfolger bereit: K. Wennemann ist ›Der Fahnder‹, zumindest 52mal im Vorabendprogramm der ARD. »Der Fahnder ist durchaus mit Schimanski zu vergleichen«, prahlt der Neue. »Aber er hat mehr zu bieten: Menschlichkeit, Charme, Verständnis.« Wohlgemerkt nicht nur privat, denn »er hat gelernt, zwischen den großen Verbrechern und den kleinen Ganoven zu unterscheiden«. Wie reagiert demnach der Fahnder, wenn er z. B. »einen 17jährigen Türken ohne Papiere abschieben muß«? K. Wennemann hat auch das gelernt: »Er ist betroffen.«

Es tut vergleichsweise wohl, einen »echten« Polizisten zu dieser komplizierten Sache zu hören. Kriminalrat E. Zimmermann aus Duisburg steht den fiktiven Kollegen mit »fachlichem Rat« zur einstweiligen Verfügung. »Wir haben ja auch Mordfälle, da würde sich mancher Drehbuch-Autor die Finger nach lecken.« In Duisburg ist nämlich allerhand los: »Ein gutes Mordjahr liegt zwischen 12 und 30 Morden.« Da macht es natürlich einen Mordsspaß, »das gesamte Leichenwesen« zu bearbeiten: »Ich mach' seit einem Jahr die Mordkommission mit sehr viel Freude.« Obwohl es leider noch »nicht ganz so viel Action wie im ›Tatort‹« gibt und E. Zimmermann sogar zugeben muß: »Auch habe ich keine Szymanski-Jacke.«

So geht einiges durcheinander in den Köpfen echter und falscher Kriminaler. Vor allem Realität und Fiktion. G. George lehnt zwar schon ganze Drehbücher ab, »die nur eine gute Geschichte haben und keine Message«. Wenigstens »am Rande« müssen »auch die Probleme der Jugendarbeitslosigkeit und Umweltverschmutzung auftauchen«, doch dem Oberst im österreichischen Kriminaldienst und im Ruhestand, L. Maier, ist das noch nicht realistisch genug. Er hat sich bislang »über jeden Film geärgert«, denn »TV-Krimis sind häufig Blödsinn«. Was will der alte Praktiker dagegen machen? »Ich will den Leuten die Wirklichkeit zeigen.« Und die sieht mal so aus: »Polizisten arbeiten meist am Schreibtisch.« L. Maier liefert den pensionierten Beweis für seine These: Er hat sich drangesetzt, um Drehbücher zu schreiben.

Um uns vollends zu verwirren, arbeiten nun auch noch Schauspieler verdächtig oft am Schreibtisch. Der »Peter-Stein-Schüler« E. Feik spielt im Fernsehen Schimanskis Kollegen Thanner. Für die ›Männer-Vogue‹ hat er ermittelt, »wer Götz George denn wirklich ist«, und für ihn ist jetzt »Schimanski kein ungeklärter Fall mehr«. Wir fassen seine Untersuchungsergebnisse zusammen: 1. »George stolpert als Schimanski im Drahtverhau gesellschaftlicher Konventionen herum.« Dort »entdeckt er« 2. »den Punktus Knacktus einer Situation mit schlafwandlerischer Sicherheit«. Aber 3. »flüchtet« er sich dann »ins Denken, statt zu handeln«. Ist er nun Kaspar Hauser? Nick Knatterton? Oder Hamlet? »Nein, George verwirklicht sich selbst.« Meinen wir wirklich den gleichen? Wie sieht er denn aus? »Götz George ist feingliedrig, durchlässig und verletzbar.« Bleibt die Frage, weshalb einer solch offensichtlichen Unfug zusammenschreibt. Thanner Feiks letzter Satz legt die Vermutung nahe, daß er den Tatort Duisburg gleich mit Casablanca verwechselt hat: »Manchmal denke ich mir, daß Thanner nicht nur der Kollege von Schimanski ist, sondern auch ein Freund von George sein kann.« Wunderbar.

Übrigens sind solche Bewußtseinsspaltungen nicht branchentypisch. Der Politiker K. Biedenkopf leidet offenbar darunter, für einen »Intellektuellen« gehalten zu werden. Er hat etwas dagegen getan und der ›Bild-Zeitung‹ verraten, »Warum ich so gern Bild lese«: »Weil der Sportteil gut ist . . . und weil ich für meine Frau die ›Liebe ist‹-Sprüche der letzten Seite ab und zu ausschneide.« Am Tage seiner Enthüllung hat er den »Liebe ist«-Spruch bestimmt nicht ausgelassen: »Liebe ist . . . wenn er ihr Traummann ist.« Was wohl Frau Professor Biedenkopf dazu gesagt hat?

DEZEMBER

1.	Joseph Höffner *(Kardinal)*
2.	Helder Camara *(Erzbischof)*
3.	Franz Senn *(Militärpater)*
4.	M. C. Freiherr von Heyl *(Aidspfarrer)*
5.	Luise Schottroff *(Theologieprof.)*
6.	Jürgen Schneider *(Geologieprof.)*
7.	Oliver Stahel *(Baumwollpapst)*

Wo Bhagwan seine Lehrstelle in dicke Luft aufgelöst hat, wittern abendländische Kirchenfürsten Morgenluft. Schon hat J. Höffner einen absolut »skandalfesten Glauben« anzubieten. Seinen »Gott« möchte der Kölner Kardinal an Stelle von »Aberglauben, Astrologie, Drogensucht, Sexualrausch, Starkult und Angst« nun wieder einsetzen. Und da gehört Er wohl auch hin. Jeder Ketzer muß zugeben, daß zumindest das »unverwechselbar Katholische« den Produktvorteil hat, von jeder dieser »Ersatzfaszinationen« etwas in sich zu vereinigen. Woran liegt es also, daß die weibliche Botschaft des Anpreisenden: »Wir sind keine ›Warte-ab-Kirche‹, sondern eine ›Geh-hin-Kirche‹« vorerst noch wie ein Zukunftsoratorium klingt?

»Religion darf nicht länger als Opium zum Einschläfern des Volkes mißbraucht werden«, hat Dom Helder Camara längst messiasscharf erkannt. Seit seiner Pensionierung bemüht sich der ehemalige Erzbischof von Recife, Brasilien, rüstig darum, seinen Glauben irgendwie attraktiver zu machen. Ein eigenes

»Singspiel in sechs Akten« hat er zu diesem Zweck verfaßt, und bei der nächsten Aufführung in Holland will er sogar selbst mitspielen. »Ach, wenn ich könnte«, wünscht der komische Heilige sich, »ich möchte auch Zirkus machen, die Zuschauer als Clown bewegen . . .«

Die Affinität gewisser Kirchengreise zu Jux und Tollerei ist wirklich auffällig. Im närrischen Mainz z. B. wird bei besonderen Gottesdiensten mit bewährten Liedern wie ›So ein Tag, so wunderschön wie heute‹ Stimmung gemacht. Dafür sorgt Militärseelsorger F. Senn, der seine Predigten gern gereimt hält. Der Erfolg gibt ihm das Recht: »Ja, es gibt einige, die extra kommen, um die Fastnachtspredigten zu hören.« Der Bajazz mit dem Kreuz weiß, was die Fans hören wollen: »In jeder geistlichen Ansprache sollte etwas zum Lachen oder Schmunzeln drin sein.« F. Senn versteht sein schmieriges Geschäft: »Ich habe es sogar fertiggebracht, bei der Beerdigung für meinen Vater ein paar Stellen in der Predigt zu haben, bei denen die Leute schmunzeln konnten.« Und wenn die Leute nicht wollen, weiß der Profi sich in der Bütt zu helfen: »Es kann schon passieren, daß ich als erster lache, und alle stimmen ein.«

»Die Evangelischen haben mit dem Humor größere Schwierigkeiten als wir Katholiken.« Diese Erkenntnis F. Senns ist nicht neu, aber richtig. Dafür lassen sich die Evangelischen von niemandem übertreffen, wenn es darum geht, Schuldbekenntnisse abzulegen. Bereits 1945 hatten sie »die Mitschuld von Christen am Nationalsozialismus und am Zweiten Weltkrieg« öffentlich bekannt und sehr bedauert. Dies zu späte Geständnis ist vierzig Jahre danach aktualisiert worden. Sämtliche Teilnehmer des Kongresses »Schuld und Frieden« haben sich »angesichts der Massenvernichtungsmittel und der Verwirklichung von Todesstrukturen im Maßstab von Volksvernichtung durch Hunger, Gift und Raketen« einstimmig angeklagt, auch nach 1945 »nicht mutiger bekannt, nicht treuer gebetet, nicht fröhlicher geglaubt und nicht brennender geliebt zu haben«. Wir können das natürlich nur schwer beurteilen, aber wenn die Theologieprofessorin L. Schottroff meint, alle Christen müßten vor dieser Entwicklung »voll Scham im Boden versinken«, werden wir doch fragen dürfen: Warum tun sie es nicht endlich?

Offenbar sind sie sogar unfähig, sich das Ausmaß der von ihnen ständig und inständig beklagten Katastrophe selbst vorzustellen. Wieviel 44 Millionen Hungertote pro Jahr ausmachen, ließen sich die Phantasieamputierten von Geologieprofessor J. Schneider vorrechnen: »Das entspricht dem Absturz von 300 Jumbo-Jets pro Tag!« Bums! Bums!

Und da wir grad vom Bumsen reden: »damit niemand mehr wegen Angst vor Ansteckung sich das hl. Abendmahl entgehen läßt«, wird in evangelischen Gotteshäusern jetzt Aids-Vorsorge großgeschrieben. »Wir bieten in jedem Sonn- und Feiertagsgottesdienst das hl. Abendmahl so an, daß jeder nach seiner Façon teilnehmen kann.« Im Stil eines versierten Schleppers schildert M. C. Frhr. von Heyl in einem Hirtenbrief an den ›Spiegel‹ detailliert die gängigsten hl. Sonderangebote: »die übliche evangelische Art«, »die orthodoxe ostchristliche Praxis«, »die römisch-katholische Praxis«, die »alkoholfreie«, alle Spielarten sind erlaubt. Jeder hl. Abendgänger kann da nach seiner Façon selig werden. »Wer Mundkommunion gewohnt ist, kann so, wer Handkommunion will, auf die andere Weise teilnehmen.« Und das Schärfste: »Derweil wird gesungen vom Chor oder der Gemeinde.«

Gesungen wurde auch auf der »Party des Jahrzehnts«. In Hinteregg hat das laute Fest, außerhalb Hintereggs leider kaum noch beachtet, stattgefunden. Nur die ›Züri-Woche‹ war exklusiv dabei: »Es galt den 50. Geburtstag des Rohbaumwollhändlers Oliver Stahel zu feiern.« Und siehe: »Oliver Stahels Frau Susi hat nicht umsonst acht Monate lang an den Vorbereitungen für das Fest gearbeitet.« Der Reinverdienst kam diesmal dem Konto »Children of the World« zugute. Die Gäste waren nämlich gebeten worden, keine persönlichen Geschenke mitzubringen, sondern »zur Unterstützung armer talentierter Kinder« beizusteuern. Dafür durften sie sich dann allerhand bieten lassen: »Vom Arlberg« kam »eine 60köpfige Jugendkapelle, die zum Aperitif aufspielte«. Dann kamen noch »107 Artisten und Musiker aus 10 verschiedenen Ländern«, die zur höheren Ehre des Kattuntycoons auftraten. »Bis zu einer Akrobatengruppe aus Kenia, die in den farbigen Kleidern der Baumwollpflücker turnte.« Nach dem Digestif, zum Kotzen sozusagen.

1986

RITA SÜSSMUTH – PAPST WOJTYLA

mehr. »Das Schlagerfestival ist schlimmer als der Gesang der Sirenen.« Nur eine schwache Hoffnung bleibt den müden Pen-Club-Brüdern: »Wir Schriftsteller sollten weiterträumen.« Dann gute Nacht.

Deutschlands derzeit meistgehörter Autor ist kein Träumer. C. Lutz, 48 und aus Freiburg, schreibt die Reden für Bundeskanzler Helmut Kohl. »Drei Professoren erarbeiten die Vorlagen«, die C. Lutz dann zu dem Nichts macht, was sein Gebieter in aller ihm zu Gebote stehenden Deutlichkeit mutig vorträgt. Der Geisterschreiber hat zweifellos ein seltenes Talent. Er sieht sich »in der glücklichen Lage, so ähnlich zu denken wie der Kanzler«. Dazu muß sich C. Lutz natürlich in jenen regelrecht »hineinversetzen«, was den Verdacht bestätigt, daß Helmut Kohl innen tatsächlich hohl ist.

Den Kommentar des Jahres hat sich F. K. Fromme, Chefdenker der FAZ, im Herbst 1985 ebenda von Herz und Leber geschrieben: »Freiheit für Untugenden«. Wir müssen den Galligen leider ausführlich zitieren. Los geht's: »Kinder auf der Straße heute: man hockt auf dem Rand eines städtischen Brunnens, spielt an den Zieraten, bricht hier und da ein Stück ab. Man trinkt etwas, Fruchtsaft, wenn es gutgeht, man schält Eis oder Naschwerk aus der Umhüllung. Die Reste fliegen in den Brunnen, schwimmen dort im Wasser. Kein Vorübergehender riskiert mehr als mißbilligende Blicke.« Auch F. K. Fromme nicht. Auch er geht weiter, Groll im Herzen. Er hockt sich auf den Rand seines Schreibtischs, trinkt etwas, keinen Fruchtsaft, und greift, ein Arbeiter der Faust, zum Diktaphon. Dies sind seine Worte: »Noch vor dreißig Jahren, vor dem Kriege allemal, wäre sogar ein Bürgersöhnchen (sie waren damals an einer noch nicht uniformen Kleidung zu erkennen) von einem schlichten Arbeiter (auch ihm war sein ›Stand‹ in der Regel anzusehen) ohne weiteres am Ohrläppchen gepackt worden; das Bürgersöhnchen hätte sich zu einer von ihm auf die Straße geworfenen Apfelsinenschale ziehen lassen müssen; ihm wäre bedeutet worden, sie aufzuheben und in den dafür vorgesehenen Abfallkorb zu bringen.« Ja: das waren noch Zeiten. Die »soziale

Kontrolle« funktionierte noch. Die sozialen Unterschiede waren trotzdem deutlich absehbar. Ein Volksgenosse paßte auf den andern auf. Und einer wie F. K. Fromme wäre für seine Überzeugung damals nicht ausgelacht, sondern befördert worden. Mindestens zum Blockwart.

FEBRUAR

1.	Werner Geissendörfer *(Straßenfüller)*
2.	Dr. Jürgen Krenz *(Oberarzt)*
3.	Prof. Michael Berger *(Oberarzt)*
4.	Dr. Klaus Brinkmann *(Oberarzt)*
5.	Gerhard Ruhbach *(kritikfrei)*
6.	Helmut Schmidt *(fernsehfrei)*
7.	Kurt Vogelsang *(SPD)*

Bevor es dann endgültig peinlich wird, müssen wir noch einmal auf die ›Schwarzwaldklinik‹ zurückkommen. Dabei geht es nicht mehr um die Hauptpersonen – K. Wussow, der sich mit seinem lyrischen Doktorspielen ranzige Pubertätsträume erfüllt, oder G. Dohm, die als Geliebte und Oberschwester trotz aller »Angst, der Aufgabe nicht gewachsen zu sein«, dem Himmlerschen Gebärmutterideal mutig zwei stramm strahlende Zahnreihen hinzugeschenkt hat. Auch der Produzent und Vater des Erfolgs, W. Rademann, ist mit seiner gern wiederholten Beteuerung »Wat ick hab' issen schlichtet Jemüt« über plane Peinlichkeit längst erhoben.

Uns geht es um die Vorbilder der letalen Fiktion, die lebendigen Helden in der weißen Wirklichkeit.

Der »echte« Dr. K. Brinkmann, von ›Hör zu‹ in Bad Salzuflen aufgetan, leitet an der dortigen Rehabilitationsklinik die chirurgische Abteilung. Er hat ganz offen ausgesprochen, warum sich behandelnde Ärzte von der ›Schwarzwaldklinik‹ so nett behandelt fühlen: Die Dankbarkeit der Patienten ist so vorbildlich. »Noch vor ein paar Wochen war meine Hilfe selbstverständlich, erst durch die ›Schwarzwaldklinik‹ ist den Patienten bewußt geworden, welch ein Aufwand hinter so einem Krankenhausbetrieb steckt. Jetzt sehen sie in mir nicht mehr nur den Arzt, sondern auch den Menschen.« Und dem fressen sie aus der heilenden Hand. Auch K. Brinkmann hat via Wussow in sich etwas Menschliches entdeckt: »Je öfter ich ihn sehe, desto häufiger entdecke ich ein Stück von mir.« Das ist eben die Hohe Schule der Seelenamputation, ja, »der Wussow versteht sogar etwas von unserem Handwerk«.

Auch kein Wunder. Denn ein echter Oberarzt hat den falschen ja angelernt: Dr. J. Krenz, stellvertretender Chefarzt der Chirurgie im Krankenhaus »Groß Sand« in Hamburg-Wilhelmsdorf, war von Anfang an dabei und von der Fernseh-Heilpraxis begeistert: »Die haben aus Kondensmilch und Senf hervorragenden Eiter gemacht.« Als »Experte für medizinische Fragen« hat Dr. J. Krenz natürlich auch seinen Senf dazugegeben: »Wenn zum Beispiel im Drehbuch von einer dramatischen Blinddarmoperation die Rede war, dann habe ich eine Nachblutung empfohlen, weil so was ja wirklich ab und zu vorkommt.« Der wirklichkeitsnächste Punkt des Eiterkeitserfolges war freilich erst erreicht, als sich »während einer Operationsszene . . . plötzlich ein Nadelhalter« öffnete. »So was kann jedem mal passieren.« Im Drehbuch jedoch stand der Nadelhalter nicht. »Aber Herr Wussow hat großartig reagiert: Ganz spontan fing er an zu fluchen – wie ein richtiger Chirurg.« Watte, Bausch und Leistenbruch!

Trotz dieser spontanen Realitätsausbrüche hält der Volksvertreter K. Vogelsang, SPD, die ›Schwarzwaldklinik‹ für »eine Mixtur aus Kitsch und Süßholz«. Der ›Bild‹-Zeitung hat der Mixer wörtlich erklärt: »Diese Serie ist Volksverdummung und muß aus dem Hauptabendprogramm verschwinden!« In altfrischer sozialdemokratischer Kitschtradition festverwurzelt, überschätzt K. Vogelsang den Volksgeschmack schon tragisch und läßt sich zu der unerwiderten Liebeserklärung hinreißen: »Die Zuschauer verdienen zur Hauptsendezeit zwischen 20 und

23 Uhr ein besseres Programm.« Die Zuschauer verdienen zwar bestenfalls ein paar Schläge auf den Süßholzkopf, doch ihr väterlicher Liebhaber läßt nicht locker: »Seichte Unterhaltung«, meint er, sei »eine Beleidigung der Zuschauer«.

Nun ist der Zuschauer erst recht beleidigt. Doch ein satisfaktionsfähiger Experte für Realismusfragen kämpft für ihn. Professor M. Berger, Oberarzt aus Düsseldorf, spricht im Namen des Volkes: »Wenn Millionen diese Sendung sehen wollen, darf sie nicht mitten in der Nacht gebracht werden. Ich habe eine Szene gesehen: Ein Arzt kniff einer Schwester in den Po. Da hat sie ihm eine geknallt. Also eine sehr realistische Serie.«

Noch realistischer wollte die ARD dagegenhalten. Ihre ›Lindenstraße‹ ist zumindest ebenso unansehnlich wie die Wirklichkeit. Dem Zuschauer gefällt das nicht. »Damit habe ich gerechnet«, behauptet im nachhinein ihr Erfinder H. W. Geissendörfer bockig. Dabei war er anfangs so stolz auf seine Mietskasernen: »Ganz wie in Hollywood« sollte es dort »noch 25 Jahre weitergehen«. Aus »1000 imagelosen Schauspielern« hat er sich seine Antistars »typengerecht« herausgesucht. Einziges offensichtliches Kriterium: Keiner durfte besser aussehen als der Regisseur.

Bei diesen Materialschlachten kommt das Privatfernsehen nicht mit. Auch seine Stars sind meist von gestern. Wie z. B. Altbundeskanzler H. Schmidt, der sich vom Satellitengegner zum Moderator bei SAT 1 gemosert hat. Doch seine »Skepsis gegenüber dem privaten Fernsehen besteht noch immer«. So bleibt ein Mann seinen Prinzipien treu, selbst den allerdümmsten: »ebenso wie ich dabei bleibe, jeder Familie zu raten, einen Tag in der Woche das Fernsehen abgeschaltet zu lassen«.

Aber ein noch dümmerer Vorschläger findet sich immer: »Kritikfreie Sonntage« hat der evangelische Theologe G. Ruhbach aus Bielefeld empfohlen. Nicht nur die paar Kritiker, nein, »jedermann soll auf diese Weise seinen Beitrag zu einer dringend nötigen Sonn- und Feiertagskultur in der Bundesrepublik leisten«. Wir können uns das leider nicht leisten.

MÄRZ

1.	Rita Süssmuth *(CDU)*
2.	Eva Rühmkorf *(SPD)*
3.	Catherine Robbe-Grillet *(S/M)*
4.	Carola Heinrich *(BW)*
5.	Karin Mante *(paritätisch)*
6.	Marilyn French *(gravitätisch)*
7.	Ginka Steinwachs *(ästhetisch)*

Frauen klagen oft und gern darüber, überall unterrepräsentiert zu sein. Um dem Lamento vorzubeugen, widmen wir ihnen diese Liste diesmal ganz. Selbst trauen sie sich ja kaum, 100% zu fordern. Mit der »Hälfte des Himmels« wäre die »Arbeitsgemeinschaft sozialdemokratischer Frauen« schon zufrieden, wobei sie unter »Himmel« alle Mandate und Funktionen versteht, die ihre Partei zu vergeben hat, was nicht gerade für die Kraft ihrer Jenseitsvorstellungen spricht. Wenn man »mal auf einen Anteil von einem Drittel Frauen käme«, sähe sich Familienministerin Rita Süssmuth (CDU) bereits im Paradies. Dabei macht sie noch den Anfängerfehler, das Sein über das Bewußtsein verändern zu wollen. »Mit welchem Bewußtsein leben die Menschen?« ist für sie die zentrale Frage. Und »das beispielhafteste« Bewußtsein herrscht für die Drittelfeministin »im Stadtstaat Hamburg«. »Wobei hier viel an der Frau hängt, die das vorangetrieben hat.«

An dieser Frau E. Rühmkorf hängt sogar der ›Bild‹-Titel

»Frau des Jahres«. Die Leiterin der »Leitstelle zur Gleichstellung der Frau« würde »heute einem Mädchen ins Stammbuch schreiben«: »Denke darüber nach, wer du bist. Akzeptiere, wie du bist. Plane dein Leben, wie du es willst. Und halte das nie – nie – für egoistisch.« Wofür man Trotzköpfchens Planwirtschaft sonst halten sollte, kann ihre Erfinderin allerdings auch nicht erklären. »Toll«, findet sie, »aber: Männer nehmen Frauenfragen jetzt als politische Fragen ernst. Sie finden das nicht mehr lächerlich . . .« Sie geben nur so lächerliche Antworten wie der SPD-Kollege Kuhlwein, der unfreiwillig kalauerte: »Wir Männer bemühen uns doch, unseren Status zu erhalten und andere abzuhalten, die einen Zipfel abhaben wollen.«

Verteidigungsminister Wörner stöhnt angeblich unter »Schubladen mit Briefen von Frauen, die Soldaten werden wollen.« Auch ohne Zipfel, dafür aber mit der Begründung: »Männer dürfen ja auch Hebammen werden.« Die Schülerin C. Heinrich (19) führt den Vaterschaftsnachweis für diese schreiende Wehrungerechtigkeit: »Die Männer, die das Grundgesetz ausarbeiteten, haben die Frauen absolut vergessen.« Manches Mal können wir das den Herren absolut nicht verdenken.

Wenn wir zum Beispiel zum hundertsten Mal nach Erscheinen eines Titten-Titels auf dem ›stern‹ in der nächsten Nummer die Leserinnenbriefe lesen, die empört ihre Gleichberücksichtigung einfordern: »Parität wäre«, für K. Mante aus Wuppertal, »50 Prozent nackte Männer und 50 Prozent nackte Frauen. Ich warte darauf.«

Wir warten immer noch auf den endgültigen Beweis dafür, daß Frauen wenigstens mehr Phantasie haben. Auch M. Frenchs matriarchalistisches Manifest ›Jenseits der Macht‹ hat uns allenfalls davon überzeugt, daß einige Frauen nicht folgerichtig denken können. »Alles, was festlegt, festschreibt« ist für die Autorin »männlich«. Dazu »alles, was Unsterblichkeit zu verleihen verspricht«, eben auch »das Schreiben eines Buches«. Warum überläßt sie es dann nicht uns? Wenn frau so auf die Tube drückt, kommt am Ende doch keine »feministische Menschheitsgeschichte«, sondern bloß eine Art Zahnpastaersatz in der Fithaltepackung heraus: »Wer feministischen Ideen anhängt, fühlt sich wohler, was seine Anziehung auf andere nicht verfehlt.« Feminismus als Gehirnaerobic.

Oder gar als sadomasochistische Hauerei vor französischen Kaminen? Die Domina als emanzipatorisches Endziel? Jedenfalls reklamiert auch eine gewisse »Jeanne de Berg« für die Veröffentlichung ihrer krachledernen Bekenntnisse »Gründe, die ich feministisch nennen würde«. Gründe, die wir finanziell nennen würden, bewogen die Foltermeisterin offenbar, sich nur notdürftig hinter diesem durchsichtigen Pseudonym und dunklen Netzhandschuhen zu verbergen und mit ihrer wahren Identität als Gattin des Nouveau-Romanciers Alain Robbe-Grillet nicht lange hinter dem Berg zu halten. Ihr Zotenbüchlein ›Cérémonies de Femmes‹ wird schließlich nur da »interessant, wo es kein Roman ist«. Und der »Heilige Sebastian, von Pfeilen durchbohrt«, wird mit einem schnalzenden »Oh la la!« zum Schutzpatron der brachialen Branche. Noch die gewagtesten Phantasien der angestrengten Gestrengen sind typisch ohlala-französisch: Im geheizten Hobbykeller einen echten SS-Mann zu torturieren, wäre schon der Höhepunkt der Lust. »Du schwarzer Erzengel: Du stählerner Ritter!« wollte sie denselben auf demselben nennen. »Du wärst ein schönes Objekt!« Ob szön oder nicht szön – mit anständigem Sadismus haben diese gechicten Choquerien nicht mehr viel zu tun.

Dagegen wirken die sprachlichen Ergüsse der deutschen »Performancekünstlerin« G. Steinwachs liebenswert altmodisch. Sogar M. Reich-Ranicki hat nichts verstanden: »Aber es gefällt mir.« Zumindest die gute alte Genitivmetaphorik hätte er wiedererkennen können. Da wuchert nämlich »auf einem relativen Humus von Armut« der reinste »Dschungel des Verlangens«, durch den sich die »Dilettantin des Wunders« nun »den Weg mit der Machete freizuschneiden« bemüht. Mit welcher Machete denn, fragen wir uns unwillkürlich. Mit der

Machete des Manierismus etwa? Oder ist es nicht doch nur das Taschenmesser des Trends, das dem weiblichen André Heller im Handtäschchen aufgegangen ist? Dort liegt es wohl gleich neben dem »Tampon der Zugehörigkeit zum 20. Jahrhundert«. Für alle Fälle.

APRIL

1.	Herbert Wehner *(der Ur-Onkel)*
2.	Knut Terjung *(sein Biograph)*
3.	Enno von Löwenstern *(sein Prophet)*
4.	Johannes Rau *(sein richtiger Neffe)*
5.	Norbert Korzdörfer *(Trend-Fan)*
6.	Peter Glotz *(Auto-Fan)*
7.	Markus Peichl *(Tempo-Fant)*

Es fällt uns wahrhaftig schwer, von alten Herren schlecht zu schreiben. Aber der alte H. Wehner hat uns in der Seele weh getan. Aus dem brillanten Bonner Beleidiger ist im Ruhestand ein nöliger Öland-Öhi geworden, der wehleidig vor sich hin quengelt und den Undank einer Welt beklagt, die er angeblich stets verachtet hat. »Ich mag die Leute nicht, weil die Leute schlimm waren in der Behandlung von mir persönlich, politisch . . .« Die eigenen Leute sind natürlich die schlimmsten. Brandt z. B.? »Der kennt nur sich.« Schmidt? »Er verdient viel Geld . . . Ich habe nichts.« Vogel? Der hat ihn »ganz schlimm behandelt«. Rau? »Ein Nichts«, zu dem er sich erst nachträglich »rückhaltlos« bekannt hat. Und Wehner? Ein Rentnerschicksal: »'zig Jahre bin ich im Parlament gewesen, seitdem es ein Parlament gibt, war ich dort. Aber jetzt bin ich schon Jahre raus – aus.« Das Schlimmste ist, daß der ehemals Wortgewaltige seinen fortschreitenden Sprachverlust selbst nicht bemerkt und genau zu wissen glaubt, was er da zusammengreint. »Ich bin doch kein Schwätzer. Ich glaube nicht, daß man mir nachsagen kann, in meinen Interviews wäre sehr viel Stuß dringewesen.«

Diesen letzten Stuß hat er seinem letzten Pressesprecher K. Terjung zu verdanken. Der hat den Mümmelmann mit der Mundharmonika auf seiner einsamen Insel interviewt. »Da haben wir tagelang geredet, und das Tonband lief« natürlich. Auch beim Abhören sind dem jetzigen ZDF-Korrespondenten weder Apathie noch Aphasie des Anachoreten aufgefallen, im Gegenteil: »Der war vollkommen fit.« K. Terjung ist sich keiner Schuld bewußt: »Ich bin weder ein Schaumschläger noch ein Ferkel.« Was sonst? »Ich bin doch Journalist.« Das würden vermutlich seine Kollegen von der ›Bild‹-Zeitung auch von sich behaupten, die »Wehners Vermächtnis« rührend unters Volk brachten und dem späten Freund gleich eine »Neue Serie« gewidmet haben: ›Onkel Herbert – Leben und Leiden für die SPD‹. Eine Studie in Sado-Masochismus: »Wehner – wer ist er? Was will er? Warum schlägt er seine SPD, die er so liebt?« Die letzten Fragen des Schmachtfetzens hat der baltische Kreuzritter E. von Löwenstern eisern in einem »Kommentar« beantwortet: »Herbert Wehner ist ein alter Mann. Aber was er sagt, zeigt einen klaren Kopf.« E. von Löwenstern hat seinen dabei verloren und ist gleich zum Sanyassin des ehrwürdigen Guru geworden: »Die SPD täte gut daran, sein Vermächtnis ernst zu nehmen.« Und, ergänzen wir sinngemäß, ihren Laden endgültig dichtzumachen.

Es fällt uns auch nicht leicht, alte Parteien abzuschreiben, doch bisweilen haben wir das nämliche Gefühl: Die SPD ist doch wirklich zu dämlich. Oder was treibt ihren Bundesgeschäftsführer P. Glotz dazu, in derselben Zeitung dem Hause Springer (Erben) per Testimonial bei der Einführung eines neuen Produkts behilflich zu sein: »›Auto-Bild‹ ist eine runde Sache!« freut sich da der kritische ›Auto-Bild‹-Fan und legt weiter Zeugnis ab: »Hoffentlich bleibt das kritische Element.«

Ist das vielleicht schon der Einfluß des »christlichen Elements«, das sein Kandidat J. Rau in die rauhe Politik einführen möchte? Wahrlich wir fragen uns: Wer ist Johannes Rau? Er weiß es nicht: »Ich reflektiere ungern über mich.« Und obwohl er es nach Pietistenart unentwegt tut, erfahren wir nur, was er alles nicht ist: »Ich bin nicht der Chefphilosoph der Nation oder der Rektor der Universität Bundesrepublik.« – »Ich bin ja kein hauptberuflicher Tröster . . .« – »Ich bin . . . nie Generalist gewesen.« – »Ich bin nicht der Typ des Bohemiens.« – »Ich bin kein Schauspieler.« Nur eines weiß der Jimmy Carter von der Wupper fast genau: »Ich will Kanzler werden.« Und wenn nicht? »Ich kann doch genausogut wie ein guter Kaufmann oder ein guter Familienvater ein guter Politiker sein.« Und umgekehrt. Womöglich behält H. Wehner in diesem Fall ausnahmsweise recht, und J. Rau bleibt einfach »ein Nichts«.

Erschienen ist das nichtige Wehner-Interview übrigens in einem neuen Jugend-Blatt, das sich ›Tempo‹ nennt, genau wie das gleichgewichtige Taschentuch. Eine »Zeitschrift für Zeitgeist« möchte es sein, und dem hechelt man nun jeden Monat hinterher. Chefredakteur M. Peichl, 27, ist insofern ein geeigneter Geistschrittmacher, als er zumindest einen Zug seiner Zeit nicht verpaßt hat: eine gewisse altkluge Attitüde, die hinterher immer schon alles besser gewußt hat. Unangenehm aufgefallen ist uns der betont junge Mann als Kritiker seines Altersgenossen Diedrich Diederichsen. Selten ist ein Vorbild gerissener verrissen worden. M. Peichl referiert einfach die Gedanken des anderen, soweit er sie verstanden hat, gibt ihm recht gönnerhaft recht und winkt dann sehr müde ab: »Nur warum sich der Diederichsen darüber so aufregt, verstehe ich nicht.« Der Peichl hat dafür nur eine Erklärung: »Er wird alt, der Diederichsen.«

Sich eigene Gedanken zu machen oder sich über die anderer aufzuregen, ist demnach eine Alterserscheinung. Und nichts fürchtet diese frühvergreiste Generation mehr, als alt auszusehen. Letztes Mittel dagegen: Die ›In & Out‹-Listen, aus denen N. Korzdörfer, neuerdings auch ›Bild‹-Autor, rechtzeitig ein ganzes Buch für 1986 gemacht hat. Für die nächsten Jahre kündigt der »Trend-Fan« bereits laufende Neufassungen an. Wie das Alterswerk am Ende ausgehen wird, können wir uns jetzt schon vorstellen: *In:* Bierbauch, Glatze, Puschen, Rentenerhöhungen, lange Unterhosen, kurzer Atem, Friedhofsbesuche usw. Der Rest ist *out*.

MAI

1.	Peter Alexander *(ein Vater)*
2.	Susi Alexander *(Rabentochter)*
3.	Heidi Adele Albrecht *(1. Ehefrau)*
4.	Helga von Brauchitsch *(2. Ehefrau)*
5.	Gloria von Thurn & Taxis *(3. Ehefrau)*
6.	Gabriele Henkel *(4. Ehefrau)*
7.	Oswald Scheibe *(ein Doktor)*

Deutschlands Mediziner haben ein neues furchtbares Problem: Weder Doktoren noch Professoren können einen rechtlichen Anspruch darauf geltend machen, mit ihren vollen akademischen Titeln angeredet zu werden. Das hat ihr Hausblatt ›Medical Tribune‹ juristisch einwandfrei feststellen müssen. »Da die überwiegende Mehrzahl der Richter keinen akademischen Titel besitzt, kann das niemanden wundern.« Auch Dr. O. Scheibe aus Wuppertal nicht, der in einem empörten Leserbrief ungezähmt zu Selbstjustiz rät: »Hier kann man sich als Betroffener nur mit einem kleinen Trick helfen: Man redet in einem entsprechenden Fall den Gesprächspartner konsequent mit einem Doktor- oder Professorentitel vor dem Namen an. Irgendwann wird er einen dann darauf hinweisen, daß er keinen Doktor- oder Professorentitel besitze, man kann dann freundlich lächelnd antworten: ›Aber ich!‹ Selbst der sturste Gesprächspartner wird sich dann irgendwann an die gesellschaftlichen Umgangsformen halten.«

Und, dürfen wir ergänzen, mit einem ebenso fröhlichen: »Habe die Ehre, Herr Doktor!« die Praxis umgehend verlassen.

Keine Probleme mit der Anrede hat G. von Thurn und Taxis. »Sagen Sie einfach Durchlaucht, Sie können auch Fürstin sagen.« Durchlaucht redet sowieso, von ›Bild‹ bis ›stern‹, mit jedem, der sie zu fragen geruht. Brav spielt sie ihre kleine Rolle als Unhold vom Lande und enfant pénible der gehobenen Zehntausend, die offenbar für Millionen hochinteressant sind. Ehemann Johannes, den sie, nicht seiner Milliarden wegen, sondern »weil er eben so goldig ist«, stets »Goldie« nennt, hat, seit die Erbfolge reibungslos gesichert wurde, auch nichts mehr gegen das, was sie »Remmidemmi« nennt. »Gloria ist naiv wie ein Kind, gelegentlich dreht sie durch.« Und dafür kann das Rummidummi ja nichts: »Goldie, ich bin nun mal so.« Warum nur? »Ich liebe die Provokation.« Aber wozu? »Ich will meiner Generation ein Beispiel geben.« Und wofür? Es muß befürchtet werden, daß der Wet-Gel-Verbrauch pro Hohlkopf der Bevölkerung noch erheblich ansteigen wird.

Außer ihrem Friseur (»Mach mich so wild, wie du denkst!«) braucht die gedankenfreie CDU-Wählerin zu ihrem Glück nur noch »einen Masseur und einen Yogalehrer« und natürlich »Kommunikation mit Intellektuellen wie das tägliche Brot«. Den abendlichen Kaviar dazu holen sich deutsche Intellektuelle, sofern sie eingeladen werden, vornehmlich bei G. Henkel ab. Ihren Mann, der für sie entweder »Konrad« oder »Herr Persil« ist, hat die hohe Frau »bei einem Karnevalsfest als Trapper verkleidet kennengelernt«. Er ist zwar »nicht gerade eine ›Kontaktbombe‹«, wird dafür aber von ihr »erbarmungslos in die Museen geschleppt«. Denn Frau Persil weiß sehr wohl einen Musenkuß von einem Negerkuß zu unterscheiden und möchte in Düsseldorf ein Haus der Kunst führen. Selbst Joseph Beuys war angeblich so beeindruckt von ihren nahrhaften Talenten, daß er gesagt haben soll: »Frau Henkel, Sie müssen Ihren Tisch signieren.« Sein Tod war ein schwerer Verlust für die Food-Artistin. »Das war schlimm.« Denn: »So vieles kannst du ihn jetzt nicht mehr fragen«, hat sie sich gleich gedacht, vor allem:

»Ich hätte ihn gern über Tizian gefragt. Oder Caravaggio.« Das ist dem armen Manne nun erspart geblieben.

Dr. H. A. Albrecht nennt ihren Ernst im Spaß bisweilen »Percy«. Ihren Sinn für Kunst hat sie sogar in Spanien entdeckt, bei Hofe: Dort gibt es nämlich leider »keine Hofdamen mehr, keine Meninas, wie Velazquez sie so unsterblich gemalt hat«. Der ist nun auch tot. Wie aber ist eine einfache Ministerpräsidentengattin aus Niedersachsen in den »Palacio Real« gekommen und zu der hohen Ehre, »die schönen Marmorstufen nach oben« zu »schreiten«? Ganz einfach: »Nun, Percy (wie ich meinen Mann zärtlich nenne) bestand auf meiner Teilnahme. Ich habe also mein Coco-Chanel-Kostüm und die Pin Box aus Seals Skin eingepackt . . .« Und der spanische König war – laut diplomatischer Auskunft – ebenso leicht einzuwickeln: »Und dann – so der Botschafter – dann lacht der König viel . . . Selbst Häschen-Witze kommen an.« Da mußte freilich auch Percy sehr gut ankommen.

Eberhard von Brauchitsch ist ebenfalls mit einer Ehefrau gesegnet. »In der Tanzstunde« lernten sie sich kennen. Dann kam eine schwere Zeit: Sie füllte Schuhwichse in Dosen, während er sein Jurastudium als Nachtwächter finanzierte. Vier Kinder folgten. Ihren Arztberuf, »den ich leidenschaftlich liebte«, hat sie aufgegeben. Noch heute, da wenigstens ihr Mann bei Gericht zu tun hat, zeigt sie ihm und der ›Bild‹-Zeitung täglich, wie leidenschaftlich sie ihn liebt: »Sie bügelt jetzt selbst seine Hemden, dämpft seine Anzüge – auch dies eine Geste ihrer Fürsorge.«

Fürsorge braucht jetzt auch P. Alexander, den die eigene Tochter in eine peinliche Lage gebracht hat: »Meine Tochter Susi wurde zusammen mit drei jungen Leuten von der Polizei dabei überrascht, wie sie die Droge Kokain nahm.« Daraufhin ist zunächst dem Vater »ganz schlecht geworden«, aber auch Susi ist »das Dreckszeug« schlecht bekommen: »Es ist ihr schlecht dabei geworden.« Schade um das schöne Kokain, doch die gemeinsame Reiherei hat Vater und Tochter schon wieder fast versöhnt. An den Vorwürfen ist ohnehin nichts dran: »Da ist von Persern und Bolivianern die Rede . . . Meine Tochter kennt weder Perser noch Bolivianer.« Das kann sich ändern. »Mit unseren guten Beziehungen«, hat Vater beschlossen, »werden wir sie im Ausland in einem guten Hause unterbringen.«

JUNI

1.	Gerhard Schröder *(Leberkunst)*
2.	Manfred Schreiber *(Leberkäs)*
3.	Jürgen Eick *(Sprachkunst)*
4.	Uwe Barschel *(Sprachpflege)*
5.	Björn Engholm *(Fernseher)*
6.	Norbert Blüm *(Bücherwürmchen)*
7.	Manfred Wörner *(Naßrasierer)*

Seinen 60. Geburtstag hat »Deutschlands oberster Sheriff« Prof. Dr. M. Schreiber, vormals »jüngster Polizeipräsident Europas«, im Hotel ›Bayerischer Hof‹ mit »bayerischem Buffet« in München gefeiert. Deutschlands oberster Ganneff Michael Graeter von der ›Bild‹-Zeitung fand das ganz »natürlich«. Denn in München lebt sich's für die übliche »illustre Gästeschar«, von XY bis Dr. F. Zimmermann, besser und vor allem sicherer. Der Jubilar durfte auch gefährdeten Gratulanten wie Dr. F. K. Flick und J. Fuchsberger versichern: »Wir lassen uns von anderen nicht unsern Lebensstandard ändern, und wenn ich zum Leberkäsessen eine Hundertschaft Polizei um das Lokal aufstellen müßte.«

Aber auch in Frankfurt/Main läßt man sich das Feiern nicht verbieten. »Eine solche Versammlung bedeutender Leute«, wie sie sich im Hotel ›Frankfurter Hof‹ zur Verabschiedung von Dr. J. Eick als Mitherausgeber der FAZ versammelt hatte, imponierte sogar dem Aufsichtsratsvorsitzenden der Dresdner Bank: Von Graf Lambsdorff bis Prof. Rodenstock, von Hans Friederichs bis Alfred Dregger, dessen roter Pullunder »zu mancherlei Scherzworten« anregte, war alles da, was so einen »unermüdlichen Streiter für Vernunft, Gesittung und Anstand« zu ehren versteht. Der »Homo politicus« ließ sich nicht lange lumpen: »Mein Leben bewegt Kampf für die Marktwirtschaft«, stammelte Dr. J. Eick sichtlich bewegt, und zwar »nicht aus Ideologie, sondern aus Überzeugung«. Als Zugabe zitierte der überzeugte Golfspieler gar noch sich persönlich: »Zwei Damen spielten oben ohne / Auf daß der Anblick sich lohne / Die Herren waren völlig baff / Und landeten sofort im rough.«

Solcher Frohsinn hätte gewiß auch dem SPD-Ministerpräsidentschaftskandidaten G. Schröder gefallen, der in Niedersachsen seit einem Jahr kein Besäufnis mehr ausläßt, nur für den Fall, es käme darauf an, »das Land nicht mit dem Kopf, sondern mit der Leber zu regieren«. In der Kornvertilgung sieht der Leberfrohe »ein Stück sozialdemokratischer Kultur«, und »daß wir wieder feiern lernen« ist sein überflüssigster Wunsch. Seine Identitätsprobleme hat der Mann mit dem Maxi-Brand längst locker die kleine rote Röhre runtergespült: »Ich bin kein Mini-Brandt, ich bin überhaupt kein Mini, ich bin ich.« Und »ich« kann sogar schon plappern wie eine Art Mini-Kohl: »Wir müssen versuchen, Lebensfreude und Politik miteinander zu verbinden.«

Sein Parteifreund in Schleswig-Holstein hat mehr »Lust auf Phantasie«. Deshalb plädiert er im ›stern-tv-Magazin‹ auch gleich »aus vollem Herzen für neue Pan-Tau-Geschichten«. Dieser »liebenswerte und sanfte« Kinderfreund ist für B. Engholm »meine Hoffnung auf die Freiheit der Phantasie«. Die alten Hippie-Phrasen fließen dem jugendlichen SPD-Oppositionsführer so blumig aus der Indianer-Feder, daß wir für den Phantasten und seine Phantasien auf Stubenarrest plädieren würden – allein, was soll's? Der »große Verbogene« hockt ohnehin »inzwischen häufiger als meine Kinder vor dem Fernseher«.

Kein Wunder, daß ihm die Berufsberatung der CDU-Regierung, die sich unter dem lakonischen Titel »na bitte« um Umgang mit der »Sprache junger Menschen« bemüht, gar nicht zusagt. »Es wäre das beste, wenn die Broschüre im Papierwolf verschwände«, hat B. Engholm liebenswert und sanft dazu zu sagen. Ob wohl der reißerische Wolf solche Sprüche verdauen könnte? »Kein Geschäft für Sentimentalos« ist die Fleischerei. Im Gegensatz zur Altenpflege, denn: »Unsere Oldies sollen sich wohlfühlen.« In der Molkerei »ist schlicht der Riechkolben gefordert«. Wer dagegen als Verkaufsleiter »Kohle machen will, muß mehr draufhaben als flaches Geseire«. Das gleiche gilt für Rechtsanwaltsgehilfen: »Plappermäuler machen schnell wieder den Abgang.« Sie können dann allenfalls noch schleswig-holsteinischer Ministerpräsident werden und mit U. Barschel seiren: »Sprachpflege und Sprachkultur sind Zeichen geistiger Vitalität.«

»Sülzen«, das hat selbst G. Schröder auf seinem zweiten Bildungsweg klar erkannt, »können die Konservativen besser.« Das glibbrigste Argument für die deutsche Beteiligung am SDI-Programm hat M. Wörner gefunden: »Warum sollten wir uns gegen Panzer und Flugzeuge verteidigen, nicht aber gegen die viel gefährlicheren Raketen?« Die Frage ist natürlich rein rhetorisch, denn selbst der Verteidigungsminister weiß eine Antwort: »In jedem Fall ist es besser, Raketen abzuschießen, als Menschen zu töten.« Raketen sind nämlich viel größer und leichter zu treffen. So tolle Einfälle hat der haarlose Mann meist in einem »der schönsten und unbeschwertesten Augenblicke des Tages«: beim Rasieren. Der hellbraune Helanca-Stretchanzug mit der schmucken dunkelbraunen Borte ist noch bettwarm, und trotzdem hat man schon Schaum vorm Mund: »Ein sauberes Gefühl. Da ist der Kopf noch ganz frei, und die Gedanken können wandern.« Wer da mitwandern müßte.

Bestimmt nicht der kurzatmige Kollege N. Blüm, der hat Besseres zu tun: »Ich lese jederzeit, was ich will. So schnell ich will, so sprunghaft ich will.« So schnell. So sprunghaft. Keine Zeit, ganze Sätze zu finden für »meine Liebe zum Buch«. Nur Werbesprüche: »Praktisch, handlich, gut. Das Buch. Ich habe immer eins dabei. Oft in der Tasche.« Was denn? Das Telefonbuch vielleicht? Aber so große Taschen gibt's doch gar nicht.

JULI

1.	Ephraim Kishon *(Banause)*
2.	Cseslaw Sajdak *(Gottesanbeter)*
3.	Horst Dassler *(Adidas)*
4.	Armin Dassler *(Puma)*
5.	Bruce C. Ogilvie *(Selbstanbieter)*
6.	Claudia Kohde *(depressiv)*
7.	Uli Rohrbach *(kreativ)*

Sorgen um die Entwicklung der Jugend quälen bisweilen H. Dassler: »Im entscheidenden Stadium der Erziehung der Jugend hat der Sport einen zu niedrigen Stellenwert.« Hochherzig hält deshalb der Sportartikler vom Schweißband bis zum Turnschuh alles bereit, was gewährleisten kann, »daß die körperliche Erziehung so wichtig genommen wird wie die geistige«. H. Dassler ist körperlich sehr gut entwickelt. Den geistigen Geschäftstrieb hat er von Gründer-Vater Adi geerbt. Der hatte den Einkauf von Spitzensportlern zu Werbezwecken zwar »kreiert«, und sein Sohn hat das auch »nicht bereut« – jedoch: »Nach wie vor gilt, wir bezahlen ungern.« Obwohl die Frühkapitalisten von Adidas ihre Angestellten durchaus zu schätzen wissen: »O ja, wir alle mögen unsere Spitzensportler.« Selbst nach Mißerfolgen übt man ganz selten Druck aus. »Nur, wenn der Vertrag dazu die Möglichkeit bietet. Wenn das nicht im Vertrag vorgesehen ist, geht es ja nicht.« Ein verblüffend logischer Schluß.

»Über Geld spricht man nicht«, spricht sein Onkel A. Dassler.

Der Puma-Chef ist so bescheiden, daß er ebensowenig von sich selbst reden mag: »Ich lese viel, interessiere mich sehr für Religion«, hat er zwar dem BamS-Reporter verraten, »aber schreiben Sie das nicht, das klingt so nach Prahlerei.« Und prahlen mag A. Dassler nur mit seinem späten Glückskind: Boris Becker. »Boris ist wie mein ältester Sohn.« Ein Foto von Boris, der seinen selbsternannten Adoptiv-Vater um mindestens zwei Tennisbälle überragt, hängt goldgerahmt im Allerheiligsten. Und obwohl der Gold-Junge gewiß nicht billig war, beteuert der verliebte Alte immer wieder: »Boris ist mein Baby.«

Baby-Boris hat verraten, was ihn am meisten nervt: »Das Telefon meiner Eltern steht nicht still. Nach Niederlagen melden sich wieder die Psychiater, 30 haben schon angerufen, manche mit Doktor-Titel.« Den hat auch Dr. B. C. Ogilvie aus Kalifornien. Er sieht düstere Zeiten auf den weißen Star zukommen: »Er müßte auf die zahlreichen und häufig sehr schlimmen negativen Lebensaspekte vorbereitet werden, mit denen ein Weltbester in jeder Sportart ... konfrontiert ist.« Das »bedürfte allerdings monatelanger psychologischer Arbeit mit ihm«. Wer sollte die bloß leisten? Zufällig kennt Dr. Ogilvie den weltbesten Psychologen: »Er brauchte jemanden, der wie ich über 30 Jahre mit Tausenden von Top-Athleten zusammengearbeitet hat.«

Womöglich könnte der Top-Spezialist auch C. Kohde helfen. Die Nr. 4 der Weltrangliste leidet unter allen: Journalisten, Publikum, Funktionäre, Veranstalter, Schiedsrichter, Gegnerinnen – alle haben sich gegen sie verschworen. Und: »Alle haben nur Augen für Boris.« Schon spielt die Vernachlässigte mit dem Rachegedanken, »einen Anti-Boris-Klub deutscher Spitzensportler« zu gründen. Die Vorsitzende kann uns wirklich leid tun, denn sie hat offensichtlich nicht begriffen, daß es nicht darauf ankommt, wie gut einer Tennis spielt, sondern darauf, wie gut er dabei aussieht, weil sich ohnehin kein Mensch für Tennis aus rein spielerischen Gründen interessiert, geschweige denn für eine Tennisspielerin, der jeder die geborene Verliererin gleich ansieht.

Ihre deutsche Konkurrentin S. Graf, Nr. 3 des Computers, sieht da schon besser aus. Die Werbebranche gibt sich begeistert: »Mit ihr kann man für alles werben.« Außer vielleicht für Mode und Kosmetik: »Das Aussehen ist nicht danach.« Auch »Banken und Versicherungen« kommen für H. W. Gräwe von »Lintas« nicht in Frage. Und Werbefachmann P. Berkovics aus Köln muß leider zugeben: »Steffi hat ein sehr sauberes Image. Darum kann sie für nichts werben, was mit Sex zu tun hat.« Damit will auch Steffi nichts zu tun haben – also ist sie auch »nicht der Typ, der für Damenstrümpfe werben kann«. Trotzdem glaubt U. Rohrbach von »Thompson« den rettenden Haken am sauberen Mädel entdeckt zu haben: »Ich habe gelesen, daß sie Moped fährt. Ein Steffi-Graf-Moped wäre jetzt das richtige.« Ob »Opel« etwas bauen kann, was nur zwei Räder hat und trotzdem fährt?

Für seinen Glauben wirbt Dr. C. Sajdak freiwillig auch im Fernsehen: »Weil Menschen, Gottes Schafe, TV schauen.« Dr. C. Sajdak war der röhrendste jener Pfarrer, die sich nicht schämten, als Hammelherde auf Skateboards in Frank Elstners ›Wetten-daß‹-Show einzufallen. Seitdem legt er das TV-geweihte Rollbrett nicht mehr aus der Hand, auch beim Predigen in seiner »Herz Jesu«-Kirche, Bierbach, nicht. »Das Leben ist auch so wacklig«, lautet sein Gleichnis, die frohe Botschaft folgt auf dem Fuß: »Aber wir haben einen tollen Trainer . . . Gott!«

Das Dümmste, was er machen konnte, hat E. Kishon, Nr. 1 der deutschen Humoristen-Rangliste, gemacht. Er hat sich ernstlich über moderne Kunst aufgeregt: »Ich habe dieses Buch über moderne Kunst 40 Jahre in mir getragen. Es wurde Zeit, daß mal einer den Mund aufmacht und mit der Wahrheit herausrückt.« Kaum eine Wahrheit ist in den letzten 40 Jahren häufiger ausgesprochen worden: »Was die Künstler oder ihre Kritiker über die jeweiligen Werke zusammenplappern, ist tatsächlich der Gipfel billiger Spaßmacherei oder der Unverschämtheit oder gelegentlich beides zusammen.« Was Kishon zusammenplappert, ist nichts von beidem. Mit allen »einfachen Leuten dieser Erde« verbrüdert er sich gegen den »Schrott« und die »abstrakten Häßlichkeiten, wie sie heute in vielen Galerien hängen«. Und der bekennende Kenner geht noch weiter: »Sie können mich totschlagen, aber für mich ist ein Klosett ein Klosett – und keine Kunst.« Auf dieses ultimative Angebot würden wir gelegentlich gern zurückkommen.

AUGUST

1.	Willy Brandt *(Alt-Rocker)*
2.	Helmut Schmidt *(sein Nachfolger)*
3.	Anouschka Renzi *(Muttertöchterchen)*
4.	Anja Kruse *(Schwiegertöchterchen)*
5.	Sabine Sauer *(Nein-Ansagerin)*
6.	Birgit Schrowange *(ihre Nachfolgerin)*
7.	Bettina *(Siegenerin)*

Jede Woche wird in der BRD durchschnittlich ein Star geboren, vorzugsweise weiblichen Geschlechts. »Glaubst du, ich werde ein Star?« Das ist die einzige Frage, die z. B. A. Renzi ernsthaft beschäftigt. Dabei hätte sie bei Mutter Eva absehen können, was bei Blitzkarrieren herauskommt: Die ging ihrerzeit über Hollywood nach Poona, wo sie bei ihrer späten Identitätssuche nichts als Haue bezogen hat. Die Tochter kümmert vorerst nur ihr Äußeres. »Ich kann sehr hübsch sein und sehr häßlich«, findet die »aparte Schönheit« (›stern‹) und zeigt wie zum Beweis ihr Hinterteil, das sogar schon Peter Zadek entdeckt hat: »Ein richtiger Hottentottenhintern, nicht?« Den hat das Buschfräulein, und, was für den Weg nach oben noch wichtiger ist, sie kann auch darauf trommeln. »Ich bin auch penetrant, penetranter als andere.«

Mit penetranter Artigkeit hat es A. Kruse vom Schwarzwald-Möbel im ZDF zur Maria Stuart gebracht. Die Langeweile, die sie munter ausstrahlt, darf sie seitdem mit Gesinnung verwechseln. »Ich bin eine konservative Schauspielerin.« Und: »Ein

Schiller ist ein Schiller.« A. Kruse bleibt A. Kruse und ihrem Vorbild aus der gleichnamigen Puppenfamilie ebenso treu wie doof, auch wenn sie bisweilen unter ihrem Aussehen, um das sie jeder Schwiegervater beneiden dürfte, zu leiden glaubt: »Mein Gott, könnte ich nicht ein bißchen weniger attraktiv sein?« Nein, das kann sie beim letzten Willen nicht, trotz ihrer »unheimlichen Energie«, über die sie selbst am ehrlichsten staunt: »Oft weiß ich gar nicht, woher ich die Kraft habe.«

Uns würde eher interessieren, woher so minable Schranzen die Frechheit nehmen, sich solche Fragen zu stellen oder gar Antworten zu geben, wie diese von S. Sauer, die geradezu Avantgardemaß voraussetzt: »Lieber sich angreifen und am Boden zerreißen lassen als ohne Standpunkt dastehen.« Wenn S. Sauer »ihre Birne hinhält«, geht es allerdings keineswegs um radikale Positionen, sondern um die ›ZDF-Kinohitparade‹, das ›Showfenster‹ oder ›Das schöne Wochenende‹ im Bayerischen Rundfunk. Sendungen, durch die S. Sauer mit nie erlahmender Lahmheit führt, obwohl darin manchmal Sachen vorkommen, »die ich nicht gut finde«. Und schon denkt die Schund-Guerillina an das Schlimmste: »Letztes Jahr war ein hartes Jahr. Da hab' ich darüber nachgedacht, ob ich nicht aufgebe.«

Entsatz steht bereits ohne Gewähr bei Fuß. »Was Sabine Sauer im ›Schaufenster‹ macht, könnte ich auch«, bekennt »die schönste Ansagerin des ZDF«, B. Schrowange, ›Hör zu‹. Sie ist es so »leid, als hübsche Larve beschrieben zu werden«, daß sie nun die Engerlinge rauslassen möchte. Schon hat sie sich an die »gebräunte Stirn« gefaßt: »Was hier drinnen stattfindet, will einfach keiner wissen; aber«, droht sie, »ich werde es den Leuten vom Fernsehen noch beweisen, daß mehr in mir steckt.«

Mehr als was? Bettina aus dem Siegerland hat uns verraten, was junge Mädchen treibt: »Ich will Erfolge.« Und dann? »Shopping gehen wie Sue Ellen . . . Im offenen Flitzer durch Siegen fegen wie Lucy durch Dallas . . . Autogramme geben statt Wechselgeld.« Denn noch ist das arme Mädel ja nur eine Verkäuferin bei Karstadt. Doch schon hat sie sich durch autonomes Flashdance-Training vor der Heimlichtorgel zur

»Endausscheidung zur Deutschen Disco-Queen« hochgezappelt und sich vertrauensvoll gesagt: »Du strengst dich lieber an und wirst berühmt.« Das klingt ja bis hierher alles ganz unvernünftig, doch Bettinas Bedenken gegen Pin-up-Fotos gehen uns entschieden zu weit. Sie mag sich nicht ausziehen, »weil, wenn ich dann berühmt bin, kommt das ans Licht, und ich müßte mich zu Tode schämen«.

Das sollte eigentlich auch W. Brandt. Der hat auf seine alten Tage noch einmal den Sprung über die Generationsgrenzen gewagt und ist prompt im Fett-Töpsken gelandet, wie es die kölsche Graupengruppe BAP wohl besingen würde. Der alte Herr hat freiwillig ihre neue LP ›Ahl Männer, aalglatt‹ abgelobt. Daß er »alles andere als ein intimer Kenner der Rockszene« ist und BAP deswegen um Ironie ringend für »eine der ranghöchsten Rockgruppen der Republik« hält, ist dem rangältesten SPD-Vorsitzer kaum übelzunehmen. Daß er eine »Botschaft« in den weinerlichen Bezichtigungs-Songs erkannt haben will, die wie »ein drohendes Schwert über Politikern« hängt, spricht allerdings dafür, daß ihm das Damokleische jüngst auf den Kopf gefallen ist. Oder ob den alten Mann die frohe Botschaft des frommen Begleitheftchens so bezaubert hat, daß er die Widmung an Heinrich Böll gleich auswendig gelernt hat: »Es gibt alte Männer, die jung sind, und äußerlich junge Männer, die geistig bemitleidenswert versteinert sind.« Leise rieselt der Kalk.

Uns tut es in den Mundwinkeln weh, wenn wir sehen, was aus arbeitslosen SPD-Kanzlern geworden ist. H. Schmidt muß sich zwar nicht mit Platten-Kritiken durchschlagen, dafür schreibt er um so plattere Schmalzwerbungen. H. Schmidt ist nämlich einer, der nicht nur seine ›Zeit‹, sondern auch ›Reader's Digest‹ gern im Hause hat, und so preist er dies Kompendium der heilen Welt, das ihm »die große Chance« bietet, »Weltöffentlichkeit herzustellen«, auf Seite 2 desselben als »eine Zeitschrift, die über Grenzen hinweg Vertrauen schafft«. Vertrauen in die heillose Blindheit dieser Weltöffentlichkeit zumindest.

SEPTEMBER

1.	Heiner Geißler *(Moralist)*
2.	Volker Elis Pilgrim *(Onanist)*
3.	Heiner Bremer *(1. Triumvirator)*
4.	Michael Jürgs *(2. Triumvirator)*
5.	Sigmund Widmer *(Zwinglist)*
6.	Jörg Sylwasschy *(Pilgrimist)*
7.	Iha von der Schulenburg *(Streikerin)*

Gewalt und Geschlechtlichkeit stellten auch in diesem schönen Sommer alle anderen Themen leicht in den Schatten. Letztere sollen wir weiterhin ausüben, darin ist sich die deutsche Presse weitgehend einig: jedermann, jedefrau, jederzeit und jedenfalls. Einer der schärfsten Befürworter dieser populären Bewegung ist seit jeher V. E. Pilgrim. In nimmermatten Selbstversuchen hat er seine erogenen Zonen bis unter die Vorhaut erforscht und uns die zu erwartenden Ergebnisse immer gleich buchweise zugänglich gemacht. Was wir schon immer über Sex wußten – V. E. Pilgrim wollte es uns noch einmal genau sagen. Nun schien er sein Thema zum erstenmal verfehlt zu haben: ›Zehn Gründe kein Fleisch mehr zu essen‹ – was hatte das noch mit Fleischeslust zu tun? Doch siehe: Auch Vegetarismus führt zum Orgasmus. Und umgekehrt: »Ich hatte gelesen, daß fleischmeidende Inder Stunden ineinandergesteckt verbringen.« Wenn das kein Grund war, auf Grünzeug umzusteigen! Und schon hat der schlitzohrige Rammler Erfolge von der Steckerfront zu melden: »Auch mir ist es nun möglich, mein Bewußtsein so weit meiner Männlichkeit zu verbinden, daß ich mühelos in diesem glücklichen Warten schweben kann.« Dennoch läßt sich der Schwebewart bei jeder Gelegenheit herab, seine alte Lieblingsbefriedigung zu preisen. Im WDR hat der notorische Autoerotiker sich unlängst zum 10 000. Mal zur Wichsvorlage gemacht: »Es ist was Positives!« Auch wenn V. E. Pilgrims trauriges Beispiel auf Dauer das alte Vorurteil wiederbeleben dürfte, daß zuviel Selbstbefriedigung zur Hirnerweichung führen muß.

Doch der Autodidakt mag beruhigt verdämmern, die studierte Konkurrenz schläft auch am liebsten mit sich selbst. Onanie von der Wiege bis zur Bahre ist für Dipl.-Psych. J. Sylwasschy offenbar das einzig Wahre: »Es ist eine Erfahrung, die Kinder brauchen. Es ist normal und natürlich bis zum Sterbealter.« Und vom feuchten Totenbettchen geht's natürlich normal weiter ins Rubbelparadies.

»Eine Frage der Intelligenz« ist die Enthaltsamkeit für den ehemaligen Zürcher Stadtpräsidenten S. Widmer. Er kann sich auf den »2000 Seiten starken Bericht einer Kommission« aus Washington berufen, der u. a. vorsieht, »daß eine ›kausale Beziehung‹ zwischen Pornographie und Gewaltverbrechen« bestehe. Der gesunde Schweizer weiß sich mit Gleichgesinnten einig: »Für jeden Menschen mit gesunden Sinnen ist das eine Binsenwahrheit.« Und deshalb soll im Zuge des amerikanischen Fundamentalismus der alte Zürcher Zuchtmeister Zwingli »in der Stadt seines Wirkens wieder an Ansehen gewinnen«. Wie es aussieht, ist auch puritanische Sittenstrenge der Entwicklung menschlicher Intelligenz nicht eben förderlich.

Wie man liberal ist und trotzdem dumm bleibt, wird uns jede Woche im ›stern‹ vorgemacht. H. Nannen hat damit angefangen, dem »lieben Sternleser« so nach dem Munde zu schreiben, daß derselbe vor Staunen über die eigene Beredsamkeit meist offenstand. R. Winter hat das Volksmaul sodann mit Meerschaum gestopft. Von seinen drei Nachfolgern kommt nun ebenfalls bloß rosa Dunst. Dabei hat M. Jürgs, mit einem spätalternativen, fast klösterlichen Vollbärtchen versehen, mutig die Nannen-Rolle übernommen, deren Feuchtforschheit ihn indessen selbst am meisten schockiert: »Um Gottes willen, darf man so ... schreiben?« fragt er sich schaudernd. Und: »Um Gottes willen, darf man so urteilen?« bohrt er in der eigenen Nase nach. Dabei geht es ihm nur darum, ob nun die RAF oder die CSU gerade recht hat. Selbstverständlich keiner – sondern M. Jürgs: »Gelassenheit ist das Gebot der Stunde.«

H. Bremer muß sich beim Kommentieren in Ermangelung einer Pfeife am eigenen Doppelkinn festhalten. Womöglich weil es solch ein treffliches Symbol für die faltenreiche Sorgsamkeit seiner doppelbödigen Ausgewogenheit ist. Den Durchschnittsmeiner zu zitieren, wäre ebenso überflüssig, wie es der Kropf ist, den er so zu verbergen scheint. H. Bremer hat nun wirklich nichts zu sagen. Er sollte Springer-Sprecher werden.

Mannbare deutsche Frauen wollen auf ihre Art gegen die ganze schlechte Welt mit ihren Reaktoren und Raketen protestieren. Zum »Gebärstreik« haben sie nach finnischem Vorbild aufgerufen, und zwar »bis die machthabende Männergesellschaft die Lebensmöglichkeiten für die zukünftige Generation verbessert« hat. So wird die zukünftige Generation eben ausfallen, was wir angesichts der gegenwärtigen kaum bedauern können. Diese ungute Mischung aus praktischem Egoismus und pathetischer Volksfürsorge hat die ungebärdige Fotografin I. v. d. Schulenburg am bildhaftesten auf den Begriff gebracht: »Ich habe mich schon vor der Reaktorkatastrophe gegen Kinder entschieden, aber der Unfall in der Ukraine setzte noch eins drauf.«

Dafür ist auch Heuchelheiner Geißler Spezialist. Er protestiert gegen Staatsgewalttätigkeit immer da, wo er sie nicht zu verantworten hat. In ferneren Ländern macht er sich sogar für mehr »Menschenrechte« halbstark, wohl wissend, daß er im eigenen Lager der einzige ist, der »sich wirklich darum kümmert«. So wird auch sein Drohbriefchen an R. Reagan, das diesem demokratisch gewählten Präsidenten sehr mißverständlich klar machen soll, daß »diese Regierungen« in Südafrika, Südamerika, Südkorea usw. »in Wirklichkeit dem Kommunismus in die Hände« arbeiten, da ihre Chefs alle »Anarchisten im moralischen Sinne« seien, nicht allzuviel Heil anrichten. »Der Präsident weiß, wer ich bin«, weiß H. Geißler. Selbst der mächtigste Papierkorbbesitzer der Welt wird also wissen, wohin der Schrieb gehört.

OKTOBER

1.	Günter Grass *(Vertriebener)*
2.	Hermann Kant *(Vertreiber)*
3.	Manfred Köhnlechner *(Heiler)*
4.	Veronica Carstens *(Heilerin)*
5.	Erich Fried *(Ja-Sager)*
6.	Peter Alexander *(Nein-Sänger)*
7.	Stuttgarter *(Publikum)*

Rechtzeitig vor der Buchmesse hat sich G. Grass, die Nummer 1 der deutschen Geltungsdrang-Liste, in das Land abgesetzt, um das es dabei gehen soll: nach Indien. Dort, wo sich Mutter Teresa und Vater Bhagwan guten Appetit wünschen, will er nun für ein Jahr die beleidigte Currywurst spielen: »Nach einem ins dritte Jahrzehnt gehenden Engagement weiß ich nicht mehr weiter. Die Dinge wiederholen sich.« Der Abonnements-Engagierte wiederholt sich schon länger, doch neuerdings hört gar keiner mehr auf ihn: »Ich habe der SPD angeboten, vor der Bundestagsfraktion darüber zu sprechen – nicht einmal eine Antwort habe ich erhalten.« Erhalten hat er sich lediglich seinen hochmütigen Verfolgungswahn, der in jedem Kritiker gleich den Flagellanten wittert: »Sie schlagen um sich, wenn sie daran erinnert werden, daß sich andere Menschen noch engagieren.« So sind die Deutschen angeblich: »Wir regen uns nicht mehr über Tschernobyl auf, sondern befassen uns damit, wieviel die Bauern an Entschädigung bekommen, ob der Einzelhandel noch was abkriegt, ob die Sowjetunion alles bezahlen soll.«

Mit dieser durch und durch ungerechten Verdammung kann der Indienfahrer allenfalls die Deutschen/Ost gemeint haben. Seinen Duzfreund H. Kant z. B., für den Tschernobyl nicht mal eine »abendfüllende Einzelheit« gewesen ist. Der verdiente Vorsitzende des DDR-Schriftstellerverbandes darf wegen erwiesener Linientreue seit Jahren den realistischen Sozialismus bei Kongressen in Deutschland/West vertreten. Daheym setzt er sich dann dafür ein, »daß sich Literatur unbehelligt entwickeln soll«. Wohin sie will – »aber nicht außerhalb der Gesetze und der Gesellschaft«. Die Bücher der Autoren, die diese Kunst beherrschen, füllen bereits, mit Dank und Widmung für den Gesetzeshüter, »die schönste Ecke in meinem Bücherschrank«. Für die Werke der Unbeherrschten wäre in diesen legalen Regalen sicher kein Platz.

Bei uns in der BRD hat E. Fried die bislang komplizierteste Kritik an der bösen Atomkraft formuliert, frei nach dem ›Wiener‹-Motto: »Ja zu Nein«. Ein simples Nein reicht nämlich nicht mehr, denn: »Es liegt vielleicht in unserer Natur, das Ja eher zu bejahen als das Nein.« Obschon wir von Haus aus genau andersrum veranlagt sind, zitieren wir auch noch die Begründung des Hobby-Psychologen: »Schon das Kleinkind hat das Nein immer als Hindernis« erfahren, »etwa wenn man es davon abhielt, mit einem spitzen Messer im Mund herumzulaufen oder in einem oberen Stockwerk auf ein Fensterbrett zu klettern«. Ja, hätten wir die Kleinen denn ruhig in ihr Verderben lutschen oder rutschen lassen sollen? Warum eigentlich nicht – zumindest Wortclownerien wie die von Onkel Erich wären ihnen dann erspart geblieben: »Auch heute ist manches Nein ein Ja.« Und umgekehrt.

Dabei kann einer doch alles so viel einfacher ausdrücken: »Ich war entsetzt. Es ist eine Katastrophe. Atom muß weg. Ein perverser Wahnsinn.« Unter den Spätfolgen von Tschernobyl hat auch P. Alexander zu leiden. Den ganzen 60. Geburtstag hat ihm Atom verdorben. Er ist geradezu ins Grübeln geraten, und die weltberühmten Grübchen haben sich gleichsam vorwurfsvoll geglättet. Was ihn aber am schwersten verbittert: »Der Franz Josef Strauß, den ich so liebe, daß der so eine verkrustete, lebensgefährliche Haltung hat.« Womöglich wird ein kleiner Protestsong diese Haltungsschäden beseitigen: »Das kleine Kraftwerk an unserm Eck, es heizt mit Kohle und hat kein Leck.«

Da hat M. Köhnlechner ganz andere Sorgen, eher private: Adoptivsohn Jochen, der 1982 eine Kreissparkasse in räuberischer Absicht betrat, kommt demnächst aus dem Gefängnis. »Vielleicht habe ich seine Erbanlagen nicht beeinflussen können«, fürchtet der stiefväterliche Genmanipulator nachtragend, doch seiner Freiheit soll der uneheliche Sproß eines Kleinkriminellen nun endgültig froh werden: »Jochen kriegt die Chance, die er verdient hat«, droht der alte Heildegen. »Ich gebe ihm einen Traumjob in meinem neuen Sanatorium auf Mallorca.«

Auf die unbremsbare Heilkraft der Natur schwört seit der Pensionierung ihres Gatten auch V. Carstens. Obwohl sie Medizin studiert hat, kramt sie zu gern in der Apotheke Gottes: »Und das Schönste: Warum viele dieser Mittel wirken, weiß kein Mensch genau.« Man muß eben nur daran glauben, und wenn sie mal nicht gewirkt haben: »Ich meine, man muß sich fügen, das ist von Gott gewollt.« Nach diesem fatalen Rezept erträgt V. Carstens auch die eigene Kinderlosigkeit gelassen: »Man kann seinem Leben immer einen Sinn geben.« Sei's als Wanderpräsidentin, sei's als Wunderheilerin – der liebe Gott sieht alles gern, er denkt vermutlich wie V. Carstens: »Abwechslung erfrischt.«

Doch die Dinge wiederholen sich: Aus Mexikos Fußballstadien kam die Welle der Begeisterung direkt ins Stuttgarter Neckarstadion geschwappt: Hei, wie sich da Ärschchen und Ärmchen rundum wogend in die Höhe reckten, um sich und dem fernsehenden Rest der Welt zu beweisen, daß sich der Stuttgarter in nichts übertreffen läßt, und gleich gar nicht, wenn es um Begeisterungsfähigkeit geht. Aus »la hola«, wie die Welle mexikanisch hieß, war im Handaufheben »Halole«, das schwäbische Meer, geworden. »Das beste Leichtathletikpublikum der Welt«, darin waren sich sämtliche Kommentatoren einig, wohnt in Stuttgart. Wir können nur hoffen, daß es dort auch bleiben möge.

NOVEMBER

1.	Hans Maier *(Laienprediger)*
2.	Harald Schumacher *(Fußballprofi)*
3.	Michael Schirrmeister + Josef König *(Humoristen)*
4.	Bernd-Jürgen Haman *(BMW-Pfarrer)*
5.	Egon Wenberg *(Heaven's Angel)*
6.	Joachim Hempel *(Schlafmittel)*
7.	Franz Burda *(†)*

November will es wieder werden und damit höchste Zeit, den Schwarzkitteln beider Konfessionen das eine oder andere zwischen die Hörner zu geben. Katholiken und Protestanten ist längst jedes Mittel recht beim Allerseelenfang: Von der »Drive-in-Trauer« in Detroit bis zur »Absolution im Supermarkt« bei Bordeaux – ›Bild‹ berichtete. In der Gustav-Vasa-Kirche zu Stockholm hält Pfarrer Halmermalm allsamstäglich sogar Gottesdienste für Hunde und andere Vierbeiner ab: »Um die Liebe für Hunde und andere Tiere zu fördern, die von Menschen . . . zur Lebensmittelerzeugung geopfert werden.« Als ob im Hundekuchen Hunde wären.

Den 1. Preis für »Humor in der Kirche« haben sich dennoch die beiden Praunheimer Talarnarren M. Schirrmeister (ev.) und J. König (kath.) redlich verdient und brüderlich geteilt. Beide »bieten den total alternativen Supergottesdienst« an, »in selbstgestricktem Wams und Latzhose«, versteht sich. »Echt geil«, fanden es die zwei Wasserpistolen Christi bei der Preisverleihung von ihrer Gemeinde, »daß ihr euch hierhergeschleppt habt«. Und siehe, dann verkündeten sie noch eine große Freude: »die Eröffnung des kalten Buffets«.

Beim hl. Abendmahl serviert auch der Berliner Rockerpastor B. J. Haman – Spezialität: Trauungen »in voller Ledermontur« – neuerdings »statt der Oblaten . . . knuspriges Fladenbrot«, und »der Weinkelch ist aus Ton«. ›Bild am Sonntag‹ lobt den Gastgeber mit dem heißen Ofen weiter: »Nach dem Gottesdienst wird bei Kaffee und Kuchen noch lange geklönt. Jeden Sonntag macht Pastor Haman ein Bibelfrühstück mit Brötchen, Marmelade und Kaffee.« Drei Sterne, drei Kreuze und Platz 6 dafür. Wenn dagegen die Firma Haribo zum Weihnachtsgeschäft »Jesus, Maria und Josef als Gummibärchen« (ap) anbietet, dann findet der Sprecher der Deutschen Bischofskonferenz diese Konkurrenz weit »jenseits des guten Geschmacks«.

Im Diesseits geht alles grenzenlos durcheinander: Rock-Pop-Jazz-Swing-Punk-Pogo-Messen, Computer-Predigten und Quiz-Gottesdienste, Puppenkrippenspiele und Video-Beichten, Ringelpiez mit und ohne Anfassen – Hauptsache: die Kirche ist voll, und der böse Feind kann noch einmal gebannt werden. Denn sein Name ist: Langeweile. »Die Langeweile ist der Tod der Kirche.« Spricht Pfarrer M. Krolzig aus Düsseldorf. Sein Kollege J. Hempel aus Braunschweig sorgt schon dafür, daß es bei der Beerdigung zumindest gepflegt zugeht. »Wenn einer einnickt, ich habe nichts dagegen.« Das höchste Ziel des Pennerhirten: »Ich will aber Menschen in unserer hektischen Zeit die Möglichkeit geben, zu einer ganz bestimmten Stunde in einem schönen Raum bei dezenter Musik einfach abzuschalten.«

Wir gäben was darum, wenn man Gottes grellsten Brüter, den bayerischen Kultusminister H. Maier, ebenso einfach abschalten könnte. Der aber beklagt dampfend von Scheinheiligkeit nun das Ende der Aufklärung und den neuen Irrationalismus, während auf dem nämlichen Katholikentag, dem er präsidiert hat, unter anderen Reliquien eine »Windel Jesu« zur Anbetung freigegeben ward und sich der Papst in Rom derweil über das »Wesen der Engel« ernsthaft Gedanken machte.

Dem Engelsburger ist sein getreuer Diener E. Wenberg, Pfarrer in Berlin, zu Hilfe gekommen: »Ja, es gibt sie«, die Engel, sogar immer und überall. »Sie ändern ihren Charakter nie«, insofern gleichen sie der Kirche, für die sie hauptsächlich unterwegs sind. Auch sie »kommen überraschend, meist, wenn der Mensch eine Krise durchmacht« und sie gut gebrauchen kann.

Wie zur Zeit auch unser Nationaltorhüter H. Schumacher, der sich an Frömmigkeit von keinem anderen Spitzensportler übertreffen läßt. Noch vor B. Becker und B. Langer bleibt er die Nummer 1 der professionellen Gottesanbeter. »Toni bekreuzigt sich vor jedem Spiel«, bezeugt die ›Bunte‹ Illustrierte. Das hat er auch nötig, denn selbst seine »Halskette mit einem goldenen Kreuz und der Nachbildung des Heiligen Rockes der Bistumsstadt Trier« konnte den ehemaligen Beherrscher des Kölner Strafraums in dieser Saison nicht vor einigen durchaus vermeidbaren Gegentoren bewahren. Wir erinnern nur an das WM-Endspiel zu Mexiko: Selten wohl hat ein gläubiger Schlußmann die Fäuste inbrünstiger und vergeblicher gen Himmel gereckt.

Im Himmel, zur Rechten Springers, sitzt nun wohl längst der Verleger der ›Bunten‹, F. Burda. Der alte »Senator« hat sein Vermächtnis, »aus dem, was Marc Chagall ihm in zahlreichen Gesprächen als Maximen seines Lebens nannte, als Thesen formuliert«, und ›Pan‹, seine »Zeitschrift für Kunst und Kultur«, hat diese Thesen posthum auch noch veröffentlicht. Sie lauten:

1. »Die Bibel ist die größte Quelle der Poesie.
2. Ich habe die Bibel nicht gelesen, sondern geträumt.«

Bisweilen, wenn wir unsere Zitate sichten etwa, will es uns ganz genauso vorkommen: als wie ein böser Traum. Allein, das Erwachen ist um so peinlicher: Der ganze Quatsch ist wirklich wahr und so steht er geschrieben.

DEZEMBER

1.	Richard Burt *(Germanist)*
2.	Gahl Burt *(seine Frau)*
3.	Franz Schönhuber *(Nationalist)*
4.	Alfred Biolek *(Karnevalist)*
5.	Heinz Riesenhuber *(forscher Geist)*
6.	Ulrich von Chamier *(guter Mensch)*
7.	Arno Breker *(GRÖBAZ)*

Zum Ekelerregendsten, was uns dies Jahr beschert hat, gehört der neue deutsche Patriotismus, der sich vom alten deutschen Nationalismus nur insofern unterscheidet, als wir inzwischen wissen dürften, wohin seine Primärtugenden (Fleiß, Ehrgeiz, Leistungswillen usw.) führen können: ins KZ, und zwar als Wärter. Drei Prozent hat die Selbstvergessenheit der bayerischen Wähler dem selbsternannten »Republikaner« F. Schönhuber eingebracht. Der ehemalige SS-Mann wehrt sich »mit allen Kräften dagegen, mit der NPD in einen Topf geworfen zu werden«. Er kocht schließlich die gleiche Suppe, gewürzt durch die »Einführung neuer Geschichtsbücher in den Schulen«, um »die Alleinschuldthese Deutschlands am Zweiten Weltkrieg« endlich wegzuspülen. Außerdem fühlt sich F. Schönhuber nach bewährtem Muster politisch und menschlich schwer verfolgt: »Warum regt sich kein Mensch auf, wenn Herr Strauß den Herrn Schönhuber ein Arschloch nennt?« Womöglich deswegen, weil der Herr Strauß in diesem Fall ausnahmsweise recht hat?

Immer schon recht gehabt hat A. Breker, der deutscheste

Bildhauer aller Zeiten: »Alles, was ich von 1933 bis 1945 gemacht habe, war absolut richtig.« Und genauso macht er auch weiter, von der Vorhaut bis zu den Schamhaaren: »Da liegt eins neben dem anderen.« Auf Komplimente von Kollegen wie Salvador Dalì oder Ernst Fuchs kann sich der Schamlose ebenso berufen wie auf die Begeisterung seiner Kundschaft nach 1945 von Schickedanz über Ludwig bis Thurn und Taxis: »Der Mann ist eine Legende.« Privat kann der »deutsche Michelangelo« und ›Sportschau‹-Fan »von Muskeln nicht genug kriegen«, »Schönheit« sei schließlich »keine Schande«. Und so ist es eigentlich nur mehr eine Frage der Zeit, bis der Meister den Deutschen ihr stämmigstes Standbild schenken wird: Boris Becker, das goldige Kälbchen.

Stolz sein soll der Deutsche außerdem auf seine Nobelpreisträger: »Wir alle sind stolz auf Sie!« ruft ihnen Forschungsminister H. Riesenhuber via ›Bild-Kommentar‹ zu und baut damit seinen Ruch als letzter Intellektueller im Kabinett Kohl entschieden ab. Stolz ist er »auf zwei deutsche und« – kleiner Unterschied – »einen deutschstämmigen Wissenschaftler«, deren Leistung freilich kein ›Bild‹-Leser je ermessen würde, wenn ihm H. Riesenhuber den Sinn des Ganzen nicht erklären könnte: »Eine bessere Werbung für deutschen Forschergeist gibt es nicht«, zumal sie uns genausowenig kostet wie H. Riesenhuber seine »Botschaft an unsere Jugend: Wer fleißig ist, wird seinen Weg machen.«

Ist es ein Wunder, daß sich der Stellvertreter Ronald Reagans auf deutschem Boden nach einem Jahr bereits ganz »zu Hause« fühlt? »Es war ein großartiges Jahr«, findet R. Burt. »Ich habe den Optimismus und das Selbstvertrauen gespürt, die uns hier umgeben.« Ganz wie daheim in Washington. »Niemand« – und der amerikanische Botschafter gleich gar nicht – »könnte daran zweifeln, daß Deutschland in vielen Bereichen an vorderster Front steht.« Und das nicht nur im Friedensfall. An schleimigen Komplimenten läßt sich Mr. Burt allenfalls von Mrs. Burt noch übertreffen: »Ich liebe ganz Deutschland!« Sogar einen persönlichen »Beitrag, den Bevölkerungsrückgang in Deutschland zu stoppen«, hat das saubere Paar schon geleistet: »Das Baby ›made in Germany‹ soll im April kommen.«

Daß der deutsche Lebensraum trotzdem nicht überfremdet werde, dafür sorgt u. a. U. von Chamier. »Abhauen«, denkt er laut ›Hör zu‹, »oft morgens um sechs, wenn er in seiner Berliner Wohnung vor dem Spiegel steht.« Aber dann bleibt er lieber hier und schickt andere dafür nach Hause. U. von Chamier ist nämlich ein deutscher Beamter. Der »Referatsleiter für Asylangelegenheiten beim Berliner Senat« redet ganz offen »von den Menschen, denen er sagen mußte, daß es für sie keinen Platz in der Bundesrepublik gibt. So leid es ihm tut.« Und es tut ihm verdammt leid, »aber das muß er vergessen. Den Privatmann, den menschliches Leid anrührt, der davor manchmal davonrennen möchte, den darf es im Amt nicht geben.« Und den gibt es im Amt auch nicht. ›Du darfst kein Herz haben‹, sagt sich Ullrich von Chamier immer wieder« und wünscht sich von Amts wegen: »scharfe Kontrollen auf unserer Seite«, denn: »Diese Scheinasylanten machen viel kaputt für die, deren Leben tatsächlich bedroht ist«, wie das von U. von Chamier. Denn »jeden Tag kommen weitere Hunderte« dieser »Unbelehrbaren«. »Und so wird Ullrich von Chamier auch weiterhin abends kaputt nach Hause kommen«, heim nach Marlboro-County. Und weiterhin wird morgens sein erster Gedanke sein: Abhauen. Der zweite aber lautet: Ich doch nicht.

Einen erfreulich antideutschen Beitrag hätte sich beinahe A. Biolek geleistet. Im niederländischen Fernsehen nannte er die Deutschen: »kleingeistig, humorlos, intolerant, steif«. Am nächsten Morgen jedoch tat dem toleranten Großgeist seine Lockerungsübung bereits wieder leid: »Ich habe«, gestand er kleinlaut, »kein Interesse daran, die Deutschen zu verunglimpfen« – woher denn auch: »schließlich bin ich selbst einer, lebe hier und lebe gut.« Für seinen speziellen Humor spricht auch die Bioleksche Verdammung der demonstrativen Vermummung: »Beim Karneval finde ich originelle Vermummung hervorragend, aber bei einer ernsthaften Demonstration nicht.« Deutscher kann man es wohl kaum ausdrücken.

1987

RICHARD VON WEIZSÄCKER – BORIS BECKER

JANUAR

1.	Johannes Rau *(hoffnungslos)*
2.	Carolin Reiber *(prinzenlos)*
3.	Bruno Ganz *(grenzenlos)*
4.	Michael Grater *(gnadenlos)*
5.	Renate Wußling *(Braunschweig)*
6.	Wolfgang Schackow *(Carnevalist)*
7.	Hans Peter Tandecki *(Arschtillerist)*

Es gibt einen Menschen in der BRD, der glaubt immer noch daran, daß J. Rau nach der Wahl mit eigener Mehrheit Bundeskanzler werden kann: J. Rau. Der Zähl-Kandidat ist ein gläubiger Mensch. Und an irgend etwas muß der Mensch ja glauben – doch mit seinem Glauben steht der Sektierer inzwischen so allein da, daß wir ihn einfach nicht so stehen lassen konnten und ihn schon aus Mitleid an die Spitze unserer Liste gesetzt haben.

Auch Frau Rau hat daheim unter den Aktivitäten ihres Gatten zu leiden. Beim nächsten Düsseldorfer Rosenmontagszug sollte sie nach der Geburt ihres dritten Kindes im vierten Ehejahr als »Schneller Brüter« mitrollen. Erst ernste Vorhaltungen von höchster Stelle verdarben den Narrhallesen den Spaß mit der Pappmachékameradin. Ihr Chef W. Schackow blieb ungerührt: Man solle ihm erst mal nachweisen, wann er jemals »in Ton und Bild etwas vorgestellt habe, was unter der Gürtellinie« liege. Schwangere tragen schließlich keine Gürtel. Dusseldorf Helau!

Schwierigkeiten mit seinem Glauben könnte auch M. Graeter bekommen. Denn seit der brave Klatschkolumnist glaubt, er habe dem Fernsehen als lebendes Vorbild für seinen vergleichsweise kritischen Kollegen »Baby Schimmerlos« gedient, bestellt er nicht bloß ›Kir Royal‹ bis zum Anschlag, sondern leistet sich neuerdings auch noch eine eigene Meinung dazu, die er bisweilen sogar veröffentlicht. Das klingt dann gefährlich: »Die meisten der 2800 Gäste haben sich in der Nacht zum Sonnabend beim Bundespresseball in Bonns Beethovenhalle amüsiert.« So weit, so schön – aber: Mir persönlich hat Hannelore Kohls Wohltätigkeits-Soiree im Mai besser gefallen.« Und warum? »Verglichen damit fand ich den Presseball ein bißchen fad.« So außenseiterisch-deppenwölfisch betrachtet wird die glanzvollste Gesellschaft bald jeden Schimmer los – und M. Graeter am Ende seine Spalte in der ›Bild‹-Zeitung: Bubi Arbeitslos.

Der Charakterschauspieler B. Ganz hat sich serienweise mit dem Erfinder »Heinrich Beck« alias Carl Bosch identifiziert und sich tätlich bemüht, mit großem Aufwand an Heulen und Gläserklappern aus einem gerissenen Giftmischer eine Art zerrissenen Faust-Ersatz zu vulkanisieren. Er war selbst ganz fasziniert von der dämonischen Rolle: »Mich faszinieren tatsächlich Gestalten, die sich einer einzigen Sache absolut hingeben und dabei in völligem Irrtum landen können. Ich persönlich habe bei weitem nicht das Format der Leute, die ich da spiele.« Warum so bescheiden? B. Ganz gibt sich immerhin seit Jahren, von der Kritik ungestört, dem völligen Irrtum hin, die Mittel der IG Schaubühne seien auch zu Film- und Fernsehzwecken tauglich. Im reich bebilderten Schulfunk-Melodram ›Väter und Söhne‹ hat er den endgültigen Gegenbeweis abgeliefert sowie eine Knallcharge weit jenseits aller Grenzen zwischen Chemie und Wahnsinn.

Die Frauen können sich einfach nicht entscheiden, mit welcher Rasse sie sich nun vergleichen möchten: Sind sie nun die »Neger« oder die »Juden« von heute? Beide Angebote stammen übrigens aus dem Hause Schwarzer. Nur über eines ist frau sich anscheinend einig: »Über den drohenden Femizid, der weltweit vom Patriarchat geplant und durchgeführt wird«, wie es R. Wußling in einem Leserinnenbrief an die ›Tageszeitung‹ todesmutig formuliert hat. Unsere Killerkommandos sind schon unterwegs nach Braunschweig.

Wir haben die verschiedenen Identitätskrisen so flott verdrängt, um Platz zu schaffen für das Rendez-vous des Jahres. Es fand bereits am 5. Juni 1986 gegen 15 Uhr 38 im Buckingham-Palast statt. Doch erst jetzt hat die bürgerliche Fernsehansagerin C. Reiber ihr Treffen mit Prinz Philip, Herzog von Edinburg, in ›Hör zu‹ offenbart: Im »kleinen Gästesalon« taxiert die Dame mit dem drrreifach gerrrollten »rrr« zunächst die Vermögensverhältnisse des erwarteten Partners: »Die Wände sind mit kostbarer roter Seide bespannt«, und auch die Gemälde sind vom Kostbarsten: »Renoir, van Dyck und Rembrandt«. Dazu »ein hoher Raum mit wunderschönem Kristalleuchter« und »traumhaft schöner Stuck an der Decke«. Das riecht nach gutem Stall und altem Geld. Alles ist standesgemäß vorbereitet: »Die beiden Sessel für das Gespräch sind schon kameradschaftlich zurechtgerückt.« Und wie rasch kann aus Kameradschaft mehr werden – doch dann: Der Schock! »Und da fällt mir etwas auf, was eben auch in den ›besten Häusern‹ vorkommt: Ein Sessel ist frisch überzogen in strahlendem Gelb – in dem soll ich während des Interviews sitzen –« unmöglich! »Denn der neuüberzogene Sessel hat genau die Farbe meines Kleides. In dem würde ich farblich untergehen . . .« Ein Untergang, nebem dem der des Britischen Empires zweifellos verblassen müßte. Da hilft nur ein Handstreich: »Ich tausche die beiden Sessel schnell mit einem Kollegen aus.« Das Kleid bleibt an, und Hoheit können kommen. Vom folgenden Gespräch erfahren wir erfreulich wenig. Vielleicht war die Enttäuschung allzu groß: Der Prinz ist nämlich schon verheiratet – Pech für ihn. C. Reiber läßt ihn einfach sitzen: »Ich verabschiede mich mit einem angedeuteten Hofknicks – man darf dabei Königlicher Hoheit nicht in die Augen schauen – (fragen Sie mich nicht, warum).«

Fragen wir uns lieber, wie es der deutsche Vertreter im NATO-Militärausschuß, Generalleutnant H. P. Tandecki, fertiggebracht hat, sich auf dem Schießstand mit dem eigenen Revolver ein Loch in das zu schießen, was man bei gewöhnlichen Schützen Arsch zu nennen pflegt. Eine tragische Verwechslung? Ein versuchter Selbstmord? Ein sogenannter Heimatschuß? Es bleibt freilich ein Rätsel, auch das.

FEBRUAR

1.	Sascha Hehn *(ehrlich)*
2.	Wolfgang Niedecken *(waahnsinnig)*
3.	Don Johnson *(größenwahnsinnig)*
4.	Wolfgang Hildesheimer *(sprachlos)*
5.	Günther Nonnenmacher *(polyglott)*
6.	Josef Halbritter *(altruistisch)*
7.	Marcelino Oreja *(besorgt)*

Die Welt ist schlecht. Zu dieser Einsicht gelangte bereits vor drei Jahren auch der ehemalige Schriftsteller W. Hildesheimer, und er beschloß, »angesichts der Katastrophen, die in der Welt geschehen«, das Schreiben einzustellen. »Jedenfalls mir hat es die Worte verschlagen.« Leider nicht alle, denn der praktizierende Pessimist wird seither nicht müde, seine kompromißlose Entschiedenheit in Vorträgen, Interviews und Aufsätzen stets aufs neue zu begründen. »Ein Pessimist ist immer kompromißlos«, behauptet er steif. »Wäre er es nicht, hätte er es viel leichter.« Vielleicht nicht nur »mit sich selbst«, sondern auch »mit den anderen, denen er dann nicht mehr auf die Nerven fallen müßte«. Eine Nervensäge dürfen wir W. Hildesheimer dennoch nicht nennen, denn dann fängt der alte Fuchsschwanz sogleich an zu singen: das Lied von »vulgärster Verhöhnung, in der ich selbst die primitivste Form von Verdrängung sehe«. Den Schuh ziehen wir uns gern an, denn er eignet sich vorzüglich, andere damit in den Allerweichsten zu treten.

Bei W. Niedecken von BAP ist das Allerweichste zweifellos der Keks, den er vorgeblich zum Denken benutzt: »Das Schwarzweißdenken bringt uns nicht weiter.« Deshalb gab es zu Weihnachten den Farbfilm zum Festival: »WAAhnsinn«. Für den Hauptdarsteller »ein Glied in der Kette des Widerstands«. W. Niedeckens Widerstand richtet sich vor allem gegen klare Verhältnisse. Er möchte unbedingt gleichzeitig schwarz *und* weiß denken und bringt am liebsten alles durcheinander: Einerseits schätzt er »auch privat Polizisten, speziell einen, mit dem ich oft zu tun habe. Wir haben die gleiche politische Einstellung.« Andererseits gefällt ihm auch die Weltuntergangsstimmungsmache der Deutsch-Punk-Band ›Die Toten Hosen‹: »Ich halte sie auf jeden Fall für politisch verantwortungsvoll denkende Menschen.« An diesem Satz stimmt allenfalls noch, daß es sich um Menschen handelt, und das ist für den guten Menschen aus Köln allemal die Hauptsache. Seinetwegen könnten ›Die Toten Hosen‹ auch im Polizeikorps mitmarschieren, derweil seine uniformierten Freunde mit ihrem eigenen Schlagzeug die Musik dazu machen – oder ginge dieser Wahnsinn am Ende sogar seiner fettesten Beute zu weit? »Ich bin ja der ›Tote-Hosen‹-Fan schlechthin.« Ja, W. Niedecken ist wirklich schwer zu übertreffen.

Die atomverarbeitende Industrie hat auch sehr schöne Argumente. »Zu Wort gemeldet« hat sich damit ein gewisser J. Halbritter, »Dr. rer. nat.« und »Vater eines Sohnes«. Der politisch verantwortungsvoll denkende Mensch ist nach eigener Anzeige zudem »Fachreferent in der Abteilung für Energiewirtschaft« beim AKW-Betreiber der KWU. Der Fachmann öffnet uns die Herzen für die wahren Motive seines Unternehmens: »Weiterführung des Kurses der friedlichen Kernenergie-Nutzung reduziert den Verbrauch an Kohle, Öl und Erdgas und stabilisiert auch deren Preise.« Cui bono? »Zum Nutzen der Dritten Welt.« Nicht etwa die KWU will profitieren, nein: »Das Schicksal der Dritten Welt liegt mit in unseren Händen.« Packen wir's an und drücken wir zu!

Die chemische Industrie ist derzeit recht kleinlaut und hat in ihren Kampagnen eigentlich nur »Eine Bitte«: daß recht bald wieder Algen über die ganzen Sachen wachsen mögen. Dr. G. Nonnenmacher von der ›Frankfurter Allgemeinen Zeitung‹ macht sich schon Sorgen: »Für das Schweizer Chemieunternehmen Sandoz kommt in diesen Wochen viel zusammen: die Hundertjahrfeier der Firmengründung, eine Umweltkatastrophe – und eine Unsicherheit, wie der Name des Firmengründers Sandoz sich eigentlich ausspreche.« Dr. G. Nonnenmacher hat eine ganze »Skala von Möglichkeiten« anzubieten: die »spanische Version« mit »englischem th«: Sandoth; die »welschschweizerische« mit französischem Akzent: Sandó; und die gutdeutsch-Nonnenmacherische: Sandos. Wie aber sollen wir in Zukunft die FAZ aussprechen? Fath? Fá? Fass? Fatz? Oder dürfen wir die Zeitung für die gebildeten Zungen wenigstens zeitweilig vergessen?

Was aus einem kleinen Rauschgiftbenutzer alles werden kann, wenn er für ›Miami Vice‹ die Seite wechselt, hat der Serienheld D. Johnson vorgemacht: ein großer Angeber. Früher, gesteht er, »sprintete ich im D-Zug-Tempo zur nächsten Drogen-Party«. Heute darf er selbst Drogenpartybesucher im Video-Clip-Tempo durch Florida hetzen und hält sich prompt für »größer als die Beatles«.

Kein Wunder, daß sich die erste europäische Ministerkonferenz in Wien Sorgen »über die Zukunft der Massenmedien« macht. Ihr Generalsekretär M. Oreja hat die provinzielle Parole ausgegeben: »Wir haben die Wahl zwischen einer eher chaotischen Mittelmäßigkeit außereuropäischer Angebote und einer eigenen Produktion.«

Was bei unseren Hausmacherproduktionen herauskommt, verkörpert am bräunlichsten S. Hehn, der sich auf seinen Fan-Postkarten als »Deutschlands beliebtester Schauspieler« ausgibt. Deutschlands Antwort auf D. Johnson schreckt wirklich vor nichts zurück und schreit auch nicht gleich um »Hilfe, wenn so ein kleiner Atomreaktor explodiert«. Er möchte ja bloß, »daß alle Menschen glücklich und gesund sind«. Fürs erste gibt's ›Das Traumschiff‹, fürs andere ›Die Schwarzwald-Klinik‹.

S. Hehn ist stets dabei, und immer aus Überzeugung. »Ehrliche Menschen« liebt er nämlich über alles und ganz doll sich. Selbst die durchaus wohlgemeinte Frage, ob er denn mehr sei »als ein arroganter Schönling«, beantwortet er wahrheitsgemäß: »Und dann soll ich ja noch dumm sein.«

MÄRZ

1.	Marianne von Weizsäcker *(Omi)*
2.	Oskar Lafontaine *(Vati)*
3.	Otto Schily *(dito)*
4.	Dorothee Sölle *(Visionärrin)*
5.	Amerika *(Serie)*
6.	USA *(Wortmacht)*
7.	Concordia *(Eschersheim)*

Letzthin hat mit O. Schily der letzte nichtangepaßte Grüne die Maske des gutbürgerlichen Intellektuellen fallen lassen und seinen Tribut an eine Bewegung entrichtet, die sich vornehmlich um sich selbst noch dreht. Offenbar berauscht vom 8,3prozentigen Wahlsieg wußte der kühne Rechthaber nichts Spontaneres zu tun, als aus allen TV-Kanälen sein Töchterchen zu grüßen: »Ciao, ciao, Anna!« Wenn schon die Verwendung des progressiven Markennamens »Anna« nicht auf größere Phantasie-Vorkommen im Hause Schily schließen läßt, so wirft das doppelte »ciao« ein ganz fahles Licht auf die sonnige Gemütlichkeit, die Väterchen Otto dort verbreiten darf. Wenn wir die weitere Entwicklung richtig sehen, dürfte der ehemalige Nonkonformist sich demnächst vom letzten Attribut seiner freien Zeit trennen und statt des Schlipses den korrekten Vollbart tragen. Oder die Partei wechseln.

In anderen Parteien ist es längst üblich, die eigene Familie zu Werbezwecken zu gebrauchen. Die große grüne Hoffnung der

SPD, O. Lafontaine, macht sich bereits Sorgen, ob er den Parteivorsitz überhaupt annehmen könne, da eine spätere Kanzlerschaft doch nicht ganz ausgeschlossen scheint: »Ich kann heute nur sagen, ich knabbere schwer daran. Das ist eine schwierige Entscheidung.« Ob er die Vaterschaft zum Opfer bringen wird? »Ich bin zum zweiten Mal verheiratet und habe ein Kind von vier Jahren. Ich kann doch nicht von Zuwendung zu den Menschen reden, um dann meiner Familie die Zuwendung zu verweigern, die ich für andere fordere.« Und ob er das können wird.

O. Lafontaine ahnt immerhin voraus, was auf ihn zukommt. Schlichtere Gemüter wie M. von Weizsäcker können ihn immer noch nicht fassen: den »Verlust des Privaten«. Reumütig erinnert sie sich an ihre »wilden Entdeckungstouren durch Berlin«. In Bonn ist dann alles anders geworden: »Wenn ich heute mit meinem Mann allein ausgehe, ist das nicht mehr allein und privat. Der Bundespräsident ist da, heißt es sofort.« Woran liegt das nur? Und warum kann die Frau Bundespräsidentin nicht die normale Großmutti sein, die sie so gern wäre? Ein Enkelkind ist ja seit zwei Jahren vorhanden, und »gerade in diesem süßen Alter würde ich Sophiechen gern öfter besuchen . . . Jede Oma wird verstehen, wir sehr ich das vermisse.« Und ihr Mann versteht sie auch: »Er denkt genau dasselbe. Weil wir oft gemeinsam Ausreißen träumen. Eines Tages machen wir es auch.« Es ist also noch Hoffnung.

»Ein Volk ohne Vision geht zugrunde.« Das meint nicht allein der Prediger Salomo (Sprüche 29,18), sondern auch die protestantische Hohepriesterin D. Sölle. Sie hat zwar auch keine, weiß aber wenigstens, woran das liegt in der BRD: weil »das Volk seine Vision nicht mehr zu artikulieren wagt, weil es sich einer anderen Macht unterworfen hat«. Einer ganz bösen Macht: Die stellt nicht nur McDonald's-Futterplätze auf Pershing-Ersteinsatzeinrichtungen auf, sondern läßt auch »die Vision von einem anderen, friedlicheren Weg abräumen.« Ordnung muß sein, denn darin besteht ja die Vision des deutschen Volkes bestenfalls: mehr Friede, mehr Freude, mehr Eierkuchen und vor allem mehr Fernsehen. Möglichst so viel wie die Amerikaner.

Die Amerikaner haben ihre eigene Art von Televisionen: die neueste heißt »Amerika« und soll darstellen, was wäre, wenn der Russe käme und das ganze brave Land zehn Jahre lang mit seinen Kosakenstiefeln zu Kaugumminsk treten und kneten würde. Die ABC-Serie wurde angeblich von reagantreuen Kolumnisten angeregt: »Wir wollen einen Film sehen, der ›Im roten Amerika‹ heißt.« Nun sehen sie ihn, und dabei kommt heraus, daß der rechte Amerikaner vor Feminismus viel mehr Angst hat als vor Kommunismus: daß die eigene Frau im roten Amerika Karriere machen könnte, ist wohl das Schlimmste, was einem Redneck passieren könnte.

Im übrigen würde das Russifizierungs-Programm bereits an der Sprachgrenze scheitern. Und jede andere Fremdherrschaft auch: »Willkommen Zu Den Vereinigten Staaten« wünscht das offizielle Anmeldeformular des »U. S. Department of Justice« für »Alle Personen mit der Ausnahme der Vereinigten Staaten Bürger, zurückkehrende Residenten, Ausländer mit Einwanderungs-Visum und Canadier die auf Besuch oder in transit sind«. Wer es »vollstandig« ausgefüllt hat, »in English« versteht sich, ist »autorizierd in den Vereinigten Staaten zu bleiben«, freilich »nur bis zum Datum das auf dieser Formular geschrieben ist«. Ansonsten ist noch eine Warnung auf dieser Formular geschrieben, die auch den letzten halbwegs zivilisierten Invasoren abschrecken sollte: »Ein nicht Einwanderer der einen Arbeit annimt ist unter Vorbehalt zur Ausweisung von der Vereinigten Staaten.«

Wenn also nicht einmal eine Weltmacht des Wortes halbwegs mächtig ist, müssen wir es dann nicht einem Kreisklassenverein wie »Concordia 1958 Eschersheim« nachsehen, daß der Vorstand den Verstand verliert, wenn er »mit dem FC Kalbach den Tabellenführer auf dem Rosegger empfangen« darf und seinen gezählten 37 zahlenden Zuschauern »eine echte Spitzenbegegnung« zu bieten hat? Wir müssen gar nichts nachsehen – ein Blick ins Programm-Blättchen genügt. Da steht: »Von einer

Erhebung eines Top-Zuschlages sowie Preisanhebungen in unserem Clubhaus – in dem wir unsere Gäste nach dem Spiel gern bewirten würden – haben wir abgesehen. Der Vorstand.« Davon abgesehen: Endergebnis 2:2 (0:2) und Platz 7 in unserer Tabelle.

APRIL

1.	Rudi Carrell *(Klauer)*
2.	Franz Josef Strauß *(sauer)*
3.	Peter Zadek *(stocksauer)*
4.	August Everding *(fidel)*
5.	Gerhard Heinrich Ott *(Heilkunst)*
6.	Siegfried Gerstgrasser *(Pflanzkunst)*
7.	Holm Keller *(18)*

Seit er keinen Frankenwein mehr verträgt, geht es mit F. J. Strauß steil bergab. Doch trotz Apathie und Aphasie mischt sich der alte Bocksbeutel immer noch in alles, wovon er nichts mehr versteht: von A wie Aids bis Z wie Zensur – er kann das Maul nicht halten. Wieder und wieder käut er neuerdings, »die längst fällige Kurskorrektur in der auswärtigen Kulturpolitik«. Die gegenwärtige Kultur des Inlandes möchte er gleich niedermähen und -muhen: »Wenn Heinrich Böll . . . die Bundesrepublik Deutschland als ›trauriges Land ohne Trauer‹ bezeichnet . . ., wenn Peter Handke erklärt, Deutschland ›lasse ihn an einen Kadaver denken‹ . . ., dann ist es den politisch verantwortlichen Persönlichkeiten der Bundesrepublik Deutschland nicht mehr erlaubt, solche gegen den Bestand unseres Staates gerichteten Äußerungen in die Zuständigkeit der Literaturwissenschaft zu verweisen! Dies sind politische Gedanken . . .« Was man von solchen zeitlosen Hirngeschwulsten kaum noch behaupten kann. Denn abgesehen davon, daß man Böll nicht mehr mundtot machen muß, weil er's längst ist, und sich Handke freiwillig in seine privates Jenseits enthoben hat, gibt es am Ende keinen mehr, der diese Kultur noch ganz ernst nimmt. Außer F. J. Strauß.

Dabei meinen es unsere Kulturtragenden doch nur gut. Bestes Beispiel: S. Gerstgrasser mit seiner Ak-ti-on »Ein-Fluß-Nahme«, die »sinnbildlich ausdrücken« soll, »daß die lebensspendende Kraft des Wassers auf unserem Planeten weder durch Ideologien noch durch Grenzen zu teilen und zu verändern ist«. Wer aber bisher geglaubt hat, Wasser sei durch Ideologien teilbar, dem werden zwei Birkenstecklinge vor die Nase gesetzt, und zwar »beidseits der deutsch-deutschen Grenze«, und zwar begossen »mit Wasser aus der UdSSR (Moskau) bzw. Wasser aus den USA (Washington)«. Und wenn sie nicht verwechselt werden, können die Bäumchen sinngemäß aufwachsen, »und zwar das mit ›Ost-Wasser‹ gegossene auf dem Gelände der BRD und jenes mit ›West-Wasser‹ gegossene auf dem Gelände der DDR. Sie sollen jedoch nur so weit voneinander entfernt stehen, daß sie sich in wenigen Jahren mit ihren Ästen gegenseitig berühren können.« Erst dann spenden sie buchstäblich jenen Schatten, den S. Gerstgrasser sinnbildlich schon hat.

Die sonnige Wirkung bildender Kunst möchte der Sammler und Chirurg G. H. Ott therapeutisch nutzen. Seine Abteilung des Waldkrankenhauses Bad Godesberg hat er mit ausgesuchten »Bildern für Kranke« geschmückt. Nicht jedoch »wie üblich mit Reproduktionen von Blumenstilleben« und schon gar nicht durch »Tierbilder, Pornographie oder Kinderzeichnungen« oder was die Patienten »selber wählen« würden in ihrem Unverstand – nein, in den Gängen hängen: »Arbeiten von Polke, Rinke, Uecker und anderen«, eben das, was der Chefarzt sammelt. Nur von Modernen verspricht sich G. H. Ott »Heilungswirkungen der Kunst heute«, denn »negative Emotionen sind besser als gar keine«. Fürs »Sterbezimmer« freilich hat der moderne Künstler Michael Buthe eigens einen positiven »Meditationsgegenstand« geschaffen: ›Die Sonne‹. ›Der Schrei‹ von Edvard Munch erschiene uns da emotionsträchtiger.

Bleiben wir beim Thema: Tod. ›Letzten Endes‹, seine erste

Oper, hat H. Keller mit 14 Jahren komponiert, »atonal mit Melodie«. Der Wunderjunge findet: »Das ist ein für das Alter typisches Thema, die Beschäftigung mit dem Tod.« Inzischen ist H. Keller 18 und träumt von besseren Beschäftigungen: »Eine Position beim Rundfunk, die genug Zeit zum Komponieren läßt.« Warum erschießt er sich nicht gleich?

Gestorben ist auch das Hamburger Theaterpublikum, zumindest für seinen Intendanten: »Die Hamburger Kulturschickeria verachtet ja das Kinopublikum, das ich wollte«, verwundert sich P. Zadek. Und das Kinopublikum, das er so liebt, will einfach nicht in sein Theater gehen. Woran kann das nur liegen? P. Zadek nennt den wahren Schuldigen: »Das ist die Hamburger Pressemafia«, verrät er der Hamburger Pressemafia und kokettiert per ›stern‹ mit seinem Abgang: »Es ist wie mit einer Liebesgeschichte. Man sieht das Mädchen und sagt sich: komisch ... das war's dann wohl, tschüs.« Erst als auch diese finale Drohung keine Selbstmordwelle in Hamburg auslösen wollte, kam der ältliche Liebhaber zu einer Überzeugung: »Ich bin zu der Überzeugung gekommen, daß Hamburg das Theater, das ich mache, nicht will.« Daß Hamburg dies Theatermachen ja auch gar nicht verdient hat, verschweigt der Kavalier genießerisch.

Wer oder was der ideale Intendant ist, weiß nur der ideale Intendant persönlich: »Der ideale Intendant ist zugleich ein Intellektueller, ein Manager und ein Enthusiast, Don Quichotte und Geschäftsmann, ein Zentaur mit einer Dichterstirn und vier derben Pferdefüßen.« Mit einem Namen: A. Everding.

Gemessen an dieser Art von Kultur ist selbst die deutsche Fernseh-Unterhaltung vergleichsweise aufregend. Geradezu politisch wirkte besonders R. Carrells ›Tagesshow‹. R. Carrell weiß eben, »worüber die Leute lachen«. Über R. Carrell, »und es ist vollkommen egal, ob die Gags gut oder schlecht sind«. Nach dem mittelmäßigen Witz über den Ayatollah Khomeini glaubten wir endlich zu wissen, wozu der tieffliegende Holländer so hochstapelt und »bis zu 16 Stunden am Tag« arbeitet, und wozu er noch »40 Gag-Autoren, Top-Leute« für sich arbeiten läßt.

Aber dann stand in der ›Bild‹-Zeitung: »Die verhängnisvollen 14 Sekunden stammen gar nicht aus Rudi Carrells Ideenwerkstatt. Die komplette Sequenz wurde, wie ›Bild‹ in der Technik bei Radio Bremen erfuhr, von Carrell aus dem US-Fernsehen entnommen.« Bisher hat dieser Behauptung noch niemand widersprochen.

MAI

1.	Lothar Matthäus *(vergeßlich)*
2.	Karl Carstens *(unvergeßlich)*
3.	Philipp Jenninger *(Kohlist)*
4.	Stephan Heym *(Gorbatschowist)*
5.	Raissa Gorbatschowa *(Burdaistin)*
6.	Monika Hohlmeier *(geb. Strauß)*
7.	Golo Mann *(erinnerlich)*

Die deutsche Frage wird immer wieder einmal gern gestellt. Keiner weiß mehr so genau, wie sie eigentlich lautet, aber das hat den Vorteil, daß auch niemand ernsthaft Antworten erwartet. Hauptsache ist, daß sie sämtlichen deutsch-deutschen Wichtigtuern Gelegenheit gibt, sich wichtig zu tun.

Selbst vergessene Alt-Bundespräsidenten wie K. Carstens bilden sich noch eine Meinung dazu ein: »Ich bin der Meinung, wir sind eine Nation.« Daraus folgt: »Wir haben ein Nationalbewußtsein.« Und daraus: »Wir sollten auch eines haben.« Die Begründung ist apart: »Anderenfalls würden wir eine innere Orientierung verlieren.« So was ist natürlich ganz wichtig für den greisen Wanderburschen, und er geht noch einen Schritt weiter: »Wir wären eine Anomalie unter den Völkern Europas. Sie alle haben ein Nationalbewußtsein.« Und was die haben, wollen wir schon lange. Mit der nämlichen Berechtigung könnte einer auch Aids wollen, sobald alle anderen es haben.

K. Carstens' letztem Wunsch, »Wir sollten öfter die Nationalhymne singen«, ist Nationalspieler L. Matthäus schon mehr als 50mal nachgekommen. »Ich singe die immer.« Auch vor dem Länderspiel in Israel, als der Mittelfeldmann überraschend in die Offensive ging: »Ich bin Deutscher, und ich stehe auch dazu.« Er sollte lieber mehr laufen – wenn auch nicht ausgerechnet vor der deutschen Geschichte davon. »Aber ich persönlich bin der Meinung, das gehört der Vergangenheit an.« Was zweifellos ein Kennzeichen geschichtlicher Ereignisse ist. Doch von solchen »politischen Sachen« will L. Matthäus einfach nichts mehr hören: »Da ist nun lange genug drüber geredet worden, wir haben heute mit anderen Problemen zu kämpfen.«

Es müssen ja nicht die eigenen sein. Der alte Vergangenheitsüberwältiger S. Heym sorgt sich neuerdings sehr um das zukünftige Wohl von Michail Gorbatschow, den er in seinem Kreml von kühlen Killern umlauert wähnt. »Sie könnten ihn kaltstellen oder liquidieren«, okrakeelt der Günter Grass des DDR-Literaturbetriebes. Eine vage Vermutung, die keinem anderen Drang entsprang, als sich wieder einmal zur Weltgeltung und in die Schlagzeilen zu bringen. Für ›Bild‹ und ›Stern‹ hat es gereicht. »Wenn Gott will«, hofft der Fromme nicht ganz uneigennützig, »und Gorbatschow mit seinen Ideen durchdringt, dann wird man auch in der DDR ganz anders reden können.« Ob sich Gott und Gorbatschow auf dies gemeinsame Programm werden einigen können, bleibt abzuwarten.

R. Gorbatschowa hat ohne Gottes und Heyms Hilfe immerhin die urdeutschen ›Burda-Moden‹ in der UdSSR eingeführt. »›Burda-Moden‹ ist mein Beitrag zur Demokratisierung der Frauen in der Sowjetunion«, heißt ihre Parole, und Namenspatronin Aenne Burda fühlte sich gleich »wie eine Königin aufgenommen« bei ihr. Die Demokratisierung soll ja auch nur für sowjetische Frauen gelten, denn R. Gorbatschowas Planwoll lautet: »Alle sowjetischen Frauen wollen schöne Kleider haben.« In ›Burda-Moden‹ können sie sich ab sofort regelmäßig anschauen, wie die weniger schönen aussehen. Und das schafft gewiß ein nationales Zusammengehörigkeitsgefühl, von dem wir in West-Deutschland nicht mal träumen wollen.

Wichtig für dies Deutschland ist und bleibt natürlich F. J.

Strauß. Das hat seine Tochter M. Hohlmeier noch von der Mama gelernt: »Sie hat gespürt, wie wichtig der Papa für Deutschland ist.« Und dafür, daß er auch alles richtig macht für Deutschland, sorgt in allen Fällen der Familienrat, denn »die Familie ist die beste Kontrolleinrichtung, die es gibt«. Da wird in schwierigen Situationen sogar »heftig gestritten, und zwar lautstark«. Und dann? »Dann hat jeder gesagt, was er denkt, und am nächsten Tag ist es vergessen.« Wie praktisch: So kann der Papa machen, was er eh machen wollte.

Zu ähnlichen Zwecken benutzt auch »der zweithöchste Mann in unserem Staat« seine Frau. Als er etwa vor der heiklen Entscheidung stand, ob er nun Bundestagspräsident werden wolle oder nicht, ist er gern dem Rat seines Duzfreundes H. Kohl gefolgt: »Mach es, aber frag vorher deine Frau.« P. Jenninger, den sie sonnig »Philippo« nennt, hat gleich daheim angerufen: »Was meinst du – soll ich?« Darauf war sie, die er aus Termingründen »Kleiner« zu nennen beliebt (»Denk dir hinter Kleiner das Wort Schatz dazu!«), eindeutig entsetzt: »Du spinnst ja, das ist doch ein Amt für alte Herren.« Damit war die Sache klar. »Bei einem klaren Nein hätte ich länger darüber nachgedacht.« So aber konnte Philippo gleich ja sagen.

Wer nun schon mal an Deutschland denkt, der kommt an einem deutschen Denker nicht vorbei: Er heißt G. Mann, und auf dieser Liste haben wir sogar für ihn noch ein Plätzchen frei. Und für sein Büchlein ›Erinnerungen und Gedanken – Eine Jugend in Deutschland‹. Und weil er so schlicht begründen kann, warum es so heißt: »Wer sich erinnert, denkt über das Erinnerte nach; daher der Obertitel. Meine Jugend verbrachte ich fast ausschließlich in Deutschland; daher der Untertitel. Beide sind schlicht – jeder erinnert sich, jeder denkt, viele haben ihre Jugend in Deutschland verbracht –« und gerade weil dem so ist, schreibt nicht jeder ein Buch darüber; daher Platz 7.

JUNI

1.	Johann Baptist Zehetmair *(CSU)*
2.	Hans »Johnny« Klein *(CSU)*
3.	Volkmar Sigusch *(Professor)*
4.	Edward O. Wilson *(Professor)*
5.	Josef Homeyer *(Bischof)*
6.	Sandra Paretti *(Ästhetin)*
7.	Doris Lerche *(sexbesessen)*

Was die guten alten Orgasmusschwierigkeiten nie ganz geschafft hatten, der HIV-Virus hat es nun endlich erreicht: den Verkehr der Geschlechter auf ein rein technisches Problem zu reduzieren. Es geht wie immer darum, wie man sich vor den Folgen schützen kann – jetzt allerdings hört jedes unerwünschte Kind auf den unschönen Namen Aids.

Speziell in CSU-Kreisen kennt man anscheinend keine anderen Sorgen mehr. »Ich habe im Familienkreis über Aids gesprochen«, gesteht freimütig Jung-Minister H. Klein, »und meinen unverheirateten Kindern Alexander Johannes und Patricia, 27 und 20 Jahre alt, gesagt, sie sollten wahnsinnig vorsichtig sein und ja keinen Unsinn machen.« Zweideutiger mochte Vater Klein nicht werden – man muß die Kinder schließlich nicht auf dumme Gedanken bringen. »Technische Anweisungen, wie etwa die Benutzung von Kondomen, habe ich nicht gegeben.«

Haarklein setzt dafür H. Kleins Kollege J. B. Zehetmair auseinander, was er von der Sexualität hält, besonders wenn sie mit Homo- anfängt und im »Randbereich der Entartung« endet: »Das Umfeld der ethischen Werte muß wiederentdeckt werden, um diese Entartung auszudünnen.« Der eiserne Besen ist als Kultusminister auch für die ethischen Wertpapiere an bayerischen Schulen zuständig. Seine »Arbeitsunterlagen zur Aids-Aufklärung im Schulunterricht« enden indes tröstlich: Wer nur immer artig ist, dem wird schon nichts passieren, vorausgesetzt er befolgt stets »die einfachste Hygiene-Regel: die Hände sorgfältig zu waschen«.

Am besten in Unschuld, wie die Kirche, die sich ja auch zu gern um den tieferen Sinn des Geschlechtslebens kümmert und ihn genau da entdeckt hat, wo ihn schon J. B. Zehetmair vermutet: »Darum setzen sich die Bischöfe für eine Besinnung auf sittliche Maßstäbe und auf die Menschenwürde ein.« Natürlich reicht ein sittlicher Maßstab nur bis zur Gürtellinie. Darunter weist Bischof J. Homeyer die verführerische ›Bild‹-Frage: »Kann man sagen: Aids ist eine Strafe Gottes?« standhaft vor sich: »Ein Urteil darüber steht uns nicht zu.« Unter »uns« versteht Bischof Homeyer selbstverständlich nur uns und nicht sich selbst. So darf der Menschenwürdige ungeniert fortfahren: »Aber sicher gibt es einen Zusammenhang zwischen der aktuellen Situation, in der wir« (außer Bischof Homeyer) »uns befinden, und unserem« (Bischof Homeyer ausgenommen) »Verhalten gegenüber Gott und seinen Geboten.« Was ja noch längst nicht heißen muß, daß Aids eine Strafe Gottes sei. Es kann auch eine Bischof Homeyers sein.

Und während die Laien mit unerhörter Schamlosigkeit jede gewünschte Auskunft über ihre sündigen Praktiken geben, ziehen sich Fachleute auf altbewährte Theorien zurück: »Frauen können leichter auf Sex verzichten als Männer.« Meint zumindest E. O. Wilson, Medizinbiologe aus Harvard. Und zwar weiß er das nicht von Mrs. Wilson, sondern: »Das hat die Natur so programmiert: Männer sind leichter erregbar, können immer, wollen auch.« Wenn wir uns erregen wollten, könnten wir dem Naturfreund seine Weisheit immerzu unangespitzt in den Arsch stecken.

Aber wir bleiben bei der Sache. »Die Puff-Szene hat« die Cartoonistin D. Lerche »schon lange interessiert, denn die Tabus und Heimlichkeiten, die sich um Sex und Liebe ranken, sind meine Lieblingsthemen.« Es ist eher unheimlich, wenn eine den Busch vor Ranken nicht mehr sieht und, laut ›stern‹, ganze »zwei Jahre lang in der Frankfurter Sex-Szene recherchiert«, bloß um am Ende herauszufinden, was keiner über Sex mehr zu fragen wagt, weil es jeder längst weiß: daß auch in diesem Gewerbe die Werbung oft mehr verspricht, als die Wirklichkeit halten kann. Gleiches gilt übrigens auch für die Enthüllungsbildchen der ungelenken Strichelantin.

Ganz ohne Recherche, einfach so aus dem hohlen Kopf, hat der Sexualwissenschaftler V. Sigusch definiert, was Liebe ist: »Eine Orgie gemeinster Quälereien. Sie ist voll raffinierter Erniedrigung, wilder Entmächtigung, boshafter Rache und gehässiger Aggression. Sie ist gierig, klebrig, verschlingend, maßlos, kurzatmig, empfindlich, heuchlerisch, unstillbar« usw. Daß man aus eigener Erfahrung nicht auf die aller anderen schließen darf, lernt man in seinem Fach wohl nicht, doch V. Sigusch kann sich ja auch viel lieber ausdrücken. Im ›FAZ-Magazin‹ bilanziert er: »Die Liebe – und dazu gehört die Sexualität – ist ein irdisches Mysterium.«

So ähnlich – und dazu gehört Mut – sieht es auch S. Paretti: »Ich sag immer zu meinem Mann: Schau, die jungen Mädchen, wie die Blumen sehen sie aus.« Und dann kommen die kleinen Bienchen und stecken ihre feinen Rüsselchen in die feinen Blütenkelchchen – und schon ist S. Parettis Hauptlehrsätzchen bewiesen: »Ach, das Schöne wächst doch immer nach.« Aber selbst dem Unschönen vermag die Verfasserin von Liebesromanen noch Schönes abzusaugen: »Wissen Sie, wenn zwei Arbeitslose sich treffen, ist das doch auch wieder schön.« Schön doof.

JULI

1	Hans-Dietrich Genscher *(Menscher)*	
2.	Martin Bangemann *(Null-Lösung)*	
3.	Helmut Kohl *(Volks-Zähler)*	
4.	Johannes Rau *(Zeit-Nehmer)*	
5.	Edward Kennedy *(Pole)*	
6.	Ronald Reagan *(Gegen-Pole)*	
7.	Jutta Ditfurth *(Hexe)*	

Es gibt Menschen, die unter Verfolgungswahn leiden. Anders als solche anständigen Paranoiker scheint J. Ditfurth den ihren zu genießen. Ganz gleich aus welcher Ecke die Gegner kommen, hinter welcher die Häscher lauern, die Selfmade-Märtyrerin rennt unbeirrbar in ihr Verderben, allzeit bereit, sich jedem Feind an die Brust zu werfen und jeden Vorwurf sich, wie einen neuen Orden, an die eigene zu heften, dient ihr doch der berechtigste noch allenfalls zum bloßen Beispiel dafür, »wie mit Verteufelung und Hetze gearbeitet wird«. Sie muß es ja wissen, denn mit ihrer Vergangenheitsbeschwörung nationalsozialistischer Volkszählungen, die als »Grundlagen für die späteren Massenvernichtungen« mißbraucht wurden, möchte sie die heutigen Zählwerker offenbar auf ähnlich finstere Gedanken bringen. Wäre nicht schon Jesus beinah ein Opfer des augustinischen Zensus und des anschließenden betlehemitischen Kindermords geworden? Ja, und wenn bei uns erst wieder Hexen verbrannt werden, wird zweifellos die Jutta Gottes als erste auf den Scheiterhaufen klettern – freiwillig.

Auf dem Vergleichsniveau, das J. Ditfurth damit erreicht hat, tummeln sich für gewöhnlich ganz andere Herrschaften. H. Kohl beispielsweise, der nun seinerseits den Boykotteuren seiner Volkszählung »faschistische Gesinnung« unterstellt hat, gezielte Wühlarbeit zur Untergrabung der Autorität des Staates, die »wie am Ende der Weimarer Republik zutiefst faschistische Züge trägt«. Im Unterschied zu J. Ditfurth wissen wir indes von H. Kohl schon lange, daß er sich bei seinen Vergleichen gar nichts denkt. Oder wie käme er sonst dazu, ausgerechnet im offensichtlich geteilten Berlin »die Stadt« zu sehen, »in der sich die Sehnsucht der Deutschen nach Einheit widerspiegelt«? Ebensogut könnten wir ein halbes Hähnchen als Symbol des uralten Menschheitstraumes zu fliegen verkaufen.

Der amerikanische Präsident R. Reagan hat bereits ankündigen lassen, er werde in Berlin »eine bedeutende Rede« halten. Wir halten jede Wette, daß er schon dabei ist, die bedeutenden Worte seines bedeutenderen Vorgängers auswendig zu lernen: »Ich bin ein Berliner«. Aber ob er so einen langen deutschen Satz noch behalten kann?«

R. Reagans ehemaliger Beinahe-Konkurrent E. Kennedy hat es ihm gerade vor- und seinem verstorbenen Bruder nachgemacht. Der Senator nutzte einen Besuch in Gdansk, um mit frischen Polnisch-Kenntnissen zu glänzen: »Ich bin ein Pole« hieß natürlich die Parole. Auch die Polen sollen von dieser Lüge ganz begeistert gewesen sein.

H. Kohls ehemaliger Gegenkandidat J. (»Ich bin ein Barmer«) Rau hat ganz andere Sorgen. Bei Fernsehdiskussionen achtet er unversöhnlich darauf, daß seine Redezeit im Vergleich zu anderen nicht zu kurz komme. »Jetzt ist die halbe Sendezeit schon wieder um«, beschwert er sich, sobald die halbe Sendezeit schon wieder um ist, und verlangt dann, scharf wie ein Schoßhund, nun aber auch ununterbrochen sprechen zu dürfen. Das Dumme ist nur, wenn sich allzu bald herausstellt, daß der gute Mann gar nichts zu sagen hat. Zu schweigen von seinem ernstzunehmenden Credo: »Wer Nürnberg ernst nimmt, der muß ganz Nürnberg ernst nehmen.«

Wer in der F.D.P. das meiste zu sagen hat, ist klar: H.-D. Genscher bemüht sich redlich, seinen Ruf als halbwegs professionell agierender Politiker abzubauen, um endlich zu beweisen, daß er eben auch nur ein Mensch ist. Ein gläubiger Mensch sogar: »Ich glaube, ich lebe jeden Augenblick sehr intensiv.« Egal ob's gerade »Beethovens Neunte« oder »ein kühles Bier«, »ein wogendes Kornfeld in der Abendsonne« oder »Sülze mit Bratkartoffeln« zum Abendbrot gibt. »Und für weiße Bohnen mit Rindfleisch, süßsauer, von meiner Bärbel gekocht, lasse ich alles stehen.« H.-D. Genscher kann das Leben so genießen, weil er mit 21 schon mal fast totgegangen wäre: Lungentuberkulose. »Ein schwerer Schicksalsschlag ... Diese Furcht, nie wieder arbeiten zu können.« Ein beneidenswerter Mensch, der keine anderen Ängste kennt.

Aber wir wollen hier ja nicht ironisch werden. Auch H.-D. Genschers Nachfolger als Vorsitzender der kleinen Arbeiterpartei hat vor seiner Zeit als Wirtschaftsminister angeblich schwer zu schaffen gehabt: »Ich habe mein Geld immer verdienen müssen. Wer das tut, hat ein sehr realistisches Verhältnis zu Geld.« Es muß ja nicht das eigene sein. Dabei ist es »doch nicht so wichtig, daß ich weiß, wieviel ein Paket Brot oder ein Ei kostet« – Hauptsache M. Bangemann weiß, wie viele Nullen eine Milliarde hat. Und eben das wollte die ›Hör zu‹ von dem Finanz-Realo genau wissen:

»Wissen Sie denn, wie viele Nullen eine Milliarde hat?

– Ach du lieber Gott! Sieben?

Nein.

– Acht?

Nein, neun, Herr Wirtschaftsminister.«

AUGUST

1.	Jil Sander *(Missionarin)*
2.	Richard Burt *(Sokratiker)*
3.	Jürgen Möllemann *(Sprachpfleger)*
4.	Norbert Korzdörfer *(Dichter)*
5.	Michael Schirner *(Werber)*
6.	Ernst Ludwig Waldhall *(Furzer)*
7.	Panja Jürgens *(geb. Erika Meier)*

Es geht uns eigentlich nichts an, aber ausnahmsweise wollen wir hier eine Rettungsaktion starten: Gefährdet durch allzu große Verbreitung sind die guten alten Begriffe Kunst und Kultur – falls sie im Zeitalter der Kreativität überhaupt noch zu retten sind, werden sie jetzt gerettet.

Als Kulturträgerin schnauft etwa die Modistin J. Sander: »Ich möchte aufrütteln.« Durch chice Minelle vor allem, denn »Kleidung ist selbstverständlich ein Ausdruck von Kultur« Woher hat die gutgekleidete Frau nur diesen »missionarischen Drang«, der sie so drängt, »eigentlich« am liebsten gleich »die ganze Welt durchstylen« zu wollen? Woher nimmt sie nur ihr »kolossales Bewußtsein für Stil und Stimmigkeit«? Nun, die Stilbewußte sieht sich »viel moderne Kunst an«, doch ihre »im Grunde philosophische Vorstellung von Reduktion« kann letztlich nur begreifen, wer »jenseits von Geschmacksfragen« an »die Quellen« ihrer »Kreativität« zurückweicht: »Ich hatte schon als Kind ein sensibles Formgefühl.« Der früh Verformten können selbst wir, die wir bei Mozart-Lektüre, Maeterlinck-Betrachtung und Mondrian-Musik aufwuchsen, nicht den Flacon reichen. »Die Flasche muß weg.«

Dieser apodiktische Sander-Satz sollte unseretwegen auch für Amerikas Botschafter der gehobenen Laune R. Burt gelten. Dem Weltgeist fällt als Beispiel für eine »Weltkultur« vor allem ein: »Heute tragen wir in den Staaten Jeans-Hosen von italienischen Designern.« Ja, das ist freilich ein »ständiger Austausch von Ideen und Idolen«. R. Burts Idol R. Burt hat laut FAZ-Fragebogen auch eine Idee vom größten Unglück: »nicht im Athen des 5. Jahrhunderts vor Christus geboren worden zu sein«. Das wäre auch für uns ein Glück gewesen.

»Die Werbung hat heute die Funktion übernommen, die früher die Kunst hatte«, so übernimmt sich M. Schirner, der selbst eine Werbeagentur übernommen hat. »Die Vermittlung ästhetischer Inhalte ins alltägliche Leben« – selbst wenn das die Funktion von Kunst wäre –, wäre deswegen alle Werbung bereits Kunst? M. Schirner will es so: »Das gilt für jede Werbung.« Sein bestes Beispiel für »gute Kunst«: »Die Kampagne mit den nackten Männern für die Herrenkosmetikserie ›Care‹.« Wir erinnern uns dunkel an ebenso diffuse Fotos, deren Hauptreiz darin bestand, die sorgfältig verschatteten Geschlechtsteilchen der Aktmodelle zu erahnen. Ein Bedürfnis, das zweifellos mehr mit Können als mit Kunst zu tun hat. Kein Wunder, daß M. Schirner schleunigst jede »Trennung zwischen den Medien aufheben« und eine eigene Akademie für »alle kreativen Medienberufe« gründen möchte, denn »Bedürfnisse, die es nicht gibt, kann Werbung nicht wecken«. Dem Penner sei gesagt: Kunst kann das.

Nur wer die Sehnsucht kennt, sich möglichst mühelos möglichst selbst zu verwirklichen, wird die Fotografie zu den schönen Künsten zählen. P. Jürgens hat, seit ihr Udo nicht mehr da ist, »den Mut ich selber zu sein«, und fotografiert gerne Neger. »Am meisten« aber »faszinieren mich Vögel«. Vögel und Neger kombiniert tragen dann so komische Titel wie ›Laß mich an das Ufer des Mondlichts flüchten‹ oder ›Ich pflanze meine

Erlebnisse wie wilde Blumen‹. Von Herzen sehnt sich die Mondsüchtige wohl nach Ikebana und »jemandem, mit dem ich auch eine gemeinsame Sprachlosigkeit haben kann«. Nur ernstgemeintes Schweigen wird beantwortet.

Um den Verfall unserer Sprachkultur sorgt sich von Amts wegen nun auch Bundesbildungsminister J. Möllemann: »Die sprachliche Schlunzerei im Schreiben«, befand er nach der Lektüre einiger Abituraufsätze, »verursacht eine Schlunzerei im Denken.« Umgekehrt ist auch was wert: Dafür ist J. Möllemann das gepflegteste Beispiel.

Ursache und Wirkung brachten zwei Polizisten ebenso durcheinander, nachdem sie gemeinsam einen Arbeitslosen erdrosselt hatten. »Ich war zur Tat alkoholabhängig«, entschuldigt sich der eine. »Es tut mir sehr leid«, der andere, der gern alles tun würde, »um das rückgängig zu machen«. Bemerkenswerter als der Routinefall ist jedoch seine sprachschmächtige Schilderung durch den Autor N. Korzdörfer: »Es sind gefallene Engel. Sie wollten das Gute – und gingen zur Polizei. Aber ihr Charakter bröckelte in die Gosse – und sie brachten einen Mann (56) um. Beute: 30 Mark. Sie hatten Schulden und sahen keine Zukunft. Nur Bier. Eine deutsche Tragödie.« Ja, auch N. Korzdörfer ist ein gefälliger Engel. Er wollte gute Literatur – und ging zur ›Bild‹-Zeitung. Eine deutsche Komödie.

Wenn E. L. Waldhall in den Wald furzt, hallt es gar künstlich heraus – jedenfalls nach E. L. Waldhalls Meinung. E. L. Waldhall ist nämlich »Kunstfurzer«, und deshalb kann jeder Furz von ihm »künstlerische Inhalte ebenso sensibel transportieren wie jedes andere Medium der Kunst«. Wenn dem so ist, muß es wohl an seinen Inhalten liegen.

Und so schließt sich der Teufelskreis: Die Werbung, die ›Bild‹-Zeitung, die amerikanische Botschaft, J. Sanders Kosmetika, P. Jürgens' Collagen, J. Möllemanns Captatio benevolentiae, ob er nun weiß, was das ist, oder nicht – mit Kunst hat all das natürlich nicht mehr zu tun als ein Furz. Aus Platzgründen mußten wir das noch mal so deutlich sagen. Oh, ihr bösen, bösen Platzgründe, wenn wir euch nicht hätten.

SEPTEMBER

1.	Ulrich Stein *(»Uli«)*
2.	Harald Schumacher *(»Toni«)*
3.	Margarethe Schreinemakers *(ein Fan)*
4.	Olaf Thon *(ein Opfer)*
5.	Günter Netzer *(Ehemann)*
6.	Michael Rummenigge *(Scheidungsgrund)*
7.	Dieter Eckstein *(Bonvoyant)*

Allen aufstrebenden Sportarten zum Trotz ist und bleibt der Fußball die ansehnlichste Nebenbeschäftigung der Welt. Vor allem da, wo er nichts mehr mit Sport zu tun hat und die Massen wirklich interessiert. Die einzigen Individualisten, die seit jeher geduldet werden, sind die Torhüter. Für die letzte Legende sorgte U. Stein, ehemals Hamburger SV, der einem relativ harmlosen Spielchen gegen Bayern München Bedeutung verschaffte, indem er den gegnerischen Mittelstürmer J. Wegmann mit der Faust am Kopf traf. Egal ob das nun als »Resultat einer Drehbewegung« (Stein), als »Reflex ohne Absicht« (Wegmann) oder gar nur im »Zustand des Sympathiconus« (Chefarzt Weigert) geschah, es gibt für diesen Ausknocker keine Entschuldigung, und HSV-Manager F. Magath hatte wirklich »keine andere Wahl«, als den Rechtsausleger »auf unbestimmte Zeit« zu feuern. Denn U. Stein machte einen entscheidenden Fehler: Er schlug erst zu, *nachdem* J. Wegmann in der 87. Minute das spielentscheidende 2:1 für München erzielt hatte. Das Foul war somit vollkommen sinnlos.

Wie's gemacht wird, hätte U. Stein seinem schärfsten Konkurrenten H. Schumacher bereits 1982 bei der Weltmeisterschaft in Spanien abschauen können: Die deutsche Nr. 1 hatte die französische Nr. 3 Battiston seinerzeit per Bodycheck ins Krankenhaus befördert – und zwar *bevor* der ein Tor schießen konnte. Dafür wurde T. Schumacher natürlich auch nicht des Feldes verwiesen oder gar aus der Nationalmannschaft entlassen. Den fälligen »Anpfiff besorgte er sich erst Jahre danach mit seinem gleichnamigen Bekenntnisbuch selber, getreu seinem Motto: »Die Leute, die behaupten, ich sei ein brutales Schwein, ich ginge über Leichen, die kennen mich nicht. Ich gehe höchstens über meine eigene Leiche.«

Bei seinem neuen Arbeitgeber muß der ungehorsame Kadaver derzeit noch etwas kürzer treten. Der gezähmte Widerspenstige hat sich sogar mit einem seiner literarischen Opfer öffentlich versöhnt. O. Thon ist nämlich bei Schalke 04 sein Mannschaftskamerad, und das Betriebsklima ist seit einem herablassenden Händedrücken »gut, und nicht nur, weil wir uns notgedrungen arrangieren müssen. Wir spielen doch Fußball nicht in erster Linie des Geldes wegen, sondern es macht uns Spaß, wir sind mit dem Herzen dabei. Das gilt für den Olaf wie für mich. Auf der Basis ist Verständigung leicht möglich.« Leicht möglich, daß der Autor H. Schumacher mit seiner ursprünglichen Abschätzung des jungen Talents doch recht hatte, das er von allen dummen jungen Talenten für das dümmste hielt. O-Ton O. Thon. »Die Sache ist vergessen.«

Und noch einen Fan hat H. Schumacher sicher: M. Schreinemakers. Die »frühere Spielerin bei Bayer Uerdingen« läßt sich kein Länderspiel entgehen, auch wenn ihr der wichtigste Mann auf dem Platz neuerdings fehlt: »Daß Schumacher nicht mitspielt, trifft mich in der Seele.« Diese Seelenverwandtschaft deutete sich bereits an, als das »Wortschätzchen« noch auf »Extratour« ging. Genau wie der ewig lockengewickelte Tanzstundenstenz sich in einen Fußballplatzhirsch verwandeln konnte, röhrte auch sie gern ins Publikum: »Ich bin drauf wie ein Tier!« Aber damit nicht genug, denn: »Total ein Kasper zu sein, entspräche nicht meinem Gemüt.« Ja, selbst so eine Fleischerhündin hat ihre Tage, »da bist du nur ein Mensch«. Und es soll bekanntlich nicht gut sein, daß der Mensch alleine bleibe. »Wenn du solo bist«, hat die offene Frau wohl gemerkt, »bist du für die meisten Männer doch wie ein begehbarer Kleiderschrank.«

»Eine gute Ehe ist ein sicheres Fundament für einen Profi-Fußballer«, glaubte M. Rummenigge noch im letzten September. Diese Saison soll er nun eine Rolle im Mittelfeld der Sache Steiner gegen Steiner spielen: »Frau Steiner unterhielt zu Herrn Michael Rummenigge Beziehungen«, steht, laut ›Bild‹, in der Scheidungsklage des Schlagersängers Tommy Steiner gegen seine Frau Gaby, »Tochter des Disco-Königs«. »Wir haben uns getroffen«, gibt M. Rummenigge, Bruder des Dribbelkaisers, offen zu. Aber: »Passiert ist nichts.« Dies Nichts hat er mit seiner Frau Caroline »alles durchgesprochen«. Danach verwickelt sich der Scheidungsgrund in weitere Widersprüche: »Meine Frau steht über den Dingen«, behauptet er einerseits. Andererseits: »Meine Frau steht hinter mir.« Ob man so schnell so tief sinken kann?

G. Netzer hat ein Jahr gebraucht, um aus der Tiefe des Raumes Hamburg im Mief der Schweizer Provinz zu versacken. »Viele haben mich verkannt«, bekannte der »Rebell am Ball« anläßlich seiner Eheschließung. »Jetzt lebe ich mein wahres Ich.« Es ist nicht der Rede wert und hält, was sein Besitzer versprochen hat: »Jetzt wollen wir auch Kinder.« Die erste Tochter, »die mir meine Frau in der letzten Woche geschenkt hat«, besitzt »schon ganz viele Haare und macht viele ›Bäuerchen‹«. Ihre Vornamen klingen dagegen fast aristokratisch: Alana-Katharina. Falls der stolze Vater nicht wenigstens für den ersten einen zahlenden Sponsoren präsentieren kann, hat er Platz 4 mehr als verdient.

Und noch ein Listenplatz ist frei. Für Linksaußen D. Eckstein vom 1. FC Nürnberg und sein Hobby. Sie hören RTL-plus: Frage: »Welche Hobbys haben Sie?« Eckstein: »Videofilme«.

Frage: »Und wie viele sehen sie so täglich?«

Eckstein: »Täglich vier bis fünf. Zu mehr reicht leider die Zeit nicht.« Ja, leider.

OKTOBER

1.	Günter Gaus *(moderat)*
2.	Günther Beelitz *(moderater)*
3.	Werner Schneyder *(noch moderater)*
4.	Astrid Meyer-Gosslar *(Moderatorin)*
5.	Beatrix Schnippenkoetter *(Moderatörin)*
6.	Charlotte Kerr-Dürrenmatt *(Moderabetörerin)*
7.	Ingo Herrmann *(Redakteur, v.i.S.d.P.)*

Selten widerfährt uns das Glück, gleich sieben peinliche Persönlichkeiten auf einem Haufen zu erleben und – tapfere Ehrabschneiderlein, die wir sind – auf einen Streich erledigen zu können. In einem Fernsehstudio in München begab es sich nun, daß sogar zwölf Kandidaten aus drei Ländern – BRD, DDR und Österreich – versammelt waren, um gemeinsam die Frage einer einzigen ZDF-Ansagerin zu klären, die da lautete: »Wozu ein Kulturabkommen zwischen der DDR und der Bundesrepublik Deutschland?« Das fragen wir uns nach dieser gut zweistündigen »Kultur-Talk-Show« allerdings wirklich, und außerdem: Wozu eine solche Sendung, die nach dem Willen des damit befaßten Redakteurs I. Herrmann »ein Thema, eine Runde, ein puritanisches Konzept ohne Schnickschnack« haben soll und vier Moderatoren dazu und deshalb den Titel:

›Atelier 4‹.

Puritanisch wirkte allenfalls der Verzicht auf jegliche Musikeinlage, doch deren Fehlen allein ergibt ebensowenig Geschmack wie die leeren Worte, aus denen der ganze Eintopf zusammengebraut war. Falls da wirklich Leute zusammensaßen, die »immer schon einmal miteinander reden wollten«, so wurde das entweder durch die Sitzordnung – es gab nämlich vier voneinander getrennte Runden – oder durch die Unfähigkeit dieser Willigen, sich deutsch und deutlich auszudrücken, verhindert. Miteinander reden wollen sollte man im übrigen nur, wenn man sich etwas zu sagen hat, und das scheint für deutsch-deutsche Kulturträger mindestens so schwierig zu sein wie für ihre politischen Interessenvertreter.

Unter den zwölfen unsere sechs Kandidaten auszuwählen, war dagegen einfach, denn zu den beschworenen »deutsch-deutschen Gemeinsamkeiten« gehört die Peinlichkeit sicher nicht. In welchem Grad DDR-Bürger peinlich sind, können und wollen wir an BRD-Maßstäben nicht messen. Auf uns wirken die meisten nur unheimlich: unheimlich verstört, unheimlich gehemmt oder unheimlich lachhaft.

Ist es etwa peinlich, wenn ein hoher Theaterfunktionär aus Berlin darauf besteht, daß zu seiner »Hauptstadt der DDR« nicht einfach »Ost-Berlin« gesagt wird und daß »West-Berlin« auch kultur-politisch nicht der BRD eingemeindet wird? Vermutlich wird er für genau solche spitzfingrigen Pedanterien doch bezahlt. Peinlich hingegen ist, wenn sein BRD-Pendant G. Beelitz nicht einmal den Minimalforderungen, die heutzutage selbst gesamtdeutsche Minister erfüllen, entsprechen konnte: Der Intendant des Residenz-Theaters München (Hauptstadt des Freistaates Bayern) brachte es nicht einmal fertig, die vorgestanzten Beteuerungen und Beschwörungen gesamtdeutscher Gemeinsamkeiten in die richtige Reihenfolge zu bringen, geschweige denn sinnvoll klingelnde Sätze daraus zu bilden. Beispiele finden sich reichlich im Begleitmaterial auf den folgenden Seiten.

Ist es peinlich, wenn der Leiter eines Leipziger Kabaretts die bejammernswerte Tatsache, daß er jedes seiner Programme von der Bezirkskulturbehörde absegnen lassen muß, als eine glückliche Fügung und Segnung des Sozialismus ausgibt und die zuständigen Zensoren als »Mitarbeiter« und »Partner« qualifizieren möchte? Aus seiner Not eine Tugend machen zu wollen, darf man dem Notleidenden kaum übelnehmen, dem Tugendschaffenden Werner Schneyder aber wohl: Dieser Möwenmut, mit dem er seinen »Freund« aus der DDR in Schutz nahm und jede Kritik an dessen »listenreichen« Satiren als »unerträglich« zurückwies, war schon schwer zu ertragen. Wie man sich unberufen als großer Bruder aufspielt und um sich haut, ohne daß der kleine irgendwie bedroht ist, erfahren wir auf den nächsten Seiten genauer.

Und ist es schließlich peinlich, wenn zwei Freunde aus dem Osten ihr Zusammentreffen im West-Fernsehen zu sehr privaten Scherzen nutzen: »Der Osten fällt in Stücken um, dem Westen biegt's die Krücken krumm?«

A. R. Pencks Schüttelreimversuch war zwar nicht halb so komisch, wie ihn sein knapp zwanzig Jahre jüngerer Freund S. Anderson zu finden schien, doch das Fassungsvermögen der zuständigen Moderatorin B. Schnippenkoetter war bereits weit überfordert. »Ja, ist es eigentlich so, daß Sie aus anderen Generationen stammen?« war nur eine ihrer offensichtlich überflüssigen Fragen. Mehr auch davon im Anhang.

Überfordert war natürlich auch die Leiterin der »Theatergesprächsrunde«, A. Meyer-Gosslar. Nicht bloß, weil sie das antike Theater von Ephesus für eine Art modernes Festspielhaus zu halten schien. An ihr können wir die devote Beflissenheit, ohne die sich hier und heute kaum jemand noch der »deutschen Frage« und ihren DDR-Beantwortern zu nähern wagt, am besten beobachten.

Womit wir bereits beim letzten Akt des Trauerspiels zur Liste wären: C. Kerr-Dürrenmatt hatte G. Gaus zu interviewen – warum tat sie es nicht? Offenbar, weil sie den Eindruck machen wollte, daß schöne Frauen auch intelligent sein können. Und intelligente Frauen auch charmant. Und damit unwiderstehlich, zumindest für ältere Jahrgänge. Sie dürfte auf diese Weise bereits ihrem jetzigen Gatten gar manches Ja-Wort abgeschmeichelt haben. Ihr G. Gaus ins Gesicht gehauchtes: »Ich war neugierig auf Sie« wäre ein guter Scheidungsgrund.

Aus eben diesem drögen Gesicht quollen dann nach zwei Stunden Sendezeit der ödesten, blödesten, schnödesten Art allerdings Worte, die auch kein Johannistrieb mehr zu entschuldigen vermag: Allein die Vorstellung, das bediente Medium wäre »der süßeste Verführer, den es gibt«, könnte uns ins Kloster treiben. Nein, wenn »das Fernsehen unter Aussparung des Kopfes direkt auf den Bauch« wirken will, muß es schon zu ganz anderen Tiefschlägen ausholen. Noch hält unsere Deckung, das werden Sie gleich sehen. Lesen Sie gefälligst:

ATELIER 4
Kulturszenen aus Deutschland

aus dem Fernsehischen übersetzt von Bernd Eilert

Die Darsteller und ihre Rollen:

Astrid Meyer-Gosslar	1. Moderatorin
Herbert Riehl-Heyse	2. Moderator
Beatrix Schnippen-Koetter* .	3. Moderatorin
Charlotte Kerr-Dürrenmatt ..	4. Moderatorin
und als Gäste:	
Hans-Peter Minetti	1 Intendant aus Berlin (Ost)
Günther Beelitz	1 Intendant aus München (West)
Jürgen Hart	1 Kabarettist aus Leipzig
Werner Schneyder	1 Kabarettist aus Österreich
Sascha Anderson	Lyriker und Emigrant
A. R. Penck	Maler und Immigrant
Günter Gaus	1 wichtiger Mann
Hans-Jürgen..............	Weltmeister der Weinkenner

(Nachname leider unbekannt, da unverständlich. Wahrscheinlich: »Posshuhn« oder »Protzsohn« oder »Brottschon«. Die FAZ vermutet: »Postschun – schreibt er sich so? Sein Name wurde als einziger nicht eingeblendet.«)

* Danke, Herr Grem-Liza

Ort der Handlung:

ein ZDF-Studio in München; ausgestattet mit ausreichend Sitzgelegenheiten aus schwarzem und weißem Leder, die auf Wunsch eines einzelnen Herren in sehr verschiedenen Ecken so gruppiert sind, daß Gespräche von Tisch zu Tisch unmöglich werden. Der ›Spiegel‹ weiß: »Die beiden DDR-Emigranten saßen am Katzentisch, weil der DDR-Theaterfürst der Talkrunde, Hans-Peter Minetti, sie nicht an seiner Tafel dulden wollte.« Im Hintergrund eine Haus-Bar, darüber das blinkende Signet der Sendung: ATELIER 4.

Zeit: Montag, der 17. August 1987, 22 Uhr 11.

VORSPIEL
»Wir wollen mit einem Glas Sekt beginnen: Das lockert die Stimmung.«

Das ganze Vorspiel ist als vertrauensbildende Maßnahme kaum mißzuverstehen: Alle Akteure präsentieren sich einerseits freundlich-familiär, andererseits energisch-intellektuell; letzteres wird sich im Verlauf der Sendung ändern. Die meisten zeigen sich bereits durchdrungen von der Wichtigkeit ihrer deutsch-deutschen Mission. Auf diesem Niveau wird eine Fallhöhe geschaffen, die eigentlich gar nicht nötig ist. Tiefer als am Ende kann man gar nicht sinken. Aber der Reihe nach. Den Anfang macht:
Astrid Meyer-Gosslar *trägt ein abstrakt gemustertes Hemdblusenkleid, aus dessen tiefem V-Ausschnitt der obere Rand einer schwarzen Korsage blitzt, wohl geeignet, die Fülle ihres gereiften Fleisches züchtig zu bändigen und lediglich die schattige Andeutung eines bedeutenden Büstenansatzes begehrlichen Blicken freizugeben. Die gleichfalls wallende Woge haselnuß-schwarzbrauner Haare ergießt sich vornehmlich linksseitig schulterwärts, am freiliegenden rechten Ohrläppchen schimmert ein elliptischer Clip edelmetallisch. Ihr Vergebung heischendes, Unterwerfung anbietendes, Liebesdienste verheißendes breitbreites Lächeln straft den allzu forciert forschen Einsatz Lügen und überstrahlt diese ersten Worte, die sich ohne Zweifel bereits auf* deutsch-deutsche Probleme *bezogen* . . . und so knüpfen sich große Hoffnungen auf ein . . . *Sich-Aufknüpfen? Dazu besteht noch kein Anlaß. Aber der erste Hänger im zweiten Ansatz wird noch gemeistert* . . . an ein Kulturabkommen. *Wieder dieses Lächeln! So lächelten einst Miedermodelle in Modejournalen wie ›Madame‹, so lächelt heutzutage höchstens noch Ruth-Maria Kubitschek ihren Monaco-Franze an: mütterlich-allverzeihend und doch ewig lockend als Weib* . . . werden vielleicht durch Begegnungen und Gespräche . . . *ein forschender Blick – dann wieder recht forsch* . . . Beiträge geleistet zu diesem Kulturabkommen. Liebe Zuschauer . . . *sie wendet sich von uns ab und zeigt uns einen silbrigen Sichelkamm, der am Hinterkopf die Haarpracht bändigt* . . . in einer Theatergesprächsrunde möchte ich Ihnen Hans-Peter Minetti vorstellen, Schauspieler in der DDR, Sohn

des großen Bernhard Minetti, Präsident des DDR-Theaterverbandes und Direktor der Hochschule für Schauspielkunst in Ost-Berlin.

HANS-PETER MINETTI *läßt alle diese Vorhaltungen resigniert und beinah devot grinsend über sich ergehen. Sein Kostüm ist, bis zum breiten Wollkrawattenknoten hinauf, eine Komposition in Himmelblau. Er sieht aus wie sein eigener Vater, wenn der ein kommunistischer Bonze geworden wäre.*

ASTRID MEYER-GOSSLAR *ist schon beim nächsten Gast . . .* im Gespräch mit Günther Beelitz, Intendant des Residenz-Theaters in München.

GÜNTHER BEELITZ *unterscheidet sich wie alle Vertreter der BRD von denen aus der DDR durch die gesündere Gesichtsfarbe. In seinem Fall ist sie wesentlich dunkler als die seines zart lindgrün getönten Hemdes, das er ganz offen trägt. Mit seinem kurzgeschnittenen Grauhaar sieht er aus wie Bertolt Brecht, wenn der ein kapitalistischer Restaurant-Kritiker geworden wäre: Wolfram Siebeck z. B. Auch er kann nur nicken, denn schon meldet sich der 2. Moderator zu Wort.*

HERBERT RIEHL-HEYSE *sieht aus wie der Koch eines Restaurants, das längst seinen letzten Stern verloren hat: irgendwie fettig. Trotz ähnlichen Schnauz- und Kinnbartes gemahnt er nicht von Ferne an Walther Ulbricht. Über eine impertinente Halb-Lesebrille hinweg mustert er seine Gäste und klopft im Takt seiner Worte lässig auf die Sofalehne. Die Vorstellung ist ihm offenbar lästig . . .* der eine heißt Jürgen Hart, Vorsteher des Kabaretts ›Die Akademixer‹ –

JÜRGEN HART Direktor!

HERBERT RIEHL-HEYSE *milde . . .* Direktor, Texter, Regisseur eines der –

JÜRGEN HART Darsteller!

HERBERT RIEHL-HEYSE *immer noch voll Verständnis für solchen Vorwitz: Kabarettisten müssen wohl so sein!* Darsteller des Kabaretts ›Akademixer‹, eines der vier großen Kabaretts der DDR – kann man das wenigstens so sagen, ohne daß Sie mir widersprechen?

JÜRGEN HART *nickt, lächelt verbindlich unter einer Art Biermann-Schnauz hervor, der seinem knochentrockenen Gesicht wohl den nötigen*

naßforschen Ausdruck verleihen soll. Es wirkt indes nicht einmal feuchtfröhlich.
HERBERT RIEHL-HEYSE *ist schon bei* . . . Werner Schneyder . . . *der wird wegen eines DDR-Gastspiels als* Eisbrecher *vorgestellt, und er* . . . ist natürlich noch als Österreicher hier, in dieser Eigenschaft ist er das Weltkind in der Mitte . . . *was durch entsprechend fahrig-fächelnde Handbewegungen untermalt wird.*
WERNER SCHNEYDER *übernimmt diese Handbewegungen freiwillig mit seinen riesigen Pratzen, die sehr wohl zu seiner mächtigen Erscheinung passen, die jederzeit als Dorfdepp in einem Ganghofer-Melodram am Platze wäre. Er wirkt nicht nur doppelt so groß, sondern ist auch doppelt so braun wie sein DDR-Kollege, sagt aber noch nichts. Denn irgendwo im gleichen Studio, doch vor anderem Hintergrund wartet:*
BEATRIX SCHNIPPEN-KOETTER, *eine jugendlich-naive Blondine, deren ärmelloses Kaschmirkleidchen durch seine türkisene Farbe Sehnsucht nach der kühlen Keimfreiheit hellgekachelter, gutgechlorter kalifornischer Swimming-pools erweckt. Dazu paßt ihr grell-gellendes Bademeister-Organ. Was aber wollen die schwarzen Querbalken auf ihrem Gewand andeuten? Zensur?* Ja, und ich sitze noch ganz einsam und allein hier . . . *obwohl ihre bläulichen Augen sehr weit auseinanderstehen, können sie offensichtlich nicht sehen, daß hinter ihr gerade zwei Kameramänner mit ihrer Elektronischen schwer beschäftigt sind* . . . aber meine Gäste kommen noch im Laufe der Sendung. Es sind – *aber das wird nicht verraten. Wenigstens etwas Spannung muß sein. Kommen wir gleich zu den Akteuren des letzten Akts, die vor einer postmodernen Kaminfassade bereits tiefe Blicke tauschen.*

CHARLOTTE KERR-DÜRRENMATT, *die auf elegante Art immer wieder ihre Beine zu zeigen trachtet, welche immerhin so lang sind, daß man schon ahnt, was sie nicht im Kopf haben muß.* Günter Gaus brauche ich eigentlich nicht vorzustellen . . . *sie tut es natürlich trotzdem in aller Ausführlichkeit bis hin zu seiner jüngsten Fernsehvergangenheit: Zur Person hieß die Sendung und war* . . . wenn ich das noch sagen darf: ein wirkliches Fernsehereignis, Fernsehgeschichte, das sind so die blau-weißen Diamanten auf diesem Gebiet . . .

GÜNTER GAUS *lächelt, als verstehe er diese Anspielung genau:* Diamonds are a girl's best friends? *Trägt allerdings keine blau-weiße, sondern eine beige-braune Kombination und die Zigarette zwischen Mittel- und Ringfinger der linken Hand. Er ist dick geworden.* Ich freu' mich.

CHARLOTTE KERR-DÜRRENMATT Herzlich willkommen!

GÜNTER GAUS Danke.

Das Tête-à-tête wird vorerst unterbrochen, denn nun folgt der Höhepunkt des Vorspiels.

ASTRID MEYER-GOSSLAR *steht neben einem korrekt gekleideten Bonvivant hinter der Hausbar; er sieht im Profil sehr danach aus, als wolle er seinen mächtigen Zinken gleich in ihrem prächtigen Dekolleté versenken. Doch darum geht es gar nicht, sondern:* Liebe Zuschauer, ich möchte Ihnen den Weltmeister der Weinkenner vorstellen: Es ist Hans-Jürgen PBOSSSCCCHHHUHHHNNN, *der Nachname ist wirklich nicht zu verstehen: Will der Weltmeister vielleicht anonym bleiben? Ahnt er, was auf ihn zukommt? Fürchtet er um seinen Ruf? Dann wäre er klüger als wir, und so sieht er eigentlich auch nicht aus. Aber nett ist er!*

HANS-JÜRGEN, *nachdem er die Flaschen auf der Bar und sein* herrliches Hobby *vorgestellt hat*: Wir sollten mit einem Glas Sekt beginnen: Das lockert die Stimmung. Zum Wohl! *Das hätte er besser nicht gesagt: Denn erstens wirkt alles nun noch steifer, auch das folgende Anstoßen* – Pling! –, *und zweitens wirkt er jetzt wie ein Heiratsschwindler. Dabei hat er nur die besten Absichten, u. a.* ... alle Teilnehmer eigentlich so zu einer kleinen deutsch-deutschen Weinreise einzuladen. *Zunächst soll ein* DDR-Standardwein ohne Rebsortenangabe *aus dem Anbaugebiet* Saale-Unstruth ... in der Nase sehr zurückhaltend ... *mit einem* Schloß Johannisberg 1972 Gelblack-Riesling *verglichen werden* ... Herrn Gaus hab' ich schon vorweg einen eingeschenkt, der konnte es gar nicht erwarten ...

GÜNTER GAUS *lächelt, als sei er längst über die erste Flasche hinaus.*

HANS-JÜRGEN *strahlend:* Wir werden im übrigen, das darf ich schon sagen, auch im Rheingau wieder enden.

Astrid Meyer-Gosslar *schlägt beschämt die Augen mit den langen Wimpern nieder, strahlt dann zurück:* Darauf freuen wir uns schon! So weit: Viel Spaß! Und: Zum Wohl!

Alle *durcheinander* . . . Wohl! . . . Zum Wohl! . . . Prosit!

Durch das folgende Schlürfen, Schmecken und Schlucken endet jedoch bereits dies harmlose Vorspiel mit einem gewissen Mißklang. Es folgt trotzdem:

AKT I

»Wir bräuchten ja kein Kulturabkommen, wenn es nur eine Kultur gäbe.«

In den ersten beiden Akten geht es um zwei Verwandte: den großen Onkel Theater und seinen frechen Neffen Kabarett. Der eine ist bloß dumm, der andere dazu noch dreist. Es ist darauf zu achten, daß die Gäste aus der DDR mit einem Höchstmaß an Aufmerksamkeit und einem Übermaß an Verständnis zu behandeln sind. Auch eine gewisse Unterwürfigkeit kann manchmal nicht schaden.

Astrid Meyer-Gosslar *erklärt alles*: Herr Beelitz, Sie kommen braungebrannt aus der Türkei. Sie haben Ihren Urlaub unterbrochen – warum haben Sie das gemacht?

Günther Beelitz *hat diese gefährlich direkte Frage offenbar erwartet; nutzt gleich die Gelegenheit, sich wichtig zu machen:* Ein wichtiges, bedeutsames Thema, das es wert ist, diese Unterbrechung *sogar dieses so wichtigen, bedeutsamen Urlaubs, und* obwohl es gerade sehr schön war, in der Türkei, und ich bis heute vormittag in Ephesus im Theater war.

Astrid Meyer-Gosslar *fragt prompt:* Was haben Sie gesehen?

Günther Beelitz *weiß immerhin, daß in Ephesus spätestens seit der sogenannten Räubersynode vor gut 1500 Jahren nicht mehr Theater gespielt wird, und brummelt höflich, er habe die Ruinen von Ephesus nur besichtigt . . .*

Astrid Meyer-Gosslar *hocherfreut:* Nur besichtigt! *Sie dagegen hat in Salzburg – ob sie das für eine Burg aus Salz gehalten hat?* — das Glück gehabt, *ihren zweiten Gast,* Hans-Peter Minetti, *als* Bassa

Selim *in Mozarts* Entführung aus dem Serail – *was das wohl ist?* – zu sehen. *Und nicht bloß zu besichtigen. Da Minetti die gleiche Rolle auch in Ost-Berlin gespielt hat, ist wohl die raffinierte Frage erlaubt:* Was mich interessieren würde, ist nicht so sehr der Unterschied in der Inszenierung, sondern, Sie haben ja miterlebt, wie inszeniert wird, jetzt . . . *da die Frage noch nicht verstanden worden ist, was daran liegen muß, daß so feine Unterschiede gar nicht zu verstehen sind, wird sie einfach wiederholt:* Sie haben miterlebt, wie hier inszeniert wurde – gibt es da Unterschiede?

HANS-PETER MINETTI *weiß es endlich:* Och, nein . . .

ASTRID MEYER-GOSSLAR *läßt nun Beelitz wissen, er sei doch* ein Wegbereiter gewesen, *und zwar für* ein großes deutsch-deutsches Theatertreffen. Wie ist denn das gelaufen?

GÜNTHER BEELITZ *offenbar noch heiser vom Beifallbrüllen in Ephesus*: Ja, also . . . ich denke . . . *keiner stört ihn* . . . daß es eine wichtige Aufgabe für uns sein müßte, über alle politischen Richtlinien, die uns ja sehr stark bestimmen, mit den kulturellen . . . in einem Sprachgebiet, das ein gemeinsames ist, nach wie vor . . . äh . . . die Möglichkeit besteht, Theater, nicht nur, aber auch, besonders . . . Brücken zu schlagen. *Brücken soll man nicht schlagen. Eher schon die Verfertiger solcher Gedanken beim Sprechen. Die drei Punkte geben nämlich nur das Denk- und Sprechtempo wieder, keine Auslassungen unsererseits: dieser Satz wurde wörtlich so gesagt. Muß man einem solchen Mann noch weiter zuhören? Also bitte: Er hat nicht bloß eine gesunde Gesichtsfarbe* . . . ich hab nur eine gesunde Skepsis, was . . . daß Politiker, wenn ein Abkommen mal da ist, sagen: Jetzt ham wir das Abkommen, aber das muß mit Leben gefüllt werden . . . *und noch etwas hat er:* Ich hab' eine private Phobie, etwas in Bewegung zu setzen . . . *und wenn es nur die eigenen Händchen sind, die ständig Gedanken unterstreichen, die gar nicht da sind.* Also, ich denke . . . *und damit wird's wieder gefährlich* . . . daß es unbedingt nötig ist, also politisch nötig ist, sehr zu bejahen, daß man diesen ungeregelten und leider auch unregelmäßigen Austausch . . . oder Verkehr, in Bahnen zu bringen, die es ermöglicht, das auch weiter zu fassen. *Nein, nicht weiter, es ist wirklich nicht mehr zu fassen.*

Hans-Peter Minetti *weiß wenigstens, was er will.* Ich gebe zu, ich wollte nicht am Anfang gleich polemisieren, als Sie ... *Astrid Meyer-Gosslar schaut schon schuldbewußt* ... Ost-Berlin sagten. *Da ist nämlich ein Unterschied zu West-Berlin:* Das ist eine Hauptstadt – das andere eine Nicht-Hauptstadt! *Und er kann wenigstens sein Funktionärs-Deutsch in- und auswendig:* Das Kulturabkommen wird getragen von beiden Staaten, von beiden Kulturen – darum sind wir auch neugierig aufeinander. Wir bräuchten ja kein Kulturabkommen, wenn's nur eine Kultur gäbe, sondern es sind zwei Kulturen. *Was zu beweisen war – zumindest solange keiner da ist, der so eine blödsinnige Tautologie widerlegt. Aber hier ist ja nur:*
Werner Schneyder Darf ich das Wort Neugierde aufgreifen?
Hans-Peter Minetti Das fänd' ich auch gut! *Aber da ist ja auch noch:*
Herbert Riehl-Heyse *hat gerade zwei Karaffen Wein in den Händen und schenkt sich ein*
Hans-Peter Minetti *sieht alles.* Der schenkt sich gerade ein! *Allgemeines Gelächter leitet über zum*

1. ZWISCHENSPIEL
»Es handelt sich offensichtlich um Weißwein.«

Herbert Riehl-Heyse *erhebt sich.* It's Show-Time! Denn es handelt sich ja um eine Talk-Show! *Man glaubt es kaum, wenn man ihn jetzt so launig wie eine Betriebsnudel auf die Hausbar zutapsen sieht, hinter der ihn Hans-Jürgen ebenso gut gelaunt erwartet* ... und zwar kriegt der jetzt einen ostischen und einen westischen Wein und soll uns jetzt sagen, welcher woher ist.
Hans-Jürgen *kann über solche Aufgaben natürlich nur lächeln, macht es aber wenigstens für einen Moment spannend.* Also, ich beginne eine solche Weindégustation mit dem Satz meines geliebten Weinlehrers: Wir fangen ganz von vorne an, also es handelt sich offenkundig um Weißwein. *Dankbares Gelächter allerseits. Dann hat Hans-Jürgen das Scheinproblem gelöst:* per Nase! *Und:*

Werner Schneyder *kann endlich einen Witz loswerden.* Kaum ist fünfzehn Minuten von Kultur die Rede – wird schon getrunken! *Von Kultur keine Spur – doch:*
Hans-Jürgen *belehrt ihn milde:* Es wird probiert! Wir genießen! *Natürlich ist der Probierer der einzige, der die Situation genießen kann, und den* 83er Meißner Müller-Thurgau aus der DDR.
Herbert Riehl-Heyse Jaa, wunderbaa!
Hans-Jürgen *bestimmt nebenbei auch noch den BRD-Wein als* 83er Riesling von der Saar ... *er lächelt verschmitzt* ... und nicht umsonst haben wir heute auch einen Wein von der Saar ...
Astrid Meyer-Gosslar *hatten wir fast vergessen, doch die Theater-Expertin wittert ihre Chance.* Nicht umsonst?
Hans-Jürgen Naja, vielleicht wissen Sie's noch gar nicht ... *bestimmt nicht* ... die DDR hat gerade 20 000 Weinstöcke von der Saar gekauft ... *jetzt zeigt er, was ein perfekter Moderator ist* ... Eingeweihte ... *wie Hans-Jürgen* ... munkeln: Herr Honecker würde gerne mal wieder seine Hausmarke trinken ... *und da keiner lacht, erklärt er:* ... das ist sicherlich nur ein Scherz. *Doch es wird gleich wieder ernst:*

AKT 2
»Kultur ist keine Kunst.«

Herbert Riehl-Heyse Womit wir schon bei unserem Thema wären: Kabarett. *Spricht das Wort französisch aus, wie: Bal paré. Hat seine Lesebrille abgenommen, was ihn anscheinend darin hindert, die Augen offen zu halten; aber womöglich strengt ihn das Mitdenken auch so an.*
Jürgen Hart Ich leite ein Kabarett. *Spricht das Wort deutsch aus, wie: Brett. Hat den linken Arm lässig über die Rückenlehne gelegt, so daß auf der Innentasche ein Etikett sichtbar wird, das verdächtig nach Harris Tweed aussieht. Vielleicht hat er es von seinem Freund:*
Werner Schneyder, *der das Gespräch erstaunlich behende bald auf einen seiner großen Auftritte in der DDR gebracht hat* ... viel besprochen, nicht in der DDR-Presse allerdings ...

HERBERT RIEHL-HEYSE *im Astrid Meyer-Gosslar-Stil:* Wieso nicht viel besprochen?

WERNER SCHNEYDER Das kann ich erklären ...

HERBERT RIEHL-HEYSE *sucht den wahren Schuldigen.* Das kann vielleicht er erklären!

WERNER SCHNEYDER *gnädig:* Ah, das kannst du erklären ... *freundschaftlich-aufmunternder Blick auf:*

JÜRGEN HART Ja ... das kann ich auch nicht so erklären ... *tut es dann aber doch, assistiert von*

WERNER SCHNEYDER, *der alles noch komplizierter macht, bis er selbst erkennt:* Ich glaube, wir sprengen hier den Rahmen. *Womit er ausnahmsweise recht hätte, wenn es einen gäbe.*

HERBERT RIEHL-HEYSE *leitet endlich über zu dem geplanten Gegenbesuch in der BRD, fragt Jürgen Hart nach dem Programm – doch das will diesmal ein anderer erklären:*

WERNER SCHNEYDER *fühlt sich zur Antwort berufen:* Ich kenne sein neues Programm nicht. Aber wenn ich den Titel nur höre ... *große Ohren hat er ja* ... bin ich schon neugierig ... *große Augen hat er nicht. Beim Versuch, sich an den Titel zu erinnern, werden sie immer kleiner* ... das so ähnlich heißt: Wir haben es noch vor uns.

JÜRGEN HART, *der es vielleicht gern hinter sich hätte.* Nein, das ist ein anderes Programm: Wir stehen uns noch bevor.

WERNER SCHNEYDER Ja: Wir stehen uns noch bevor. Also gut ...

JÜRGEN HART, *in dem wieder der Pedant gesiegt hat.* Aber in Saarbrücken werden wir sein mit: Kultur ist keine Kunst.

WERNER SCHNEYDER *ist schon alles recht.* Ja, das ist auch ein guter Titel. *Er lacht kennerisch; ist sich mit Jürgen Hart vollkommen einig darüber, daß andere Leute in Ost und West von Kabarett keine Ahnung haben.*

JÜRGEN HART *schämt sich nicht, zu erklären, es gebe zwar so etwas wie* Zensur, *man könne und müsse aber solche Kulturfunktionäre und Politkommissare* einfach zu Verbündeten machen ... *kein Widerspruch, im Gegenteil:*

WERNER SCHNEYDER *hat für alle Fälle noch ein Zitat parat:* In

diesem Fall gibt es das Karl-Kraus-Zitat: Satiren, die der Zensor versteht, werden zu Recht verboten! *Womit jeder DDR-Zensor gerechtfertigt ist und Werner Schneyder auch. Er hat schon ein großes Maul, aber das sieht man erst jetzt, da es offensteht, während er auf Beifall wartet. Der kommt prompt von der richtigen Seite:*
HANS-PETER MINETTI Das meine ich auch. *Politiker sind überhaupt die besten Freunde des Kabarettisten.* Es ist ein Vertrauensverhältnis. Und eins, das sich kultiviert, qualifiziert. *Eine Erinnerung läßt ihn geradezu aufleuchten.* Wenn ich an die Werkstatt-Tage denke, in Gera ... *oh, wer da mitdenken müßte!*
HERBERT RIEHL-HEYSE *jedenfalls nicht.* Deshalb hab' ich zum Schluß noch eine Überraschung ... *wickelt sie aus.*
JÜRGEN HART *ahnt schon Schlimmes.* Nämlich?
HERBERT RIEHL-HEYSE *bringt die Biographie von* Dieter Hildebrandt *zum Vorschein. Aber die ist nicht für Jürgen Hart, sondern für Kollegen in der DDR gedacht, und schon zweimal von da zurückgeschickt worden* ... und jetzt wollte ich Sie bitten, ob Sie das den Kollegen so einfach direkt mitnehmen könnten ... *betretenes Lachen.*
JÜRGEN HART *klingt vor Aufregung immer sächsischer.* Man muß da vielleicht dazu sagen, daß unsere Zollbeamten auch keine qualifizierten Kabarett-Beurteiler sind ... *befreites Gelächter.*
HANS-PETER MINETTI *läßt auf Beamte natürlich nichts kommen.* Aber Besucher des Kabaretts sicher.
Und das ist Strafe genug. Zur Belohnung:

2. ZWISCHENSPIEL
»Jetzt kommt gleich der nächste Wein.«

Und nach zwei erzlangweiligen Akten ein vorläufiger Höhepunkt des Programms: Ratlosigkeit schlägt jäh in Rätselhaftigkeit um – wenigstens für 43 Sekunden.
Im Bild erscheint nämlich füllend der Kopf eines unbekannten jungen Mannes. Das Gesicht wirkt übernächtigt, verfolgt, gehetzt. Ein Drei-Tage-Bart weist auf längere Strapazen hin; ungekämmt hängt

fettiges Haar strähnig in die sorgendurchfurchte Stirne. Der junge Mann greift sich ein Blatt Papier; darauf richten sich jetzt die unsteten Augen hinter den runden Gläsern der Nickelbrille; der skeptische Mund möchte sich auftun – doch da:

WERNER SCHNEYDER *aus dem off:* Ich hör' aus der Regie: Was kommt jetzt? Es fahren die Kameras . . . es geht woanders weiter . . . *aber wo? Der junge Mann schaut sich ängstlich um: Wo lauert Gefahr? Mit Sicherheit nicht bei:*

HANS-JÜRGEN *ebenfalls off.* Jetzt kommt gleich der nächste Wein . . . den haben wir Ihnen schon eingeschenkt . . . er kommt aus der Rheinpfalz . . .

DER JUNGE MANN *kommt bestimmt aus der DDR. Jahrgang 1953, schätzt der Kenner. Er schaut sich wieder um, lächelt mild, als er erkennt:*

HANS-JÜRGEN *steht hinter seiner Hausbar, schwenkt wieder ein Weinglas, tunkt seinen Riechkolben hinein, lächelt selig* . . . also ich hab' ihn schon im Glas, und das kann gar nicht verkehrt sein . . . *wie sollte etwas, das von Hans-Jürgen kommt, je verkehrt sein?* . . . Sie haben ihn auch schon im Glas – zum Wohl! *Allgemeines Schlürfen und Seufzen:* Aah . . .

DER JUNGE MANN *off:* Bornholmer Elegie . . . *aber so heißt der Wein nie und nimmer, nein:*

HANS-JÜRGEN Ein trockener Riesling aus der Rheinpfalz . . . *schnuppert noch einmal* . . . Sehr schön . . . *trinkt.*

DER JUNGE MANN *sieht nur so verzweifelt aus, wie ein Elegiker aus der Bornholmer Straße nur aussehen kann; sein Blick fleht um ein Zeichen – er bekommt es offenbar und nickt nun den nächsten Akt ein.*

AKT 3
»Emigrantengespräch«

SASCHA ANDERSON, *denn wer sollte sonst der junge Mann sein?* Bornholmer Elegie . . . *er liest mit brüchiger Stimme vom Blatt.* Einander endlich / wie in der blasphemisch glühenden /

Elektrizität . . . *wie aufs Stichwort schiebt sich eine Hand in Mundhöhe vors Gesicht des Rezitierenden, doch nicht um ihm das Maul zu stopfen, sondern – der Kameramann zieht die Schärfe – um eine Kerze, die nicht brennt, vermittels einer, die brennt, nun zu entzünden. Solange das währt, verschwimmen Anderson nebst Elegie im Hintergrund. Dann endlich verschwindet die zündende Hand* . . . nur die Ankunft blieb . . . *nicht mehr, denn nun zeigt die Totale, wer der Kerzenanzünder war:*

A. R. Penck *sitzt neben Beatrix Schnippen-Koetter in einem jugendlich angewaveten Sofa. Während sie hinter vorgehaltener Hand etwas zu verbergen hat – ein Lächeln? Ein Gähnen? – ist der Künstler ziemlich Ohr und lauscht den letzten Worten des Dichters, als wären sie auf ihn gemünzt.*

Sascha Anderson . . . verewigt wie in russischen Filmen / mir die schmelzenden Sinne / ent-zweitest. *Die Elegie, deren Fragmente wir vernahmen, kann unter dem Stichwort Abgelegte Elegien abgelegt werden.*

Beatrix Schnippen-Koetter *rafft sich auf.* Ein Gedicht von Sascha Anderson. *Der kratzt sich zum wiederholten Male bereits am Kopf. Verlegenheit? Scham? Oder Juckreiz? Sein Kopfäußeres läßt jeden dieser Schlüsse zu. Sein Gedicht auch.* Da sind sie, die Gäste, die ich anfangs angekündigt hatte, eingetroffen im Atelier 4 – herzlich willkommen! *Was diese Gäste wohl abhielt, früher zu kommen? War die Elegie noch nicht fertig gedichtet? Der Kerzenleuchter noch nicht zu Ende gedrechselt? Wer weiß? Und wer will das schon wissen? Beatrix Schnippen-Koetter weiß alles* . . . Sascha Anderson, Schriftsteller, Musiker, Lyriker, Herausgeber . . . *Anderson macht abwehrende Gesten: Es reicht! Noch nicht:* . . . Sie haben Texte für Rockmusik geschrieben . . . *The Bornholm Blues?* . . . sind seit ziemlich genau einem Jahr von Ost – . . . *wenn das Minetti hört* . . . nach West-Berlin gezogen . . . *jetzt nickt er; und das erklärt ja wohl das Flüchtige, Flüchtlingshafte seiner äußeren Erscheinung, die prompt verschwindet und abgelöst wird von* . . . A. R. Penck, alias Ralph Winkler, international bekannter Maler aus Ostdeutschland . . .

A. R. Penck *ist ein Künstler, wie er im Bilderbuch stehen müßte: graubärtig, kurzärmlig, derb; das schwarze T-Shirt spannt über Bauch und Oberarmen. Der Aufdruck deutet auf morbide, okkulte, makabre – jedenfalls kunstgerechte Neigungen: drei Totenköpfe, einer frontal, von den zwei anderen im Profil flankiert: Apocalypse whow! Schwarze Schminkstriche unter den funkelnden Schweinsäuglein vermögen allerdings nicht deren gutmütig-gemütlichen Ausdruck ins Dämonische zu verkehren; er lächelt schon.*

BEATRIX SCHNIPPEN-KOETTER *weist ihn weiterhin aus* ... Sie haben, schon lange bevor Sie herüber gekommen sind, ausschließlich im Westen ausgestellt und verkauft ... *und nun die entscheidende Information* ... Sie beiden kennen sich, Sie sind befreundet ... *das werden wir noch zu spüren bekommen im folgenden Gesprächsversuch: Anderson und Penck unterhalten sich in einem privaten Jargon, der für Außenstehende nicht halb so komisch klingen kann wie für die Beteiligten, die unablässig in sich hinein- (Anderson) oder aus sich heraus- (Penck) lachen. Von den sirenenhaft dazwischengeheulten persönlichen Fragen lassen sie sich in ihrem Privatvergnügen kaum stören.* Ich möchte Ihnen beiden als allererstes eine persönliche Frage stellen ... *es geht um* Ausreise, Umstellung *usw., allerdings nicht ganz persönlich, sondern:* Was ist mit dem Künstler in Ihnen?

SASCHA ANDERSON *findet ihn nicht gleich.* Ich lasse der Dame den Vortritt ...

A. R. PENCK Also ... *er sucht den Künstler auch noch* ... also, im Osten war'n wir ja verrückt, hohoho ... *lacht* ... Der Sascha war noch verrückter als ich ... aber ich war auch ganz schön verrückt ... *nickt stolz vor sich hin, aber noch nicht ein.* Die Situation war verrückt ... wir sind rumgerannt wie in Nacht und Nebel ... *auch heute nacht wirken beide recht benebelt – Penck ist der Alkohol-Typ, Anderson eher ein Kiffer –* ... total verrückt ...

SASCHA ANDERSON Ralph, ich hatte immer Familie *kichert* hihi ...

A. R. PENCK lacht *dröhnend* Hohoho ...

BEATRIX SCHNIPPEN-KOETTER *ernst* Da möchte ich noch genauer fragen: Wo fühlen Sie sich zu Hause?

A. R. PENCK *schüttelt ebenso wie Anderson den Kopf, kann ihn aber eher wieder still halten.* In der Zukunft *lacht* hohoho

SASCHA ANDERSON *lacht leise* Hähähä . . .
BEATRIX SCHNIPPEN-KOETTER *ernst* Glauben Sie denn, daß Sie auch noch Einfluß haben auf die Kunstszene in der DDR?
A. R. PENCK *während Anderson verzweifelte Gesten macht: Ich doch nicht!* Ja, ja, ja . . . doch, doch, doch, doch . . . Hohoho!
SASCHA ANDERSON Hähähä . . .
BEATRIX SCHNIPPEN-KOETTER *lacht überraschend mit* Hihihi . . . *zwischen den zwei albernen Künstlern wirkt sie immer dufter, wie eine lebende Seifenreklame: Hol dir die große Frische! Aber die beiden wollen sie offenbar nicht. Sie wollen sich auch von Fragen nach dem offenbaren* Zusammengehörigkeitsgefühl unter Künstlern *in ihrer Zusammengehörigkeit nicht mehr stören lassen.*
A. R. PENCK Ich will erst mal weiterreden, sonst kommen wir ja nie zum Ziel . . . *wo immer das sein mag? Er weiß es bestimmt nicht.* Also irgendwie sind wir ja noch zusammen . . . naja . . . *nun weiß er schon gar nicht mehr weiter, kratzt sich, von Anderson angesteckt, im Vollbart, trinkt.* Man hat noch in Erinnerung, wie man zusammengesessen hat und geredet . . . *wie eben gerad'* . . . als dies und das passiert ist . . . und dies und jenes geschah . . . und das und das . . .
SASCHA ANDERSON *greift als Übersetzer ein.* Sie meint nicht bloß menschlich, sie meint auch kulturell . . .
BEATRIX SCHNIPPEN-KOETTER *eifrigst* . . . in der Kunst, unter den Künstlern, ob es da ein Zusammengehörigkeitsgefühl gibt?
A. R. PENCK *blickt zur Decke; da steht die Antwort:* Naja . . . *verliert sich dann in Erinnerungen und Anekdoten, die immer sächsischer klingen.*
BEATRIX SCHNIPPEN-KOETTER *fummelt sich auch im Gesicht herum. Wonach sucht sie? Nach Pickeln? Nach Fragen?* Wie ist das in der Schriftstellerei?
SASCHA ANDERSON Ich meine, es gibt mehrere tausend Jahre deutscher Kultur . . . *kann das stimmen?* . . . Literatur . . . *das stimmt bestimmt nicht. Lassen wir ihn mit seiner Meinung allein stehen. Auf dem Tisch steht immer noch, alle überragend, der Kerzenleuchter, der aussieht, als sei er aus alten Gewinden und Getrieben zusammenge-*

schweißt. Die ideale Mordwaffe, doch niemand greift danach – statt dessen: Aber Ralph, hier steht 'ne Plastik von dir auf'm Tisch, die heißt . . . wie heißt die?

A. R. Penck *liegt in der Sofaecke.* Emigrantengespräch.

Sascha Anderson Emigrantengespräch, ja . . . *nein, wir haben genug davon, kommen wir zum:*

3. ZWISCHENSPIEL
»Jede Weinreise hat auch einen Höhepunkt.«

Hans-Jürgen *hinter seiner Hausbar, kündigt etwas ganz Besonderes an – und da hat er nicht zuviel versprochen.* Jede Weinreise, und wenn es auch noch so eine kleine deutsch-deutsche ist, hat natürlich auch mal ein Ende . . . *das ist noch nichts Besonderes, aber:* Jede Weinreise hat auch einen Höhepunkt! *Einen 1929er Rheingauer Riesling nämlich.* Ein Unikat! *Das meint:* Sie ist nicht wiederkehrbar! *Die Reise ohne Wiederkehr beginnt mit der feierlichen Flaschenöffnung* . . . und ich hoffe nur, daß das der Korken aushält . . . *die Kapsel geht immerhin ab.* So eine schöne Stanniol-Kapsel! *Aber der Korken?* . . . o ja, ich krieg' ihn raus . . . gut raus, den Korken . . . *denkste!* . . . nananana . . . *ob er es wieder spannend machen will? Er setzt ab, der Meister der Überbrückung* . . . 1929! Ich erzähl' gleich noch was dazu . . . *warum nicht sofort?* 29 war ein ganz bedeutendes Jahr. Fangen wir mit den schlechten Nachrichten an: Es war das Jahr der Weltwirtschaftskrise . . . *er lächelt* . . . aber . . . *wieder ernst* . . . wenn wir in einer Kultur-Talk-Show sind . . . *sind wir das etwa?* . . . es war auch das Jahr, wo Thomas Mann, beispielsweise, den Nobelpreis für Literatur erhalten hat. *Gibt's noch weitere Beispiele? Klar:* Die erste Fernsehsendung wurde 1929 – ausgerechnet auch noch aus Berlin! – ausgestrahlt . . . *da strahlt er selbst und setzt wieder zum Zug an* . . . und die erste Weinkönigin wurde 1929 auch gewählt . . . für mich ist das auch ein bedeutendes Datum . . . *während sich unser 87er Weinkönig mit seinem 29er Korken abmüht, schlagen wir weitere Bezugspunkte nach: 1929 wurde Heinrich Himmler Reichsführer SS, Leo Trotzki aus der*

Sowjetunion ausgewiesen, Duisburg gemeindet Hamborn ein, und Peter Kürten bemüht sich, Düsseldorf zu entvölkern; Martin Heidegger stellt die große Frage: Was ist Metaphysik? Hätte er diese Sendung gesehen, er wüßte es womöglich ... aber jetzt woll'n wir mal sehen, ob ich den Korken rauskriege ... oder ob ich ihn abbreche ... so ist es! *Das ist der versprochene Höhepunkt: Es ist zu schön, um gelogen zu sein – er hat den Korken abgebrochen!* ... Herr Gaus, Sie werden noch ein bißchen warten müssen – aber Sie haben sicher erkannt, worauf es hinausläuft ... *auf reinen Wein? Oder reinen Wahnsinn? Nein:* Es ist nämlich ... *Staupause* ... der Wein aus dem Geburtsjahrgang von Herrn Gaus!

GÜNTER GAUS *schreckt auf, raucht aus allen Löchern, lächelt.*

HANS-JÜRGEN *off* Sie wurden nämlich im November 1929 geboren. Dieser Wein ist im November 1929, in ihrem Geburtsmonat, geerntet worden *und kaum zehn Minuten später, im August 1987, gegen 23 Uhr 55 wird dieser Wein Herrn Gaus sogar eingeschenkt* ... sehen Sie allein die Farbe, Herr Gaus!

GÜNTER GAUS *sieht die Farbe und dagegen blaß aus.*

HANS-JÜRGEN *hat, im Gegensatz zu uns, auch Frau Kerr-Dürrenmatt nicht vergessen.* Gnädige Frau, Sie haben ihn auch verdient ... den Wein ... Sie haben so lange gewartet ... *schenkt ein.* Zum Wohl!

CHARLOTTE KERR-DÜRRENMATT *hellauf* Danke!

GÜNTER GAUS *geistesgegenwärtig* Danke sehr!

CHARLOTTE KERR-DÜRRENMATT *hebt ihr Glas* Auf Ihren Jahrgang! *Und auf:*

AKT 4
»Es ist einfach eine schöne Geschichte.«

Wir wollen es kurz machen. Das Geturtel geht schon los:

CHARLOTTE KERR-DÜRRENMATT *schlägt verschämt die Augen nieder. Oder ist sie auch schon müde? Nein:* Ist die Tatsache, daß Sie 1929 geboren sind, bei Kriegsende also 15½ Jahre alt waren ... *die Rechnung hat sie aus dem Konzept gebracht. Oder verwirrt sie der*

Gedanke an den blutjungen, strammen Gaus? ... spielt sicher in Ihrem Leben eine bedeutende Rolle ... *das tut die Tatsache, daß man geboren wurde, ja recht häufig: Aber die Frage sollte ganz anders lauten:* politisch oder unpolitisch? *Und, wenn ja:* Europabegeisterung?

GÜNTER GAUS Ich habe eine unüberwindbare Scheu vor Emotionen ... *will er falsche Hoffnungen zerstören? Nein:* Was sicherlich ein Handicap ist ... *neckischer Blick.*

CHARLOTTE KERR-DÜRRENMATT *will alles über ihn wissen, weiß es aber schon:* Sie haben Germanistik und Geschichte studiert ...

GÜNTER GAUS In München, ja ...

CHARLOTTE KERR-DÜRRENMATT *begeistert* In München?!

GÜNTER GAUS *souverän* In München.

CHARLOTTE KERR-DÜRRENMATT *liest weiter von ihrem Spickzettel ab* ... waren politischer Redakteur bei der Süddeutschen Zeitung ... gingen dann zum Funk und Fernsehen – stimmt das?

GÜNTER GAUS Ja ... *das war sein Stichwort* ... ist so viel Zeit, daß ich eine Geschichte erzählen kann?

CHARLOTTE KERR-DÜRRENMATT *ganz Zahn* Ja!

GÜNTER GAUS ... die ich schrecklich gern erzähle ...

CHARLOTTE KERR-DÜRRENMATT *ganz Ohr* Erzählen Sie!

GÜNTER GAUS Also, danke ... *kratzt sich hinter dem Ohr, hebt an:* Darf ich mir zunächst die Hose ausziehen? Ich würde nämlich schrecklich gern etwas mit Ihnen verabreden, einen kleinen Ficktermin ... *aber was träumen wir da zusammen? Nun haben wir so lange wörtlich zitiert, daß auch diese Geschichte unverändert bleiben soll. Sie geht nämlich so* ... Ich war bei der Süddeutschen Zeitung, da wurd' ich gefragt, ob ich, weil ich da so eine Portrait-Reihe geschrieben hatte, über publizistische Außenseiter, ob ich eine Fernsehinterview-Reihe machen wollte ... Sie haben das ...

CHARLOTTE KERR-DÜRRENMATT Hmm ...

GÜNTER GAUS ... glaube ich, vorhin freundlicherweise schon erwähnt: Zur Person, Portraits in Frage und Antwort ...

CHARLOTTE KERR-DÜRRENMATT Mmmhmm ...

GÜNTER GAUS Und da hab' ich gesagt: Doch, das will ich tun.

Und da hab' ich hier in diesem Münchner Studio, woher diese Sendung kommt, hab' ich also meine ersten Interviews, 45 Minuten lang, zur Person, gemacht. Und so hatte ich plötzlich das Renommee eines Fernsehschaffenden. Zu der Zeit war ich Redakteur bei der Süddeutschen Zeitung ... *er hatte das, glauben wir, freundlicherweise schon erwähnt* ... Kommentator und Leitartikler ... und dann wurde ich zwei Jahre später, wurde ich in Bonn, ich war nicht Mitglied einer Partei, stand aber den Sozialdemokraten nah, weil ich das für anständige Leute hielt, in ihren politischen Absichten, aber damals mußte man nicht Mitglied einer Partei sein, um gefragt zu werden, ob man Fernsehdirektor werden wollte. Und die fragten mich, und da hab' ich gedacht: Och, warum eigentlich nicht? Das hab' ich noch nicht gemacht ...

CHARLOTTE KERR-DÜRRENMATT *lacht wissend* Ähä!

GÜNTER GAUS Dann wurd' ich zum Fernsehdirektor gewählt – und besaß keinen Fernsehapparat ...

CHARLOTTE KERR-DÜRRENMATT Ähähä ...

GÜNTER GAUS Ich fand nicht, daß man einen Fernsehapparat besitzen mußte. Ich machte schon seit zwei Jahren diese Reihe, aber einen Apparat besaß ich nicht. Dann kriegt' ich einen Dienstapparat. Nach vier Jahren ging ich dort weg, und der dankbare Sender schenkte mir meinen Dienstapparat, so daß wir zu Hause jetzt diesen Apparat hatten ...

CHARLOTTE KERR-DÜRRENMATT Ähähähähä ...

GÜNTER GAUS Dann kriegt' ich einen Dienstapparat als Chefredakteur des Spiegel. Dann ging ich in den Staatsdienst und wurde wieder mit einem Dienstapparat versehen, so daß ich sagen kann: Ich habe wirklich ziemlich lange Fernsehen gemacht, aber das erste Fernsehgerät habe ich mir erst 1981 gekauft!

CHARLOTTE KERR-DÜRRENMATT Ähä ...

GÜNTER GAUS Find' ich eigentlich 'ne erzählenswerte Geschichte ...

CHARLOTTE KERR-DÜRRENMATT Hähähä ... Wunderbar!

GÜNTER GAUS *schaut sich um, ob sonst noch wer lachen mag.*

Fehlanzeige . . . hab' ich Sie mit der Geschichte aus dem Konzept gebracht?

CHARLOTTE KERR-DÜRRENMATT *strahlend* Nein, überhaupt nicht . . .

GÜNTER GAUS Ich wollt' sie nur loswerden . . .

CHARLOTTE KERR-DÜRRENMATT Ich find's eine wunderbare Geschichte . . . weil sie auch für mich wieder Anlaß gibt, weiter zu fragen – aber nicht nur deshalb: Es ist einfach eine schöne Geschichte, wo wir hier vor'm Fernsehen sitzen . . . *wir wollen aber nicht länger davor sitzen, wir können nicht mehr – lassen wir der schönen Domina das Schlußwort:* Hoffen wir, daß wir uns in so einer Gesprächsrunde wiedersehen . . . *betretenes Schweigen. Musik. Ende.*

NOVEMBER

1.	Leni Riefenstahl *(Alt-Anarchistin)*
2.	Michael Klett *(Neo-Nationaler)*
3.	Peter Härtling *(bedeutend)*
4.	Lutz Rathenow *(unbedeutend)*
5.	Uta Claus *(doofe Ziege)*
6.	Ilja Richter *(dummer August)*
7.	Marguerite Yourcenar *(vergeßlich)*

»Dichter müssen dumm sein«, hat der Dramatiker Heiner Müller in einem ›Zeit‹-Interview dekretiert und damit das Gegenteil bewiesen: Er ist nicht dumm. Und Dichter von heute sind meist dreist. Anders als ihre Werke, leider. Denn wären P. Härtlings Werke etwa nur halb so dreist wie ihr Verfasser: Wir wollten sie loben. So nicht, zumal er das gleich selbst besorgt. ›Waiblingers Augen‹ heißt sein letzter Versuch. Leseprobe: »Waiblinger kniet vor sie hin, streicht ihr die Haare aus der Stirn. Sie weicht zurück.« Die Stirn? Ein schlechtes Zeichen, aber wenigstens einer findet es bedeutend: P. Härtling. Von »einer großen, einer realen Liebesgeschichte« schwadroniert der schwäbische Falstaff im ›Rheinischen Merkur‹ und weicht selbst vor einem selbstgestellten »alten Rätsel« nicht zurück: Faßt man die Wirklichkeit oder bleibt man im Wahn?« Man faßt es wirklich kaum, aber er bleibt in dem Wahn, »dies einmal an einem wirklich bedeutenden Beispiel« vorgeführt zu haben.

Schwerer als mit dem Eigenlob tut sich der Dichter, wenn es fremde Federn zu schmücken gilt. L. Rathenow, Vollbart aus der

DDR, liest gerade ›Unersättlichkeit‹ von Ignacy Witkiewicz und empfiehlt den Roman schriftlich als: »Ein klares Buch voller Wirrheit, verletzende Erotik voller Scham.« Daß Kritiker mit solchen Paradoxa ihre Ratlosigkeit zu bemänteln trachten, sind wir gewohnt, daß aber einer, dem wir von Berufs wegen unterstellen müssen, er möchte Wörter noch sinnvoll gebrauchen können, sie allen Sinns entleert, geht über unseren Begriff.

Was er wohl meint? Verwirrende Klarheit? Schamverletzende Erotik? Da er es bestimmt selbst nicht genau weiß, wollen wir auch nicht weiter darüber nachdenken.

Das dummdreisteste Buch des Jahres sind die ›Memoiren‹ von L. Riefenstahl. Zäh wie ein alter Lederstrumpf und hart wie eben nur Riefenstahl feiert sich die nazistische Kultfilmerin darin als wahre Widerstandskämpferin. Und läßt sich von ihrem Verlag feiern: »Von früher Jugend an stehen Leni Riefenstahls Leben und Arbeit unter dem Motto der Unbeugsamkeit. So trat sie ihrem Vater entgegen, der ihr den Tanz verbieten wollte, Goebbels, der sie bei ihrer Filmarbeit bis aufs Blut schikanierte, der französischen Besatzungsmacht, die ihr alles nahm« – bis auf ihre unbeugsame Frechheit, versteht sich.

Da müssen wir sogar I. Richter, der sich zu den »Verfolgten des Nazi-Regimes und deren Kindern« rechnet, recht geben, wenn er den neuerlichen Erfolg von »Hitlers Top-Propagandistin« im ›Stern‹ als »Triumph des Vergessens« anprangert. Doch dies gutgemeinte Stück Prosa ist noch lange keine Entschuldigung für die schlechten Verse, die der ehemalige Disco-Jockey regelmäßig für die ›Tageszeitung‹ verfaßt. Da rupft dann »Strauß (Diktatoren-Intimchen)« mit »Norbert ein Blümchen«. Das tut so weh. Und wenn sich rein gar nichts mehr reimen will, wird, wie im miesesten Kabarett, einfach falsch betont:

»In Bonn – mangels Schaulust –
gab's nen 20. Juli
verlängert bis *Au*gust.«

Müssen Verleger eigentlich ganz dicht sein? M. Klett, Erbe des Hauses Klett-Cotta, macht nicht den Eindruck. Der ehemalige

»Bundesvorsitzende« des »Verbandes Junger Unternehmer« gibt sich gern deutsch-national. »Die Identitätsschwäche der Deutschen hat« ihn »schon immer irritiert«. Im Fragebogen des ›FAZ-Magazins‹ hält er dagegen, und da seine Antworten allzu dumm-deutsch klingen, lassen wir uns gern provozieren. Als verspäteter »schillerscher deutscher Jüngling« liebt M. Klett sein Hobby, »kontrafaktische deutsche Geschichtsträumereien«, ebenso wie »alle Farben, die in deutschen Landschaften vorkommen«. Er möchte natürlich »in Deutschland« leben, und das vollkommene irdische Glück« ist für ihn: »Deutscher zu sein«. Deutscher geht's nimmer. Dümmer allerdings auch nicht.

Ein peinlicher Fehler ist M. Yourcenar bei der Beantwortung des nämlichen Bogens unterlaufen. Das erste weibliche Mitglied der Académie Française, das unter allen Prosaautoren ausgerechnet »genau formulierende Essayisten« am meisten schätzt, gibt als eine ihrer »Lieblingsheldinnen in der Dichtung« an: Félicité in Prousts ›Ein schlichtes Herz‹.« Natürlich weiß sie, daß diese Erzählung von Flaubert ist, und für den Fall, daß ein übereifriger FAZ-Redakteur für die Verwechslung verantwortlich ist, bitten wir die alte Dame schlicht und herzlich um Entschuldigung.

Unvermeidlich in unserem Herbst-Programm ist inzwischen U. Claus. Nach »bockstarken Märchen«, »bockstarken Klassikern« und der »bockstarken Story von den Nibelungen« hat sich die doofe Ziege diesmal »Die endgültige Weihnachtsgeschichte« aus dem Euter gesogen. Wie immer im »Erfolgsteam« mit dem Illustrator R. Kutschera wurde »die total fetzige Familiengeschichte von Juppi und Maria« bockstark aufgemotzt mit »McDonald«, »Suzuki«, »Canon«, »R 4« und »dieser hirnrissigen Volkszählung«. »Maria ist stinksauer«, und »Juppi ist erst recht sauer« – was wir empfinden, läßt sich in diesem altmodischen Jargon kaum noch ausdrücken. Wir sind, sagen wir, ein wenig indigniert.

DEZEMBER

1.	Carolin Reiber *(kritisch)*
2.	Christa Meves *(kritischer)*
3.	Uta Ranke-Heinemann *(am kritischsten)*
4.	Kirche *(evangelische)*
5.	Kirche *(katholische)*
6.	Punks *(deutsche)*
7.	Ingrid Klein *(Kritikerin)*

Die Welt ist schlecht, und zu ihren Rätseln gehört, daß keiner weiß warum. Außer C. Reiber. Sie ist an ihren rural gerollten R's leicht zu erkennen und, laut ›Hör zu‹, »eine der beliebtesten Moderatorinnen des Fernsehens«, aber auch »eine eigenwillig-kritische Beobachterin unserer Fernsehlandschaft«. Besonders den deutschen Familienserien gilt ihre kritische Beobachtung: Sie sind ihr alle zu wirklichkeitsfremd. Der Vorwurf klingt nicht sehr originell, er ist es aber. Denn C. Reiber fragt: »Können Sie mir eine Serie nennen, die eine ganz normale, glückliche Familie zeigt?« Und C. Reiber antwortet: »Bei den Drombuschs waren schöne Ansätze vorhanden, aber warum mußte nun der Vater sterben?« Das ist doch nicht normal. »Bei ›Ich heirate eine Familie‹ muß es natürlich um eine geschiedene Frau gehen.« Wie soll da die Familie glücklich werden? »Mir fehlen einfach Sendungen, in denen einmal ein Plädoyer für ein fröhliches Familienleben gehalten wird und in denen mit Humor auf höfliche Umgangsformen aufmerksam gemacht wird.« Dürfen wir höflich fragen, ob dann vielleicht deutsche Familienserien an den Widrigkeiten der Wirklichkeit und am »tristen Weltbild mancher Jugendlicher« schuld sind? C. Reiber nickt: »Und ob!« Hauptgrund: »Im Fernsehen gibt es zu viele kaputte Typen.« C. Reiber ist dafür das heilste Beispiel.

Früher durfte man solchen Typen wie ihr noch humorvollst empfehlen, doch einfach nach drüben zu gehen. Doch die Deutsche Deprimierende Republik ist auch nicht mehr das, was sie mal war. Die sozialistische Welt ist aus den Fugen. Von einem »Punk-Konzert« in der »Ost-Berliner Zions-Kirche« weiß der evangelische Presse-Dienst: »Wie Augenzeugen in Ost-Berlin berichteten, drangen während des Konzerts gut zwei Dutzend jugendliche Skins mit faschistischen Parolen in die Kirche ein und verwickelten einzelne der rund tausend Teilnehmer in Handgreiflichkeiten.« Das muß man sich ruhig einmal vorstellen: Punks – Skins – Kirche – Chaos – Marx – Jesus Christus – Hitler – Johnny Rotten – alles in Ost-Berlin! Und die Vopos sind immer dabei: »Dabei griff, so war zu hören, die Polizei allerdings nicht ein.« Schlimm genug, wenn tausend Punks nicht allein mit zwei Dutzend Skins fertig werden.

»Veranstalter des Konzerts« war übrigens die »Offene Arbeit«, eine Auffanggemeinschaft der evangelischen Kirche, »die vor allem für sozial auffällige junge Menschen da sein will«. Warum nicht auch für Skinheads? Mit Vesperandachten unterm Hakenkreuz, Dosenbier zum Abendmahl und Heavy Metal von Judas Priest.

Für schwarze Messen unter dem Motto: »Haut den Lukas und die anderen Evangelisten« sollte sich eigentlich die andere Fakultät zuständig fühlen, deren allerkatholischster Vorsteher ja immer noch stramm die Existenz Satans beschwört. Auch die Jungfräulichkeit Mariens läßt er sich nicht nehmen. U. Ranke-Heinemann, die diese unbefleckte Empfängnis »sexualfeindlich und zölibatärneurotisch« fand, wurde prompt ihre Lehrerlaubnis entzogen. Sie sollte aufhören, darüber zu jammern und eigentlich froh darüber sein, diesen Kindskram endlich hinter sich zu haben.

Hocherfreut über die Unbeugsamkeit der katholischen Amtskirche in dieser dummen Frage zeigte sich C. Meves, die bisher für die protestantische Konkurrenz als Kämpferin gegen »hybride Maßlosigkeit des von Gott emanzipierten Menschen, gegen Depression und neurotische Verwahrlosung – für die Opfer unseres Zeitgeistes« psychagogisch tätig war. Gerade diese gnadenlose Heiligung des »marianischen Aspektes, den die moderne Frau als Vorbild so nötig braucht, um dem sie fremdbestimmenden, zur Manngleichheit umpolenden und sie verkopft-krankmachenden Ansturm eines machtanmaßenden Feminismus gewachsen zu sein«, hat ihr so gefallen, daß sie genau den gleichen Schritt wie U. Ranke-Heinemann getan hat: Auch C. Meves ist zu den Alleinseligmachenden konvertiert. Auch sie wird schon sehen, was sie davon hat.

Aber dem alleinseligmachenden Feminismus hat die frischgebackene Marianistin bitter unrecht getan: so verkopft-krankmachend wie ihre eigene Ausdrucksweise ist er bestimmt nicht. Im Gegenteil: Seine modernen Vertreterinnen sind oft genug mehr mit leicht gekränktem Herzen als mit klarem Kopf bei jeder Sache. So hat eine Kritikerin namens I. Klein für ›konkret‹ in einem ›Hausbuch der literarischen Hochkomik‹ die Autorennamen gezählt: »über 200«. Und nur »zwei der Autoren sind Frauen«. Jane Austen und Dorothy Parker, um genau zu sein. Darob entrüstet sich die Frau in der Autorin und findet: »Auch dem subjektiven Blick eines Herausgebers sollten Grenzen gesetzt sein.« Das ist natürlich Unfug. Und der Herausgeber fände sich nun in dem alten Vorurteil bestätigt, das besagt, Frauen könnten einfach nicht bis drei zählen – wenn er dergleichen Vorurteile hegte. Da er jedoch bloß gewisse Vorbehalte gegen Literaturkritiker hat, die sich unfehlbar dünken, beschränkt er sich auf den hämischen Hinweis, daß sich auch hinter dem Pseudonym George Eliot, der mit zwei hochkomischen Passagen in seiner Anthologie wohl vertreten ist, eine Frau und Autorin verbirgt. Und wer oder was steckt wohl hinter dem Namen Carson McCullers? O ja, die Welt ist rätselhaft – aber das ist ja auch gar nicht schlecht.

1988

UTE LEMPER – REINHOLD MESSNER

JANUAR

1.	Angelika Jahr *(Essen & Trinken)*
2.	Hans Peter Wodarz *(Essen & Mimen)*
3.	Doris Hessler *(Essen & Knipsen)*
4.	Maria Wilhelmi *(Essen & Knapsen)*
5.	Heinz Winkler *(Reis & Scheiß)*
6.	Ellen Falout *(Feiern & Geiern)*
7.	Die Leiter *(Kaiserhofstr. 11)*

Essen wie Gott in Deutschland ist nicht bloß eine Preisfrage, sondern vielmehr eine der Gesinnung. Deutsche Gaststätten, über denen wenigstens ein Stern im Michelin steht, verstehen sich als »die Kathedralen, die den vielen kleinen Dorfkirchen als Vorlage dienen«. Also spricht der mobilste Prophet der profitablen Genußlehre, H. P. Wodarz. Gelernt hat er solche Großsprüche nicht etwa bei Gott Witzigmann, sondern bei Bertolt Brecht, der angeblich »die Genußfreude als eine der größten Tugenden gepriesen« habe. Kein Wunder, daß der Kochkünstler schon »immer von einem Restaurant-Theater geträumt« hat. Nicht ohne Hintergedanken, denn: »Spitzengastronomie hat« für ihn »genau wie Theater eine kulturelle Leitfunktion«. Und: »Deswegen müßten eigentlich Top-Restaurants wie Theater vom Staat subventioniert werden.« Immerzu. Dem Theater hat das qualitativ auch wenig genutzt. Allein die Frage, ob der Gast nach jedem Gang oder erst am Ende des Menus klatschen sollte, müßte der kommende Intendant noch klären.

Diesen unappetitlichen Drang, gastronomische Kleinigkeiten durch inständiges Brüten auf eine zähe Gastrosophie zu reduzieren, haben deutsche Köche mit ihren natürlichen Feinden gemeinsam. Von ihrem Vater Buchinger, der noch jede seiner 97 Fastenkuren als »ein neues Stück Lebenserfahrung« erfuhr, hat die Fastenkur-Direktrice M. Wilhelmi den Vorsatz: »Kultur und Caritas sind die einzige Rechtfertigung für großen Reichtum.« Zumindest letzterer ist in ihrer »Clinica Buchinger« zu Marbella reichlich fett vertreten von T. Onassis bis hinunter zu S. Unseld. Für die Kultur des Weglassens sorgt die Chefin persönlich: »Verzicht nimmt nichts, Verzicht gibt.« Ihr jedenfalls die Frechheit, neben Seneca, Luther und Goethe auch noch Heinrich von Kleist als Kronzeugen für Rote-Bete-Fans an den Haaren herbeizuzitieren: »Oh, daß wir ein ganzes Leben brauchen, um zu lernen, wie wir leben müßten.«

Wer selbst bei Tisch den unausstehlichen Drang verspürt, zum Künstler werden zu müssen, dem sei ›Die Leiter‹ im Herzen Frankfurts lauwärmstens empfohlen. Wo bisher nur die Leiter internationaler Brokerfirmen und einheimischer Fußballvereine mit passenden Blondinen verkehrten, steht neuerdings auf jedem Tischchen ein Glas mit Malstiften. Nicht etwa, um Börsenkurse und Telefonnummern zu notieren, sondern ausdrücklich »zur Entfaltung künstlerischer Talente«.

Vom Bewußtsein, Kunstwerke auf den Tisch zu schaffen, ist offenbar auch H. P. Wodarz' Ein-Stern-Kollegin D. K. Hessler aus Maintal-Dörnigheim sanft durchdämpft. ›Bild‹ berichtete: »Ab sofort reicht sie zur Speise auch ein Polaroid-Sofortbild – damit die Gourmet-Kunst auch daheim noch das Auge ergötzen kann.« Ließe sie die Speise weg, wär's wenigstens Konzept-Art.

Drei-Sterne-Restaurant-Besitzer H. Winkler schaut »auf die makellose Qualität der Zutaten«. Und schämt sich doch nicht, werblich für ›Uncle Ben's Reis‹ Zeugnis abzulegen: »Er ist immer herrlich locker und eine tolle Beilage zu vielen Gerichten.« Wir werden das nächste Mal im ›Tantris‹ gleich ›Miracoli‹ mit ›Nudel-up‹ bestellen.

Womit wir wohl bei »Deutschlands Kochbuchautorin Nr. 1, Ellen Falout (62)«, wären, die »speziell für ›Bild‹-Leserinnen« einen »Count Down« vorgeschrieben hat, der sich tödlich anhört. Bereits 34 Tage vor Weihnachten ging es generalstabsmäßig los: »Zur Einstimmung auf Weihnachten schöne Musik auflegen. Kerzen anzünden.« Dazu paßte folgender Tagesbefehl: »Mit der ganzen Familie Wunschzettel schreiben« – und schließlich das Entscheidende: »Festlegen, wieviel Geld man für Geschenke ausgeben will.« Nein, diese steif gerührte Pampe aus Sentimentalität und Rentabilität macht uns so leicht keiner nach.

Niemand in Deutschland hat sich mehr um die Verbreitung von Essen und Trinken verdient gemacht als A. Jahr. Sie ist schließlich die Chefredakteurin des gleichnamigen Unternehmens. Aber so nebenbei macht sie auch für die Post Reklame: »Was haben Essen und Trinken und die Post gemeinsam?« fragt sie durchtrieben und weiß die Antwort längst: »Mehr als Sie glauben.« Zum Beispiel? »Zum Beispiel das Bemühen um Kommunikation.« Mit vollem Mund – die etwa? »Die etwa an einem schön gedeckten Tisch stattfinden kann. Es gibt kaum eine anregendere Art zu kommunizieren.« Und wenn früher so ein Tischgespräch noch voraussetzte, daß die Beteiligten sich etwas Anregendes zu sagen hatten, reicht es heute, daß jemand den Mund nicht halten kann. Das »eröffnet« A. Jahr selbstredend »für die Zukunft neue reizvolle Perspektiven«. Zum Beispiel? »Über das Kabel« kann die Unersättliche »eine größere Zahl von Menschen an mein Thema Essen und Trinken heranführen« – Ahnungslose, die sonst, wer weiß, elend verhungern und verdursten dürften. Doch das ist noch nicht alles: »Die Post bietet noch einige Dimensionen der Kommunikation mehr.« Zum Beispiel einen tollen Kasten namens »Telefon, das es mir ermöglicht, mit Korrespondenten in Paris oder New York zu sprechen, als säßen sie im Zimmer nebenan . . .« Eine komische Vorstellung, daß jemand sich am Telefon so lautstark unterhält, daß man es nebenan noch hören kann. Brüllend komisch.

FEBRUAR

1.	Gertrud Höhler *(Närrin)*
2.	Werner Herzog *(Narr)*
3.	Heinz Schenk *(Ex-Narr)*
4.	Günther Kießling *(Ex-General)*
5.	Klausjürgen Wussow *(Glückszwinger)*
6.	Adolf Furler *(Pechvogel)*
7.	Die Fluppe *(ist uns schnuppe)*

Alle Jahre, auch das letzte wieder, wollen Spuren hinterlassen. Es wird höchste Zeit, die zu tilgen. Riesenroß des Jahres genannt zu werden, verdient A. Furler, Galopper der ARD. Nach einem Auffahrunfall war es ihm gelungen, noch vor der Polizei das scheinbar sichere Heim zu erreichen. Nach der fälligen Blutprobe hatte er zwar einige Promille zuviel, zudem jedoch das scheinbar unwiderlegbare Alibi parat: »Ich habe erst zu Hause was getrunken.« Der ›Kölner Express‹ erzählt nun weiter: »Doch da rief seine Frau aus der Küche: ›Das stimmt doch gar nicht!‹«

Eigentlich ein Scheidungsgrund. Nicht aber in Zeiten, da sich sogar so schmutzig Geschiedene wie Noch-Verteidigungsminister M. Wörner und sein Ex-General G. Kießling in aller Öffentlichkeit wieder versöhnen. Alle Ex-Vorwürfe und Sex-Verleumdungen sind von Tisch und Bett. G. Kießling wärmstens: »Wir hatten ein gutes Gespräch.« Einer echten Männerfreundschaft steht nun wohl nichts mehr im Wege.

Die erbärmlichste Aktion '87 fand bereits im November statt.

Unter dem hustenreizenden Motto: »Die Fluppe ist uns schnuppe« und der Schirmfrauschaft von R. Süssmuth beschäftigten sich »Prominente« tagelang mit nichts anderem. Zu diesem nichtigen Zweck waren in größeren Städten große Zelte aufgeschlagen und so kunterbunt beschmiert, daß ahnungslos vorbeieilende Nichtmehrraucher nach eigener Aussage spontan den Vorsatz faßten, »dann doch lieber wieder zu rauchen«.

Die Kettenreaktionen im Zelt waren ebenfalls zum Angewöhnen: »10 Uhr: Europa-Filmpremiere im Zelt: Bigfoot und die Hendersons.« Danach um »14 Uhr: Arbeiten am Graffiti«. »Ab 15 Uhr« dann: »Videofilmen – selbstgemacht«, »Trickfilmer bei der Arbeit« sowie »Stefan Grauburgers Stuntmen-Team«. Als Höhepunkt der allgemeinen Dunstlosigkeit schließlich: »Aktion 2: Diskussion mit einem bekannten Filmkritiker über Filmszenen aller möglichen Genres.« Wer solch ein ungefiltertes Programm ohne Nikotinzufuhr aushält, dem ist freilich kaum mehr zu helfen. Daß mit dem Rauchen auch ein Stück Kultur, ein Stück Zivilisation, viel Genuß und ein wenig Schönheit vernichtet werden wird, wird der nie begreifen.

Ein brandneues Filmgenre hat W. Herzog erfunden – aber wie wollen wir es nennen: Epischen Neokolonialismus? Nackten Historienkinski? Schulfunk mit Bildern? ›Cobra Verde‹, Herzogs letzter Genie-Abstrich, war jedenfalls die Vollendung der finstersten Art: Um irgendeinem Negerhäuptling irgendeine Nachricht zu übermitteln, läßt der Gauner Kinski da ein paar hundert Schwarze weiße Signalfahnen schwingen. Das sieht in der Totalen toll aus – wenn man davon absieht, daß die Fahnenschwinger nah genug beisammenstehen, um die herzogliche Botschaft bequem in Zimmerlautstärke von Mund zu Ohr weiterzusagen. Daß sie das nicht tun, läßt nur einen Schluß zu: das attraktive Schwarz-Weiß-Gewedel *ist* die Botschaft. Eine andere hatten Herzog/Kinski nämlich nie.

Im Gegensatz zu K. Wussow, der als »Prof. Brinkmann« schon ein »Vorbild« sein möchte, weil er es sich »leisten« kann, »einen Abend zugunsten der Kärntner Kinderkrebshilfe in Villach zu geben«. Seitdem weiß er, was »Glück« ist, und sagt es auch: »Für mich war es ein besonders schöner Augenblick, das Glück in den Augen krebskranker Kinder zu sehen, die ich eingeladen hatte.« Gewiß ein vergleichsweise billiges Vergnügen für den eklen Spender, dem ohnehin kein Pfennig zum Glück mehr fehlt, dafür allerdings: Anstand, Würde, Takt, Geschmack und einfach alles, was man für Geld auch sonst nicht kaufen kann.

Sein Kollege H. Schenk hat sich vom Fernsehschirm wenigstens ein wenig zurückgezogen. Die Begründung des lauten Bocks klingt phantastisch: »Mir ist der Humor im Fernsehen zu laut und zu aufdringlich geworden. Mir fehlen die leisen Töne, die die Menschen zum Schmunzeln oder sogar zum Nachdenken anregen.« Wie? War dieser schrumplige Apfelweinselige demnach per Schandvertrag jahrelang gezwungen, andere Menschen besinnungslos grölend zum Schunkeln und Nachschenken zu bewegen? Nein. Das gibt der Klagende freiwillig zu: »Ich bin immer mein eigener Autor gewesen, habe nur eigene Ideen umgesetzt.« Noch sein letzter Wunsch ist zum Speien: »Das soll mir einer dieser jungen Hüpfer erst mal nachmachen!«

Zu einem »Orden wider den tierischen Ernst« hat es für H. Schenk dennoch nie gereicht. In diesem Jahr bekommt den natürlich eine Frau: G. Höhler, die einst für A. Dregger in den Wahlkampf zog und heute noch als Professorin für Germanistik und Literatur an der »Universität Paderborn« gegen linke Intellektuelle und deren Neigung, »Tagträume für die Jugend zu liefern«, kämpft. Dem eigenen Sohn hat sie gleich gesagt: »Du kommst in deinem ganzen Leben mit drei Witzen aus.« Mit welchen hat sie nicht gesagt: »Da muß ich passen.« Auch uns ist in ihrem Werk keiner aufgefallen, außer dem folgenden womöglich. Er handelt von Damen, »die diese kleinen Röckchen tragen mit den Reißverschlüssen, die senkrecht zu öffnen wären, wenn man sie nicht ganz offen trägt. Aber jeder hat das Gefühl, er bräuchte den Verschluß nur anzufassen, und sie wären auf.« Hmm.

Tja, das war's.

Nein, es kommt wirklich nichts mehr. Die Pointe? Das *war* die Pointe. Schluß. Aus. Narrhallamarsch!

MÄRZ

1.	Hanna Renate Laurien *(sexbesessen)*
2.	Götz George *(stilvergessen)*
3.	Michael Jürgs *(stillbetroffen)*
4.	Reiner Kunze *(schlafbetrunken)*
5.	Désirée Becker *(geb. Nosbusch)*
6.	Richard von Weizsäcker *(geb. Bürger)*
7.	Martin Rudloff *(geb. Mörder)*

Es gibt heutzutage leider kaum noch Dinge, über die man nicht spricht – es sollte zumindest welche geben, über die nicht jeder mitreden dürfte, denn auch die richtige Erkenntnis klingt aus manchem Munde gleich wieder grundfalsch. Wenn einer etwa zu dem Schluß kommt, das Modewort »Betroffenheit« gehöre allenfalls noch ins »Ritual der Schwätzer«, sprich: »Politiker«, und es sei eine speziell »deutsche Neigung, Handeln durch Betroffenheit zu ersetzen«, so scheint zunächst wenig gegen diese Erkenntnis zu sprechen, abgesehen davon, daß sie einem so spät kommt. Erst wenn wir erfahren, daß jener Spätmerker als Chefredakteur ausgerechnet dem ›stern‹ dient, der jahrelang als Zentralorgan deutscher Betroffenheit genau diejenigen unpolitischen Schwätzer mit seinem zähen Scheibenkleister aus Blut, Scheiß und Krokodilstränen an sich zu binden trachtete, die er jetzt als »Apo-Opas« und »Stämme von lila Latzhosen« wieder von sich weisen möchte, würden wir gern böse werden. M. Jürgs jedoch kann man gar nicht böse sein, allein sein Portrait, dies kugelrunde, rundum behaarte, rundweg schwache Köpfchen mit den christendemutsvollen Knopfaugen stimmt uns milde. Und der Schlußsatz seines Editorials tut ein übriges: »Denen aber, die stillschweigend betroffen was tun, um sich und anderen die Lebensfreude zu erhalten, gehört die Zukunft.« Das hätte auch H. Kohl nicht salbungsvoller vorbeten können.

Tief aus der Kanzlerseele durfte auch Gesamtdeutschlands langsamster Lyriker, R. Kunze, als ›Bild‹-Kommentator zum Fall Krawczyk sprechen. Auch R. Kunze gehörte bis vor gut zehn Jahren zu denen von drüben, nun ist er einer von uns, mehr als mancher hier, und rät allen: »Wir hier in der Bundesrepublik sollten nach diesen drei Wochen Ringens um die Freilassung dieser jungen Leute erst einmal ausschlafen.« Und noch im Halbschlaf stammelt der Dichter den traumverlorenen Satz: »Die Entwicklung in der DDR wird uns in dieser Zeit nicht davonlaufen, denn obwohl sich manches dort verändert hat, hat sich in den letzten Jahrzehnten doch fast nichts verändert.« Na, dann gute Nacht.

Zu einem neuen Mekka der Betroffenheit könnte Rheinhausen werden. Um die Unterhaltung der Stahlarbeiter sorgen sich viele: Duisburger Schulkinder umzingeln das Werksgelände, Rheinhausener Indianer vom ›Sioux-Montana-Klub‹ heulen Solidarität, das Karnevalsprinzenpaar aus Moers hält Mahnwache am Werkstor, und der Kumpeldarsteller G. George zeigt offenherzig seinen eigenen Film – alles umsonst. Der wohl endgültig zum »Kommissar Schimanski« Umgehobelte kennt auch unter seinesgleichen keine Manieren mehr: Höflich von D. Nosbusch-Becker für sein neuestes Werk gelobt und folgerichtig gebeten, dafür nun auch ihre anstehende Premiere zu beehren, blieb der Stoffel stur: Da müsse er erst seinen Terminkalender fragen, und der sei voll. Wenn eine Hand nicht mehr die andere wäscht, wird das Geschäft ja noch schmieriger.

Die Abgewiesene ist allerdings auch nicht ganz sauber. Nicht bloß, daß sie strikt bestreitet, für ihren neuen Nachnamen habe der gleichnamige Tennisspieler Pate gestanden, auch die Zukunftsperspektiven der Becker-Enkelin hören sich dunkel an.

Wenn es mit dem Weltstarwerden nichts werden sollte: »Dann wird mir schon was einfallen. Ich mache ein Restaurant auf oder einen Kindergarten.« Warum nicht gleich beides? Kinderrouladen von freilaufenden Krabbelstubenküken würden sicher ein Renner.

Ohne Not hat sich auch H. R. Laurien auf ein Thema eingelassen, was sie weder als Berliner Bürgermeisterin noch als Mitglied im Zentralkomitee der Deutschen Katholiken etwas angehen sollte. Sie fragt sich plötzlich: »Ist Sex nur ein Drink, nur ein Statussymbol?« Ihre Antwort ist klar: »Ich kann und will mich nicht damit abfinden, Sex = Liebe zu setzen, Sex als Erfrischungsdrink zu verstehen.« Das ist verständlich, aber H. R. Laurien fragt sich immer wieder: »Ist das Bett ein Gebrauchsgegenstand oder Stätte der Begegnung, des Vertrauens, der Personalität?« Die Antwort fällt schwer, denn wir müssen uns die stramme Sechzigjährige in ihrer ganzen Personalität dazu vorstellen, wie sie sich mit frischfrisierter Dauerwelle der frischgestärkten Stätte der Begegnung vertrauensnähert und – nein, es geht nicht. Es ist zu peinlich. Aber sie hat damit angefangen.

Noch obszöner ist freilich die Vorstellung, daß ein Querschnittsgelähmter im Rollstuhl zu einer Wehrübung einrückt. Nicht, weil er müßte – nein, er wollte unbedingt. Gegen alle Widerstände der von solchem Kampfeseifer verblüfften Bundeswehrführung hat M. Rudloff seinen eisernen Willen durchgesetzt und freut sich nun »unheimlich« aufs Kriegspielen. »Dein Kopf ist doch völlig o. k.«, will er sich gesagt haben, »warum solltest du der Bundeswehr nicht weiterhin als Reserve-Offizier nützlich sein?« Eine müßige Frage, da schon die Voraussetzung offenbar falsch ist.

Daß man Soldaten fürderhin ganz ungestraft als »potentielle Mörder« bezeichnen darf, hat ganz unterschiedliche Gemüter schwer erregt. Vom wildgewordenen Rentner (»Pfui Teufel!«) bis zum zahmen Bundespräsidenten haben sämtliche Militaristen prompt den Restverstand verloren vor Empörung. R. v. Weizsäcker hat das tödlichste Argument gefunden: »Soldaten sind

Bürger und ebensowenig Mörder wie die anderen Bürger. Sie haben vielmehr den Auftrag, Mord zu verhindern.« Mörder sind nämlich immer nur die anderen Soldaten, klar.

APRIL

1.	Ute Lemper *(gutgläubig)*
2.	Nastassja Kinski *(bessergläubig)*
3.	David Bowie *(kaum glaubhaft)*
4.	Konstantin Wecker *(unglaublich)*
5.	Jon Bon Jovi *(Seelenverkäufer)*
6.	Pete Waterman *(Hithersteller)*
7.	AnTasten *(klavierhändig)*

Der Fall U. Lemper war insoweit ganz spannend, als die neue Botschafterin des deutschen Unterhaltungswesens relativ lange der Versuchung widerstand, sich wie der »Weltstar« aufzuführen, den sämtliche Medien in aller Eile aus ihr machen wollten. Trotzdem war absehbar, daß die vereinigten Speichellecker von ›Zeit‹ bis ›Tempo‹ nicht eher Ruhe geben würden, bis die Gefragteste ausspuckte, was ihnen so schmeckt. Ihr Innerstes hat »Die gute Ute« endlich dem deutschen ›Esquire‹ erbrochen. Heraus kam das übliche Gewürge aus Hochmut und Tiefsinn: »Entweder bin ich high oder down.« – »Viele rätseln, woher meine relative Reife kommt.« – »Ich habe nun mal Geschmack.« Usw. Die Widersprüche hielten sich im Rahmen der gewöhnlichen Gedankenlosigkeit. »Ich denke an heute, vielleicht noch an morgen . . . Ich mag meine Zukunft nicht verplanen.« Andererseits: »Ich möchte unbedingt Kinder, heiraten, einen Ehemann . . . Vielleicht ist in vier Jahren Zeit dafür.« Alles klingt recht normal – aber: »Normal sein ist schon eher etwas, was ich nicht will.« Und deshalb hat »das Mädchen aus Münster«

neben Tanzen, Singen und Schauspielen leider auch Philosophie studiert. Oder zumindest »viel Philosophisches gelesen. Aber in keiner Philosophie habe ich total meine gefunden.« Deswegen hat sie sich ihre selbst gemacht: Eine Art »Humanismus, der auf dem Existenzialismus aufbaut«. Und sonst? »Und sonst glaube ich an die Liebe. Die Liebe zu allem. Wenn es einen Gott gibt, ist Gott die Liebe.«

Zum lieben Gott hat sich N. Kinski längst bekannt. Es ist so praktisch: »Gott hat uns alles gegeben, auch eine ›Gebrauchsanweisung‹ für das Leben. Wir müssen sie nur finden.« Und vor Gebrauch vermutlich schütteln, dann fallen Weisheiten heraus, die genauso dumm von U. Lemper sein könnten: »Gott und die Liebe, das ist das gleiche«, glaubt auch N. Kinski. Weiter geht die Gleichgläubigkeit der beiden Wunderfräuleins übrigens nicht. »Ich glaube, daß Film das Medium schlechthin ist«, kommt von U. Lemper. Bei N. Kinski kommt das Medium dagegen schlecht weg: »Die Welt des Films ist brutal«, hat die Flop-Garantin erfahren und bereitet ihren Abgang vor: »Oft habe ich Angst, ich könnte genauso an ihr zerbrechen wie einst Marilyn Monroe.«

Immer noch besser, als so zu enden wie jetzt K. Wecker. Sein Hang zu spätexpressionistischer Kraftmalerei (»Genug ist nicht genug«) und allzu vielen Zugaben war uns nie ganz geheuer. Inzwischen tönt der bajuwarische Medikamentenschrank schon kleinlauter: »Ich bin ein religiöser Mensch, nur möchte ich schon beweisen, daß ich ein anderes Vorstellungsbild habe als konservativ-kirchliche Kreise.« Und so stellt sich das der »letzte Anwalt des Individuums« im allgemeinen vor: »Die Kultur, wenn sie radikal betrieben wird, ist an und für sich schon ein Politikum.« Seine kulturelle Selbstzerstörung betreibt K. Wekker deswegen radikal. Das letzte, was von ihm zu hören war, diente der musikalischen Untermalung eines Films von und mit Didi Hallervorden.

Was hat einen verdienten Rockmusiker wie D. Bowie so verändert? »Die Mauer hat mich verändert«, versicherte »das Chamäleon der Pop-Szene« (›Hör zu‹) bereits im letzten Sommer durchaus glaubhaft und darf seitdem »für die Rust-Generation (Ost)« (›Bild‹) gleich mitsingen. Die eigene Frust-Generation (West) tröstet der »Rock-Genius« (›Bild‹): »Rock-Musik ist zweifellos auch ein wichtiger Teil der Kultur jener Leute, die heute vierzig sind« – so wie Bowie – und: »Rock hat gesellschaftliche Relevanz.« »Bowieso!« (›Bild‹). Daß der forsche Lärm von gestern heute »zu einer der aufregendsten Kunstformen überhaupt« verkommen ist, verdankt er nicht zuletzt einem »Superstar« (›Hör zu‹) wie D. Bowie. Die relevante Langeweile läßt sich mit sektiererischen Provokationen in unpopulären Organen kaum mehr kaschieren. »Adolf Hitler war der erste Rock-'n-Roll-Star«, findet D. Bowie da. Leider begründete der Moralist seine Vorliebe noch: »Hitler war ein katastrophaler militärischer Stratege. Der schlechteste der Welt. Aber sein übergeordnetes Ziel war gut, er war ein wunderbarer Förderer der Moral.«

Diese »Typen, die Politik und Pop-Musik vermengen«, hat P. Waterman durchschaut: »Sie wollen mehr Geld machen, indem sie mit der Musik die Kids und mit den Texten die älteren ansprechen.« Die Botschaft, die P. Waterman und seine Co-Produzenten Aitken und Stone von Grüppchen wie ›Mel & Kim‹ oder ›Dead or Alive‹ erfolgreich dagegenfetzen lassen, klingt ehrlicher: »Wir wollen den Kids nur eines mitteilen: Wenn es ... wir schaffen, dann könnt ihr es auch.« Dummerweise vergreift sich auch der Corn-Popper im Vorbild: »Wir sind die Beatles der achtziger Jahre.« – »And I am the walrus« (John Lennon).

Noch höher hinaus will J. B. Jovi: »Ich will größer werden als Mick Jagger, Springsteen, Dylan oder Bowie.« Der Led-Zeppelin-Nachkomme würde, »um an die Spitze zu kommen ... sogar meine Seele verkaufen«. Und falls sich kein Seelenkäufer findet, muß eben die eigene Mutter dran glauben: »Ich liebe meine Familie, aber ich meine es ernst, wenn ich sage, ich würde für meine Karriere meine Mutter umbringen.« Wir würden im Ernstfall 3:1 auf Mutti wetten.

Wer nach diesem schnellen Schwenk über die U-Musik-Szene

nun aber meint, die zeitgenössische E-Musik sei seriöser, der habe zum Beispiel ein »Weekend für Pianoforte«, bei dem zahlreiche Piècen wie ›Labyrinth II‹, ›Under Neonlight III‹ sowie ›Vier Fantasien für Klavier‹ uraufgeführt wurden. Die Veranstaltung nannte sich, doppelt großgeschrieben, ›AnTasten‹ – und das ist schließlich auch zum DavonLaufen.

MAI

1.	Brüder Grimm *(1000)*
2.	Maria Sibylla Merian *(500)*
3.	Paul Ehrlich *(200)*
4.	Clara Schumann-Wieck *(100)*
5.	Balthasar Neumann *(50)*
6.	Annette von Droste-Hülshoff *(20)*
7.	Bettina von Arnim *(5)*

Unter Ausschluß der deutschen Öffentlichkeit sind klammheimlich die begehrtesten Ehrenplätzchen vergeben worden, die diese Republik überhaupt frei hat. Neue deutsche Köpfe sollen ab März 1990 fälschungssicher jene falben Lappen zieren, die jeder so gern hat, daß er nur eines lieber hätte: mehr davon.

Die neuen deutschen Geldscheine sind fertig und zumindest im Entwurfe fix. Und da nun zu befürchten steht, daß sie klag- und kritiklos hingenommen werden, haben wir uns die Auswahl der Preisträger einmal angesehen, bevor es ernst wird. Auf den ersten Blick läßt sich kaum etwas sagen zu den neuen deutschen Schein-Heiligen – um etwas dagegen zu haben, muß man zumindest ihre Legenden kennen. Es fällt doch auf, daß die Bundesbank unbekanntere Größen bevorzugt, von denen viele nur wenig wüßten – wenn sie unsere Bildungsreserven nicht hätten!

Am höchsten dotiert werden die Brüder Jacob und Wilhelm

Grimm, treu-deutsch bis ins innerste Mark und in ihren Veröffentlichungen sowieso. Auf ihr Konto gehen ein ›Deutsches Wörterbuch‹, eine ›Deutsche Mythologie‹, ›Deutsche Heldensagen‹ und ebenso ›Deutsche Rechtsalterthümer‹. Enggenommen war ihre Heimatliebe eigentlich beschränkt auf Hessen. In Hanau geboren, in Steinau aufgewachsen, in Marburg Studenten, Bibliothekare in Kassel, fiel ihnen – beide waren über vierzig – ihr erster Ausflug über die Landesgrenzen bereits so schwer, daß Bruder Jacob seine Antrittsvorlesung in Göttingen prompt über das Thema »Heimweh« halten mußte. Die hessische Mundart fanden beide »reizend«, an ihren tumben Benutzern gefiel ihnen besonders, »ein gewisser Ernst, eine gesunde, tüchtige und tapfere Gesinnung«, die der ihren wohl entsprach. Nicht zufällig gilt in einem solchen Lande Heinz Schenk als Krönung des Humors, denn ohnehin »ermüdet uns der Witz, und das Dauernde ist etwas Ruhiges, Stilles und Reines«. Die Brüder Grimm waren krankhaft geräuschempfindlich, Ordnungs- und Sauberkeitsfanatiker dazu und stolz vor allem auf ihre »tadellose Schrift«. In Schönschrift haben die Unzertrennlichen – »sie lebten immer in gemeinschaftlicher Wohnung«, wie Wilhelms Sohn und Jacobs Neffe Hermann zu berichten weiß – auch ihre folgenreichen ›Kinder- und Hausmärchen‹ aufgezeichnet, ein Werk, von dem sich beide Pädagogen wünschten, »daß es als Erziehungsbuch diene«, nachdem sie »jeden für das Kindesalter nicht passenden Ausdruck gelöscht« zu haben meinten. Kindisch waren sie selbst: Hermann erinnert sich, daß sein Vater zum Geburtstag stets »einen Topf mit blaßroten Primeln, seiner Lieblingsblume«, haben wollte, vermutlich um deren Blüten in einem der Bücher seiner »lieben« Bibliothek zu Lesezeichen plattzupressen. Dagegen »bekam Jacob immer auf demselben silbernen Teller einen wahren Berg von Traubenrosinen, die er mit in sein Zimmer nahm, und ein Paar gestickte Pantoffeln, die er sogleich ergriff, an den neuen Sohlen roch, weil Ledergeruch ihm von den Ledereinbänden der Bücher her angenehm war«. Und diese Mischung aus Belesenheit und Gefräßigkeit, Pantoffelheldentum und Lederfetischismus soll uns nun einen Tausender wert sein?

Deutlich überbewertet finden wir auch die Kupferstecherin Maria Sibylla Merian auf unserem neuen Fünfhunderter. Für Großgeld hätte sich eher noch ihr Vater Mathäus empfohlen, der immerhin gut 2000 Stadtansichten gestochen und zu einer 30bändigen ›Topographie Europas‹ gefaßt hatte. Die Tochter dagegen war auf Kleineres spezialisiert, »besonders aber«, wie Sandrart präzisiert, »auf die Darstellung von Würmern, Fliegen und Mücken«. Sie machte diesen Nachteil durch pompöse Titel wett, wie diesen: ›Der Raupen wunderbare Verwandlung aus Blumennahrung worinnen durch eine gantz neue Erfindung der Raupen, Würmer, Sommervögelein, Motten, Fliegen und Anderer dergleichen Thierlein Ursprung, Speisen und Veränderungen, somit ihrer Zeit, Ort und Eigenschaften, den Naturkündigern, Kunstmahlern und Gartenliebhabern zu Dienst fleißig untersucht, kürtzlich beschrieben, nach dem Leben abgemahlt, ins Kupfer gestochen und selbst verlegt. Nürnberg 1679‹. Die fleißigen Untersuchungen fanden übrigens daheim statt, wo die stolze Eigenverlegerin ihre Portrait-Tierlein persönlich durchfütterte, weil auch Kleinvieh bekanntlich Mist machen kann. Zunächst dienten die bunten Merian-Blätter als Vorlagen in der eigens gegründeten Malschule, dann waren sie damals schon recht gut verkäuflich und sind es als Nachdrucke heute noch. Ihrer naiven Symmetrie und peniblen Akkuratesse wegen passen sie als Wandschmuck in jedes ansonsten insektenfreie Wohnzimmer.

Tödlich verliefen oft die Tierversuche, die unser neuer Zweihunderter Paul Ehrlich anstellte. Um einen Organismus zu immunisieren, muß man erst mal wissen, wieviel Gift er überhaupt verträgt. Dabei fand der Nobelpreisträger von 1908 zwar ein Mittel gegen die Syphilis, doch das war gleich umstritten und wurde wegen verheerender Nebenwirkungen bald verboten und durch Antibiotika ersetzt. Trotzdem war dem Erfinder sein ›Salvarsan‹ so lieb, daß er dessen vorläufige Durchsetzung kurz nach Ausbruch des 1. Weltkrieges als reines Glück empfand: »So schwer dieser völkerkrieg auf mir lastet, mir hat er das gute des Salvarsanfriedens gebracht.« Eine eigenartige Rechtschreibung, fast ohne Großbuchstaben, hatte der Chemotherapeut auch entwickelt, nebst einer Privat-Grammatik, »deren Regeln nur er verstand«, wie sogar Verehrer zugeben mußten. Unverständliches schrieb Paul Ehrlich leidenschaftlich gern, selbst auf Türen, Schränke, Fußböden, Manschetten, Hemdbrüste – es mußten durchaus nicht die eigenen sein. Sich selbst ruinierte er durch schwarzen Kaffee und dicke Zigarren. Paul Ehrlich starb als »einer aus der Herrenzeit der experimentell-therapeutischen Forschung«, wie Kollege v. Behring ihm selbst herrlich nachrief: »ein König im Reiche der von ihm selbst gegründeten Wissenschaft«.

Ein begnadeter Fürstendiener war Balthasar Neumann, dafür steht er demnächst auf jedem 50-Mark-Schein. Dem berüchtigten Schönbornschen »bauwurmb« mit neuen Residenzen zu dienen, »mit meiner Sorgfalt, umb Ewer Hochfürstlich Gnedigste Intention zu treffen«, das war angeblich sein allerhöchstes Ziel. Daß dabei die eigenen Intentionen nicht zu kurz kamen, dafür sorgte dann die Protektion der Fürstbischöfe zu Würzburg, wo es der typische Aufstreber aus kleinkrämerischen Verhältnissen zum Oberst der Fränkischen Kreisartillerie, Professor für Civil- und Militärbaukunst und Oberbaudirektor brachte. Eine zweite Ehe mit der Tochter eines Vice-Kanzlers half die Stellungen halten. Nebenbei übernahm Bauherr Neumann weitere lukrative Aufträge aus besseren Adels- und Kirchenkreisen, wobei er seinen Chefs stets versicherte, daß er »doch alle meine Zeit frühe und spath recht gerne zu Ewer Hochfürstlichen Gnaden unterthänigsten Diensten aufopfere«. – »Keine Zeit werde nicht vergeblich zu bringen«, war dann auch die holprige Lebensweisheit des nimmersatten Schaffers, und so ist es denn kein Wunder, daß er hochgeschätzt und »geliebt von großen Chur- und Fürsten« endlich an »langwöhriger Leibsschwachheit« sterben mußte.

Clara Schumann-Wieck überlebte ihren Gatten Robert Schumann um genau 40 Jahre. Für DM 100,– liefert sie nun den Beweis der überlegenen Zähigkeit einer Frau an sich. Es wurde ihr nicht leicht: Vater Friedrich Wieck hatte bereits bei ihrer

Geburt beschlossen, seine Tochter »zur größten Pianistin des Jahrhunderts heranzubilden«. Die damals übliche Wunderkind-Karriere, mit Concerten zwischen Dresden und Paris und Kontakten von Paganini bis Goethe, ließ sich vielversprechend an. Erst Robert Schumann, selbst als Virtuose gescheitert, als Komponist noch weithin unbekannt, konnte mit seiner Werbung der kleinen Clara gefährlich werden. Dem väterlichen Impresario war jedes Mittel – bis hin zu anonymen Schmähbriefen – ganz recht, die Bindung zu verhindern. Er bekam am Ende sechzehn Tage Gefängnis für seine Verleumdungen, seine Tochter nach und nach acht Kinder von ihrem Mann. Der verlangte prompt »Fleiß, Sparsamkeit und Treue« von einem Mädel, das nichts gelernt hatte, außer Klavier zu spielen. Der Konflikt war programmiert: Wenn er komponierte, durfte sie nicht üben. Je mehr Erfolg sie hatte mit ihrem Talent, desto mehr litt er unter der Nichtanerkennung seines eigenen. Das mußte ja im Irrenhaus enden, wo Robert Schumann 1856, laut ärztlicher Diagnose, an einem »durch Überanstrengung herbeigeführten Verbrauch und Hinschwinden der Substanz der psychisch fungierenden Zentralteile des Nervensystems« gestorben ist. Seine Witwe lebte danach als mütterliche Freundin von Johannes Brahms und Leiterin des Konservatoriums in Frankfurt am Main.

Beste Voraussetzungen für die Klapsmühle brachte auch Annette von Droste-Hülshoff mit: Zunächst konnte ihr die Mutter kaum verzeihen, daß sie nicht der ersehnte männliche Stammhalter geworden war. Dann fing sie unter dem religiösen Einfluß ihrer Stiefgroßmutter ›Geistliche Lieder‹ zu schreiben an, was die ganze Familie gar nicht gern sah. Und schließlich mußte sich die Ärmste auch noch in einen bürgerlichen Jungen verlieben: Levin Schücking, der Sohn einer alten Freundin, war tatsächlich siebzehn Jahre jünger als Annette. Was blieb der ältlichen Jungfer anderes übrig, als dies Mißverhältnis aufs peinlichste zu stilisieren: »Mütterlein« ließ sie sich von ihm nennen und nannte sich in elend langen Briefen selbst so. Die meisten ihrer Gedichte klingen folgerichtig vorbildlich – für verletzliche Liedermacherinnen unserer Tage. »O ich möchte wie ein Vogel fliehen . . .« oder: »Gleich dem getroffenen Reh möcht' ich um Hilfe rennen durch die Erde . . .« und endlich: »Gleich einer kalten Wolke fährt es über mich . . .«

Die kalte Dusche war unvermeidlich: Levin hatte geheiratet, eine Jüngere natürlich. Bald darauf starb das verlassene Mütterlein. Der Titel eines ihrer Gedichte paßt für dies ganze verhuschte Leben: ›Guten Willens Ungeschick‹.

Bereits zu ihrer Zeit galt die ganze Familie Brentano als total »verrückt« (Varnhagen von Ense). Die kleine Bettina (DM 5,–) verlor mit acht Jahren die Mutter, den Vater mit zwölf. Die Großmutter Sophie Laroche starb, als Bettina 22 war, die beste Freundin, Karoline von Günderode, war im Jahr zuvor gestorben. Nun fühlte sich ausgerechnet ihr verrücktester Verwandter erziehungsberechtigt: Clemens Brentano, dem Friedrich Schlegel einst ein ihm dediziertes Buch mit der Gegenwidmung retour sandte: »Der Autor verdient hundert Stockprügel.« Der berühmte Bruder bemühte sich gleich, die kleine Schwester regelrecht zu verkuppeln, am liebsten seinem besten Freund und Mitarbeiter Achim von Arnim. Aber die unberechenbare Bettina – »Ich bin wie eine Billardkugel immer dahin gelaufen, wohin ich den Stoß erhielt« – knüpfte zunächst andere Bande. Zu Goethe etwa: »Den Duft seines Lebens will ich erschwingen«, nahm sie sich vor. Doch der Alte war nicht zu erschwingen. An Ludwig Tieck schrieb sie: »Ich kann meine Liebe nicht einteilen, damit sie genießbar wird . . .« Wenn Frauen so sehr lieben, schrecken Männer tunlichst zurück. So auch Achim von Arnim: »Wir müssen froh sein, daß Bettina mich nicht liebt«, teilte er dem späteren Schwager Clemens mit. Denn geheiratet wurde trotzdem, zunächst in aller Heimlichkeit. Die Hochzeitsnacht in Bettinas »mit Rosenstöcken und Jasminen geschmücktem Zimmer« ließ bereits Unheimliches ahnen. Arnim hat es zeitlos auf den Begriff gebracht, wenn er Bettina vor allem attestierte: »Ein schmerzliches Beziehen aller Welt auf sich« – das ist auch heute noch kaum auszuhalten.

Ende des destruktiven Teils. Das Wort hat die Deutsche

Bundesbank: »Die jetzt getroffene Entscheidung über die *Motive*, d. h. die Auswahl der abzubildenden Personen, beruht – nach Vorgaben der Bank – auf Vorschlägen einer dazu berufenen neutralen Beraterkommission dreier namhafter wissenschaftlich ausgewiesener Historiker. Kriterien für die Auswahl der Persönlichkeiten auf den künftigen Banknoten waren neben eigenständiger kulturgeschichtlich bedeutender Leistung Geschlecht, Religionszugehörigkeit, die Tätigkeits- und Forschungsbereiche sowie die landsmannschaftliche Zuordnung. Die angestrebte Ausgewogenheit unter diesen Kriterien führte zur Auswahl folgender Persönlichkeiten: Bettina von Arnim (5-DM-Note), Carl Friedrich Gauß (10 DM), Annette von Droste-Hülshoff (20 DM), Balthasar Neumann (50 DM), Clara Schumann-Wieck (100 DM), Paul Ehrlich (200 DM), Maria Sybilla Merian (500 DM), Jacob und Wilhelm Grimm (1000 DM).«

Aber müssen wir uns demnach nicht fragen: Sind denn solche Figuren wirklich präsentabel? Sind sie repräsentativ für uns? Mögen wir die überhaupt auf unseren Scheinchen? Und: Wer könnte gegen diese Auswahl etwas haben? So gut wie jedermann.

Und natürlich die Frauen: Zwar hat sich ihre Repräsentanz in der Scheinwelt von zwei auf vier verdoppelt, und ihre Kaufkraft beträgt nach neuen Noten nun statt DM 25,–, auf den alten, immerhin DM 625,–, doch deckt das nach wie vor nicht mal den halben Preis der männlich dominierten Werte von DM 1260,– statt bisher DM 1660,–, wie die ›Süddeutsche Zeitung‹ bereits richtig errechnet hat. Zwar wechseln jetzt vier weibliche Portraits mit männlichen sich ab – doch diese Parität ist täuschend: Männer sind auf der jeweils höher bewerteten Note. Um diese alte Hierarchie zu wahren, hat man offensichtlich den 200-Mark-Schein eigens neu geschaffen – auch wenn die Bundesbank uns glauben machen möchte, damit solle ja bloß »der alte Hunderter entlastet werden«. Das ist nicht zu glauben.

Die Währungsgestaltung dieser Bundesbank gäbe überhaupt

Anlaß zu Protesten der meisten Bundesländer, so eindeutig bevorzugt sie den eigenen Stammsitz: Hessen, Frankfurter zumal, sind kräftig überrepräsentiert. Da sind die Urhessen Grimm, die gebürtigen Frankfurterinnen Merian und von Arnim, die Wahlfrankfurterin Schumann-Wieck, sogar Paul Ehrlich starb ganz in der Nähe, in Bad Homburg – macht immerhin: DM 1805,–.

Solch unverhohlenen Lokalpatriotismus hinzunehmen, sollte für Bayern, Holsteiner, Badenser, Württemberger, Saar- und Rheinländer (Kaufkraft gleich 0!) ganz unzumutbar sein.

Vertreten ist auch immer noch der Adel (DM 105,–), ein selbstbewußtes Bürgertum darf sich das nicht gefallen lassen.

Und das wären erst die Mehrheiten – die Minderheiten hätten allen Grund zu Protesten. Kein nachgewiesener Schwuler auf irgendeinem Schein – die warme Brüderschaft der Grimms wiegt das nicht auf. Kein Sozialist, kein Atheist, kein Ökologe, kein Psychologe, kein Neger, kein Arbeitsloser, kein Student – nur Professoren (Kaufkraft DM 1260,–)! Ein Professor ist nämlich auch auf dem 10-Mark-Schein abgebildet, den wir bisher wohlweislich übergangen haben – der Grund: Gegen Carl Friedrich Gauß ist überhaupt nichts einzuwenden. Wir haben seine mathematischen Maximen alle noch einmal durchgerechnet: tadellos. Von der Summenformel für arithmetische Reihen bis zum Reziprokgesetz für quadratische Reste war ihm kein Fehler nachzuweisen. Auch die Himmelskörper bewegen sich stetig nach seiner Theorie, und seine Vermessung des Hannoverschen stimmt leider immer noch. Sein Heliotrop funktioniert einwandfrei, sein elektromagnetischer Telegraph genauso. Daß er ganz nebenbei die Professoren-Witwen-Kassa in Göttingen sanierte, ist ihm nicht vorzuwerfen. Und wie er in seiner Freizeit die Börsenkurse so lange studierte, bis er selbst so erfolgreich spekulieren konnte, daß er endlich nicht allein im Vollbesitz der »Heiterkeit des Geistes« seelenruhig sterben durfte, imponiert uns. Übrigens wurde sein Profil schon gleich nach seinem Tod auf Münzen geprägt – was damals billig war, sollte uns auch für unsere neuen Scheine recht sein.

Was uns an allen sonst Geehrten sehr mißfällt, ist, daß sich keiner irgendein Verdienst um diese Republik erworben hat. Und wie denn auch? Der jüngste starb im Jahre 1915, zu Kaisers Zeiten: Paul Ehrlich wurde offenbar nur seines Namens wegen ausgewählt. Gewiß, Ehrlich klingt sicherlich vertrauenserwekkender als Theodor Blank oder Ernst Neger. Aber würden nicht Helmut Horten oder Elke Heidenreich noch ehrlicher klingen? Und wenn es schon ein zigarrerauchender Professor sein mußte, warum denn nicht gleich Ludwig Erhard, der gute Onkel unseres Wirtschaftswunders?

Und wenn schon Brüder, dann doch bitte Fritz und Otmar Walter! Mit ihrem Beitrag zum Gewinn der Fußball-Weltmeisterschaft 1954 (3:2) haben beide, Fritz auf halblinks, Otmar in der Mitte, mehr für das bundesdeutsche Selbstwertgefühl getan als je ein Brüderpaar zuvor oder hernach.

Auch der letzte Mann, Balthasar Neumann, überzeugt uns gar nicht: Ein Neumann darf es ja ruhig sein, doch dann gefälligst jener Günter, der mit seinen »Insulanern« den »Eingeborenen von Trizonesien« jahrelang Freude machte.

Über die Besetzung der Frauenposten mögen die Betroffenen selbst entscheiden – womöglich sind sie sogar ganz zufrieden mit ihrem wirren Häuflein. Wir erlauben uns nur, darauf hinzuweisen, daß es gerade gegenwärtig genügend verrückte Erzählhühner gäbe in der Frauenkunst: von Ulla Hahn bis Karin Struck, und wunderschöne Doppelnamen wie Ranke-Heinemann oder Wieczorek-Zeul.

Ach, und noch eine ganz persönliche Anregung hätten wir: Warum müssen eigentlich alle Gestalten auf Geldscheinen so traurig sein und sämtliche Gesichter ernst? Bargeld soll doch lachen! So, und wenn diese Forderung nicht populär wird, dann vergeht uns auch das noch.

JUNI

1.	Rosa von Praunheim *(negativ)*
2.	Madonna *(positiv)*
3.	Ruth Westheimer *(primitiv)*
4.	Hans Zehetmaier *(indigniert)*
5.	Jimmy Swaggart *(inkriminiert)*
6.	Heiner Müller *(indezent)*
7.	Richard Stella *(sexy)*

Als gäbe es nichts Netteres mehr darauf, redet alle Welt derzeit über ein Thema Nr. 1. Was bisher noch Stammtischrunden und Stillgruppen vorbehalten blieb, wird jetzt in aller Öffentlichkeit breitgetreten. Aids kommt als Alibi für jegliche Entblößung gerade recht. Die Krankheit hat überhaupt nur gute Seiten: »Das Leben ist kostbarer geworden, zielgerichteter, positiv«, jedenfalls für Altfrauenfilmer R. v. Praunheim, der seither als Mann im ›Spiegel‹ regelmäßig mit seinen gefährlichen Lieb- und Leidenschaften renommieren darf. »Im vorletzten Jahr traf ich einen sehr hübschen jungen Mann, der mir sagte, daß er positiv sei. Die Liebe war stärker als alle Angst.« Zunächst jedenfalls – doch: »Einmal riß das Kondom und damit unsere Liebe.« Beim nächsten Versuch – »als ich vor einigen Monaten den Griechen Adonios kennenlernte« – war es andersrum: Der gerissene Grieche »verlangte einen Test . . . Ich war negativ. Adonios kam, und wir waren für drei Wochen sehr glücklich, machten trotzdem Safer Sex.« Und während »die kreativsten Männer«, zumindest in New York, längst »infiziert oder schon tot« sind, geht ihr deutscher Nachläufer weiter auf Nummer Sicher und greift zur alten Leier von Liebe und Tod: »Wenn du wahnsinnig liebst, willst du auch mit dem und für den anderen sterben.« Friede seiner Masche.

Der alldeutsche Dramatiker H. Müller ist zweifellos ein kreativer Mann und war bisher gescheit genug, allenfalls in seinen Kreationen die Sau herauszulassen. So etwa: »Die deutschen Kinder krochen / aus den Bäuchen der deutschen Mütter / rissen mit den Zähnen den deutschen / Vätern die deutschen Schwänze aus und / pißten auf die Wunde mit Gesang.« Diese urdeutsche Mischung aus Blut und Hoden hat sich bei deutschen Kritikern oft bewährt. Noch lieber haben die es freilich, wenn der Schockschwerenöter hernach bei »Premierenfeiern in Bochum und Hamburg« angeblich selbsterlebte Zoten auftischt, die prompt wiedergekäut werden. So wie der »Fall der mannstollen Rotblonden, die wütend ihren Pelzmantel ins Kaminfeuer warf, weil Müller sich ihrem Drang verschloß, ihn vor allen Gästen zu fellationieren«. Ja, da kommt Freude auf.

Der Amerikaner R. Stella macht eher abstrakte Kunst. »Sie kann besser die Welt erklären, in der wir leben.« Da diese Welt indes so sexbesessen ist, soll nun auch abstrakte Kunst »sexy« sein. »Die Menschen erwarten das eben.« Also kriegen sie es auch. R. Stella sieht da keine Probleme und »keinen Grund, warum sie nicht genauso sexy sein könnte wie jede beliebige Art Malerei«. Hauptsache, es geht richtig rund: »Denn was rund ist, ist nun einmal sexy.«

Noch besser als Mondrian eignet sich Madonna als Beleg für diese These. »Es ist möglich, daß man mich für ein Sexsymbol hält, weil ich einen wohlgeformten Körper habe.« Das materialistische Mädel beweist auch, daß ihr Geschlecht auf diesem Gebiet zu ebensolchen Angaben neigt wie das andere: »Wir Frauen waren viel zu lange die Sexualobjekte der Männer. Höchste Zeit, daß sich das ändert.« Und zwar schundsätzlich und vom Anstich an. »Der Verlust meiner Jungfräulichkeit war mein erster Schritt in die Karriere, danach hab ich die Männer benutzt, wie ich sie brauchte.«

Die populären Gebrauchsanweisungen der amerikanischen

Triebnudel R. Westheimer sind nun via Satellit oder Kabel auch in Europa zu empfangen. Die gnomische Alte tutet stets ins gleiche Horn: »Tut's doch!« lautet ihr Signal, egal wie, wann und warum. »Macht doch mal Geschlechtsverkehr unter dem Küchentisch, oder drauf, oder im Kleiderschrank!« Überall – nur außerhalb der Ehe bitte nicht. Denn »Dr. Ruth« ist »gegen Ehebruch, denn das ist eines der zehn Gebote«, und die kommen schließlich von einer noch prüderen Instanz.

Im Namen des Herren hat seit Jahren J. Swaggart eng Moral gepredigt, streng Unmoral verdammt und großzügige Spenden gesammelt. Der Prediger war mit bis zu 50 Millionen Fernsehgläubigen auf dem besten Wege, zum erfolgreichsten TV-Erwecker überhaupt zu werden. Zwei Konkurrenten hatte er bereits als Ehebrecher entlarvt – einer der beiden hat ihn selbst inflagranti geknipst: mit einem Model im Motel. J. Swaggart mußte alles zugeben. Nun fragt er sich vor versammelter Gemeinde, »warum ich das machte. 10 000mal habe ich mich gefragt, 10 000 Tränen habe ich geweint.« Wer dem Tränenreichen einmal bei seiner gnadenlosen Seelenmassage zugesehen hat, wird verstehen, warum uns speziell dieser Fall unchristlicher Heuchelei so unheimlich gefreut hat.

Womöglich hatte Nietzsche recht, und all diese Ferkeleien sind bloß die natürliche »Rückwirkung des unterliegenden Christentums« mit seinen unmenschlichen Forderungen nach absoluter Keuschheit in Gedanken, Worten und Taten. Doch auch nach Gottes Tod geben sich seine Erbschleicher längst nicht geschlagen. Dem ›Freundeskreis Maria Goretti e.V.‹ ist es jüngst gelungen, vom bayerischen Kultusminister H. Zehetmaier einen harmlosen Klassiker für den Schulgebrauch verbieten zu lassen, der noch vor acht Jahren für den ›Deutschen Jugendbuchpreis‹ vorgeschlagen war: Den ›Krieg der Knöpfe‹ von Louis Pergaud. Besonders seine »Vulgärsprache« (härtestes Beispiel: »Arschloch«!) war den Verehrern der kleinen Heiligen, die sich lieber ermorden als vergewaltigen ließ, unerträglich. Unserer maßgeblichen Meinung nach sollten sich die verwichsten Schleimscheißer gefälligst ins eigene Knie ficken.

JULI

1.	Dieter Dehm *(Gesamtleitung)*
2.	Anke Fuchs *(Geschäftsführung)*
3.	Jochen Vogel *(Parteiverwaltung)*
4.	Willy Brandt *(Baß)*
5.	Götz George *(Bariton)*
6.	Heinz Rudolf Kunze *(Pop)*
7.	Albert Mangelsdorff *(Posaune)*

Die SPD ist eine alte Partei, »die älteste demokratische Partei unseres Landes«, wie sie selbst gern betont. Sie hat jedenfalls Tradition. Traditionell hat sie auch Schwierigkeiten, ihr Alter genau zu bestimmen: Wurde sie nun vor 113 Jahren als »Sozialistische Arbeiterpartei Deutschlands« geboren oder vor 119 Jahren als »Sozialdemokratische Arbeiterpartei« oder bereits vor 125 Jahren als »Allgemeiner Deutscher Arbeiterverein«? Egal, die Partei schafft es ohnehin nicht mehr, sich ihrem Alter gemäß zu benehmen.

Die diesjährigen Feiern zum 125. Kindergeburtstag sind kaum von einem Landjugendtreffen beim Evangelischen Kirchentag zu unterscheiden. Selbst das Lied, das zum dröhnenden Abschluß erklingt, würde dort ebenso hinpassen. »Das Lied ist«, nach Meinung des Interpreten H. R. Kunze, sogar »absolut feuerwehrzelttauglich«. Viel Flüssiges und Überflüssiges kommt freilich darin vor – doch bevor es: Wasser marsch! heißt, kommt zunächst die 1. Strophe:

»Was Du willst, geht nicht, ›ohne Dich‹
drum sag bloß keiner, ›nicht mit mir‹
Mensch komm und schaff Dein ›großes Ich‹
mit ran, mit rein bei unserm ›Wir‹.«

In Auftrag gegeben hat dies dubiose Geïcht und anführungszeichenhafte Gewirge, das »wie ein kleines Mosaik sozialdemokratische Tradition und Perspektive lyrisch verbindet«, die SPD-Bundesgeschäftsführerin A. Fuchs. Was sie wohl meint, ist die Tradition bildungsbeflissener Vereinsmeier, für die jede Idee klingen muß wie ein göttliches Gebot oder eine Latrinenparole. In ihren Mythen wird jeder einzelne Sisyphos zu einem jener Mistkäfer, die haufenweise ihre Scheißkugeln den Berg emporschieben, so ruhig, daß sie in den Vorruhestand treten können, bevor der Gipfel auch bloß in Sicht kommt. Dies ist auch die Perspektive ihres parteiobersten Strebergärtners J. Vogel, die vor lauter Ackern kaum bis zur nächsten Furche reicht. Ihm gefällt an der neuen Parteihymne besonders, daß sie »die Erfahrungen und Vorstellungen der heute lebenden Generation in einer zeitgenössischen Sprache ausdrücken« möchte und so die gute alte Genossenschaft durch modische Zeitgenossenschaft ersetzt:

»Die Rüstung sitzt am Tisch der Welt
und Kinder, die vor Hunger schrein
für Waffen fließt das große Geld
doch weiches Wasser bricht den Stein«

Das »weiche Wasser« kennen wir aus der ›Pril‹-Entspannungskampagne der 70er Jahre, Steine brachen schon bei Drafi Deutscher. Beides gemischt hatte der Liederfabrikant D. Dehm bereits 1981. Nun hat er es für die »Partei zu ihrem Jubliläumsjahr neu bearbeitet« und zu einer »wirklich linken Hymne« gemacht:

»Monopoli, das kalte Spiel
solln Menschen nur Figuren sein?
Die Sieger kosten uns zuviel
und jeder wird dabei zum Stein.«

D. Dehm hatte früher ein anderes Problem: »Die meisten haben sich über meinen Schnurrbart ausgelassen, sind gar nicht auf den Text eingegangen.« Nun trägt D. Dehm keinen Bart mehr, doch seinen Text macht das auch nicht fetter. Der bleibt dünn genug, um zum einen Ohr rein- und zum andern wieder rauszugehen: »Das Ding ist ein Ohrwurm« – da hat D. Dehm ausnahmsweise ganz recht:

»Drum tanz mit uns auf unsrem Fest
laß zeigen wie sich's leben läßt
Mensch! . . . Menschen können Menschen sein
das weiche Wasser bricht den Stein.«

Auf der Maxi-Single ›125 Jahre SPD‹ wird dieser Text von W. Brandt und G. George vorgebetet. Dabei nimmt W. Brandt die ersten Strophen sehr verhalten, beinah scheu, als sei ihm der Sinn so unklar wie etwa bei einem Sprachkurs ›Lernt Dummdeutsch mit dem Ehrenvorsitzenden‹. Sein softsolidarisches Mensch, Kumpel!-Pathos steuert G. George bei. Das »Monopoli« läuft einem – und das ist er selbst – eiskalt den muskulösen Rücken herunter, und seine Aufforderung zum Volksparteitanz kommt fast so überzeugend wie seine Bekenntnisse zu ›Malteser-Kreuz‹-Aquavit.

Zu diesen Sprechblasen tutet »der international berühmte Posaunist Albert Mangelsdorff«, nach dem Geschmack von A. Fuchs, »eher avantgardistisch und swingend«. Zwingend ist eher der Eindruck, daß Jazz und Lyrik hier auch nicht besser zusammengehen als Kunst und Sozialdemokratismus.

»Rockig und populär« soll schließlich die Fassung von SPD-Mitglied H. R. Kunze wirken, der damit »die irrationalen Vorurteile gegen die SPD abbauen helfen« möchte. Zumindest das ist ihm gelungen: Unsere Vorurteile sind jetzt streng rational.

Der Versuch, Kunst und Künstler für parteipolitische Ziele zu mobilisieren, ist ein zutiefst linker und deswegen nicht weniger sträflich. Der parteipolitisierende Künstler wird dabei allenfalls privat zum Problemfall, wenn er sich, und das ist erwartbar, auf diesem Gebiet lächerlich macht. Der Anspruch, Kunst parteipolitisch zu besetzen, geht aber weiter und damit auch zu weit. Der Künstler, der sich nur ausdrückt, um einen bestimmten Eindruck zu erwecken, wird bestenfalls zum Moralisten, schlimmstenfalls endet er als Parteipolitiker, der die gemeinsame Arbeit im Steinbruch nicht als Strafe empfindet, sondern zum idealen Lebenszweck erklärt.

Ein dämlicheres Geburtstagsgeschenk hätte sich die SPD kaum ausdenken können. Und deshalb nun alle:

»Wir sind die stärkste der Partein
und sind wir schwach und sind wir klein
wir wollen wie das Wasser sein
das weiche Wasser bricht den Stein.«

AUGUST

1.	Alice Schwarzer *(›Emma‹)*
2.	Niklas Frank *(›stern‹)*
3.	Hermann Henkel *(WAZ)*
4.	Thomas Schmitz-Günther *(›Communale‹)*
5.	Gunnar Schultz-Burkel *(SWF 3)*
6.	Holger Fuss *(ehem. ›Wiener‹)*
7.	Alexander Bütün *(Pressesprecher des Niedersächsischen Fußballverbandes)*

Die Regeln der Unterhaltungssendung ›Wetten, daß . . .‹ sind doch eigentlich ganz einfach: Ein Prominenter bietet eine möglichst originelle Wette an, die von anderen ausgedacht und ausgeführt werden muß. Für den Fall, daß die versagen, setzt der Wettpate zuvor einen möglichst originellen Einsatz ein. So z. B. die prominente Feministin A. Schwarzer, die bei dieser Gelegenheit natürlich für ihre feministische Monatsschrift ›Emma‹ möglichst originelle Reklame machen wollte: Eine der nächsten Nummern könne ja nicht wie üblich »von Frauen für Frauen«, sondern, wenigstens zur Hälfte, von sechs männlichen Kollegen produziert werden – falls die ›Emma‹-Herausgeberin ihre Wette verlöre, wie gesagt. Unglücklicherweise gewann sie ihre Wette – ihren Einsatz wollte sie dennoch unbedingt bringen. Sogar eine ›Emma‹-Leserin empfand »das Bedürfnis, Ihnen zu schreiben, daß mich die aufdringliche Art und Weise, wie Sie diese

Unterhaltungssendung benutzten, um billige Reklame für Ihre Zeitung zu machen, schon sehr anwidert«! Ganz aufgeregt hat A. Schwarzer auf ihrer Strafe bestanden – und damit war die folgende Peinlichkeit schon programmiert.

Über *die* Frau und *den* Mann wird ein vernünftiger Mensch ebensowenig Gültiges zu sagen haben wie über *das* Wetter. Letzteres verändert sich immerhin bisweilen. Manche Männer und manche Frauen tun das leider nie. Immer wieder versuchen sie, sich mit ihrem ganzen Geschlecht zu identifizieren und dessen Eigenschaften zu definieren. Ob sich Frauen mit den ihren brüsten oder Männer sich der ihren bezichtigen – alles ist gleich herrlich/dämlich. Es ist eben noch keine sonderlich geistreiche Sache, eine Frau zu sein oder ein Mann. Elf Jahrgänge ›Emma‹ beweisen allmonatlich das eine, die sechs Männer, die freiwillig die halbe Frauenzeitschrift mit »Herbert« vollgemacht haben, das andere.

Warum machen manche Männer so etwas? »Was mich angeht«, gesteht H. Henkel, »so war es reine Neugier, ein Abenteuer«. »Grundsätzliche Veränderungsmerkmale« hat der Abenteurer nicht an sich bemerkt. Nur »Verballhornungen« wie »Trümmel-Plüntz« (für die feministische »Vorkämpferin« Senta Trömel-Plötz) haben nun »keinen Platz mehr in meinem Hirn«.

Was wird den freigewordenen Hirnplatz einnehmen? Etwa die vergleichsweise komische Verballhornung Schlitz-Bürtzel für den Kollegen G. Schultz-Burkel? Gewiß nicht. Denn auch Schultz-Burkel geht »nicht ›verändert‹ weg. In drei Tagen kann sich wohl niemand wirklich ändern«, hofft er. Sein »ganz persönliches Resümee«: »Es waren nette drei Tage.« »Zwar mit Frust (›schaffen wir das überhaupt noch?‹) und Ärger über zu lange Diskussionen. Aber auch viel Spaß und Blödeleien, sogar chauvinistischen . . .«

N. Frank erinnert sich nicht so gern daran, wie man letzlich »doch immer im Müllkübel sexistischer Macho-Gaudi« landete. Er wundert sich: »Wieviel Mist in einem drinnen steckt.« In einem wie ihm offensichtlich, da er jeden Mist gleich herausläßt:

»Ich erlebte hier eine vom Manne losgelöste heitere Weiblichkeit, die mich staunen machte.«

Genau wie A. Bütün, der sogar über A. Schwarzer Bauklötzchen staunen konnte: »Sie wirkt so weltlich.« Und selbst die Jüngerinnen der schwarzen Madonna »sind dufte Kumpels«. Wie »die lächelnd an unseren gemeinsamen Redaktionstischen vorbeigingen und Unmassen von belegten Brötchen vertilgten«, hat N. Frank nachhaltig beeindruckt. Und T. Schmitz-Günther freut sich: »Man kocht uns sogar Kaffee.« Gönnerhaft resümiert H. Henkel: »Ihnen fehlt nichts von dem wohl in allen anderen Redaktionen so sattsam bekannten und geschätzten kumpeligkollegialen Verhalten weiblicher Raffinesse.« Was »Emmas« fehlt, formuliert Mann Henkel mit männlicher Raffinesse indirekt: »Ich bleibe, was ich bin: ein Mann.«

Übrigens war nur ein Mann nicht als Frontberichterstatter einer Männer-Redaktion bei ›Emma‹, sondern wegen seiner Frau: »Sie ist Stammleserin«, verrät A. Bütün und macht ihr, »mit der ich oft genug wegen ›Emma‹ Streit hatte«, eine Freude, indem er die Stamm-Redaktion vorsichtig lobt: »Nicht, daß sie mich überzeugt hätten, aber sie haben starken Eindruck hinterlassen. Das wird sicher auch meine Frau freuen.« Hoffen wir das Beste.

Das Schlimmste will H. Fuss befürchtet haben: »Ich dachte, ich komme in den Pfuhl. Atmosphäre wie im Kroko-Bassin. Lauernde Frauenblicke. Hämische Sprüche. Totale Kontrolle.« Da stimmt was nicht, denn wer so schreibt, hat nie gedacht. Er wirft nur Blasen: »Doch was geschah? Das Lächeln des Feminismus hat mich besiegt.« Für den dicklichen jungen Mann war das »eine überaus erotische Angelegenheit«. Nun fragt sich der Besiegbare: »Jede Frau ist besiegbar? Die hier nicht. Und diese Stärke macht mich an.«

Der letzte macht das Licht aus. T. Schmitz-Günther fragt sich dunkel: »Und wir eitlen Neugierigen, was wollen wir hier?« Die Antwort ist bescheiden: »Ich wünschte mir, daß das, was wir hier machen, ein Beitrag für einen guten Streit ist. Daß ›Emma‹ ihre Schubladen öffnet. Daß Männer sich mal wieder für ihre

Rolle interessieren.« Zumindest letzteres haben die sechs ja nun getan. Die Frage bleibt: Warum machen manche Männer so etwas?

SEPTEMBER

1.	Lothar Späth *(Kunstförderer)*
2.	Wolfgang Gönnewein *(sein Jünger)*
3.	Justus Frantz *(Kunstdünger)*
4.	Friedrich Zimmermann *(Kulturerbe)*
5.	Jörg Immendorff *(Kunstprofessor)*
6.	Elfriede Jelinek *(Mannweib)*
7.	Gabriele Presber *(Herausgeberin)*

Was macht die Kunst? »Für mich bedeutet Kunst Analyse, Mahnung, Warnung und Aufforderung, sich den Problemen der Zukunft zu stellen.« So viel bedeutet dem Maler J. Immendorff die Kunst im ›FAZ-Magazin‹, und noch mehr: »Der Kampf, der mit meinen Bildern zusammenhängt, ist der Kampf um eine humanere Gesellschaft.« Im ›Wiener‹ erklärt er deutlicher, wofür er gekämpft hat: »Verdammt noch mal, wenn ich 20 Jahre maloche und ein Star bin, dann gibt es auch Bares, sonst kannst du es vergessen. Alles andere ist Quatsch.« Vergessen wir also den Quatsch von oben – die Zukunft des 43 Jahre alten Wilden dürfte ohnehin problemlos sein: »Im Oktober werde ich Beamter.« Der Kölner ›Express‹ weiß auch wo: »Die Frankfurter Kunstakademie hat sich den Beuys-Schüler geangelt. Als festangestellter Professor wurde er in die Tarifgruppe 6b eingestuft.«

Zum »Staatsrat ehrenhalber« hat sich der Stuttgarter Generalintendant W. Gönnewein ernennen lassen und darf fortan mit den Mächtigen Baden-Württembergs im Kabinett sitzen. »Ich verstehe mich als Wehrbeauftragter der Kunst am Kabinettstisch.« Vor allem versteht es der Generaladjutant, seinem obersten Kriegsherrn zu schmeicheln: »Er will seinen Beitrag gegen die Mittelmäßigkeit leisten, auch weil er früher als andere erkannt hat, daß, wo die Dämpfe der Kultur auffallend hoch steigen, allemal auch eine gesunde Wirtschaft am Kochen sein muß.«

Der dunstige Vergleich trifft L. Späths Kunstverständnis recht präzis: »Kulturelle Dienstleistungen« für »unsere gesättigte Konsumgesellschaft« sollen allzeit bereitstehen. »Eine solide Ausbildung im kreativ-musischen Bereich« ist natürlich Voraussetzung. Der »Umbau des Schlosses Solitude zu einer Künstlerakademie« soll auch dem Kunsthersteller eine solide Ausbildung sichern, solide finanziert aus staatlichen Lotteriegewinnen, »also aus den Einnahmen der Rubellose«. Auf daß auch der einsame Rubbler in der soliden Gewißheit rubbeln kann, daß jede Niete der Kultur zugute kommt. »Das ist, wie ich meine, eine solide Kulturförderung«, meint L. Späth und darf »davon überzeugt sein, daß das Chaos der Kunst die Gesellschaft nicht gleich ins Chaos zieht«.

Chaotisch soll es neuerdings beim ›Schleswig-Holstein-Festival‹ zugehen. Doch statt den Initiator J. Frantz dafür zu feiern, daß nun auch die letzten leerstehenden Kulturscheunen noch beschallt werden, wird er von der Hamburger Heimatpresse für seinen »Größenwahn« gescholten. Anerkennung findet dieser »Teil einer großen offensiven Friedensbewegung« bloß noch im feindlichen Ausland. Bei Gorbatschow etwa, »als Intendant eines Festivals, das Ihnen seine ausgestreckten Hände entgegenstreckt«. Die eigenen Hände hat der Botschafter der schweren Muse alle voll zu tun: Für nächstes Jahr will das Schlitzohr mindestens »10 000 Japaner« zum Kunstgenuß verpflichten.

Sorgen um »unser Kulturerbe« hat sich Innenminister F. Zimmermann rechtzeitig zum Gerhart-Hauptmann-Jahr gemacht. Er fürchtet nämlich, »daß wir im Begriff stehen, einen großen Schatz kultureller Leistungen durch Leichtfertigkeit, Ignoranz und Gleichgültigkeit zu verspielen«. Mit »wir« meint der Kulturerbe natürlich uns und nicht sich, denn seine Regierung habe zum Hauptmann-Geburtstag immerhin eine ganze Briefmarke herausgebracht, während »– soweit ich es übersehe – kein großes Theater in Deutschland auch in diesem Jubiläumsjahr eines seiner Werke aufführt«. Den mehrteiligen Hauptmann-Zyklus in Frankfurt z. B. muß der Hochgeist glatt mitübersehen haben.

»Die Kunst ist weiblich«, behauptet G. Presber schlicht und einfach. Die Milchmädchenrechnung hat übrigens den nämlichen Artikel. Eigentlich sollte die Anthologie ja auch »Künstlerinnen der Gegenwart« heißen, denn »vierzehn bedeutende« hat die Herausgeberin ausführlich zu Wort kommen lassen. Von der Bauchtänzerin bis zum »ehemaligen Star-Modell, das heute Künstlerin ist«. Alle vierzehn beweisen, daß zumindest die Kunst der Selbstdarstellung nicht länger dominiert wird. Die Mischung ist geschlechtsneutral: gekränkte Eitelkeit und gesunde Selbstüberschätzung, eingebildete Verfolgungen und bildungsbeflissene Standpunkte, verblasene Absichtserklärungen und einige durchaus gescheite Gedanken.

Mit dieser Ausnahme – oder was mag sich die »Autorin für Literaturkenner«, E. Jelinek, dabei gedacht haben: »Ich finde es sehr interessant bei einem Mann und einer Frau mit etwa gleichem Bildungsstand, gleicher Ausbildung, gleicher Herkunft – es wird immer die Frau die Intelligentere und Interessantere sein. Man muß nur ein Gespräch anhören, die Frau wird immer die unkonventionelleren und anarchischeren Ansichten äußern und der Mann immer der Reproduzierende sein. Da sind Männer ärmer.« Interessant ist, daß sich E. Jelinek ihr Armutszeugnis im nächsten Absatz selbst ausstellt: »Ich möchte, glaube ich, schon ein Mann sein.«

OKTOBER

1.	Walter Scheel *(glücklich)*
2.	Marie Theres Relin *(gläubig)*
3.	Manfred von Papen *(Papan)*
4.	Franziska Becker *(verliebt)*
5.	Marius Müller-Westernhagen *(verliebter)*
6.	Roland Kaiser *(verlassen)*
7.	Oscar Lafontaine *(verdächtig)*

Am 8. 8. 88 waren alle Kirchen voll, kein Traualtar stand leer, und in Standesämtern mußten Sonderschichten eingelegt werden für Leute, die es ganz besonders originell fanden, an so einem Schnapszahl-Tag ihre gemeinsame Schnapsidee zu realisieren. Nach wenigen Jahren der Enthaltsamkeit schämen sich kaum zwei mehr zu heiraten. Die 21jährige Schauspielerin M. T. Relin kann für ihre junge Generation sprechen: »Liebe, Treue, eine glückliche Ehe – daran glaube ich.« An irgend etwas muß das Kind wohl glauben. »Und Kinder möchte ich auch bald haben«, warnt die Monogams ihren zukünftigen Bock F. X. Kroetz. Denn: »Eine gute Mutter in einer glücklichen Familie sein zu können, ist schöner als jeder Erfolg im Kino oder Fernsehen.« Immerhin ein schöner Erfolg für Kino und Fernsehen, solche Wahnvorstellungen schon wieder so weit verbreitet zu haben.

Im Leben kommt es nämlich anders. Der Schlagersänger R. Kaiser weiß das und schweigt auch nicht aus Höflichkeit. »Was stimmt, ist, daß sich meine Freundin von mir getrennt hat und ich mich jetzt endgültig von meiner Frau Christina scheiden lasse.« Der Verlassene will »für den Rest des Jahres« Vergessen in Malaysia suchen und dort »einen friedlichen Kampf gegen die Rodung der tropischen Regenwälder aufnehmen«. Das hat die Geschiedene nun davon: »Das ist für mich ein wirklich wichtiges Engagement, für das ich keinen Pfennig Geld bekomme.« Und wo nichts reinkommt, ist auch nichts mehr rauszuholen. »Meine Frau und ich haben einen Vertrag miteinander. Da kann sie soviel reden wie sie will.« Wie praktisch für den Romantiker.

Eine Warnung ergeht in diesem Zusammenhang an O. Lafontaine, dessen programmatische Entwicklung »in Richtung Weiblichkeit« uns gleich verdächtig vorkam. Heißt das Endziel wirklich Bettina Wegner? Falls der Möchtegern-Kanzlerkandidat tatsächlich vorhat, was eine »Freundin der Familie« andeutet: »Die beiden sind miteinander befreundet, treffen sich häufig . . .« und Pastor Linke, in dessen Kirche das Paar »zusammen gegen Atomkraft gesungen« hat, ausdrücklich bestätigt: »Die beiden sind sehr, sehr gut befreundet« – also wenn der mopplige Quadratkopf sich wirklich mit der zart besaiteten Heulsuse vermählt, wird ihn das mindestens zwei Stimmen kosten.

Liebespaare sind ja in der Regel wenig erfreulich für ihre Umgebung. Unerträglich werden sie, wenn sie ihr Glück oder Unglück in alle Öffentlichkeit hinausposaunen. Die verliebten Zeichner F. Becker und M. v. Papen haben aus ihrem Getechtel gleich ein ganzes Buch gemacht und damit noch zwei feindliche Organe ausgesöhnt: ›Hin und Her‹ ist im ›Emma‹-Verlag erschienen und wird im ›stern‹ abgelobt: »eine Love-Story wie aus dem Bilderbuch«. So neckisch und scheckisch, ehrlisch und entbehrlisch. Wir erfahren sogar, was die Liebeskünstler voneinander gelernt haben: Er geht jetzt »ganz anders mit Farben um. Viel bewußter, irgendwie.« Sie hat »mehr Drive zum Surrealen gekriegt, irgendwie«. Und irgendwie haben sie sich auch sehr, sehr lieb – aber entschuldigt das wirklich jeden Schwachsinn?

Offenbar wird zumindest der Verstand schlagartig ausgeschaltet. »Mich hat das Gefühl umgehauen«, offenbart der Liedermacher M. Müller-Westernhagen standhaft seiner geliebten Romney und einer mitschreibenden Journalistin. »Plötzlich habe ich gewußt, das ist es. Mit dieser Frau willst du zusammenbleiben. Ein Leben lang.« Und sie will wohl auch: »Mari ist meine zweite Seelenhälfte.« Obwohl die schlechtere Hälfte eingestehen muß: »Eigentlich bin ich ein Vampir. Ich hab' die Frauen ausgesogen, und wenn mir was zu anstrengend war, hab' ich die Kurve gekratzt.« Der neue Mann kann es tagelang händchenstreichelnd an ihrem Krankenhausbett aushalten. »Ich hätte nicht gedacht, daß ich für einen Menschen so leiden kann.« Die Leidenschaft lohnt sich, denn: »Mit ihr zusammen kann ich sogar meine Mutter ertragen.«

Schwerer zu ertragen ist seit langem W. Scheel. Sein 12gängiges Hochzeitsmenü haben wir gerade erst verdaut. Und nachdem er jahrelang den traurigen Witwer gegeben hatte, läßt sich der flotte Freier nun von seiner eigenen Tochter schriftlich den Segen geben: »Papa, Du bist wieder richtig lustig.« So wird uns der alljährliche Druck auf alle Tränendrüsen 1988 wohl erspart bleiben. Noch zum ersten Todestag seiner Frau hatte der Mann beschworen: »Mildred ist immer gegenwärtig.« Sogar beim Einkaufsbummel: »Das nehme ich Mildred mit«, dachte der passionierte Mitnehmer dann wohl. Mildred war über allem und überall: »in der Wohnung, im Garten, im Büro«. Gerade da überkam es den Einsamen häufig: »Ich greife zum Telefon und will sie anrufen. Ich will Mildred erzählen, was ich erlebt habe.« Von der Traumhochzeit mit Barbara womöglich und wie farbenfroh es da herging: »Blau und gelb« geschmückt war der Saal, »schwarz« die Korallenkette, »grau« das Kaschmirkostüm und »rosa« die Seidenschleife der Braut, »taubenblau« der 500er Mercedes, »lachsfarben« die 30 Rosen, »rotgolden« seine Manschettenknöpfe und dazu passend ihr Ring mit der Inschrift: »9. 2. 88 Walter«. Ach, wenn Mildred das noch hätte erleben dürfen.

NOVEMBER

1.	Berthold Beitz *(Funktionator)*
2.	Helmut Kohl *(Telegrammatiker)*
3.	Wolfram Esser *(national)*
4.	Arnim Basche *(international)*
5.	Emil Beck *(Säbelraßler)*
6.	Werner von Moltke *(Hingsen-Geschädigter)*
7.	Ingrid Steeger *(Hingsen-Fan)*

Ein kleiner Rückblick auf die Olympischen Spiele wird ja wohl noch erlaubt sein. Wir erinnern uns: Es begann mit einer Silbermedaille. Als erster gratulierte natürlich der dritte Mann im Staat telegraphisch der Erringerin: »Liebe Sylvia Sperber, zum Gewinn der olympischen Silbermedaille im Luftgewehr, gratuliere ich Ihnen ganz herzlich. Ich freue mich über Ihren Erfolg und wünsche alles Gute. Mit freundlichen Grüßen Ihr Helmut Kohl Bundeskanzler.« Die Freude über diese »Silbermedaille im Luftgewehr« muß wohl echt gewesen sein – sprachliche Bedenken kamen dem Gratulanten erst später. Nach nur zwei Tagen schien die Ladehemmung überwunden und die Glückwunsch-Übermittlung ausgereift: »Lieber Johann Riederer, zum Gewinn der Olympischen Bronzemedaille im Luftgewehr-Finale gratuliere ich Ihnen herzlich« usw. Doch die finale Formulierung war das leider nicht, denn noch am selben Tag gab es auch Grund zur Trauer. Und der Schmerz trieb »Helmut Kohl Bundeskanzler« zu den folgenden bedenkenswerten Zeilen: »Lieber Albin Killat, äußerst knapp haben Sie im Kunstspringen die Olympische Bronzemedaille verfehlt.« Was vom Drei-Meter-Brett allerdings eine Kunst wäre, deshalb: »Freuen Sie sich über Ihren Erfolg, zu dem ich Ihnen herzlich gratuliere.«

Wer ebensoviel ferngesehen hat wie H. Kohl, wird zugeben müssen, daß die Berichterstattung ausführlich war. Die Berichterstatter nutzten ihre Zeit auf recht unterschiedliche Weise. Beim Dressurreiten etwa verband A. Basche Spannung und Belehrung besonders piaffig: Hieß ein Gaul »Gauguin« z. B., stellte er ihn hochtrabend Schritt für Schritt vor: »Gauguin ist ja bekanntlich ein französischer Maler. Und der Vater dieses Pferdes hieß Chagall. Und der Großvater Utrillo. Was lag da näher, als auch den Sohn und den Enkel nach solchen Malern zu benennen?« Gewonnen hat die Einzylinder-Konkurrenz am Ende übrigens ein Wallach namens »Rembrandt«, unter dem sich der Kunstkenner nichts weiter vorstellen konnte. Denn Rembrandt nennt sich ja bekanntlich bloß ein alter niederländischer Cognac.

Ansonsten verfügt das ZDF über eine stramme Reporter-Riege verhinderter Hitler-Jungen, denen es erst Spaß macht, »wenn es richtig weh tut« – den Sportlern nämlich. Seinen Fähnleinführerschein machte beim Rudern W. Esser, der es beim Achter-Endlauf fertigbrachte, in gut fünf Minuten knapp fünfhundertmal »Deutschland« zu brüllen, vorzüglich in der Verbindung »Deutschland-Achter«. Daß die acht Ruderer selbst sich gegen diese großdeutschnationale Vereinnahmung stemmen, nutzt ihnen gar nichts. »ZDF-Esser . . . ist dieser Begriff nicht abzugewöhnen«, hat einer in der ›taz‹ bereits resigniert.

Dieser Mathias Mellinghaus überliefert an gleicher Stelle auch das Triumphgeheul des käsigen Fechtmeisters E. Beck, der den Erfolg seiner Hauer und Stecherinnen als »Sieg des Westens über den Ostblock« dickhals feierte.

Daß solche Endsiege ohne die massive Unterstützung der werbetreibenden Wirtschaft kaum möglich wären, hört man im Olympischen Komitee nicht so gern. Von einem ARD-Frager untertänigst auf die möglichen Gefahren einer etwaigen »Kommerzialisierung« der Spiele vorsichtigst angesprochen, blieb

IOC-Vizepräsident Kommerzienrat B. Beitz hart wie Krupp-Stahl: »Kommerzialisierung«, das sei für ihn ganz einfach »der falsche Begriff«. Punktum. Das einzig richtige darüber hat wohl sein Präsident J. A. Samaranch gesagt: »Die Kommerzialisierung kann die Spiele nicht gefährden, solange sie in den Händen der Männer und Frauen des Sports bleibt.« Und wo wollte sie sonst bleiben?

Die peinlichste Figur in Seoul machte für die meisten Deutschen offenbar der Einkämpfer J. Hingsen. Uns fiel sein Vorturner W. v. Moltke, selbst einst Europameister, noch unangenehmer auf, als er im nachhinein über die Undankbarkeit des Versagers zu lamentieren anfing: »Was habe ich mich für den Jürgen eingesetzt. In den letzten Wochen haben wir ihm überall Staubzucker hingeblasen. Und jetzt das – so blöd kann man doch nicht sein!« Daß man es sehr wohl sein kann, bewies der Tobsüchtige persönlich, der nach alter Schinderweise nun gar kein Ende mehr finden konnte: »Wir brauchen Männer und keine Memmen!« Endlich müsse ab sofort Schluß sein mit dem ganzen Geld und den guten Worten, mit Verständnis, Psychologie und all dem Quatsch. Jetzt werde wieder anständig gearbeitet, Leistung gebracht, gekämpft bis zum Umfallen und gesiegt bis zum Erbrechen. Feuer unter den Hintern und Blut im Arsch! Und was die ewigen Leibeserzieher seit Turnvatergedenken sonst noch auf dem Schwitzkasten haben – es kam alles raus. Gelobt wird eben nur, was hart klingt.

Eine ist J. Hingsen übrigens treu geblieben: »Ulknudel I. Steeger (40)« sieht seine ganze Tragik und noch mehr. »Gestern war er noch umjubelt, heute steht er ganz allein da. Und wird von allen Seiten beschimpft. Er hat doch gezeigt, daß er ein toller Sportler ist.« Eben: So viele Fehlleistungen sind schließlich auch eine Leistung, und vier Fehlstarts in drei Minuten – das dürfte sogar Weltrekord sein. Unseretwegen gerne.

DEZEMBER

1.	Stefan Heym *(DDR)*
2.	Richard v. Weizsäcker *(CDU)*
3.	Björn Engholm *(SPD)*
4.	Hildegard Hamm-Brücher *(FDP)*
5.	Sting *(Troubadour)*
6.	Udo Jürgens *(Fuzzi)*
7.	Harald Juhnke *(Tartuffe)*

Es ist vielleicht einmal ganz interessant, die Frage, weshalb wir Leute wie unseren Bundespräsidenten R. v. Weizsäcker partout nicht mögen mögen, grundsätzlich zu beantworten: Es ist der Dünkel. Unserer wie seiner. R. v. Weizsäcker ist der Repräsentant aller sich besser dünkenden Deutschen – das sagen wir als Repräsentanten aller Besserwissenden. R. v. Weizsäcker wird zu jeder Frage – vorausgesetzt man läßt ihm etwas Zeit, denn allzu schnell denkt er ja nicht – eine Antwort finden, die über dem Niveau gewöhnlicher Politikerantworten liegt. Knapp genug drüber, um sich was Besseres zu dünken, ohne das Risiko einzugehen, es auch sein zu müssen. Doch ein Beispiel: die Begnadigung zweier »Terroristen«. Natürlich wird er sie begnadigen, schon um sich von den üblichen Dumpf- und Sumpfnüssen zu unterscheiden. Aber er wird sich die Zeit lassen, die er braucht, für diese Gelegenheit eine bedeutende Rede auszuarbeiten, geeignet, auch seinen Gegnern wieder jenen Respekt einzuflößen, den wir ihm hier ausdrücklich verweigern. Woher nimmt dieser weißhaarige Pinsel eigentlich das Recht, die eigenen Skrupel so viel wichtiger zu nehmen, als das, was andere durch sie womöglich noch erleiden.

Alles Dünkel – und davon haben Vertreter sämtlicher Parteien reichlich. G. Heinemann war eine Art von Weizsäcker der SPD, wenn auch weniger gut aussehend. B. Engholm könnte gezwungenermaßen so einer werden. Ebenfalls eine interessante Frage: Wie kann es einer wie B. Engholm bloß vermeiden, zum glatten Gegenteil eines Gegenspielers wie U. Barschel zu verkommen? Aber das ist sein Problem.

Bei der FDP ist immer noch dieselbe Dünkelfrau, nein, Dünkeldame führend: H. Hamm-Brücher. Sie ist und bleibt nach Straußens gültigem Wort die ewige »Krampfhenna«, nun schon seit Jahrzehnten die eigene Gewissensnot begackernd, ohne daß je ein Ei, geschweige denn das Gelbe, dabei herausgekommen wäre. Interessanterweise trägt auch sie ihr Haar schneeweiß.

Aus der DDR kommt S. Heym, und zwar andauernd. Und dennoch wird das Genöle des Naseweisen hier mit Interesse gehört: ganz gleich, ob er von Mordkomplotten gegen Gorbatschow und Perestrojka nuschelt oder in aller Unbescheidenheit das eigene Leben 848 Seiten lang als »Entwicklungsroman des Schriftstellers S. H.« und ein Stück »deutscher Zeitgeschichte« obendrein verkauft. Das hört sich so an: »Bitte vergessen Sie nicht, daß in der DDR die Verhältnisse etwas anders sind als in der Sowjetunion. Gewisse Dinge sind bei uns nicht vorgekommen – oder nicht in dem Maße vorgekommen . . .« Da tut es wohl, zu lesen: »Stefan Heym ist einer der langweiligsten Leute, die unter uns sind.« Für diese Mitteilung von oben ist Johannes Gross zu danken.

An Popstars, die sich besser dünken, ist kein Mangel: Sting ist derzeit wohl der penetranteste Krampfhahn. Wortkarge Rollen spielt er in anspruchsvollen Filmen und setzt sich in jedem neuen Lied mit mindestens einem Thema auseinander, mit dem sich jeder einmal auseinandersetzen muß, weil es doch in jeder Zeitung steht: daß Gewalt nicht glücklich macht, daß Regenwälder sterben und Indianer ums Überleben kämpfen, daß in Chile und Südafrika Unheil angerichtet wird und daß wir aus der Geschichte nicht viel gelernt haben. Aus Stings Protestsongs kann jeder etwas lernen. »Schreibe ich nicht alle Lieder für meine Kinder?« fragt er sich. Und widmet seine Langspielplatte dafür den Frauen. »Ja! Mit dieser Platte will ich sagen, daß Frauen Männern überlegen sind.« Das sagt Mann gern. »Aber es wurde mir erst klar, als ich den Text für das Cover schrieb. Da fiel mir auf, daß dieses Album nur von Frauen handelt.« Das hört Frau sicher gern.

Auch U. Jürgens will kein »Unterhaltungs-Fuzzi« mehr sein. Er will sogar schon »immer von dem gesungen« haben, »was mich bewegt«. Wir erinnern uns genau:

»Mal ist das Leben schubidu
Mal nichts als Einsamkeit.«

Nein. U. Jürgens ist zwar »ein Mensch mit Fehlern«, aber deshalb noch lange »kein Freund von Tierversuchen«, sondern einer, »der etwas zu sagen hat« und sogar daran denkt, »eine Udo-Jürgens-Stiftung zu gründen«, die endlich »das Problem der Überbevölkerung in den Griff bekommen« soll. Ob er sich dafür zuständig fühlt? »Sie werden lachen, ich habe mir immer selbst die Kompetenz erteilt und bin sehr gut dabei gefahren.«

Nichts mehr zu lachen soll es bei H. Juhnke fortan geben. »Ich habe die Leute lang genug als Komödiant unterhalten«, findet er. »Jetzt gehe ich ins Charakterfach.« Statt ›Pepe der Paukerschreck‹ will ›Siggi der Straßenkehrer‹ dort ab sofort ›Tartuffe‹, den Pantoffelhelden, spielen und in Zukunft »fast ein Poet« sein. Ja, »der große Schauspieler Harald Juhnke«, kündigt der große Schauspieler H. Juhnke selbst an, »spielt jetzt Molière«. Und womöglich »eines Tages den ›König Lear‹«, vastehste!? Daß er das kann, »das steht in allen Kritiken«. Daß er sich das zutraut, wissen alle: »Und Will Quadflieg, auch Bernhard Minetti haben mir schon lange geraten, mit diesem Boulevard-Quatsch aufzuhören.« Gott sei Dank glaubt der Dünkel jeden Quatsch.

1989

MANFRED WÖRNER – HELMUT HAUSSMANN

JANUAR

1.	Gott *(unglaublich)*
2.	Walter Jens *(schlicht gläubig)*
3.	Friede Springer *(Axelgläubig)*
4.	Ulrich Wilckens *(blind gläubig)*
5.	Michael Jürgs *(gewissenhaft gläubig)*
6.	Gerd Gerken *(pauschal gläubig)*
7.	Christa Nickels *(sinnlich gläubig)*

Wären wir zufällig allmächtig und uns ganz sicher, daß ER überhaupt existiert, wir würden IHN sofort zum Mann des Jahres machen: GOtt kann mit dem, was ER 1988 erreicht hat, jedenfalls recht zufrieden sein. Allein schon mit der Tatsache, daß die alten Kinderfragen von Erwachsenen wieder gestellt werden: Gibt's DEn wirklich? Aber seit wann denn? Und wo lebt ER? Die naheliegende Frage: Wozu denn? wird seltener gestellt. Es geht ums Prinzip.

Sogar der ›Spiegel‹ hat sich ernsthaft gefragt: »Existiert Gott?« Anlaß gab das Buch ›Eine kurze Geschichte der Zeit‹ von Stephen Hawking, das seitdem prompt auf Platz 1 der ›Spiegel‹-Bestellerliste thront, Kategorie »Sachbuch«. Dabei ist es eigentlich wie im Bilderbuch; denn der Autor, der sich vorgenommen hat, »Gottes Plan« zu durchschauen, um endlich »ein vollständiges Verständnis des Universums« menschenmöglich zu machen, ist ein außerordentlicher Professor für Astrophysik. »Wahrscheinlich hat meine Behinderung zum Verkaufserfolg meines Buches beigetragen.« Mit dem Mittelfinger seiner linken

Hand gibt er diese Vermutung seinem Sprachcomputer ein, denn der ist das letzte Glied, das er noch bewegen kann. Alles übrige ist vom Muskelschwund, unter dem er seit 25 Jahren leidet, bereits vollständig gelähmt. Alles, bis auf sein »inneres Lächeln«, das alle so bezaubert.

Und das wäre ja auch zu schön: GOtt läßt sich ausgerechnet von der schwächsten SEiner Kreaturen SEine letzten Geheimnisse entreißen. Oder umgekehrt: Eben um das zu verhindern, hat ER ihn mit der bösen Krankheit geschlagen – wobei wir zu bedenken geben möchten, daß für den Fall ein Gehirnschlag wesentlich wirkungsvoller gewesen wäre und GOtt hier wieder einmal voll daneben gehauen hat.

Es ist immerhin erstaunlich, wo ER überall SEine Hände im Spiel haben soll. In Michael Schanzes neuer Fernsehshow ›Flitterabend‹ etwa zeigte eine Frischverheiratete sich fest davon überzeugt, daß sie ihre Ehe SEiner Fügung zu verdanken habe: Ihren Zukünftigen habe sie nämlich vor der Damentoilette geradezu über den Haufen gerannt, und das könne kein bloßer Zufall gewesen sein, denn dies erste Zusammentreffen begab sich an einem Abend, an dem sie eigentlich gar nicht habe ausgehen wollen, und auf einer Insel, die er ursprünglich gar nicht besuchen wollte. Und dann habe sie urplötzlich so nötig gemußt – wenn das kein gottgewollter Drang war ...

Eine andere Ehefrau, F. Springer, wurde erst von ihrem Mann Axel bekehrt, wenn wir ausnahmsweise Ben Witter glauben wollen, der diese Legende in der ›Zeit‹ überliefert hat: »Er überzeugte seine Frau, daß ihr Glaube ihre Stärke sein würde, schnörkellos und haltbar ...« Nach Axels Tod erst konnte sich zeigen, wie haltbar dieser Glaube war: »... Von ihm als meinem Übervater zu sprechen? Was soll denn das? Dann höchstens von einem Übermann ...«, übermannt es die Witwe schnörkellos in ihrem »heimlichen Tagebuch«. Allerdings ist nicht GOtt gemeint, sondern Axel. Aber was macht das noch für einen Unterschied?

Als noch amtierender Chefredakteur des ›stern‹ weiß M. Jürgs natürlich auch, wie praktisch ein strapazierfähiger Glaube sein kann. »Ich glaube an Gott«, bekennt der »autonome Katholik« frisch von der Laber weg im ›Wiener‹ und hat noch einen gewissenhaften Gottesbeweis anzubiedern: »Das Gewissen ist der Teil von Gott, der uns sagt, was falsch und was schlimm war. Das, was wir Schuld nennen und was uns als solche bedrückt, das ist eigentlich schon das Zeichen, daß es Gott gibt. Sonst wäre das doch jedem vollkommen egal.« Demnach wäre das Vorhandensein eines Bankkontos bereits Beweis genug für unsere Zahlungsfähigkeit – aber davon später.

Man kann solche Gewissensfragen nämlich noch billiger beantworten: »Ohne Gott ist alles sinnlos«, behauptet ganz einfach Pastor Manfred Bönig aus Dillenburg und hat damit seit zehn Jahren in »Zelthallen, Kongreßsälen, Gemeindehäusern und Kirchen« vollen Erfolg, denn »seine Verkündigung ist aus dem Leben gegriffen«, und seine Vortragsreihe klingt dementsprechend lebenslangweilig: »Sünder – gibt's die nur in Flensburg?« – »Verheiratet – und trotzdem glücklich?« – »Ich bin von Jesus ›be-geistert‹ – Sie auch?« Das sind so Fragen, auf die sich eine Antwort verbietet, da jede zweifellos noch dümmer ausfallen müßte.

Der Unternehmensberater G. Gerken hat alles auf einen Begriff gebracht: »Man muß an etwas glauben, aber es ist Wurscht, woran.« Für Geld erklärt er das immer wieder ratsuchenden Unternehmern, und in besonders hartnäckigen Fällen geht er sogar noch weiter: »Mir hat neulich einer gesagt: ›Aber an irgendwas muß ich doch glauben!‹ Dem habe ich geantwortet: ›Genau so ist es. Sie müssen daran glauben, daß Sie an irgend etwas glauben müssen!‹« Und sei es an die Verkündigung G. Gerkens, denn um »auf der Überholspur des Lebens leben« zu können, muß der Glaube zunächst »instrumentell werden.«

Und das ist letztlich eben eine finanzielle Frage, selbst für Mutter Theresa: »Mein Bankier ist Gott«, bekennt die Gute. »Er sorgt dafür, daß immer etwas da ist.« Wie praktisch.

Der Grüne Thomas Ebermann kam mit aufklärerischen Absichten in »christliche Gefilde«: »Und außerdem konnte man Mädels kennenlernen, was noch wichtiger war.«

Mädels wie seine Fraktionskollegin C. Nickels womöglich, die sich in der Kirche wohl wie in der Kneipe fühlt: »In der Kirche kriege ich mit, was die neueste Mode ist . . . Ich höre, welche wen geheiratet, wer gestorben ist, und welche ein Kind bekommen hat.« Auch ihre sinnlichen Eindrücke halten durchaus Stammtischniveau: »Und – sehr wichtig – hier kann ich meinen Glauben hören, anschauen, riechen, heraussingen.«

Das klingt gemütlich, und wer gern mit der Mode geht, sollte sich am besten ›stern‹-Chef Nr. 2, Klaus Liedtke, anschließen, der öffentlich Anschluß sucht, denn: »es ist an der Zeit, sonntags mal wieder reinzuschauen. Kommen Sie mit?«

Zu Bischof Martin Kruse z. B., für den der Sonntag was Besonderes ist: »Das Besondere ist, daß der Sonntag der erste Tag der Woche ist.« Und das Sonderbare ist: »Gott will uns dienen im Gottesdienst, mit seinem Wort.« So ließe sich auch der Wehrdienst schmackhafter machen: Die Bundeswehr will uns dienen, mit ihren Taten – und nicht umgekehrt.

Private Kreise können den Hals nicht voll kriegen. Zum »Frühstückstreffen für Frauen« in einem Frankfurter Hotel gab es außer Alliterationen nicht bloß »Brötchen, Käse, Joghurt, Marmelade, Wurst und Quark«, sondern obendrein einen Vortrag von Frau Cost-Schneider, die drei Fälle aus ihrer psychiatrischen Praxis aufs Butterbrot schmierte. Die Inhaltsangaben aus der ›Frankfurter Allgemeinen Zeitung‹ fangen so an: »Ein Siebzehnjähriger bekommt auf einer Klassenfahrt plötzlich heftige Angstzustände bis zum Verfolgungswahn . . .« – Eine Frau bekommt Depressionen, und »als der Hund ihrer Tochter stirbt, bricht sie zusammen«. – Und: »Ein Lehrer, verheiratet, Vater dreier Kinder, bekommt Darmkrebs, einen künstlichen Darmausgang . . .« Guten Appetit.

Christen finden es schon geschmacklos, wenn ihr Herr Jesus wenigstens in Gedanken mal menschlich wird. Martin Scorseses Versuch über ›Die letzte Versuchung Christi‹ ist für U. Wilckens, seit seiner Barschel-Verklärung als Leihbischof für ›Bild‹ tätig, schlicht: »Ein Film zum Wegsehen«. Sein »Gast-Kommentar« zum Weglesen: »Wer immer sich unterfängt, mit Mitteln der modernen Kunst Jesus darzustellen, muß sich der Verantwortung gegenüber all den Mitbürgern bewußt bleiben, für die Jesus als Mensch und Gott ihr Erlöser und darum heilig ist. Die für Christen angemessene Reaktion auf den jetzt angelaufenen Jesus-Film scheint mir darum zu sein: den Film nicht anzusehen.« Eine für Nichtchristen angemessene Reaktion auf solche Unverschämtheiten gibt es leider nicht.

Andere Christen werden deutlicher. Jürgen Olf, katholischer Pfarrer in Haßmersheim, sieht die Jesus-Darstellung auf »›Stürmer‹-Niveau«. Da kennt er sich aus und läßt seine Phantasie ausschweifen: »Ich bekomme immer öfter die Vorstellung, daß die Leute, die heute so intensiv die Meinung sagen, indem sie sich auf den jeweils vermuteten Trend setzen, im Dritten Reich hervorragende Handwerker von Goebbels und seinen Kumpanen gewesen wären.« Damit setzt Handlanger Jürgen Olf voll auf den Trend seines Erzbischofs Johannes Dyba aus Fulda, der die Nazis offenbar auch nicht schlimmer findet, als »die gottlose und kindermörderische Generation von heute« und ihren »Kinder-Holocaust«.

Verglichen mit solchen wildgewordenen Handfegern wirken dann so aufgekratzte Hühner wie Uta Ranke-Heinemann schon wieder fast erfreulich. Die Theologin schätzt an Jesus vor allem seine »revolutionär frauenfreundliche Einstellung« und spricht viel dafür, »daß Jesus verheiratet war«. Das soll ihr Papst nicht gern hören. »Wenn er« (Jesus nämlich) »nämlich verheiratet war, dann ist auch der Zölibat« (des Papstes nämlich) »im Eimer.« Aber was erregt Frau Ranke-Heinemann eigentlich so an diesem Gedanken? Will sie den Papst etwa heiraten?

Wegen ihrer »Ausgrenzung der Frauen« hat Petra Kelly die »patriarchalische Kirche mit ihren leeren Ritualen« seinerzeit verlassen. Und auch sie hat das dem Papst persönlich mitgeteilt, »offiziell durch einen Brief an den Vatikan« ihrerseits.

Mit ähnlichem Pomp ist nach 26 Jahren CDU-Mitgliedschaft Franz Alt aus der Partei ausgetreten, in die er »1962 des ›C‹ wegen« eingetreten war. Ihr hohes C hat die Partei nämlich endgültig verraten, als sie gegen das elfte »Gebot des Atomzeitalters« verstieß, das der heilige Franz so schön formuliert hat: »Du sollst den Kern nicht spalten.« Was soll man davon halten? Ist das nun Naivität oder Größenwahn?

Egal. »Gott liebt auch dich, Schwein Julchen!« So verkündet es Pfarrer Michael Blanke im Pfarrhof der evangelischen Gemeinde Glauburg (Hessen). »45 Tieren in Käfigen, an der Leine oder auf dem Arm« hat er Gottes Liebe gepredigt, und keinem Schwein hat es was geschadet. ›Bild‹ erzählt weiter: »Das Theologen-Ehepaar Blanke liebt Tiere«, auch privat. Den drei Kindern sind »Schimpfworte wie ›dummer Hund‹« streng verboten. Sie müssen ›dummer Mensch‹ zu ihrem Vater sagen, wenn ihn der schon erwähnte christlich dunkle Drang zu Nazi-Gleichnissen übermannt. Darauf, Legebatterien mit »Konzentrationslagern« zu vergleichen, und auf weitere »Endlösungs«-Prophezeiungen verzichtet er allenfalls »dem Fernsehen zuliebe«. Denn das ZDF war bereits live dabei.

Im nächsten Jahr plant dieser Sender gleich zwei Serien aus den christlichen Milieus, streng proportional über einen katholischen Pfarrer ›Mit Leib und Seele‹ sowie über einen protestantischen »Pastor, der sich für die Arbeiterbewegung einsetzt«. Der flächendeckende Großeinsatz ist wohl die Antwort auf einen Sensationserfolg der Konkurrenz: ›O Gott, Herr Pfarrer!‹ erreicht für die ARD regelmäßig Rekordeinschaltquoten bis zu 44%. Und Serienpfarrer Wiegandt bekommt bestimmt schon klingelbeutelweise An- und Aufträge von der Kindstaufe bis zur Beerdigung.

Die Amtskirche kann ihr Glück kaum fassen, doch ihre Vertreter sind sich nicht ganz einig: Es sei nicht auszuschließen, »daß die Leute durch diese Serie motiviert werden, wieder in die Kirche zu gehen«, hofft ein Bischof. Ein anderer Kirchenmann denkt weiter: »Die geballte Kraft des Evangeliums findet sich in Wiegandt privatisiert, die öffentliche Sache Religion wird verharmlost durch Veröffentlichung der Privatheit des Pfarrers.«

Das klingt relativ intelligent, und es wäre bestimmt ein Fehler zu glauben, daß nur die Dummen religiös empfinden könnten.

Deshalb wird uns nun zum Abschluß Professor W. Jens erklären: »Warum (auch) ich Christ bin.« Hauptsächlich aus Mangel an Vorstellungskraft: »Weil ich mir keine verbindlichere, humanere und den Einzelnen verpflichtendere Lebensanweisung als die Botschaft Christi vorstellen kann.« Zudem muß der einzelne ja nicht alles glauben: Wir z. B. glauben nicht an diese Steigerungsform von »verpflichtend«. Und W. Jens? »Ich kann nicht sagen, daß ich an die Unsterblichkeit gar des Fleisches glaube.« Des garen Fleisches schon gar nicht. Da hält es der Rhetoriker mit dem neckischen Blochschen »peut-être«, denn das, meint er, »ist schon viel«. Es schließt vielmehr nicht aus, daß man bisweilen in die Kirche geht und den Fleischgang mitnimmt: »Da feiert man gemeinsam, übrigens sehr schlicht, das Abendmahl.« Unter einem sehr einfachen Ikea-Kreuz, vermutlich. Man drängt sich ja nicht vor und will auch nicht ganz vorne hocken bei den Würdenträgern, sondern bescheiden, »wie Jesus von Nazareth ganz hinten sitzen, auf der letzten Bank, auf der Schlingelbank, wo er auch gesessen hat . . .« Ach Gott, Herr Jens, glauben Sie das wirklich? Das müßte uns doch aufgefallen sein.

FEBRUAR

1.	Boris Becker *(gottgerecht)*
2.	Karl Friesen *(gottgefällig)*
3.	Peter Hussing *(Schwergewicht)*
4.	Bernd Hieber *(Mittelgewicht)*
5.	Siegfried Mentz *(evangelisch)*
6.	Paul Jakobi *(katholisch)*
7.	Markus Merk *(Schiedsrichter)*

Wir tun uns leid, denn es trifft niemanden härter als uns, wenn wir uns heute wiederum mit dem leidigen Thema befassen müssen, das uns im Januar bereits erschöpft hat. Doch eine Umfrage hat ergeben: 75,7% der Deutschen glauben schlicht und einfach an Gott. Immerhin noch 66,4% geben an, nach SEinen zehn Geboten zu leben. Die bloße Vorstellung, drei von vier Mitbürgern glaubten ernsthaft all das, was Nietzsche bereits als »eine faustgrobe Antwort und eine Undelikatesse gegen uns Denker« klassifiziert hat, und zwei von dreien wären bereit, diesen theozentrischen Lebensbefehlen unbedingt zu folgen, ist uns Mitdenkern ungeheuer. »Religionen sind Pöbelaffairen«, nicht allein für Nietzsche, der es nötig fand, sich »die Hände nach der Berührung mit religiösen Menschen zu waschen«. Er hätte viel zu tun heutzutage. Denn die beiden Kirchen, die diesen Gott hierzulande vertreten, nutzen gnadenlos jede Gelegenheit, sich einzumischen, besonders gern in Bereiche, von denen sie gar nichts verstehen. Ihre sexuellen Verirrungen sind bekannt, betroffen ist aber auch der Sport.

Der »Sportpfarrer« der Evangelischen Kirche Deutschlands, S. Mentz, klagt ein »Mitspracherecht der Kirchen bei Sportthemen« einerseits ein: »Wir wollen Partner sein, nicht mehr und nicht weniger.« Andererseits hat das, was er partnerschaftlich beizutragen hat, wenig mit Sport zu tun: »Eine Gesellschaft, die die Niederlagen ihrer Spitzensportler nicht ertragen kann, ist zutiefst inhuman.« Ein Ansatz, der zutiefst sinnlos ist, denn wer dauernd verliert, ist eben kein Spitzensportler.

Auch die katholische Kirche steht allen Verlierern offen. P. Jakobi, Sportbeauftragter der Deutschen Bischofskonferenz, hat eine Vision: »Auf die Dauer wird es keinen humanisierten und kultivierten Sport geben, wenn nicht immer wieder die Sorge um den Konkurrenten, das Mitgefühl und die Versöhnung praktiziert werden.« Der Sportplatz als künstliches Paradies: »Es tut mir so leid, Herr Völler, daß ich Ihnen mit meiner Grätsche soeben den Meniskus freigelegt habe.« – »Nicht doch, Bruder Augenthaler, es geschah gewiß nicht mit Absicht. Schwamm drüber!« Die große Versöhnungsszene mit anschließendem gemeinsamen Gebet können wir uns wohl denken.

Unlängst hat sich sogar ein Bundesliga-Schiedsrichter vor dem Spiel auf offenem Feld bekreuzigt. Der Zahnmediziner in Schwarz, M. Merk aus Kaiserslautern, hat danach trotzdem einen rechten Mist zusammengepfiffen und die Gastmannschaft aus Mönchen-Gladbach in Karlsruhe mit Gottes Segen klar benachteiligt.

Ihre härtesten Anhänger finden die christlichen Religionen nicht von ungefähr in den allerhärtesten Sportarten. Der erfolgreichste deutsche Amateurboxer P. Hussing bekennt frei Schnauze: »Meine Richtschnur sind auch im harten Infight die zehn Gebote.« Gegen die kann der Superschwergewichtler kaum verstoßen, solange er seinen Gegner nicht ganz tot schlägt, denn von schwerer Körperverletzung ist darin nicht die Rede.

Im Mittelgewicht ist B. Hieber bereits zehnmal württembergischer Meister geworden. Im letzten Jahr schlug der schwergläubige Katholik seinen Endkampfgegner, einen gewissen Reitemann, mit einem linken Haken in Runde drei k. o. Die

›Stuttgarter Nachrichten‹ waren für uns am Ring dabei: »›Entschuldigung‹, sagt Hieber zu Reitemann. Und: ›Danke.‹ Und er küßt seinen Gegner auf die Haare und streichelt ihn. Aber der bekommt davon nichts mit. Seine Betreuer drehen ihn auf den Rücken und legen die Beine hoch.« So weit, daß B. Hieber auch im Kampf einmal freiwillig die linke Kinnspitze hinhält, geht seine Nächstenliebe allerdings nicht: »Es wäre im christlichen Sinne ein Verbrechen, wenn ich meine körperlichen Anlagen nicht ausnutzen würde«, meint der K.-o.-Sieger, denn: »Jesus sagt: Der Tempel ist der Leib des Herren.« War's nicht umgekehrt? Egal: acht, neun, zehn, Amen.

Noch bibelfester lebt und hält der Eishockeytorwart K. Friesen. Der gebürtige Mennonit raucht und trinkt nicht, dafür predigt er in seiner Freizeit Gewaltlosigkeit und liest bis kurz vor dem Match in der Bibel. Bisweilen schenkt er dem gegnerischen Keeper auch eine. Wozu er zwischendurch überhaupt Eishockey spielt? »Ich will Gott gefallen und spiele immer so, als wenn Gott mein einziger Zuschauer wäre.« Geschmack an Bodychecks und anderen Gewalttaten hatte der HErr ja schon immer.

Das prominenteste Opfer des christlichen Starkults ist derzeit B. Becker. Vor gut zwei Jahren lebte er noch »den ganzen Tag für Tennis«, denn »das füllt vollkommen aus«. Aber schon damals bewunderte er den Papst persönlich und bekannte: »Das Urbi et Orbi habe ich noch nie verpaßt.« Sein Verhältnis zu dessen Stellvertreter im Himmel war jedoch gestört. Zum einen hatte DEr einen Platzregen geschickt, ausgerechnet als B. Becker gegen Stefan Edberg so dicht vor seinem dritten Wimbledon-Sieg stand, zum andern »gibt es auch viele Ungerechtigkeiten auf der Welt«. Z. B. Armut, Krebs, Aids und Autounfälle. »Da kann man ab und zu zweifeln, daß es jemanden gibt.« Nach seinem glatten Erfolg über Edberg im Davis-Cup-Finale ist B. Becker nicht länger »am Zweifeln« und hat mit dem obersten Schiedsrichter seinen Privatfrieden gemacht: »Es gibt da oben doch einen, der für Gerechtigkeit sorgt!« Da haben die Hinterweltler nun einen treuen Fan – bis zur nächsten Niederlage zumindest.

MÄRZ

1.	Pierre Littbarski *(Spanner)*
2.	Wim Thoelke *(Entspanner)*
3.	Ernst Dieter Lueg *(Penner)*
4.	Gotthilf Fischer *(Schwindler)*
5.	Xaver Unsinn *(Sportler)*
6.	Wolfgang Rademann *(Hörsturz)*
7.	Heinz Gregor Johnen *(Kohlera)*

Vor gar nicht langer Zeit wurden ein paar Prominente gefragt, was sie mit einem Tage anfangen würden, der ihnen von einer gütigen Instanz geschenkt und zur freiesten Verfügung überlassen wäre, ohne jedwede Auflage. Jeder halbwegs normale Mensch möchte da bedenkenlos antworten: Frei wie ein Ferkel wollt' ich durch sonnenübertoste Wiesen tollen und sodann kopfüber in einen lauen Weiher gleiten, um mich hernach von Jungfern, weißgewandet, mit glühend süßen Beeren laben und eiskaltem Champagner abfüllen zu lassen, bis ich stop sag', und so fort. Getreu dem Goethewort: »Den Tag, den uns die Götter einmal nur im Leben gewähren können, feiere jeder hoch.«

Wie hoch, hat Goethe nicht gesagt. Der ARD-Studioleiter E. D. Lueg spricht es gelassen aus: »An so einem geschenkten Tag würde ich erst mal bis halb elf pennen.« Bis halb elf morgens, wohlgemerkt, denn der ausgeschlafene Gesprächspartner hat noch viel mehr vor, und alles ist so typisch, bescheiden und verhärmt: »Mittags würde ich in ein Restaurant gehen, in dem es mein Leib- und Magengericht, Erbsensuppe mit Eisbein, gibt.

Am frühen Nachmittag würde ich mich ganz meiner Familie widmen und einen gemütlichen Kaffeeklatsch halten. Am Abend würde ich mich dann einmal voller Genuß vor die Glotze setzen und von der ›Tele-Illustrierten‹ bis zu Kulis ›Nachtgedanken‹ alles anschauen, was das Fernsehen zu bieten hat.« Zum Beispiel: E. D. Lueg.

Das läßt womöglich P. Littbarski vorm offiziellen Fernsehprogramm zurückschrecken, sonst aber schreckt der rührende Familienvater vor nichts zurück, an seinem freien Tag schon gar nicht: »Da würde sich der Papa von morgens bis abends vor die Kiste setzen und sich Musik- und Film-Videos ›reinziehen‹ – meine große Leidenschaft.« Insofern hat der Litti dem Lueg gleich dreierlei voraus: Dribbelstärke, Ausdauer und eben – Leidenschaft.

Und da sage noch einer, Sportler hätten außer Sport nichts anderes im Dummköpfchen. Einer sagt es, Eishockey-Trainer X. Unsinn: »Mein Tag wäre ausgefüllt mit Sport.« X. Unsinn – der Mann heißt wirklich so – hat ein ganz genaues Feiertagsprogramm: »Schwimmen, Sauna, Radfahren, Tennis und als Krönung ein Golfspiel mit Franz Beckenbauer, das ich dann knapp aber verdient gewinnen müßte.« Nicht einmal zu einem glatten Sieg über Bernhard Langer reicht diese Phantasie.

Auch TV-Produzent W. Rademann macht am liebsten, was er immer macht, weil TV-Produzenten ohnehin nicht viel mehr machen können: »Ich würde von morgens bis abends nur telefonieren.« Der Muschelmaniak ist wirklich reif für seine ›Schwarzwaldklinik‹ mit *der* Telefonitis. »Abends würde ich dann heiser, aber wirklich glücklich zu Bett gehen.« Was in *dem* Schlaf für Träume kommen mögen ...

Eine ähnliche Führerfigur ist bekanntlich Helmut Kohl. Er führt bereits selbständig Ferngespräche: »Hello, Mr. New-President ... Kohl calling ... I only want to clop on the bush, hahaha ... auf den Busch klopfen – a german Kalower, you understand ...« Und so was würde der Hersteller von ›Zentis‹-Konfitüren, H. G. Johnen, freiwillig gern mitanhören müssen: »Ich würde gern einmal den Bundeskanzler begleiten, um festzustellen, wie dessen Arbeitstag aussieht!« wünscht sich der vergnügungssüchtige Masochist, ohne kirschrot zu werden.

»Ich würde«, trällert Chorführer G. Fischer, »mit Broten und einem kleinen Handklavier auf einen hohen Alpengipfel steigen, dort bis Sonnenuntergang wunderschöne Lieder komponieren.« Das Komponieren geht nämlich grad so geschmiert, wie es der kleine Gotthilf sich so ausdenken kann: »Die herrliche Bergkulisse würde mich sicher anregen.« Und wenn die's nicht bringt, sind ja immer noch die mitgebrachten belegten Brote da, um unser Naturtalent zu einem volkstümlichen Kanon auf die beleidigte Leberwurst zu inspirieren. »Davon träume ich seit Jahren.«

Eine Künstlernatur ist eigentlich auch W. Thoelke. Das schlummernde Talent würde er glatt herauslassen: »Wenn Sie für mich den 366. Tag erfinden könnten, dann würde ich mich zu Hause hinsetzen und ein Bild malen.« Das Dumme ist: Es gibt Beweise, daß der Schaltnarr es bereits getan hat. Nur wer W.-Thoelke-Bilder kennt, vermag das Opfer zu ermessen. Und W. Thoelke kennt seine Bilder. Und obwohl er sie kennt, greift er immer noch zum Pinsel, zumindest im Entspannungsfall: »Obwohl ich das nicht kann, entspannt es mich ungeheuer.« Fragt sich, warum das ZDF-Ungeheuer nicht ebenso entspannt seine Arbeit als Fernseh-Unterhalter macht? Das kann er schließlich auch nicht.

Fazit: Wir können nur froh sein, daß unsere Prominenten so sehr mit sich und dem Beantworten dummer Fragen beschäftigt sind, einen freien Tag brauchen sie bestimmt nicht, denn keiner wüßte etwas Gescheites damit anzufangen. Ganz Schlaue, oder solche, die sich ganz schlau vorkommen, wie der Chef der Kölner Fordfabrik D. Goeudevert, würden das Göttergeschenk am liebsten gleich weiter verwerten: »Ich würde diesen Tag jemandem schenken, der ihn dringender braucht als ich – einem todkranken Kind vielleicht oder Mutter Teresa in Indien.« So spart man Spenden, macht kostenlose Werbung und hat ganz umsonst noch ein reines Gewissen: Tu bloß nichts Gutes – rede nur darüber.

APRIL

1.	Nastassja Kinski *(Sensoalistin)*
2.	Hanna Schygulla *(Valentineuse)*
3.	Claudia Gehrke *(Herausgeberin)*
4.	Klaus Hoffmann *(Herausgeber)*
5.	China *(Rockband)*
6.	Swatch *(Ticktack)*
7.	Lothar Matthäus *(Pipifax)*

Wer oft genug ins Kino geht und zur Pünktlichkeit neigt, wie wir, wird bestimmt Probleme mit der Werbung bekommen. Kaum ein Spot wird durch häufigeres Betrachten ansehnlicher: Männchen, Bierchen, Sensatiönchen verlieren zusehends an Reiz, ernst Verkauftes wird langweilig, komisch Gemeintes bald noch langweiliger. Eine Ausnahme macht die Reklame für die französische Duftmarke ›Senso‹: Bereits beim ersten Hinsehen löste der Minutenfilm ein solch beklemmendes Gefühl schweißtreibender Peinlichkeit aus, dafür hätten selbst erprobte Peiniger wie Horst »Hotte« Buchholz oder Liselotte »Lilo« Pulver ihrerzeit Stunden gebraucht. Dank N. Kinski. Denn außer ihrem Oberteil und ›Senso‹ gibt es nichts zu sehen. Unverschleiert und hüllenlos schmust die Flopgarantin mit dem Parfumflacon und spricht noch dazu. Vom ersten zarten Hauch (»o, wie du mich verwirrst . . .«) bis zum letzten Seufzer (»ich bin Nastassja – du bist Senso.«) ist es so duckmäuschenstill im Kino, daß man eine Atombombe zu Boden fallen hören könnte und möchte.

Eine öffentliche Liebeserklärung hat auch H. Schygulla

abgegeben, und zwar schriftlich. Im Piper-Taschenbuch ›Klagelied einer Wirtshaussemmel‹ darf sie zwar nicht die Titelrolle spielen, denn das enthält »eine Auswahl aus dem Werk Karl Valentins«, aber eben »mit einem Liebesbrief von Hanna Schygulla«. Natürlich wird der geliebte Valentin gleich geduzt: »nichts ist dir selbstverständlich, alles bringst du in bewegung bis es aufbricht und entgleist und dann endlich ein zweiter und ein dritter hintersinn zutage kommt.« Die Entgleisung ist selbstverständlich einsinnig, und der Brief geht unkorrigiert an die Absenderin zurück: »unermüdlich in deinem wahnsinn zeigst du auf den bruch zwischen ich und welt . . .« Ach, wer da mitbrechen dürfte.

Im Rowohlt-Verlag sollte die Anthologie ›In Liebe – Von Herz und Schmerz‹ erscheinen. Uns liegt nur die »Einladung zur Mitarbeit« vor, in der die Liebe zweimal hinterfragt wird: »Ist Lieben nicht ein Vorgang der Unvollkommenheit, des Suchens, Stolperns, Findens? Ein immerwährender Aufbruch, das Rimbaudsche ›Trunkene Schiff‹?« Nein, wer, wie der Herausgeber K. Hoffmann, schon über den Namen Rimbaud stolpert, sollte sich damit abfinden, daß nur besonders liebestolle Blindgänger ihre »›Schnipsel‹ in Sachen ›Liebe‹ zusammenstellen« und in seine »freche, sinnliche, liebe-volle und vor allem wi(e)dersprüchliche Sammlung« im Rimbaudschen Sinne »voll« einbringen mögen.

Das »Jahrbuch der Erotik« soll »nunmehr auch – so Gott will – jährlich erscheinen, der Band IV folglich im Herbst 1989«. C. Gehrke vom ›konkursbuchverlag‹ will es so. ›Mein heimliches Auge‹ nennt sie diese Offenbarung von »persönlichen sexuellen Obsessionen« aus ihren Kreisen. Die Liste der bisherigen Beiträger ist lang, und leider sind viele Bekannte darunter. Die eigentliche Unverschämtheit dieser Einladung zur Drecksarbeit kommt aber erst zum Schluß: »Honorar kann leider nicht gezahlt werden, aus ›guten‹ Gründen (vgl. Beiblatt des Verlages).« Da wird den potentiellen Selbstentblößern mitgeteilt, »daß der Verlag dieses Vorhaben als ein so eigennütziges Vergnügen aller Beteiligten versteht, daß er es auch in honorarrechtlicher Hinsicht als selbstlos betrachtet«. Wer solch ein Selbstlos zieht, ist wirklich eine Niete.

Zum Thema »erste Liebe« hat die »Swatch AG« in ihrer »Lollypop«-Kollektion gleich zwei Armbanduhren namens »Pink Lolly« und »Blue Lolly« sowie folgendes Gedicht beigetragen: »Liebesgrüße aus der Jukebox: ›Lolly-pip, Lolly-pop!‹ ›Himmelblau und Rosarot.‹ ›Lollypip, Lollypop!‹ ›Lolly-pink‹ und ›Lolly-blue‹. ›Schu-bi-di, Schu-bi-du!‹ Sofia Loren, Cadillac, ›Ticke-Tick, Ticke-Tack!‹ Träumereien auf Türkis. ›Schu-bi-das, Schu-bi-dis!‹ ›Lolly-lolly-lolly-pop . . .‹« Diese und ähnliche Verse finden sich in der Broschüre »Limited Edition only« und sind »Zum Kuckuck und zum Bewundern«. Oder eben zum Davonlaufen.

In der Schweiz wird natürlich auch gegen AIDS geworben, »wie das einer aufgeklärten und solidarischen Schweiz wohl ansteht«. Unter der Oberaufsicht von Bundesrat Flavio Cotti haben 33 aufgeklärte und prominente Schweizer ihr solidarisches Urteil abgegeben, und siehe: Kein einziger findet AIDS gut. Auch »China, Rockband«, nicht: »Hallo! Wir sind ›China‹ und sind glücklich, daß wir kein AIDS haben«, versichern die fünf Langhaarigen glaubhaft. Ihr Appell hat uns gerührt: »Macht doch, daß auch diejenigen, die AIDS haben, glücklich sind.« Machen wir doch sofort.

L. Matthäus macht Werbung für den Fußball und für »Ricoh«. Aus der ganzen »Welt der Kommunikation« hat es ihm speziell der »Ricohfax 07« angetan, das schärfste Teil seit Schalke 04. Denn »schließlich ist Faxen die einfachste, schnellste und meistens auch billigste Methode, um Briefe, Zeichnungen oder Fotos von einem Ort zum anderen zu senden« und für L. Matthäus: »Meine Verbindung nach Hause.« Ein Foto zeigt, daß L. Matthäus eben so ein Tele-Fax von daheim bekommen hat und wie er sich nun freut über den Inhalt, den wir leider nicht einsehen können. Was mag wohl darin stehen? »Lieber Lothar, mir geht's gut. Wie geht es Dir? Mutti«? Und was soll der liebe Lothar darauf antworten? Auch gut? Prima? Super? Banane?

MAI

1.	Helmut Haussmann *(Wirtschaftsführer)*
2.	Roland Mecklinger *(MBB)*
3.	Klaus Helbert *(Aufsteiger)*
4.	Karl Baumgartner *(Berater)*
5.	Hans Bender *(Personalchef)*
6.	Götz-Michael Müller *(General Manager)*
7.	Jürgen W. Möllemann *(Aushilfskellner)*

Der amerikanische Film ›Working Girl‹ – zu deutsch: ›Die Waffen der Frauen‹ – hat uns zu denken gegeben; das lag vermutlich nicht im Sinne der Erfinder dieser Geschichte, die eindeutig als modernes Märchen angelegt war: Es handelt von einer kleinen ehrgeizigen Sekretärin, die sich unter freundlicher Mithilfe eines gutaussehenden Herrn, vorbei an ihrer bösen Vorgesetzten, hocharbeitet. So weit – aber wie gut?

Am Ende nämlich bekommt das Aschenputtel zwar ihren kleinen Prinzen, nicht jedoch die halbe Firma dazu, sondern bloß ein schäbiges kleines Büro in einem schäbigen großen Bürohaus, das ganz viele solcher schäbiger kleiner Büros enthält. Falls dies Yuppie-End zynisch gemeint war und beweisen sollte, daß sich die stressige Plackerei ohnehin nicht lohnt und die ganze Anstrengung umsonst war, macht der Film das nicht sichtbar, denn Aschenputtel freut sich wie eine Schneekönigin über ihre Beförderung zur Bürostute, und das Kinopublikum wirkte auch recht zufrieden.

Solche Filme gibt es noch nicht lange, es hat sie – zumindest seit den fünfziger Jahren – lange nicht mehr gegeben, und solch ein Schluß wäre vor zehn Jahren noch anders empfunden worden.

Vor zehn Jahren und mehr galt es eben noch nicht oder nicht mehr sonderlich erstrebenswert, Karriere zu machen, und Erfolg wirkte unpassend, zumal wenn sich jemand gar noch anstrengen mußte dafür. Streber waren verpönt, heute werden sie bewundert und beneidet. Erfolg war in den siebziger Jahren etwa so einzuschätzen wie ein Lotteriegewinn, ihn als persönliches Verdienst zu betrachten, wäre niemandem eingefallen, zumindest nicht öffentlich, denn damit anzugeben galt als äußerst unschicklich; man verbarg etwaige Genugtuung tunlichst hinter gespielter Gleichgültigkeit und scherzhaften Untertreibungen. Kein Erfolgreicher, der sich nicht im tiefsten Herzen als Hochstapler gefühlt hätte und zutiefst schuldig allen Erfolglosen gegenüber; ein Tribut an die höheren Ideale, mit denen er in den sechziger Jahren einmal angetreten war.

Die Siebziger waren ein Jahrzehnt der moralischen Heuchelei; und das war recht so. Denn die Schamlosigkeit der achtziger Jahre ist unverschämt und zuflachst unmoralisch. Ehrgeiz ist ein vulgärer Trieb, seine Folgen sind asozial und gemeingefährlich. Ihn auch noch zu fordern und zu fördern, ist, wie die Anstiftung zu den meisten Übertreibungen, lasterhaft, verdammenswert und zudem überflüssig. Selbstwert über Erfolge zu beziehen, deren Qualität sich an den Maßstäben einer Konsumgesellschaft bemißt, ist zwar bequem, kann sich aber rächen, da man sich sämtlichen gesamtgesellschaftlichen Umwertungen und Schwankungen unterwirft und sogar von Trends und Moden abhängig macht. Dieser Zeitgeist hat etwas Gespenstisches, da er sich praktisch so einfach materialisieren läßt und theoretisch doch so schwer seinen Ausdruck findet. Sobald er es versucht, in ganzen Zeitschriften oder einzelnen Artikeln, macht er sich sogleich verdächtig und klingt zumeist geschmacklos, wenn nicht peinlich.

›Winners‹ nennt sich so ein Zeitgeist-Magazin, Untertitel: »Erfolg und wer dahinter steckt«. Dahinter steckt zunächst die banale Weltanschauung, zu der sich die gesamte ›Winners‹-Redaktion bekennt: »Die Welt will Sieger sehen, denn Verlierer sind nun mal zum Heulen.«

Dafür sind Gewinner lächerlich, vor allem, wenn sie den Wegweisern zur Straße des Erfolgs gefolgt sind. Die ›Bild‹-Zeitung hat die »Sieben Todsünden bei der Bewerbung« übersichtlich aufgelistet. Alttestamentarisch streng sind schon die Kleidervorschriften: »Jeans, Turnschuhe sind beim Bewerbungsgespräch tödlich.« Unterwürfigkeit ist dagegen nützlich: »Auf keinen Fall den Namen des Personalchefs (und etwaige Titel) vergessen.« Sehr wohl, o unabhängige und überparteiliche Tageszeitung, deren Namen wir nie vergessen wollen. Dr. Bild warnt weiter: »Schlimmste Sünde: Gleichgültigkeit. Immer den Eindruck erwecken: Für mich gibt's nur diese Firma und sonst keine! Wem das nicht gelingt, der braucht sich gar nicht erst zu bewerben.«

Wer jedoch diesen Grundkurs in Heuchelei geschafft hat, dem gibt »Deutschlands erste Zeitschrift für Aufsteiger«, genannt ›Coupé‹, weitere »7 Tips zum Goldenen Aufstieg« mit auf den »Weg nach oben«. Mit »Product Placement« geht es los: »Kaufen Sie sich regelmäßig einen Schwung Fachzeitschriften. Aber lesen Sie die bloß nicht zu Hause, wo Sie keiner sieht.« Wichtig ist allein, daß der »Boss« die Fortbildungsbemühungen zur gefälligen Kenntnis nimmt: »Das macht Eindruck.« Und weiter geht's: »Vertrauen schaffen« kann jeder, der bereit ist, sich selbst aufzugeben und dafür die Vorlieben und Abneigungen seines Vorgesetzten anzunehmen: »Die alte Weisheit gilt immer noch: Mein Chef hat einen Hund – ich mag Hunde. Mein Chef hat ein Kind – ich mag Kinder. Mein Chef hat eine Frau – ich bin schwul.« Allerdings nicht im Vorzimmer der Macht, denn da wird maskulin charmiert: »Die Sympathie der Chefsekretärin ist immer eine große Hilfe.« Die »Steigbügel« könnte indes auch ein anderer Kollege halten: »Seien Sie also ein Mensch, der anderen schon mal die nötige Stütze gibt.« Freilich nur, wenn es sich auszahlt. »Mit einer Art leichtflüssiger, charmanter Hilfsbereitschaft kommen Sie weiter, als Sie vermuten würden.« Mindestens bis zum Arschloch des nächsten Vorgesetzten. »Bis Sie das aber erreicht haben, warten Sie den günstigsten Zeitpunkt ab und lassen Sie einen geeigneten Namen fallen.« Arschloch? Nein, »Name-Dropping« nennt sich diese Abart der Protzerei. Und daß uns »keine Klagen« kommen, wenigstens nicht über die anderen Arschlöcher: »Zwischen den Vorgesetzten herrscht nämlich eine Art von automatischer Solidarität.« Das dürfte sogar stimmen; deswegen gehört auch die »Verbrüderungstaktik« von unten nach oben »zum Schwierigsten überhaupt«: »Lassen Sie sich jederzeit zu einem Umtrunk einladen. Trinken Sie munter mit!« Aber bloß nicht munterer als der Chef: »Er darf nicht besoffen werden! Sie auch nicht!« Höchstens angeheitert: »Dabei ist es am wichtigsten, darauf zu achten, daß er möglichst keinen Kater bekommt. Den nimmt er Ihnen garantiert übel.« Übel wird uns bereits bei der Vorstellung, wie sich unsere Aufsteiger auch noch in die Kopfschmerzen ihrer Vorgesetzten einfühlen müssen.

H. Bender, »Leiter Personalentwicklung Nestlé Deutschland AG«, faßt gnadenlos zusammen: »Man muß hart arbeiten und sich dabei mit jeder (!) Aufgabe identifizieren.« Das Ausrufungszeichen stammt von ihm, und seine Opfer sehen wir fast täglich auf der Frankfurter Freßgasse: Banklehrlinge, Büroboten, Ladenschwengel, mehr oder weniger perfekt auf Wall Street gestylt, wie sie in ihrer Mittagspause breitbeinig vor dem Bistro Wichtig Platz nehmen, dezent die Hosenträger oder die neuen Armbanduhren sehen lassen, um sodann mit so skeptischen Mienen die Speisekarte zu studieren, als hinge von ihrer Entscheidung für Feldsalat mit Waldpilzcroutons an Riesenshrimps der Fortbestand der freien Geldwirtschaft ab.

›Coupé‹-Chefredakteur K. Helbert kann nur wiederholen: »Eine leistungsbereite junge Generation ist angetreten.«

Und je jünger einer antritt, desto besser. Christopher Peach bekam zu seinem dreizehnten Geburtstag 900 Mark geschenkt. Er kaufte sich einen Schwung Fachzeitschriften und beschloß, sein Geld zu vermehren. In drei Jahren brachte er es durch allerhand Spekulationen zu einem Dispositionskredit von immerhin DM 300 000,–, was beweist, wie kinderleicht das Geschäft ist. Denn in der Schule war Christopher nicht weiter aufgefallen, zumindest nicht seinem Direktor: »Er brachte ausreichende, aber keine guten Leistungen in allen Fächern. Keine Disziplinarstrafen, keine besonderen Vorfälle – da deutete nichts auf ein Wunderkind oder auf verbrecherische Anlagen.« Auch die Mitschüler nahmen Christophers Geldanlagen nicht ganz ernst, obwohl: »Zu einer Mathematikstunde brachte er mal eine Flasche Champagner mit, um einen guten Abschluß zu feiern.« So gut wurde der Abchluß dann doch nicht, durch den großen Börsenkrach von 1987 verlor der angehende Millionär mehr als er hatte: 60 000 Mark Schulden sind ihm geblieben. Und das betrifft sogar seine Eltern, die alles zurückzahlen sollen. Vater Leonard: »Ich würde gern meine Meinung über Makler sagen, die Schulkindern Kredite einräumen . . .« Diese Makler sind durchaus nicht einer Meinung: »Was Christopher getan hat, ist gefährlich. Er darf nicht ohne Strafe davonkommen«, meint einer. Ein anderer: »Christopher ist ganz offensichtlich talentiert und ein smarter Junge.« Seine Firma hat dem Money-Boy bereits einen Job als Jungbroker angeboten.

Trotzdem macht sich K. Baumgartner, Unternehmensberater aus Sindelfingen, noch Nachwuchssorgen: »Die qualifizierte Entwicklung des Managementnachwuchses verläuft nicht so schnell, wie die Wettbewerbswirtschaft es erfordert.« Es geht den Leuten einfach zu gut. »Ja, man kann sagen, die Bundesbürger sind zu satt geworden.« Ob sich neuer Heißhunger künstlich wird herstellen lassen? K. Baumgartner ist skeptisch. »Ich will Ihnen mal ein Beispiel erzählen: Unser Unternehmen hatte in Hamburg einen Außendienstmann, einen Diplomingenieur, prominenter Elektroniker, hochbegabt. Den wollte ich in unsere Firmenzentrale holen. Der hat gekündigt mit der Begründung: ›Ich hab' hier bei Hamburg ein großes Haus, tausend Quadratmeter Garten – wo krieg' ich so was noch um Stuttgart herum?‹ Außerdem wollte seine Frau nicht wechseln.« Und er wollte offenbar die Frau auch nicht wechseln – so geht das nicht weiter, daß die Leute einfach auf ihrem Glück bestehen. »Man hat sich hierzulande viel zu lange auf den Lorbeeren ausgeruht«, findet K. Baumgartner. »Jetzt ist's höchste Zeit, daß alle umdenken.«

So denkt auch H. Haussmann, ehemaliger FDP-Generalsekretär und seit ein paar Monaten Wirtschaftsminister in Bonn. »Bisher habe ich alles erreicht, was ich mir vorgenommen habe«, gibt der »realistische Optimist« flott an. Und flott sieht er auch aus, dafür sorgt schon der persönliche Freund und Berater Uwe Holy, Mitbesitzer der ›Boss‹-Bekleidungsindustriebetriebe. Auf solche Leute baut der FDP-Dressman: »Mit denen werden die neunziger Jahre gestaltet.« Wir können uns gut vorstellen, wie die dann aussehen werden: pflegeleicht und redeseicht, falten- und gedankenlos wie H. Haussmann, der seine schleimige Anpassungsbereitschaft allen Ernstes für »gelebte Liberalität« hält. Auf seine Daimler-Benz-Vergangenheit kann er besonders stolz sein: »Ich stand im härtesten Winter an der Maschine, war bei einer Arbeiterfamilie in Bruchsal untergebracht: Diese Erfahrungen haben mich sehr geprägt.«

So gern leidet sonst nur Mitaufsteiger J. W. Möllemann unter frühkapitalistischen Prägungen: »Als ich in Münster studierte . . . jobbte ich als Kellner, unter anderem im ›Alten Gasthaus Lewe‹ in der Altstadt. Seitdem beherrsche ich nützliche Dinge wie Vorlegen und Flambieren«, erinnert sich der flambierte Herr. »Schließlich war es nicht damit getan, den Gästen einfach ihr Bier vor die Nase zu knallen.« Daher also J. W. Möllemanns geschliffene Untergangsformen und seine Fähigkeit zu dienern. Selbst als Bildungsminister möchte man ihm glatt ein Trinkgeld zustecken, dafür, daß es ihm endlich gelungen ist, die Wirtschaft davon zu überzeugen, daß sie wieder »in Humankapital investieren« müsse.

Mit anderen Worten: Die Wirtschaft braucht Eliten, und dafür braucht es Elite-Schulen wie die Hochschule St. Gallen in der Schweiz. Der Primus kommt aus Deutschland: M. Gabriel, Diplomnote 1,0: »Das unterscheidet Handwerk von Genie.« Als erstes Jahresgehalt kann sich das Genie nur eine runde Summe vorstellen: DM 100 000 – das klingt eher durchschnittlich. In St.

Gallen werden unter ähnlichen auch der junge Lambsdorff und die junge Süssmuth auf den Konkurrenzkampf vorbereitet, indem sie lernen, was Michael, Graf von Westphalen, so formuliert: »Die Lösung der ökonomischen, ökologischen und sozialen Probleme des dritten Jahrtausends liegt im vernetzten Denken.« Petri Heil, wünscht dazu auch G. M. Müller, Generalmanager im Unternehmensbereich Jacobs Kaffee, der für die Zukunft seiner Firma auf ganzseitigen Anzeigen nach »Generalisten, die ein kompliziertes Netzwerk managen können«, Ausschau hält.

Wer dächte dabei nicht an Helmut Kohl? R. Mecklinger, Vorstandvorsitzender bei Messerschmidt, Bölkow und Blohm, bewundert seinen Kanzler als Hoffnungsträger und überhaupt: »wenn der einen Raum betritt, herrscht Ruhe. Da halten die Existenzängstler um ihn herum den Mund.« R. Mecklinger kann seinen Mund nicht halten; das, was herauskommt, wird von eifrigen Mitarbeitern gesammelt und gerahmt als »Mecklingers Marketing Laws« an die Bürowände gehängt, wo es auch hingehört. Altspontisprüche wie z. B.: »Am Markt sind wir immer ganz vorne – sollten wir mal hinten sein, wechseln wir die Richtung.« Oder: »Im Mittelpunkt all unserer Bemühungen steht der Kunde – und dort steht er uns voll im Wege.« Ein nicht ungefährlicher Standpunkt, MBB stellen nämlich vornehmlich Geräte zur Kundenbeseitigung her. Was mit all den Raketen und Kanonen passiert, ist R. Mecklinger Wurscht: »Auch mit Küchenmessern werden Morde begangen und nicht zu knapp. Ist der Hersteller dafür verantwortlich?« Vermutlich hält der Chefaphoristiker auch diese Parade für schlagfertig – er sollte nur einmal versuchen, sich mit einer Flak ein Butterbrot zu schmieren. Das ist unmöglich? Doch nicht für R. Mecklinger: »Ein Mann ohne Ehrgeiz, das ist für mich kein Mann.«

(wird fortgesetzt)

JUNI

1.	Helmut Haussmann *(Mittelstandsrechtler)*
2.	Nicole Dörfler *(Frauenrechtlerin)*
3.	Alain Minc *(Marktschreier)*
4.	Alain D. Perrin *(Marxkenner)*
5.	Richard Branson *(Performer)*
6.	Anita Roddick *(Ganzkörperphilosophin)*
7.	Jeffrey Armstrong *(Computeranbeter)*

Wir sprachen von Karrieren und Erfolg und der Schamlosigkeit derer, die nichts Gescheiteres zu tun wissen, als sie zu machen, um ihn zu haben, und die darauf auch noch stolz sind.

Klaus Helbert, Chefredakteur bei »Deutschlands erste(r) Zeitschrift für Aufsteiger«, ›Coupé‹ genannt, vermutlich um die Windschlüpfrigkeit des Unternehmens zu betonen, bringt es auf den Begriff: »Karriere heißt das Ideal dieser Generation.« Ein windigeres und schlüpfrigeres ist kaum auszudenken.

H. J. Brandt, Präsident des »Deutschen Werbefilmproduzentenverbandes«, hat es trotzdem geschafft, er kann es nur so schwer ausdrücken. »Ich kann meist nicht zusammenhängende Sätze sprechen«, gibt er in diesem Zusammenhang zu und liefert gleich den Beweis: «Ja, ja, Thesen wegdonnern. Tue ich, ja. Zack. Bumm. Zisch. Weg. Aus. Titsch.« Was er meint, dürfte klarwerden: »Ich habe jetzt ein Motto: Du lebst heute, du hast keine Angst vor der Zukunft.« Das klingt praktisch, und es bedeutet: »Wenn ich weiß, daß ich in fünf Minuten sterbe, kann ich sagen: Aha, du hast Liebe gehabt, du hast Emotionen gehabt,

Leid, sportlichen Erfolg, und hast deine Spielzeuge gehabt, Autos, Stereoanlagen.« Soweit die Haben-Seite – aber was wird mit der Soll-Seite? Was soll H. J. Brandt z. B. mit den verbleibenden dreieinhalb Minuten anfangen?

Womöglich sollte er die Erfolgsrezepte mit in die Grube nehmen, die sein Wirtschaftsminister H. Haussmann unter dem vielversprechenden Titel »So schaffen wir ein neues Wirtschaftswunder« in einer ›Bild‹-Serie hemmungslos veröffentlicht hat. Sie lassen sich à la minute zusammenfassen: Wenn diejenigen, denen es bei uns nicht so gut geht, bereit sind, für weniger Geld mehr zu arbeiten und ihre sozialen Sicherheiten ganz aufzugeben, wird es denjenigen, welchen es ohnehin schon gut geht, in Zukunft noch besser gehen. Im einzelnen macht sich H. Haussmann noch einige Sorgen um seine Klientel: »Unsere deutschen Unternehmenssteuern sind noch viel zu hoch.« Und: »Unsere Löhne und Lohnzusatzkosten . . . und die Umweltschutzauflagen gehören inzwischen zu den höchsten und schärfsten der Welt.«

Deswegen ist H. Haussmann »gegen weitere tarifliche Arbeitszeitverkürzungen und für flexible Lösungen«. Will sagen: für unbezahlte Überstunden und gegen Kündigungsschutz und sonstigen Sozialklimbim. Auch ein »Tempo-Limit«, das »die Qualität und damit die Nachfrage nach deutschen Autos im Ausland« gefährden könnte, und »die Quotenfrau«, die »nämlich letztlich ein Geschöpf sozialistischer Ideologen von gestern« ist, will der Unternehmerfreund von heute unbedingt verhindern. »Wenn wir an der Spitze der westlichen Industrieländer bleiben wollen, müssen wir wieder beweglicher werden« und dürfen nicht an unseren Arbeitsplätzen kleben wie ein Minister an seinem Sessel. Da setzt H. Haussmann natürlich auf die neue Jugendbewegung: »Sie sind der modernen High-Tech-Welt gegenüber aufgeschlossen wie keine andere Generation.« Sehr wahr: Es soll bis vor kurzem noch ganze Generationen gegeben haben, die kannten noch nicht einmal einen Computer. Wie anders unsere Videospielkameradschaft: »Viele weniger entwikkelte Länder beneiden uns um diesen Nachwuchs.«

Sogar »Gorbatschows Topleute studieren bei uns Marktwirtschaft«. Und das sollen sie bei uns lernen: »Blazer statt Plastik-Parka. Jogging statt Stechschritt.« Clearasil statt Pikkel.

Bits statt Beten lehrt bereits J. Armstrong, der die erste High-Tech-Religion der Welt gestiftet hat. »Von Kalifornien aus werden wir unseren Glauben in das ganze Land und in die ganze Welt tragen.« Allzuviel wird »Saint Silicon« daran nicht zu schleppen haben, seinen Kunststoff zu glauben, fällt indes schwer, so wenig originell klingt sein Erweckungserlebnis: Da schlug ein Blitz vom Himmel in seinen »Macintosh PC«, und der programmierte Heilige »verlor das Bewußtsein, und beim Erwachen erblickte ich das Computer-Vaterunser auf dem Bildschirm«. Und das geht so: »Programm Unser, das Du bist im Hauptspeicher wie auf Festplatte, Hallo sei Dein Name. Dein Befehl geschehe, wie auf dem Drucker, so auch auf dem Bildschirm.« Zu dumm, um wahr zu sein? Angeblich glauben bereits »einflußreiche Manager aus Computerindustrie und Finanzwelt« diese holprige Computerlyrik.

Und auf solche Jünger möchte wiederum H. Haussmann sein »neues Wirtschaftswunder« bauen: »Der Mittelstand, das sind die neuen Computer-Bauer, die Existenz-Gründer, die jungen Herausforderer, die Aufsteiger.« H. Haussmann ist ihr Gründervater und Prophet: »Unser Mittelstand hält die Wirtschaft auf Trab.« Aufsteiger Haussmann betet sie geradezu an, diese »Liberos der deutschen Wirtschaft, die wendig jede Lücke erspähen und die Produktion mit ihrer Dynamik in Schwung halten«. Tief über den Rücken seines Steckenpferdes gebeugt möchte der Mittelstandsminister ihnen vorauspreschen: »Die junge Selbständigengeneration hat eine regelrechte Aufbruchstimmung erzeugt.« Kein Wunder, daß dem Wirtschafts-Avantgardisten da die Gäule durchgehen: »Der Mittelstand steht für Unabhängigkeit und Liberalität.« Zumindest, wenn man unter Unabhängigkeit das Verkümmern menschlicher Beziehungen und sozialer Bindungen versteht, und unter Liberalität die Freiheit, auch nach Feierabend durchzuschaffen. Hauptsache,

»sie sind stolz auf ihre Leistung und arbeiten weit mehr als 38 oder 40 Stunden die Woche«.

Warum sind sie das? Wozu tun sie das? Offenbar reicht ihr Vorstellungsvermögen nicht weiter. »Als ich in England der Größte war«, bekennt T. Berry, Chef der ›Manpower‹-Dienstleistungsträger, »gab es nur einen logischen Schritt: der Größte der Welt zu werden.« Dabei weiß man doch, spätestens aus dem Märchen ›Vom Fischer und seiner Frau‹, wo solche Omnipotenzphantasien enden: im heimischen Pißpott.

Aber das scheint die mittlere Generation nicht zu stören, sie haben andere Erfahrungen: »Sehen Sie«, sagt U. Schneider, vierzig Jahre alt und Marketingleiter der ›Lufthansa‹, »wir sind doch die Klasse von 1968. Wir sind diejenigen, die nicht mehr aufgestanden sind, wenn der Professor hereinkommt. Das hat viel mehr geändert, als wir gedacht haben.« Fragt sich nur, was? Zunächst die Ansprüche hereinkommender Professoren, die diese der veränderten Realität angepaßt haben. Die Aussprüche der ehemaligen Sitzenbleiber klingen dagegen nicht eben neu.

»Ich will gewinnen«, sagt A. Minc, 39, Unternehmensberater in Paris, »ich bin doch kein Masochist.« Dafür sieht sich der Eliteschüler »als Linksindustrieller«, allerdings mit der rechten Überzeugung: »Der Kapitalismus ist ein Element, das die Gesellschaft in Bewegung hält.« Die Richtung ist uninteressant – Bewegung an sich ist das einzige, was zählt, da es sich in Zahlen ausdrücken läßt. »Wir verdoppeln jedes Jahr unsere Umsätze und den Profit«, rechnet A. Sugar, 43, Armstrad Computers, London, sich vor. »Alles darunter wäre ein Mißerfolg.« Den fürchten sie alle, doch keiner gibt es zu. Sie denken mechanistisch und klammern sich an Automatismen: »Wenn man mehr Beweglichkeit will«, wie A. Minc wiederum, »landet man automatisch auf dem Markt.« Und was will man dort? »Der Markt, c'est la vie.« Das ist wenigstens ein klares Wort.

Man kann es auch komplizierter ausdrücken. R. Branson, 38, hatte schon als Siebzehnjähriger den Plan, »die 68er-Generation zu vermarkten«, indem er »diffuse Solidaritätsgefühle jener

Tage« gezielt ausnutzte. Geblieben ist ihm das schwammige Denken und der schlampige Outfit jener Jahre sowie die Erkenntnis, daß »erfolgreiche Arbeit nicht von der Kleidung abhängig« ist. Seine Firma ›Virgin‹ produziert, verkauft, besitzt Schallplatten, Kleidung, Reisen, Design, Hotels, Restaurants; Jahresumsatz etwa eine Milliarde Mark. Der Chef selbst pflegt sein Image als Hippie-Kapitalist, der natürlich Yuppies haßt: »Wenn ich daran denke, daß die meine Produkte kaufen, wird mir ganz schlecht.« Dann geht er in die Luft und überquert im Heißluftballon den Atlantik. Das ist gut fürs Geschäft, denn »der Firmenname wird mit meinen Abenteuern verbunden«, und: »The performance is the message.« Diese Botschaft klingt bei R. Branson bisweilen altbacken, wie aus dem Lesebuch für die Unterstufen: »Man muß aber viele Samen pflanzen, um zu ernten, allerdings dann auch wieder rechtzeitig die kranken entfernen und die Verluste begrenzen . . .« Welcome, Mr. Chance! Dann wieder spricht der Sämann den unteren Klassen ganz spontimäßig Trost zu: »Jemand, der gestern beispielsweise noch den Flur geputzt hat, kann, wenn er will und die Fähigkeiten dazu entwickelt, heute Manager eines Studios werden.« Leere Versprechungen kosten nichts, werden von seinen 1700 Angestellten sicher gern gehört und würden ja erst bedrohlich, wenn es auch umgekehrt ginge: doch vom Führer zum Putzer bringt es selten einer.

Eine religiöse Gemeinschaft würde A. Roddick am liebsten aus ihren kosmetischen Unternehmen machen. Ihre Angestellten werden zu Jüngern, ob sie wollen oder nicht: »Die Leute, die bei mir arbeiten, werden einfach bessere Menschen.« Die Kundschaft sowieso, denn »Body Shop vertritt eine Ganzheitsphilosophie . . .«, die sich rein äußerlich vor allem im Weglassen teurer Verpackungen ausdrückt. Man verkauft die Seife, das reine Gewissen ist gratis. »Nicht umsonst ist Deutschland der Markt, der am schnellsten expandiert.« Die Deutschen lieben eben die einfachen Dinge und Gedanken. »Unsere Artikel sind denkbar einfache Naturprodukte, wie sie so viele Naturvölker schon seit Jahrhunderten benutzen.« Der saubere Wilde als

Ideal? Nicht ganz: »Unserer Vorstellung von Schönheit kommt Mutter Theresa oder Bob Geldof am nächsten.« Man hat eben nichts gegen lange Haare – nur gepflegt müssen sie sein. »Alles hat seinen Ursprung in den 60ern. Da hatten wir die Ideen«, verkündet A. Roddick. Heute hat die »grüne Anarchistin« auch das Geld dazu und ist in England immerhin zur »Geschäftsfrau des Jahres« gewählt worden. Sie sagt »einfach die Wahrheit«, und die lautet: »Die Leute wollen heute Produkte von Firmen, zu denen sie Sympathie hegen.« A. Roddick behauptet, sie »habe noch nie eine Denkpause eingelegt«. Womöglich sollte sie das doch mal versuchen.

Es geht nämlich auch umgekehrt; das beweist der erfolgreiche deutsche Schnapsverkäufer T. Ziegler, der voll auf Verpackung setzt: »Bei uns ist alles Gold, was glänzt.« Seinen »Erfolg und was dahintersteckt« beschreibt ›Winners‹ mit Meisterhand: Sein »Meisterbrand von 1000 Kilogramm Weichselkirschen (einer außerordentlich seltenen Kirschenart) reicht gerade für hundert numerierte mundgeblasene Murano-Glasflaschen. Stückpreis der Luxusbouteillen mit dem handvergoldeten und -platinierten Ziegler-Emblem: DM 3500,–.« Das klingt nicht billig, aber der Chef erlaubt sich, darauf hinzuweisen: »Ein Schnaps ist kein Gartenzwerg.«

In Frankreich ist A. D. Perrin, 45, für Luxus aller Art zuständig: Porzellan, Silber, Feuerzeuge, Schmuck, Parfum, Reisetaschen, das sind für ihn »les must de Cartier«, und die müssen eben teuer sein: »Luxus muß immer teuer sein«, befindet A. D. Perrin, denn sonst wäre er ja kein Luxus. Das ist immerhin ein tautologischer Schluß, ansonsten redet der Cartier-Chef größeren Stuß: »Der Luxus ist also überflüssig, aber er ist etwas, was man sich leisten kann, wenn man gewonnen hat. Die Armut ist niemals etwas, wozu man Lust hat. Das ist Quatsch. Also finde ich, daß Karl Marx Unsinn geschrieben hat.« Der jedoch hat allenfalls geschrieben, daß Luxus und Armut gleich überflüssig wären, doch auf Intellektuelle und ihre Spitzfindigkeiten ist der Spitzenerfinder nicht gut zu sprechen: »Intellektuelle sind Leute, die aus Prinzip materielle Symbole ablehnen.« Während seine Kunden im Prinzip alles kaufen sollen, was materiellen Erfolg symbolisiert. »Ein bißchen Angeberei gehört eben zum Erfolg.« Statussymbole sind für den Erfolgreichen: »Erstens: Auto. Zweitens: Frau und Schmuck dieser Frau. Drittens: Armbanduhr, sehr wichtig.« Da von Cartier. »Dann Schreibgerät, Feuerzeug und neuerdings Taschen, Aktenkoffer, Fluggepäck.« Sonst ist nur die Frau gewaltig im Kommen: »Zunehmend wichtiger als Schauvitrine des Mannes. Der putzt sie entweder heraus wie einen Weihnachtsbaum . . . oder er wechselt sie öfter.« Beides ist für A. D. Perrin Kultur im hegelschen Sinne: »Die Kultur ist eine Freiheit – ja. Die kulturelle Wahl muß frei sein.«

Für gescheitere Menschen besteht Luxus darin, Zeit zur freien Verfügung zu haben. Erfolgreiche haben nie Zeit und sind noch stolz darauf. Besonders erfolgreiche Frauen überbieten sich in Zeitdruck-Dropping. Die Schloß-Hotel-Chefin C. Fellner hat angeblich einen 16-Stunden-Tag und kein Privatleben: »Für feste Bindungen hab' ich ja gar keine Zeit. Wann denn, bitte?« Wenn sie mal Kontakt sucht, muß es schnell gehen und auf Leasing-Basis: »Ich leih' mir manchmal das Pferd von Bekannten aus und reite ein wenig.«

Dr. I. Hörger hat eine eigene Klinik, aber »Zeit für eigene Zipperlein habe ich nicht«. Ihr Arbeitstag beginnt morgens um sieben und dauert bis spät in die Nacht, deren Rest die Rastlose dann in ihrem Luxusappartment verbringt, das in der ›Bild‹-Zeitung abgebildet und detailfreudig beschrieben wird: »Blickfang ist ein kunstvoll geschnitztes indonesisches Himmelbett mit einem bengalischen Tigerfell. Rechts ein chinesischer Paravent aus dem 19. Jahrhundert, davor ein geschnitzter indischer Elefant, bestickt mit bunten Straßsteinen und tausend winzigen Spiegelchen. Links ein alter englischer Teewagen und ein mannshoher stummer handbemalter Diener.« Kein Wunder, daß man sich da nicht wohl fühlt und lieber arbeiten geht.

N. Dörfler ist erst Mitte zwanzig und bereits Chefredakteurin des deutschen ›Hustler‹, der Mädchen ihres Alters meist nackt abbildet. »So ist es nun mal«, meint die Verantwortliche, »das steht und fällt mit den Verkaufszahlen.« Beziehungsweise umgekehrt. Umgekehrt würde N. Dörfler »gern mal eine Frauenzeitschrift machen«. Und womit? »Mit nackten Männern.« Nach dem Wozu fragt sie sich ohnehin kaum. »Ein normaler Job, wie jeder andere – er macht Spaß, bringt Geld, und ich bin stolz darauf.« Frauen, die das anders sehen, werden frontal abgefertigt: »Ich finde nicht, daß ich beim Auswählen der Sex-Fotos und Texte meinen Geschlechtsgenossinnen in den Rücken falle.«

Diese Position unterstützt Marianne Schmidt, die ›Lui‹ verlegt, ohne deswegen im geringsten verlegen zu werden. »Ein Job zum Geldverdienen – mit weiblicher Aufgabe.« Die Aufgabe jeglicher Logik ist nicht gemeint. »Trotz Nacktfotos und Kommerz gibt es so was wie Ehre, die ich verteidige – für Frauen.«

Wie die wohl aussieht? »Letzten Sommer waren dickbusige Mädchen Mode – aus dem Raritätenkabinett, nur Männerzoten ausgesetzt. Unmöglich!« Aber gut zu fotografieren. »Jetzt gibt's mehr Frauen mit Grips im Blatt.« Wie der wohl aussieht, wenn man ihn fotografiert?

Neben solchen Kaltschnäuzchen wirken Altkapitalisten wie F. Jahn schon fast wieder sympathisch. Sein »Wahlspruch: Es wird noch mal in die Hände gespuckt, wir steigern das Wienerwald-Gesamtprodukt.« Seine Lebenserfahrung: »So kann es einem geh'n – vom Kellner zum Millionär und retour.« Sein Wunsch: »A Geld wär' schon gut. Aber das ist nicht die Hauptsache.« Die hat F. Jahn im Krieg kapiert: »Ich war mal fünf Jahre lang beim Militär, da hab' ich gelernt, das Wesentliche vom Unwesentlichen zu unterscheiden.« Wesentlich, im Krieg wie in der Wirtschaft, ist doch: zu überleben. Unwesentlich, ob der andere überlebt.

Und ob der Wienerwald durchkommt, müssen wir leider bezweifeln. Die Konkurrenz ist übermächtig. W. Rettenwender hat sich vom Liftboy zum Präsidenten hochgearbeitet, bei McDonald's. Die Bundesrepublik, Österreich, Luxemburg und Liechtenstein hat er bereits erobert. »Man muß an die Front«, kommandiert W. Rettenwender furchtlos. »Viele Leute haben Angst, Fehler zu machen. Das ist falsch.« Wie man es demnach macht, ist es verkehrt, doch W. Rettenwender kann eigentlich gar nichts falsch machen, er hat alles am richtigen Fleck: »Ketchup im Blut«, seine »Zahlen im Kopf«, und sogar sein Herz hat an der richtigen Stelle gesprochen: Seine Lebensgefährtin hat er am Rost kennengelernt: »Gegrillt und geraucht hat's.«

»Gehste zu Bett, kriegste Kinder. Biste pleite, mußte Niere spenden. So ist das Leben.« Diese Weisheit stammt von einem, der den Idealen dieser ehrgeizigen, geldgierigen, erfolgssüchtigen, karrieregeilen Generation eigentlich am nächsten kommen müßte. Er ist mobil, initiativ, flexibel, skrupellos und vom Stamme Nimm. Sogar den Namen hat er von seiner Frau angenommen: »eine echte Adelmannsfelden«. Rainer René Adelmann von Adelmannsfelden, 40, war Anwalt für Erbrecht, seine Frau leitete ein kleines Beerdigungsinstitut: »Das paßt gut zusammen.« Und wenn's oben paßt, rutscht man auch unten zusammen. Zehn Kinder hat sie inzwischen bekommen, und er hat immer noch neue Ideen: »Mein Kopf ist immer noch voller Ideen . . . Wer nicht mit so viel Grips gesegnet ist, muß dann halt seine Niere opfern.« Die »OrganSpende und HumanErsatzVereinigung auf Gegenseitigkeit« ist nur ein Unternehmen des Grafen. Da vermittelt er Nieren, »je nach Qualität« für 60–80 000 DM. Potentielle Spender finden sich im ›Bundesanzeiger‹, Rubrik: Bankrotte, und werden so angeschrieben: »Entweder überfallen Sie eine Bank – oder Sie spenden einfach Ihre Niere.« Der Babyhandel läuft per Telefon: »Nehmen Sie doch einen Buben aus Bangkok, dort gibt's genug Kinder.« Söldner werden en gros vermittelt, mit dem Argument: »Warum sollte jemand für 3 Mark Wehrsold auf bewaffnete Russen schießen, wenn er 3000 Mark bekommt, wenn er auf unbewaffnete Neger schießt?« Bei so viel Erfolg und so sicheren Rezepten, ist es da ein Wunder, wenn der Graf Goethe für einen »Dummkopf« hält und Gott für »eine Schnapsidee«? Falls die Jugend noch ein Vorbild brauchen sollte – Rainer René Adelmann von Adelmannsfelden ist bestimmt billig zu haben.

JULI

1.	Ute Lemper *(Deutsche)*
2.	Stefan Heym *(Dichter)*
3.	Franz Beckenbauer *(Denker)*
4.	Alexandra Kliche *(Dämpfer)*
5.	Botho Strauß *(Kämpfer)*
6.	Wolf Maahn *(Zeuger)*
7.	Erich Mende *(Zeuge)*

Es wird viel gedenkt dieser Tage. Anlässe gibt es gleich kotzkübelweise: Vor 100 Jahren wurde Adolf Hitler geboren, vor 50 fing der 2. Weltkrieg an, vor 40 trat das Grundgesetz der BRD in Kraft.

Es geht also um Deutschland, die Deutschen, das Deutsche, das Deutsch-Deutsche und somit um einen Wust, zu dem jeder seinen Senf geben kann. »Unbedenklich und wüst verströmt das Reden« – da hat B. Strauß bedenklich recht: Es ist »ein Sprechen ohne den mindesten Argwohn, ob Sprache hier der Scham nicht widerspreche«. Leider widerspricht der Schweigepriester sich selbst, allein schon indem er auch mitreden möchte: »Schon wird es Reklamewelt« und damit kunstgewerblich: »Die Seele aber fürchtet sich vor der Reklamewelt, die sie vollkommen ausraubt.«

Seine Verdammung »der Jüngeren zumal, die im dicksten Haben aufwuchsen« und seine Sehnsucht nach dem »Stand einer tragischen Weltsicht« rücken den Seelenausverkäufer in beschämende Nähe zu einem Hardliner wie H. J. Syberberg: »Man durfte nicht weich werden an der Rampe von Auschwitz.« Das lobt der Heimatverschrobene schon lange, und er beklagt, daß Frechheit siegt, selbst über Natur-Wollen: »Hitler und seine Leute wollten wenigstens etwas. Heute sehe ich so viele, die nichts mehr wollen, nur noch frech sein und unfähig zum Leiden.«

Der Weltreisende in Sachen Fußball F. Beckenbauer, leidet unter ganz anderen Widersprüchen: »Nirgendwo ist der Lebensstandard besser« als im deutschen Mittelfeld und -stand. »Um so unbegreiflicher erscheint mir die Unzufriedenheit, die sich gerade in jüngster Vergangenheit breitgemacht hat.« Wer auswärts immerhin einen Punkt holt und es daheim geschafft hat, »einen absoluten Nullpunkt zu überwinden und wieder ein starker und vertrauenswürdiger Partner in der Welt zu werden«, kann doch eigentlich nicht meckern. Der Teamchefdenker ist schier untröstlich über diese Undankbarkeit: »Vielleicht ist sie ein typischer Wesenszug der Deutschen. Verstehen kann ich ihn trotzdem nicht.«

Dabei gibt es Erklärer genug. Der unvermeidliche DDR-Bürger S. Heym rechtfertigt seine ›Deutsch-deutsche Geschichtsstunde‹ damit, daß er anderen einfach unterstellt, sie hätten sie nötig. Da hilft auch keine Widerrede: »Und selbst wenn sie's nicht so sagen, denken werden sie in ihrem tiefsten Innern: Was geht's uns an?« Die Gedanken sind frei – nach Heym. »Aber es geht sie an.« Vor allen die angehenden Vierzigjährigen hat S. Heym ins Herz geschossen: »Wer vor vierzig Jahren geboren wurde, steht heute in der Blüte seines Lebens und ist, im Vollbesitz der Kohlschen Gnade der späten Geburt, überhaupt fein raus.« Und darauf ist er natürlich neidisch, der alte Sack.

Die noch Jüngeren machen es sich auch nicht leicht. U. Lemper ist zwar im Prinzip »froh, jetzt zu leben«, doch »natürlich setzt die neofaschistische Strömung dem Ganzen einen Dämpfer auf«.

Diese »Republikaner« wiederum haben ihrerseits einen Dämpfer bekommen, durch einen mutigen Schritt der stellvertretenden Berliner Landesvorsitzenden A. Kliche, die ihren Rücktritt auch noch erklärt hat: »Die Republikaner sind nicht das, wofür sie sich ausgeben.« Daß »von der stets gepriesenen Demokratie ... parteiintern wenig zu spüren« ist, »daß auch Leute aus der neonazistischen Szene in die Partei aufgenommen« werden, »daß sie selbst vor Gewalt nicht zurückschrecken« – das herauszufinden, hat die 19jährige Blondine »ungefähr zwei Jahre« gekostet. Das Lehrgeld war verschwendet: »Denn, es mag altmodisch klingen, ich liebe Deutschland.«

Zurück zu U. Lemper. Der Guten wird bisweilen echt schlecht: »Spricht man von Auschwitz oder Dachau, löst das in mir ein Gefühl des Unwohlseins aus.« Gemeinerweise ist »dieses Schamgefühl ... im Ausland in mir geweckt worden«. Dennoch vertritt die Botschafterin der langen Beine und Weile ihre und die deutschen Interessen auch in der Fremde erstklassisch: »Meine Kurt-Weill-Platte, die sich zu drei Vierteln aus deutschen Liedern zusammensetzt, ist auf Platz eins in den amerikanischen Classic Charts.«

»Eine Hitparade der Gefühle?« Der Musikmacher W. Maahn findet es zunächst »schwer zu sagen«, was ihn »in 40 Jahren Bundesrepublik am meisten berührt« hat. Dann kommt es ihm endlich: »Spontan fällt mir mein erster Orgasmus ein. Ein elementares Naturereignis, dem ich fassungslos und dankbar beiwohnen durfte.« Und der Erfolg gab ihm recht: »Wirklich tief rein ging die Geburt meines Sohnes.«

E. Mende könnte sein Vater sein. Von der Schmalztolle bis zum Monogramm in den Seidensocken wäre der Ritterkreuzträger und Investmentvertreter auch zur Symbolfigur dieser Republik geeignet wie kaum ein Zweitklassigerer. Er war dabei, von Anfang an, und erinnert sich gern an die Geburt der Demokratie und deren süßliche Versinnbildlichung: »Meine Zimmerwirtin hatte sich für den Tag eine besondere Überraschung ausgedacht. Zum Frühstück gab es Marmelade in den Farben Schwarz, Rot und Gold.«

AUGUST

1.	Franz Xaver Kroetz *(Selbstmörder)*
2.	Joachim Ziermann *(schreibender Leser)*
3.	Birgit Weber *(schreibende Leserin)*
4.	Georg Grimmel *(schreibender Leser)*
5.	Astrid Mann *(schreibende Leserin)*
6.	Bernd Mehnert *(schreibender Leser)*
7.	Dr. Herbert Kremp *(unlesbarer Schreiber)*

Woher rührt dieser Drang so vieler Leser, Briefe zu schreiben an Zeitungen und Zeitschriften, bei denen sie – im Gegensatz zu dieser – Gefahr laufen, ihr Geschriebenes veröffentlicht zu finden? Unauflöslich, wie Kandiszucker in kaltem Bier, wird dies Rätsel durch den Umstand, daß diese Leser eben das geradezu ersehnen wie das Schwein den Schlächter: Diese ihre Worte gedruckt zu sehen, schwarz auf weiß. Dabei haben sie zumeist wenig mehr zu sagen als ihre Meinung, und die interessiert offenbar niemanden, nicht einmal ihre Familienmitglieder und Freunde, denn sonst hätten sie wohl kaum den Drang, Briefe zu schreiben – ein Teufelskreis.

Prominentester Prototyp des monologisierenden Meinungshaberers ist der bayerische Ex-Schriftsteller F. X. Kroetz. Der Selbstzerstörung eines Menschen beizuwohnen, ist in der Regel unerträglich – in diesem Ausnahmefall wirkt es nur peinlich, da der Gefährdete damit prahlt, die Schwierigkeiten nicht zu haben, die er sich macht. Riesenbaby Schimmerlos hat es fertiggebracht, seinen Ruf als linker Volksdichter binnen einiger

Jahre so zu ruinieren, daß seine Spekulationen über Raissa Gorbatschowas Slip-Einlagen nun selbst der ›Bild‹-Zeitung zu unappetitlich werden. Immerhin druckt der ›Spiegel‹ noch Leserbriefe von ihm, mit Paßbild und vermutlich in vollem Wortschwall. Es geht vorgeblich um Weltpolitik – in Wahrheit kommt es F. X. Kroetz natürlich darauf an, gewaltig auf den Stammtisch zu hauen: »Wie blöd sind wir Deutschen denn, daß wir uns immer noch schwertun beim Begreifen der einfachen Wahrheit . . .« Der einfachen Wahrheit zum Beispiel, daß ein Autor, der sich ernsthaft mit Unsdeutschen identifiziert, längst aufgehört hat, etwas Besonderes sein zu wollen und damit seine Qualifikation endgültig aufgibt: Er ist ab sofort nicht mehr zitabel, denn wer wissen will, was der Ami vorhat und der Russe denkt und Wirdeutschen davon haben, kann das billig in jeder Eckkneipe erfahren. Wer sich populistisch zum Sprachrohr macht, von dem ist ein eigener Gedanke nicht mehr zu erwarten.

Volkes Stimme erkennen wir bereits am ewig gleichen Mundgeruch. Der gewöhnliche Leserbriefschreiber ist dem prominenten dennoch vorzuziehen, da seine Briefe selten ungekürzt erscheinen. Das macht sie allerdings nicht intelligenter, sondern um so dümmer, je größer der Gegenstand ist, auf den sie sich einlassen. Nehmen wir eine ›Spiegel‹-Ausgabe »Nach dem Massaker in China«.

Da teilt Herr G. Grimmel der chinesischen Führung kompromißlos mit: »Der Bruderkampf in China ist unverantwortlich.« Was zumindest für Herrn Grimmel zutrifft: Er kann weder dafür noch dagegen. Und die gelben Brüder im roten Riesenreich schweigen dazu.

Herr B. Mehnert reagiert sensibel: »Das Geschehen in Peking ist widerlich, nach dem Bangen der ersten Zeit kommt Ekel auf.« Immerhin gibt »Dengs Terror« Herrn Mehnert Gelegenheit, seine Geschichtskenntnisse anzubringen: »Das ist der ›17. Juni‹ auf chinesisch.« Wie der wohl klingt, auf chinesisch?

Frau B. Weber könnte es wissen, denn sie kennt immerhin die phonetische Umschreibung der dortigen Hauptstadt: »Hitler,

Stalin, Pinochet haben die Macht in Beijing übernommen«, analysiert sie aus Hamburg.

Frau A. Mann zeigt in ›Tempo‹ mehr Gefühl als Sprachgefühl: »Selten war ich deprimierter, als ich, die ›Tempo‹-Bilder von den demonstrierenden Studenten im Kopf, in meiner Tageszeitung die Meldung von den ersten Hinrichtungen lesen mußte.«

Herr J. Ziermann liest den ›stern‹ und schreibt ihm höchstpersönlich: »Per Fahrrad wollte ich China bereisen. Nach dem grausamen Massaker sage ich ›Nein danke‹ an die Adresse der Killer.« Aber selbst dieser bedrohliche Verlust ließ die Beijinger Verantwortlichen ungerührt.

Denn diese alten Drachen zu bekämpfen, braucht es die geballte Sprachgewalt eines professionellen Papiertigers. Dr. H. Kremp ist in der ›Bild‹-Zeitung angetreten und legt zunächst die Lanze der Larmoyanz ein: »Die Bilder aus den Straßen Pekings lassen das Blut in den Adern erstarren.« Und verursachen schwere Reimkrämpfe. »Überall rot, überall Tod.« Lieber tot als rot, fragt sich Dr. Kremp: »Wer befiehlt dieses Massaker?« Die Antwort schlägt ihm tief in seine Grammatik: » ›Der Verbrecher‹ sind nicht das asiatische Volk, die Soldaten mit den versteinerten Gesichtern.« Nein, »der Verbrecher« kennt Dr. Kremp und nennt ihn: »Der Verbrecher ist das kommunistische System, die Partei.« Dr. Kremp hat immer recht, auch wenn er bezeugt, was er mit eigenen Augen nie gesehen haben kann: »Das System erschlägt die Freiheit, die kleinen tapferen Studenten, die Frauen mit Kindern in den Hauseingängen.« Die lassen den Springerschen Redaktions-Grufti zum jugendlichen Helden werden: »Es sind die alten Partei-Kader, die ›Gruftis‹ der Revolution, die sich rächen. An die Zukunft Chinas denken sie nicht.« Im Gegensatz zu Dr. Kremp, der das Schlimmste voraussagt: »›Nach uns die Sintflut‹, lautet die Devise« – der Verbrecher. Dr. Kremps Devise lautet anders: »Die Sintflut wird über sie kommen.« Doch wahrlich: Wenn ggf. Noah Kremp die einzige Arche besäße und Plätze uns böte – wir würden uns lieber naß machen lassen. Amen.

SEPTEMBER

1.	Oskar Lafontaine *(Ziegenkäse)*
2.	Volker Hauff *(Haifischflosse)*
3.	Manfred Rommel *(Spätzle)*
4.	Jörg Immendorf *(Kartoffel)*
5.	Walter Momper *(Himbeere)*
6.	Hans-Peter Wodarz *(Kekse)*
7.	Dr. Theo Sommer *(Eisbömbchen)*

Vor mehr als zwei Jahren bekamen wir die erste derartige Einladung: »Dinner und Wahnsinn«. Versprochen wurde »eine neue Form kreativen Kochens, eine Art ›nouvelle cuisine‹ in der neuen Küche – ›cucina fantasia‹«. Auf dem weißen Schimmel solcher Tautologien sollten wir »die Welt des fantasielosen Abendessens an heimischen Tischen« ebenso hinter uns lassen wie »den Allerweltsabklatsch der französischen Küche in feinen Restaurant- und Hotelküchen«. Auf der Speisekarte für das Eröffnungsmenü stand statt Essen ein »Blumenkohlfelsen bei den Aventurischen Flüssen« und eine » ›Essthetik‹, in der jegliche Norm unbekannt ist und der Spaß auf dem Teller lauert«. Eben: »Dinner und Wahnsinn um 18:00 Uhr.«

Wir wissen nicht, was aus dem Wahnsinnsrestaurant ›Zur letzten Birke‹ geworden ist, wir haben nur verfolgt, wie sich diese Methode, Kochen als eine Kunst auszugeben, die sich weniger an den Geschmack als vielmehr an Bildungshunger und Sensationsgier richtet, weiter verbreitet hat.

In der Veranstaltungsreihe ›Tafelrunde für die Freunde der

Malerei‹ etwa bitten die Spielbank Wiesbaden und das Steigenberger Kurhaus-Restaurant zu einem »Gala-Menu«, bei dem nebenbei auch »Dorel Dobocan, ein Künstler des Magischen Realismus« statt realistischem Maggi aufgetischt bzw. »vorgestellt« werden soll.

In Basel gibt es sogar ein »Kunsthotel«, in dem »jeder Raum von einem anderen Künstler als ›environment‹ gestaltet« wurde. Die stolzen Museumsbesitzer, ein Ehepaar Thommy, sind weder verwandt noch verschwägert mit dem gleichnamigen Tomatenketchup, sondern »früher als fahrende Theaterleute durch Europa gezogen«, bis ihnen »die einmalige gastronomische Idee« kam: »erstklassige Kochkunst als Teil eines ›kulturellen Mehrspartenbetriebs‹ anzubieten«. Ach, wenn die Suppe beim Servieren überschwappt, ist das noch lange kein Tachismus.

Und so einmalig ist die Idee auch nicht: Der Künstler J. Immendorf hat längst eine Kneipe auf St. Pauli, nach Picassos Tochter ›La Paloma‹ genannt, ein zentrales Thema, nach längerem Spekulieren »Café Deutschland« genannt, sowie die Erkenntnis: »Das Bild muß die Funktion der Kartoffel übernehmen.« Umgekehrt wär' auch nicht verkehrt.

Wo das Auge mitessen soll, ist natürlich Prahlhans Küchenmeister. Selbst in der »Rôtisserie« des Frankfurter Interconti gibt es nun regelmäßig »Art culinaire« zu verkosten: »Meisterwerke der kulinarischen Moderne. Z. B.: ›Die rotweißen Barken‹ – eine vom deutschen Expressionismus beeinflußte Suppenterrine. ›Aquarell von Frühlingsgemüsen‹ – ein impressionistisches Tafelbild. ›Mosaik mit Muscheln‹ – ein der Op-Art verpflichtetes Werk. ›3 Rechtecke auf Weiß‹, ein kubistisches Eis-Parfait. ›Zerlaufene Früchte an Mandelfelsen‹, eine spätromantische Dessert-Kreation.«

Und als Höhepunkt der Konzept-Art wird das Foto eines Spargels herumgereicht? Nein, derzeit wird, passend zur Bundesgartenschau mit ihren »künstlichen Pflanzenbildern«, »ein kubistisches Parfait« serviert »in 3 Rechtecken und 3 Farben des Chef Patissiers (Klaus Dahms), inspiriert von einem Bild des Malers Imi Knoebel«. Knödel waren wohl nicht fein genug.

Feiner noch ging's in Hamburg zu. In den »Alster Salons« des Hotels Atlantic wurde auch in der Saison 88/89 regelmäßig die »Alster-Tafel« abgehoben: »Beginn jeweils um 19.30 Uhr mit einem Cocktail. Anschließend Dinner.« Und dann der Wahnsinn: »Danach Vortrag aus der in Zusammenarbeit mit der ›Neuen Philanthropischen Gesellschaft e. V.‹ erstellten Vortragsreihe ›Ethik in unserer Zeit‹. Abschließend Diskussion und Fragen.«

Nein, keine Fragen – bloß ein Beispiel: Nach »Carpaccio von Jacobsmuscheln mit Pampelmuse und rotem Pfeffer – Gefülltem Lachs in Hummersauce mit Périgordtrüffel – Kalbsfilet in Blätterteig, Morchelrahmsauce, tournierten Gemüsen, Mandelbällchen – Eisbömbchen mit Pfirsich, Mandelhippe und Grand-Marnier-Sabayone« sprach Theo Sommer, Dr. und »Chefredakteur Zeitverlag Gerd Bucerius KG« zum Thema »Journalistische Ethik heute« . . . Nein, wir gestatten jetzt keine Zwischenrülpser.

Wir wollen unseren Gedankengang zu Ende kauen: Den Spaß an gutem Essen und Trinken ethisch oder ästhetisch zu legitimieren, verdirbt uns denselben.

Und gewisse kulinarische Lyrismen schlagen uns direkt auf den Magen. Ziegenkäse schmeckt O. Lafontaine »am besten, wenn man ihn zusammen mit einer jungen Frau auf einer Wiese bei Sancerre ißt und dazu eine Flasche Sancerre trinkt«. Abgesehen davon, daß man junge Frauen nicht zum Käse essen sollte, gibt sich der kleine saarländische Ministerpräsident in einem ›Feinschmecker‹-Gespräch größte Mühe, den leidenschaftlichen Sinnenmenschen zu verkapern: »Leidenschaft muß sein, auch in der Politik. Oder besser: Eine sinnliche Empfindsamkeit für alle Aspekte des Lebens. Ich kann die unsinnlichen Typen, die das Essen gedankenlos in sich hineinstopfen, nicht ausstehen!« Natürlich sind auch uns die sinnlichen, die nur gedankenvoll an ihren Nägeln nagen, viel lieber.

Aber muß man deswegen gleich so dick auftragen? Daß »Essen ein kulturelles Ereignis sein kann«, bestreitet ja niemand mehr. Und daß man sich selbst einmal »Kartoffeln mit Liebstöckel und Olivenöl« gekocht hat, interessiert doch keinen. Besonders korkig riecht die Konversation, wenn der Gastgeber seinem Gast Wolfram Siebeck von seinem »Grauburgunder« vorschwärmt: »So etwas wie ein Hauswein, von der Saar natürlich, und eine Rarität für die dortige Gegend.« Noch seltener und damit kostbarer wird ein »Condrieu« gesprächsweise angeschnitten, »ein köstlicher Weißwein aus dem Rhônetal südlich von Vienne«. Dort hat ihn Weinkenner Lafontaine angeblich »entdeckt. Nein, nicht bei einem der beiden bekannten Hersteller, sondern bei einem kleinen Winzer, der sich, als er ihn besuchte, mit Mühe und Not zwölf Flaschen habe abschwatzen lassen« (Siebeck). Das sind dann die Sternstunden für den gehobenen Tafelspitz: Entdecker und Eroberer zugleich zu sein – übrigens Sekundärinstinkte, über die vermutlich alle erfolgreichen Kolonisatoren von Julius Cäsar bis Ohm Krüger verfügten.

Zu Deutschlands Kolonialwarenhändler Nummer eins hat es Hardy Rodenstock gebracht. Er verkauft vorzugsweise Rotwein. Und es hat uns doch sehr gefreut zu lesen, wie bei einer seiner alljährlichen »Raritäten-Weinproben« mit »Hochgewächsen im Handelswert von reichlich 200 000 Mark«, trotz »Pétrus« und »Lafite« ein »Château Musar 1967« die höchste Anerkennung der Kenner fand. Den libanesischen Rotwein gibt's im Handel für DM 6,80 die Flasche.

»Ein Glas Rotwein zu einem guten Essen an einem langen Abend mit Freunden in der toskanischen Schönheit« bedeutet für V. Hauff »das vollkommene irdische Glück«. Sein »Traum vom Glück« dagegen: »Kein Hunger mehr in der Welt.« Mit diesem Grundwiderspruch müssen wohl alle sozialdemokratischen Hoffnungsträger fertigwerden: Genosse oder Genießer. Genosse Hauff zitiert genüßlich den Genießer Konstantin Wecker: »Ich kann das Leben genießen; denn wer nicht genießt, ist ungenießbar.« Bei so viel Niesen möchte man zum Schnupftuch greifen. Der Frankfurter Oberbürgermeister genießt gern chinesisch, vor allem »Haifischflossensuppe« im »Tse Yang«, denn das ist angeblich »der beste Chinese in Deutschland«. Auch diese unbedingte Alleskennerschaft ist typisch für deutsche Allesesser: Wenn Sie mal nach Shanghai kommen, da gibt es so eine kleine Garküche am Hafen, gleich links, wenn Sie von See kommen, die machen die beste Yu jr tang in ganz Asien ... Natürlich ist V. Hauff Lafontaine-Verehrer: »Ich glaube, wir sind gut beraten, wenn wir Oscar Lafontaine zum Kanzlerkandidaten wählen.« Und zur Haifischflossensuppe (Yu jr tang) wählen wir am besten einen 89er Reiswein »Studentenblut«.

Hauffs schwäbischer Landsmann und OB-Kollege M. Rommel möchte China mit Schwaben endlich aussöhnen: »Es gibt aber auch Gemeinsames. Zum Beispiel waren sowohl die chinesische wie auch die schwäbische Küche ursprünglich die Küchen armer Länder.« Letzteres trifft auf Schwaben inzwischen nicht mehr zu. Doch dank Konfuzius (»Er aß nicht viel, aber gut«) und Lao Tse (»stellte sogar die Formel auf: Essen und Sex gleich Natur«) hat die chinesische Küche immer noch einen gewissen Vorsprung vor der linkshegelianisch geprägten schwäbischen: »Der Mensch ist, was er ißt.« Trotzdem setzt der Stuttgarter Philosoph auf die »Spätzlemaschine«, die »unser Regierungspräsident Bulling erfunden hat«, und ist guter Hoffnung: »Wir sind auf dem Wege, China einzuholen.« Feuer frei!

Sogar der Regierende Biedermeister von Berlin, W. Momper, hat sich von ›Bild am Sonntag‹ beim Essen zusehen lassen. Wie die meisten deutschen Aufstreber, einschließlich Kanzleroni Kohl, fühlt er sich beim Italiener am wohlsten, wo man so trefflich mit seinen Sprachkenntnissen brillieren kann, von: Una tavola, per due! bis: Il conto, per favore! »Il sorriso« – das Lächeln – heißt das Lieblingslokal des Strahlemännekens. Dort »widmet sich der Sohn einer Köchin mit Sorgfalt der Karte, ordert Carpaccio, roh mariniertes dünnes Rindfleisch, Gambas mit Spinat als Hauptgang. Als Dessert hätte er gern frische Himbeeren.« Aber da meldet sich der Nachtischpolitiker in ihm: »Hoffentlich sind die nicht aus Südafrika, sonst kriege ich wieder Haue.« Vom grünen Koalitionspartner nämlich, mit dem ist nicht gut Himbeeren essen: »Das Regieren kostet sehr viel

Kraft.« Die holt sich W. Momper bei Staatsessen, wo er regelmäßig zwei Kilo zunehmen kann – es sei denn, der Kanzler hat ihn nicht eingeladen: »Das ist eine menschliche Sauerei.« Dafür sind die Himbeeren dann aus Holland und die Koalition vorerst in Butter.

Wird die SPD also zur Feinschmeckerpartei? Während der FDP-Vorsitzende volkstümelnd fordert, im Bundestag eine McDonald's-Filiale einzurichten? Und CSU-Minister Klein der eigenen Frau die Angst vor Tschernobyl genommen hat: »Da habe er sich lachend in die Küche gesetzt und vor ihren Augen einen Liter Milch verputzt. Ex und Basta.« Eben noch rechtzeitig haben führende Sozialdemokraten die Gefahr der Verfeinerung erkannt: In den letzten Wahlkampf zogen sie mit dem Unterhaltungsprogramm »Europa à la Pichelsteiner – Ein Familientheater nach Hausmacherart.«

Der Eintopf dürfte den Vorstellungen von Deutschlands unvermeidlichstem Meisterkoch, H. P. Wodarz, sehr entgegenkommen. Für ›Hör zu‹ zog der »Chef des Wiesbadener Nobel-Restaurants ›Die Ente vom Lehel‹«, der auf seine Vergangenheit (»Ich war Wehrpflichtiger bei den Gebirgsjägern, bin heute Unteroffizier der Reserve!«) ebenso stolz ist wie auf seine Gegenwart, ins Nato-Manöver. »Er kochte, schnupperte, kostete und biß sich durch die Manöver-Menüs aus sechs Nato-Ländern.« Überraschendes Experten-Urteil: »Alles durchaus eßbar.« Nach seinem Rezept: »Man nehme: Kekse und Marmelade der Spanier, dazu ihre Früchte; den französischen Thunfisch, den belgischen Zitronensirup, Erdnußbutter und Kekse von den Amerikanern, das Fläschchen Kräuterlikör sowie das Kondensmilchkonzentrat der Italiener und als Hauptmahlzeit das deutsche Gulasch.« Und gieße alles unter ständigem Rühren in den Orkus – nein: Fertig ist das »Nato-Menü à la Wodarz«: Dialog der Kekse. Ansonsten hat der Gulaschkanonier noch eine Bombenidee: »Man sollte unbedingt mehr für die Optik tun.« Und damit krist sich der Scheiß.

OKTOBER

1.	Johann W. v. Goethe *(Nichtraucher)*
2.	D. Nosbusch-Becker *(Miss Europa)*
3.	Lech Walesa *(Abgott)*
4.	Norbert Blüm *(Traugott)*
5.	Michael Chang *(Weißgott)*
6.	Trude Unruh *(Das Grauen)*
7.	Heribert Fassbender *(Der Graue)*

Prognosen für die 90er Jahre zu stellen ist recht einfach, vorausgesetzt, man spekuliert nicht über das, was sich womöglich ändern wird, sondern bleibt gleich bei dem, was sich gleich bleibt. Der gleichbleibenden Begeisterung im Westen z. B. für das, was sich im Osten ändern soll. Darin drückt sich die Erleichterung derer aus, die es gleich gewußt und immer gesagt haben, daß der Kommunismus unmenschlich sei, da er die Menschen besser machen wollte, als sie selbst es je waren. Derzeit populärster Führer der Restauration ist der neue polnische Präsidentenmacher L. Walesa. Der kecke Schnauzer verbindet die Ignoranz des Dickschädels – »Ich habe schon in der Schule weggehört, wenn sie uns Kommunismus lehrten« – mit der Devotion des Hohlkopfs: »Ich würde nie etwas gegen den Glauben tun, gegen die Kirche« schon gar nicht. Dafür ist er in der BRD laut ›Spiegel‹-Umfrage beliebter als sämtliche einheimischen Politiker. Dennoch wird der antikommunistische, stramm katholische Kirchenstaat, den L. Walesa predigt, von allen neidlos anerkannt. N. Blüm hat es bei seinem letzten

Polenbesuch auf die fromme Formel gebracht: »Marx ist tot, Jesus lebt!«

Für die Zukunft ist zu befürchten, daß dieser Irrglaube immer weißere Kreise erfaßt. Der noch minderjährige Tennisprofi M. Chang erfleht vor jedem Match göttlichen Beistand und dankt nach jedem gewonnenen dem Herrn Jesus Christus für seine Unterstützung. Wer einen dieser Glaubenssiege des »wiedergeborenen Christen«, bei denen er stärkeren Halbgöttern in Weiß den teuflischen Killerinstinkt austreibt, indem er sich zwischen den Ballwechseln tatsächlich wie der leidende Heiland aufführt, gesehen und Changs Ächzen gehört hat, muß zugeben, daß solche Passionsspiele kaum mehr mit Sport zu tun haben als der beidarmige Kreuzhang des vergötterten Vorbildes auf dem Center Court zu Golgatha.

Probleme werden sich zunehmend auch daraus ergeben, daß die meisten Menschen immer älter werden – auch die falschen. Wer das Schwein hat, seine Arbeitszeit zu überleben, findet nun nichts mehr dabei, im Ruhestand die Rentnersau herauszulassen, um anderen ihr Arbeitsleben schwerer zu machen: als Neidhammel voran die Gründerin der Partei »Die Grauen«, T. Unruh. Ihre spezielle Mißgunst gilt »den Berufsgruppen mit den meisten Privilegien«, als Sündenbock voran: die Lehrer. »Deshalb sollen sie vor allem weniger Ferien machen« und statt dessen »Fortbildungskurse besuchen – mit Leistungsnachweisen«. Falls die alte Zimtzicke mit solchen Forderungen nach dem Unwohlergehen aller 1990 wieder in den Bundestag einziehen sollte, fehlt ihr kein Zacken mehr zur Nervensäge des kommenden Jahrzehnts.

Und die Jugend? Die Jugend freut sich angeblich schon auf »Europa '92«. Denn »Europa '92 ist grenzenlos!« Grenzenlos langweilig vermutlich; darauf deuten jedenfalls die präservative Verheißung »Mehr Sicherheit – mehr Lebensqualität« ebenso wie die beklemmend originelle Prophezeiung: »Europa ist die Zukunft – für jeden von uns« hin. Es gibt also kein Entrinnen mehr, das sieghafte Lächeln der Leitfigur, die auf Anzeigen und Plakaten die gesamteuropäische Gedankenlosigkeit zahnreich verstrahlen darf, besiegelt unsere Schmach. Ausgezeichnet als »Europäische Sympathieträgerin '92« wurde nämlich D. Nosbusch-Becker, mutmaßlich für ihre Fähigkeit, in circa 22 Sprachen gar nichts zu sagen. »Wir kommen uns bald näher!« droht sie uns persönlich. Sie wird uns noch kennenlernen.

Ein noch seelen- und sinnloseres Maskottchen haben sich freilich die Italiener für die Fußballweltmeisterschaft im nächsten Sommer ausgeguckt: »Ciao«, eine Art Retortenkicker, wie von de Chirico in einem metaphysischen Moment aus grünweiß-roten Legosteinen zusammengepuzzelt. Da wir nicht wissen, welcher Kindskopf diesen Ballamann konstruiert hat, ehren wir dafür den Anthropoiden H. Fassbender, der sein Pendant im Rahmen der ›ARD-Sportschau‹ beinah jeden Samstag so homunculoid präsentiert, als wär's ein Stück von ihm.

Und noch etwas wird weiterschwelen bis zum Jahr 2000 mindestens: der sogenannte »Raucherkrieg«, den natürlich die Nichtraucher angefangen haben. Erste Schreckensmeldungen von der Antiraucherfront kamen noch aus Übersee:

»New York: harte Strafen für Raucher.«

»Singapur: Auf die Straße aschen kostet 500 Mark.«

»Detroit: Zuschlag für Raucher in amerikanischem Speiselokal.«

Dann ging's in der Heimat weiter:

»Bonn plant eine Kampagne gegen das Rauchen.«

»Süßmuth: der ganze Anti-Rauch-Katalog.«

Erfolge blieben nicht aus:

»Postamt Köln: Nichtraucher stach Raucher nieder.«

»U-Bahn: Nichtraucher biß Raucher Nase ab.«

Heuer mußte sogar Goethes 240. Geburtstag für den »1. Frankfurter Nichtrauchertag« herhalten, da der Jubilar das Rauchen einst als »unhöflich« und »impertinent« bezeichnet habe. Nun ist seit Eckermann »bekannt, daß Goethe kein Freund von Brillen ist«, sondern sich von denselben »geniert« fühlte. Um diesen »Eindruck des Desobligeanten« hier zu vermeiden, müssen wir Sie leider bitten, die Brillen abzusetzen und das Lesen einzustellen. Vielen Dank.

NOVEMBER

1.	Reinhold Messner *(Berg, Berg)*
2.	Karol Wojtyla *(Mitfahrer)*
3.	Karin Struck *(Mitleiderin)*
4.	Gerhard Zwerenz *(Mitteiler)*
5.	Uli Hoeneß *(Mitzähler)*
6.	Elmar Gunsch *(Mitschnacker)*
7.	Jochen und Bernhard Vogel *(Brüder)*

Vor genau zehn Jahren, in der ersten ›Titanic‹ vom November 1979, erschien zum ersten Mal diese Liste der peinlichsten Persönlichkeiten; damals waren es noch zehn, genauer gesagt elf, denn J. und B. Vogel mußten sich den letzten Platz brüderlich teilen. Das dürfen sie auch heute wieder, denn beide sind nach wie vor aktiv: B. Vogel allerdings nicht mehr als amtierender Ministerpräsident, sondern als braves Muttersöhnchen: »Wenn ich mich heute frage, was ich von ihr« (der eigenen Mutter) »bleibend zurückbehalten habe, muß ich an erster Stelle das Stehvermögen nennen.« Stimmt: Immerhin ist er nach seiner Abwahl nicht auf der Stelle umgefallen. Und sogar die Tränchen hat er sich tapfer verkniffen. Ein richtiger Junge weint nicht, auch das will B. Vogel »von Mama gelernt« haben: »Einsatzbereitschaft und Heiterkeit.«

Daß sogar er ein lustiger Vogel sein kann, versucht sein Bruder seit Jahren mit verbissener Einsatzbereitschaft nachzuweisen. Als ihm nun im ›Spiegel‹ vorgehalten wurde, er sorge »sich auch als Kleingärtner um seinen Ruf als Perfektionist« und habe deswegen zu klein geratene Normal-Tomaten als »Cocktail-Tomaten« ausgegeben, meldete sich prompt der perfekte Leserbriefschreiber J. Vogel: »Der ›Spiegel‹ irrt! In meinem Garten gibt es nämlich beides – normale Tomaten und Cocktail-Tomaten. Und beide sind in diesem Jahr ganz manierlich geraten.« Wer das bezweifle, sei »herzlich eingeladen, beide an Ort und Stelle zu probieren«. Aber wer bezweifelt das schon?

Auf dem vorletzten Platz tauchte damals ein gewisser K. Wojtyla auf, der gerade als »singender Schwimmbadbesitzer durch Polen tingelte«. Der Papst ist immer noch auf Tour: Eben hat er bei einem »Woodstock des Glaubens« seinen 43. Auslandsauftritt absolviert und der Jugend seiner Welt sein Credo vorgesungen: »An der Schwelle zum dritten Jahrtausend will die Kirche auch weiter Reisegefährte der Menschheit sein.« Ginge es nach uns, wären die Trittbretter für solche Sonntagsmitfahrer längst abmontiert.

Abgemeldet haben sich drei Listenplatzeinnehmer von einst: Andy Warhol ist tot, Klaus Stephan vom Bildschirm verschwunden, und von Altwanderpräsident Karl Carstens hört man wenig, man sieht ihn nur, denn: »Bei jedem Festakt«, meldet der ›Spiegel‹, setze »sich Carstens medienbewußt in grauen Nadelstreifen ins rechte Bild vor die Fernsehkameras.«

Dafür können die beiden Vertreter des literarischen Überlebens die Tinte so wenig halten wie damals. K. Struck, ihrerzeit noch »ein Stück aus der Suhrkamp-Retorte«, muß inzwischen für mindere Verlage kleinere Brötchen backen. Ihrem Rezept ist sie treu und doof geblieben: Auch ihr Roman ›Bitteres Wasser‹ wird mit demselben gekocht. Erzählt wird von einem armen Ritter, »der zwischen die Sozialpartner geriet, durch das Tal der Hölle unserer Suchtgesellschaft ging«, kurz: »von einem, den der Alkohol zerstörte«. Der ganze Problembrei wird mit Passionsfrüchten verziert und »Manfred gewidmet«. Daß viel Wahrheit in der Dichtung steckt, wird ausdrücklich vorausgesetzt: »Aus Rücksicht auf kritisch porträtierte Personen und Institutionen wurden einige Namen und Orte verändert.« Was das kostet, ganze Orte zu verändern? Ein Röcheln.

G. Zwerenz hat das hundertundsoundsovielte seiner Bücher aus »autobiographischen Kapiteln« der hundertzuundzuviel vorhergeschriebenen zusammengestoppelt: ›Vergiß die Träume Deiner Jugend nicht – eine autobiographische Deutschlandsaga‹. Darin nimmt er Abschied von seinen Feinden: »Ich gehe jetzt in Rente. Ihr könnt mich mal.« Und begrüßt seine Leser: »Ich bin einer von euch.« Da wir noch nicht rentenreif sind, werden wir es wohl bei ewiger Feindschaft belassen müssen.

»Rentner-Showmaster« hatten wir E. Gunsch bereits 1979 genannt, als der »Wetterfrosch« noch auf der ZDF-Erfolgsleiter klomm. Das Stimmwunder ist inzwischen zum Grüß-August der ARD heruntergekommen, der bei »volkstümlichen Musikantentreffen« sein samtenes »Willkommen auf der BUGA« selbst »Erwin Pütz und seinen Original Fidelen Holzhackern« entbieten muß; ansonsten darf er seinen Original Senilen Herzbrecher-Charme nur mehr im Rundfunk versenden.

Immer noch auf Platz 5: U. Hoeneß, der ununterbrochen sein Geld zählt und sich in seiner Treter-Branche deswegen seit zehn Jahren für den Größten halten darf, denn alle anderen haben »absolut keine Ahnung von der Situation des deutschen Fußballs«, die durch die oben festgestellten Größenverhältnisse wohl hinreichend gebrandmarkt ist.

Und was macht R. Messner, damals bereits Spitzenreiter für sein »naßkaltes Gepickel«? Auch er kann nicht anders, da er nichts anderes kann. »Von dem dunklen Drang besessen, über alle möglichen Berge zu biwackeln« O-Ton (1979), ist er heuer (1989) wieder »auf dem Weg zur Einsamkeit«, diesmal zum »2830 Meter hohen Serro Torre, den Messner bereits 1984 bezwungen hatte«. ›Bild‹ weiß genau, was er da oben vorhat: »Messner will dort im Lauf des Jahres mit Werner Herzog und Nastassja Kinski den Spielfilm ›Schrei aus Stein‹ drehen.« Danach geht's durchs ewige Eis.

Ach, der ewige Scheiß ist fast zu dumm, um wahr zu sein – aber so zählebig ist unsere Zeit, daß selbst die Steine Grund hätten zum Schrei'n.

DEZEMBER

1.	Eckhard Henscheid *(Juror 1979-82)*
2.	Bernd Eilert *(Juror 1979-89)*
3.	Wilhelm Genazino *(Juror 1979-81)*
4.	Rainer Baginski *(Juror 1982-83)*
5.	Achim Szymanski *(Juror 1982-84)*
6.	Dr. Alfred Piana *(Juror 1981-83)*
7.	Adolf Sömmerring *(Juror 1984-89)*

Peinlichkeit kann ihrem Wesen gemäß zunächst allein individuell empfunden werden. Danach mag sich eine Art kollektiver Übereinstimmung herstellen lassen. Diese im Privatleben meist stillschweigend oder durch Gelächter zu treffende Übereinkunft einer breiteren Öffentlichkeit schriftlich anzubieten und die allgemeine Empfindsamkeit dafür zu steigern war Ziel dieser Kolumne, denn geteilt mit anderen, läßt sich die Pein, die uns gewisse Persönlichkeiten regelmäßig bereiten, tatsächlich leichter ertragen. Bisweilen wird es gar zum Vergnügen, den Peinbereitern heimzuzahlen, was sie verdienen, und zum Spaß, in polemischer Formulierung über das gesetzte Ziel möglichst weit hinauszuschießen. Lümmelhafte Lust am Niederreißen Hochfahrender und ehrlicher Ekel vor dem, was man sodann mit Füßen und in Gänsefüßchen treten mußte, ergänzten sich: Einmal war es die altkluge Selbstbefriedigung des bösen Buben, ein andermal die genießerische Altersweisheit des guten Kenners, die aus den Urteilen sprach – immer aber auch die vage Ahnung der eigenen Unfähigkeit, die angenommene Souveränität von plumper Vertraulichkeit in die eigene Urteilskraft freizuhalten, und die gespürte Ohnmacht, sie vor der Hast der Unmittelbarkeit zu schützen. All das läßt sich zu der Gewißheit verdichten, daß notwendig in jeder Kritik ein geheimes Moment des Einverständnisses mit jener Peinlichkeit liegen muß, auf die sie abzielt.

Letzteres gilt vor allem für eindeutige Fälle, deren Peinlichkeit als erwiesen gelten kann: Sobald der Name nur fällt, erstrahlt die ganze Figur bereits vor existenzieller Peinlichkeit und gleichzeitig Zufriedenheit mit einem sakrosankten Selbst, das sonst nur jungen Hunden oder schönen Mädchen gegeben ist, die zu beobachten ebenfalls Lust und Pein zugleich bereitet.

Schwieriger war es in Grenzgebieten, wo nicht bloß der Peinliche selbst, sondern auch kritische Beobachter von seiner Verurteilung und ihrer Begründung überrascht wurden. Dann gab es Gegenstimmen, die meist zum Gegenangriff übergingen, indem sie die Richter an den eigenen Pranger gestellt sehen wollten.

Dieser Vorschlag, die Verfasser der Peinlichkeitsliste als Kandidaten dafür zu nominieren, ist nicht eben originell – kein anderer wurde uns häufiger und dringender gemacht. Zum Abschluß unseres Unternehmens – früher ging es aus Gründen der Selbstachtung wahrhaftig nicht – wollen wir dem vielfachen Wunsch willfahren und diese Koketterie nicht scheuen, die an Peinlichkeit allerdings kaum mehr zu überbieten sein dürfte.

Der Spitzenplatz gebührt E. Henscheid, da er eindeutig als Erfinder dieser Liste gelten muß. Es war in den 70er Jahren, als er in völliger Verkennung der eigenen Grenzen vorschlug, sich fortan den Spaß zu gönnen, selbstherrlich Personen des öffentlichen Lebens zu benennen, deren hervorstechendste Eigenschaft in unverkennbarer Peinlichkeit bestehe. Bar jeder Begründung ward flugs die erste Liste erstellt und an die Tür eines gelb-violett gestrichenen Küchenschrankes genagelt.

Der Verfüger über diese häßliche Anrichte, B. Eilert, typischer Mitläufer, -macher, -schnacker, der er war und ist, nahm keinerlei Anstand, sich an dem lutherisch-luziferischen Unternehmen zu beteiligen, und hat zudem als einziger während zehn langer Jahre nicht davon lassen können.

Dritter Juror im bösartigen Bunde war zunächst W. Genazino, dem immerhin zugute zu halten wäre, daß er es bereits im Sommer 1981 müde wurde, sich den Alltag durch gezielte Zuführung peinlichkeitsverbreitender Medienerzeugnisse zu vergällen: Für ihn gab es – wie seinen Romanen zu entnehmen ist – ohnedies genug zu seufzen.

Seine Stelle nahm R. Baginski ein, der sich von seinem Ethos als Cheftexter namhafter Werbeagenturen das Vergnügen nicht verbieten lassen mochte, eben das zu schmähen, was er von Berufswegen sonst zu bedienen hatte: Dummheit und Leichtgläubigkeit der Welt. Gewiß auch ein Akt der Selbstreinigung durch Schmutzabgabe.

Den umgekehrten Weg ging A. Szymanski, der ein Jahr darauf E. Henscheid ablöste und heute der Werbung dient: Er nutzte damals die Chuzpe des frischen Landeis, seine durch keinerlei Erfahrung gedeckten Vorurteile an einer wehrlosen Leserschaft auszuprobieren.

Dr. A. Piana, der oft widerwillig und aushilfsweise die bis 1983 obligatorische Dreistfaltigkeit der Jury komplettieren half, war – wie sein Name andeutet – ein stiller Mann, hochgebildet, höchst skrupulös und so bescheiden, daß jedes weitere Wort ihn nur beschämen würde.

A. Sömmerring schließlich, der von 1984 bis heute trotz fortschreitenden Alters wacker mitgehalten hat, darf das Verdienst beanspruchen, dieser Liste endgültig den Garaus gemacht zu haben. Seine letzten Zeilen – denen ich mich nur anschließen kann, da ich ihnen nichts mehr hinzuzufügen habe, außer dem leisen Zweifel daran, ob sie überhaupt an mich gerichtet sind – liegen vor mir auf meinem Schreibtisch, und sie lauten: »Herr, vergib mir, denn ich wußte sehr wohl, was ich tat.«

REGISTER

Normal gesetzte Seitenzahlen verweisen auf Peinlichste Persönlichkeiten; *kursive* auf bloße Erwähnungen.

BERND EILERT, geboren 1949 in Oldenburg, lebt und arbeitet seit 1970 in Frankfurt a.M.; Mitglied der Autorenredaktion des endgültigen Satiremagazins ›Titanic‹; Begründer der Liste der ›Peinlichsten Persönlichkeiten‹; schreibt zusammen mit Robert Gernhardt und Peter Knorr Texte für Otto Waalkes.

Im Haffmans Verlag erschienen: *Das aboriginale Horoskop* (Ein Senigiroba-Weg des Wissens. Mit Zeichnungen von Hilke Raddatz, 1983) – *Das Hausbuch der literarischen Hochkomik* (Herausgegeben von Bernd Eilert. Mit zwölf bunten Bildern von Friedrich Karl Waechter, 1987) – *Eingebildete Notwehr* (Kriminalroman, 1989) – *Die 701 peinlichsten Persönlichkeiten 1979 – 1989* (Beiträge zur Sozialhygiene von Rainer Baginski, Bernd Eilert, Wilhelm Genazino, Eckhard Henscheid, Dr. Alfred Piana, Adolf Sömmerring und Achim Szymanski. Mit Jahreszwischenblättern von Hilke Raddatz. Herausgegeben und mit einem einleitenden Essay zur Kategorie der Peinlichkeit von Bernd Eilert, 1990) – Außerdem regelmäßig Beiträge im Magazin für jede Art von Literatur *Der Rabe* (seit Nr. 1, 1982).

Hanns Kneifel
PLANET AUSSER KURS
Raumpatrouille ORION II HTB 73

Hanns Kneifel
DIE HÜTER DES GESETZES
Raumpatrouille ORION III HTB 79

Hanns Kneifel
DESERTEURE
Raumpatrouille ORION IV HTB 80

Hanns Kneifel
DAS BRENNENDE LABYRINTH
Science-Fiction-Roman HTB 41

Conny Lens
DIE SONNENBRILLENFRAU
Ein Steeler-Straße-Krimi HTB 74

Conny Lens
OTTOs HOBBY
Ein Steeler-Straße-Krimi HTB 75

Karl May
DURCH DIE WÜSTE
Reiseerzählung HTB 78

Karl May
DURCHS WILDE KURDISTAN
Reiseerzählung HTB 86

Karl May
DER SCHATZ IM SILBERSEE
Erzählung HTB 53

Karl May
DER SCHUT
Reiseerzählung HTB 76

Karl May
DAS VERMÄCHTNIS DES INKA
Erzählung HTB 77

Karl May
»WEIHNACHT!«
Reiseerzählung HTB 54

Karl May
WINNETOU I
Reiseerzählung HTB 55

Gerhard Mensching
DER BAUCH DER SCHÖNEN SCHWARZEN
Krimi HTB 15

Gerhard Mensching
LÖWE IN ASPIK
Ein lustvoller Roman HTB 8

Wolf v. Niebelschütz
DER BLAUE KAMMERHERR
Band I: **Der Botschafter der Republik**
HTB 61

Wolf v.Niebelschütz
DER BLAUE KAMMERHERR
Band II: **Der Reichsgraf zu Weißenstein**
HTB 62

Wolf v. Niebelschütz
DER BLAUE KAMMERHERR
Band III: **Der Herzog von Scheria**
HTB 63

Wolf v. Niebelschütz
DER BLAUE KAMMERHERR
Band IV: **Die Bürgerin Valente**
HTB 64

Wolf v. Niebelschütz
DIE KINDER DER FINSTERNIS
Roman HTB 33

Dorothy Parker
CLOSE HARMONY ODER DIE LIEBE FAMILIE
Schauspiel HTB 47

Dorothy Parker
DIE GESCHLECHTER
New Yorker Geschichten HTB 22

Dorothy Parker
LADIES IM HOTEL
Schauspiel HTB 71

Dorothy Parker
EINE STARKE BLONDINE
New Yorker Geschichten HTB 18

Hans Pleschinski
PEST UND MOOR
Ein Nachtlicht HTB 14

Edgar Allan Poe
DIE DETEKTIVGESCHICHTEN
Deutsch von Hans Wollschläger
HTB 39

Die Toscana-Therapie
Schauspiel in 19 Bildern

Was bleibt
Gedanken zur deutschsprachigen Literatur unserer Zeit

Was gibt's denn da zu lachen?
Kritik der Komiker - Kritik der Kritiker - Kritik der Komik

Wörtersee
Gedichte

PETER GREENAWAY

Der Koch, der Dieb, seine Frau und ihr Liebhaber
Drehbuch mit Farbfotos. Deutsch von Michel Bodmer

GISBERT HAEFS

Freudige Ereignisse
Geschichten

Hannibal
Der Roman Karthagos

Das Doppelgrab in der Provence
Krimi

Mörder und Marder
Krimi

Und oben sitzt ein Rabe
Krimi

ECKHARD HENSCHEID

Da lacht das runde Leder
Sämtliche Fußball-Anekdoten

Dolce Madonna Bionda
Roman

Die drei Müllerssöhne
Märchen und Erzählungen

Franz Kafka verfilmt seinen ›Landarzt‹
Erzählung

Frau Killermann greift ein
Erzählungen und Bagatellen

Helmut Kohl
Biographie einer Jugend

Hoch lebe Erzbischof Paul Casimir Marcinkus!
Ausgewählte Satiren und Glossen

Kleine Trilogie der großen Zerwirrnis
Beim Fressen beim Fernsehen fällt der Vater dem Kartoffel aus dem Maul / Der Neger (Negerl) / Wir standen an offenen Gräbern

Maria Schnee
Eine Idylle

Roßmann, Roßmann . . .
Drei Kafka-Geschichten

Standardsituationen
Fußball-Dramen

Sudelblätter
Aufzeichnungen

TV-Zombies
Bilder und Charaktere (zusammen mit F.W. Bernstein)

Was ist eigentlich der Herr Engholm für einer?
Ausgewählte Satiren und Glossen

Wie Max Horkheimer einmal sogar Adorno hereinlegte
Anekdoten über Fußball, Kritische Theorie, Hegel und Schach

Wir standen an offenen Gräbern
120 Nachrufe

Die Wurstzurückgehlasserin
Sieben Erzählungen

WOLFGANG HILDESHEIMER

Der Drachenthron
Komödie in drei Akten

GEOFFREY HOUSEHOLD

Einzelgänger, männlich
Verfolgungs-Thriller. Deutsch von Michel Bodmer

NORBERT JOHANNIMLOH

Appelbaumchaussee
Erzählungen vom Großundstarkwerden

RICHARD KÄHLER

Teddy's Trends
Die abenteuerlichen Aufzeichnungen des jungen Teddy Hecht während der achtziger Jahre. Mit einem Vorwort von Eckhard Henscheid

DAN KAVANAGH

Duffy
Krimi. Deutsch von Willi Winkler

Vor die Hunde gehen
Ein Duffy-Krimi. Deutsch von Willi Winkler

EGBERT KIMM

Das Mörderquartett
Krimi

Pest und Moor
Ein Nachtlicht

GERHARD POLT &
HANNS CHRISTIAN MÜLLER
Der Bürgermeister von Moskau
Drehbuch mit Fotos

Da schau her
Alle alltäglichen Geschichten. Mit Zeichnungen von Reiner Zimnik und vielen Fotos

Ja mei...
Neue und umfassende alltägliche Geschichten. Mit Zeichnungen von Volker Kriegel und vielen farbigen Fotos

man spricht deutsh
Drehbuch mit Fotos

Wirtshausgespräche
Drei längere Stücke. Mit Zeichnungen von Reiner Zimnik

WALTER E. RICHARTZ
Schöne neue Welt der Tiere
Zweiundfünfzig Tiergeschichten. Mit neun Tierbildern von Tatjana Hauptmann

Vom Äußersten
Letzte Erzählungen. Mit einer Grabrede von Hans-Jürgen Fröhlich und einer Erinnerung von Uwe Herms

WERNER RIEGEL
. . .beladen mit Sendung, Dichter und armes Schwein
Herausgegeben von Peter Rühmkorf. Mit Fotos, Dokumenten, Faksimiles

PETER RÜHMKORF
Selbst III/88
Aus der Fassung
Das Gedicht »Mit den Jahren... Selbst III/88« in allen Zuständen und Vorformen

Kleine Fleckenkunde
Lyrische Klecksographie

Werner Riegel . . .beladen mit Sendung, Dichter und armes Schwein
Herausgegeben von Peter Rühmkorf. Mit Fotos, Dokumenten, Faksimiles

MICHAEL RUTSCHKY
Reise durch das Ungeschick
und andere Meisterstücke

Was man zum Leben wissen muß
Ein Vademecum.
Mit 25 Zeichnungen von F.W. Bernstein

ARNO SCHMIDT
Arno Schmidts Wundertüte
Eine Sammlung fiktiver Briefe

Atheist ? : Allerdings !
Ein Pamphlet

»Bargfelder Ausgabe«
Werkgruppe I: Romane, Erzählungen, Gedichte, Juvenilia in vier Bänden
Werkgruppe II: Dialoge in drei Bänden

...denn "wallflower" heißt »Goldlack«
Drei Dialoge

Deutsches Elend
13 Erklärungen zur Lage der Nationen

Eberhard Schlotter - Das zweite Programm
Zehn Szenen zu einem Triptychon

»Fiorituren & Pralltriller«
Randbemerkungen zu »Caliban über Setebos«

Fouqué und einige seiner Zeitgenossen
Biographischer Versuch

Griechisches Feuer
13 historische Skizzen

Julia, oder die Gemälde
Scenen aus dem Novecento

Das Leptothe=Herz
16 Erklärungen zur Lage der Literaturen

Stürenburg-Geschichten
12 Erzählungen

Zweite Zürcher Kassette
Das essayistische Werk zur deutschen Literatur

UVE SCHMIDT
Die Russen kommen
Roman

KARLA SCHNEIDER
Der Knabenkrautgarten
Liebes- und Abenteuergeschichten

MARGIT SCHREINER
Die Rosen des Heiligen Benedikt
Liebes- und Haßgeschichten

FRITZ SENN
Nichts gegen Joyce
Joyce versus Nothing.
Aufsätze 1959-1983

CHRISTOF STÄHLIN
Der Dandy
Monologe und Erzählungen. Mit Handzeichnungen von Dorothee v. Harsdorf

RAINER STEPHAN
Der Bayerisch-Österreichische Krieg 1987
Ein Bericht

AL STRONG
Whisky Weiber Pokerface
Drei wüste wilde Westernstories

ACHIM SZYMANSKI
Halt durch, Steffi!
Ein bewegender Schicksalsroman

HELLA-DORE TIETJEN
. . .und sie verpfuschten mir mein Leben
Eine Abrechnung

REINHARD UMBACH
Das große Buch der Bauernregeln
Handreichungen zur Zeit. Mit Bildern von Carsten Hildebrandt

JOSEPH v.WESTPHALEN
Moderne Zeiten I & II
Blätter zur Pflege der Urteilskraft

Warum ich Monarchist geworden bin
Zwei Dutzend Entrüstungen

Warum ich Terrorist geworden bin
Ein Pamphlet

Warum ich trotzdem Seitensprünge mache
Fünfundzwanzig neue Entrüstungen

ROR WOLF
Das nächste Spiel ist immer das schwerste
Alte und neue Fußballspiele

Hans Waldmanns Abenteuer
Sämtliche Moritaten von Raoul Tranchirer. Mit Collagen des Verfassers

Raoul Tranchirers Mitteilungen an Ratlose
Ein Ratschläger

UWE WOLFF
Der Ewige Deutsche
Eine Geschichte aus jugendbewegten Zeiten

HANS WOLLSCHLÄGER
Herzgewächse
oder Der Fall Adams
Fragmentarische Biographik in unzufälligen Makulaturblättern.
Erstes Buch

In diesen geistfernen Zeiten
Konzertante Noten zur Lage der Dichter und Denker für deren Volk

»Tiere sehen dich an«
oder Das Potential Mengele
Essay

Von Sternen und Schnuppen
Bei Gelegenheit einiger Bücher.
Rezensionen und Zensuren

DIETER E. ZIMMER
Experimente des Lebens
Wilde Kinder, Zwillinge, Kibbuzniks und andere aufschlußreiche Wesen

Redens Arten
Über Trends und Tollheiten im neudeutschen Sprachgebrauch

So kommt der Mensch zur Sprache
Über Spracherwerb, Sprachentstehung, Sprache & Denken